Titus Lucretius Carus

De rerum natura
Welt aus Atomen

Lateinisch und deutsch

Übersetzt und mit
einem Nachwort herausgegeben von
Karl Büchner

Philipp Reclam jun. Stuttgart

Universal-Bibliothek Nr. 4257 [8]
Alle Rechte vorbehalten. © 1973 Philipp Reclam jun., Stuttgart
Gesamtherstellung: Reclam, Ditzingen. Printed in Germany 1986
ISBN 3-15-004257-7

Vorbemerkung

Vielleicht sind ein paar Worte, vor der Lektüre des Werkes zu lesen, nicht überflüssig, um die Erwartung auf die richtige Bahn zu leiten.

»An den geneigten Leser« sollte diese Vorbemerkung überschrieben werden. Mit Absicht. Eine gewisse Geneigtheit erfordert eine Lektüre des Lukrez, erst recht die einer Übersetzung des Lukrez. Und von vornherein sind Leser und Übersetzer verbunden durch das Band der Dankbarkeit und Bewunderung von dessen Seite. Denn sie verdient heute ein jeder, der Wahrheit beim Dichter sucht, nicht in philosophischer Konvention, in ferner Zeit, nicht im bequemen zeitgenössischen Handbuch, der die Mühe auf sich nimmt, zweitausend Jahre zu überbrücken und sie im Gewande der fremden Sprache aufzuspüren. Aber vielleicht ist das überhaupt der einzige Weg, ihr zu nahen: über den Zeiten und über den Sprachen.

Daß dies im vorliegenden Falle nicht ganz einfach ist, liegt auch an Lukrez. Zwar bedarf es keiner Vorkenntnis, um das von Lukrez Gemeinte zu verstehen und sich von ihm ergreifen zu lassen: kein römischer Dichter hat wie er gerungen, mit allen Mitteln die Wahrheit so rein wie möglich, seine Gedanken und Empfindungen so klar und präzis wie möglich Sprache werden zu lassen. Aber er hat mit der Jugend der Sprache zu kämpfen, und sein erbitterter Ernst läßt es selten zur überlegenen Harmonie reiner Schönheit kommen. Seine Schönheit liegt in der Wahrheit. So ist er ungleichmäßig und erregend wie der Kampf selber. Er zerbricht die Wörter, um auf ihr Eigenstes zu stoßen, oft spielend und entdeckend, er führt die Sätze über viel mehr Verse hin als die Klassiker, triumphierend, wenn er, bis zum Letzten des Gedankens dringend, ihn endlich aufs wirksamste zusammengeschlossen hat, er läßt Stimmung und Gebärde immer neu auf den Hörer einwirken, wobei durch die Leidenschaft der Satz nicht selten zum Anakoluth wird. Und all dem gehorcht unendlich wandelbar der Vers, der Hexameter, der unter seinen Händen etwas ganz Neues wird, maßvoller im Schmuck als der des Begründers Ennius, reiner in der Form, der Bewegung dienend, bisweilen auch rücksichtslos unterjocht, ein Maß, das sich die Sprache auferlegt, um doch gerade in dieser Bindung die stärksten dynamischen Effekte zu ermöglichen – durch Betonung der Wörter in Anfangs- oder Endstellung im Verse, durch Synkopen, durch Enjambement, um nur einiges anzudeuten. Kurz: charakteristisch ist für Lukrez die zackige Kurve des Vortrages, wie es Otto Regenbogen genannt hat.

Dem Übersetzer des Lukrez bieten sich bei dieser Lage zwei Möglichkeiten. Ist er ein Dichter, könnte er den Lukrez vielleicht umdichten. Der vorliegende Versuch will das andere: nichts als Lukrez erschließen. Freilich nicht nur den bloßen Gedanken, sondern den ganzen konkreten Leib des Gedichtes. Darum geht es nicht ohne den Vers. Es wurde der Hexameter beibehalten, möglichst mit der Gliederung und auch den Freiheiten des Lukrez. In der Sprache aber ist alles Gewicht darauf gelegt worden, in einem Sprachraum, der etwa der lukrezischen Frische und Ursprünglichkeit entspricht – natürlich auf unsere Sprache übertragen –, Wort und Satz in Wert, Farbe und Bewegung so getreu wie möglich umzusetzen. Lukrez ist auch für den Römer schwer gewesen. Selbst für den, der ein gutes Latein gelernt hat, bietet er ungewöhnliche Schwierigkeiten. So ist eine Übersetzung als die kürzeste Form des Kommentars eine unbestrittene Notwendigkeit. Daß sie sich leicht liest, wird niemand erwarten. Wenn sie zu Lukrez hinführt, ist der Ehrgeiz des Übersetzers befriedigt. Ob es dabei gelungen ist, darüber hinaus etwas von lukrezischer Gewalt ins Deutsche herüberzuholen, das zu entscheiden muß dem Leser überlassen bleiben. Am ehesten wird er das beim lauten Vortrag erfahren, wie ja auch jedes lateinische Schriftwerk laut gelesen wurde. Denn der daktylische Rhythmus der Übersetzung hat besondere Rücksicht auf den wechselnden Satzton genommen, der auch bei Lukrez für die Ponderierung der Gewichte eine entscheidende Rolle spielt. Aus allem ergibt sich zugleich, daß der Raum der Möglichkeiten erst nach einer ganzen Lektüre durchmessen ist, erst eine zweite alle Beziehungen und Nuancen erfassen läßt.

Der lateinische Text ist nach den Handschriften neu konstituiert. Seine Begründung ist in meiner im Steiner-Verlag, Wiesbaden, 1966 erschienenen Ausgabe gegeben worden. Eigene Verbesserungen an wenigen korrupten Stellen sind hier außer bei Zusätzen nicht kenntlich gemacht. Notwendige Zusätze, auf Verlust in der Überlieferung beruhend, werden mit spitzen Klammern (⟨ ⟩), später fälschlich Eingedrungenes mit eckigen Klammern ([ ]) bezeichnet. In Doppelstrichen (‖ ‖) stehen Stücke, die Lukrez nicht eingearbeitet hat, die also auf den nicht ganz abgeschlossenen Zustand des Werkes zurückgehen.

Der deutsche Text stellt eine revidierte und verbesserte Fassung der Übersetzung dar, die 1956 im Artemis-Verlag Zürich erschienen war.

De rerum natura

Welt aus Atomen

Liber primus

Aeneadum genetrix, hominum divumque voluptas,   1
alma Venus, caeli subter labentia signa
quae mare navigerum, quae terras frugiferentis
concelebras; per te quoniam genus omne animantum
concipitur visitque exortum lumina solis: 5
te, dea, te fugiunt venti, te nubila caeli
adventumque tuum, tibi suavis daedala tellus
summittit flores, tibi rident aequora ponti
placatumque nitet diffuso lumine caelum;
nam simul ac species patefactast verna diei   10
et reserata viget genitabilis aura favoni,
aeriae primum volucres te, diva, tuumque
significant initum perculsae corda tua vi;
inde ferae pecudes persultant pabula laeta   15
et rapidos tranant amnis: ita capta lepore   14
te sequitur cupide quo quamque inducere pergis;   16
denique per maria ac montis fluviosque rapacis
frondiferasque domos avium camposque virentis
omnibus incutiens blandum per pectora amorem
efficis ut cupide generatim saecla propagent: 20
quae quoniam rerum naturam sola gubernas
nec sine te quicquam dias in luminis oras
exoritur neque fit laetum neque amabile quicquam,
te sociam studeo scribendis versibus esse,
quos ego de rerum natura pangere conor   25
Memmiadae nostro, quem tu, dea, tempore in omni
omnibus ornatum voluisti excellere rebus.

Erstes Buch

Mutter der Römer du, du Wonne der Götter und Menschen,
holde Venus, die unter den gleitenden Zeichen des Himmels
du das schiffebelebte Meer, die saatentragenden Lande
füllest mit Leben, da durch dich doch alles Belebte
wird empfangen und schaut, erstanden, das Leuchten der
                                                   Sonne
– vor dir, Göttin, fliehen die Winde, die Wolken des
                                                   Himmels
vor dir und deinem Kommen, dir schickt duftende Blumen
Künstlerin Erde, dir lacht hell die Fläche des Meeres,
und der Himmel strahlt dir sanft von Licht übergossen.
Kaum ist nämlich der lenzliche Anblick des Tages eröffnet
und, entriegelt, herrscht das trächtige Wehen des Zephyrs,
zeigen die Vögel zuerst in der Luft, dich, Göttin, und deine
Ankunft an, das Herz erschüttert von deinen Gewalten.
Dann durchtobt das Wild und das Vieh die üppigen Weiden,
schwimmt durch reißenden Strom: von deinem Liebreiz
                                                   gefangen
folgt so jedes dir nach voll Begier, wohin du es leitest.
Schließlich durch Meer und Berg und hin durch reißende
                                                   Ströme,
durch der Vögel belaubtes Heim und grünende Fluren
schüttest du allen ins Herz die sanft erregende Liebe,
wirkst, daß sie voll Begier nach Arten die Rassen
                                                   vermehren –
da du also allein die Natur der Dinge regierest,
ohne dich nichts entspringt in des Lichtes göttliche Reiche,
nichts auch üppig gedeiht, nichts Liebenswertes
                                                   hervortritt,
möcht ich, daß du mir seiest Gefährtin beim Schreiben der
                                                   Verse,
die ich von der Natur der Dinge zu fügen versuche,
unserem Memmiussohn, den du bei jeglicher Lage,
Göttin, mit jeglichem Ruhme geziert, hervorragen ließest.

quo magis aeternum da dictis, diva, leporem.
effice ut interea fera moenera militiai
per maria ac terras omnis sopita quiescant;   30
nam tu sola potes tranquilla pace iuvare
mortalis, quoniam belli fera moenera Mavors
armipotens regit, in gremium qui saepe tuum se
reiicit aeterno devictus vulnere amoris,
atque ita suspiciens tereti cervice reposta   35
pascit amore avidos inhians in te, dea, visus,
eque tuo pendet resupini spiritus ore.
hunc tu, diva, tuo recubantem corpore sancto
circumfusa super, suavis ex ore loquellas
funde petens placidam Romanis, incluta, pacem;   40
nam neque nos agere hoc patriai tempore iniquo
possumus aequo animo nec Memmi clara propago
talibus in rebus communi desse saluti.
[omnis enim per se divum natura necessest
immortali aevo summa cum pace fruatur   45
semota ab nostris rebus seiunctaque longe;
nam privata dolore omni, privata periclis,
ipsa suis pollens opibus, nil indiga nostri,
nec bene promeritis capitur nec tangitur ira.]
    Quod superest ⟨nobis⟩ vacuas auris ⟨animumque⟩   50
semotum a curis adhibe veram ad rationem,
ne mea dona tibi studio disposta fideli,
intellecta prius quam sint, contempta relinquas.
nam tibi de summa caeli ratione deumque
disserere incipiam et rerum primordia pandam,   55
unde omnis natura creet res, auctet alatque
quove eadem rursum natura perempta resolvat,
quae nos materiem et genitalia corpora rebus
reddunda in ratione vocare et semina rerum

Um so mehr gib, Göttin, den Worten ewigen Liebreiz,
wirk, daß in dieser Zeit die wilden Werke des Krieges
über die Länder und Meere hin tief entschlummern und
                                                ruhen;
denn du allein vermagst die Menschen mit ruhigem Frieden
zu erfreuen, da ja die wilden Werke des Kampfes
lenkt der waffenmächtige Mars, der oft sich in deinen
Schoß zurücklehnt, besiegt von ewiger Wunde der Liebe,
und so aufwärtsblickt, den runden Nacken zurückbiegt,
gierige Blicke in Liebe weidet, nach dir, Göttin, lechzend,
und es hängt am Mund dir der Atem des
                                        Rückwärtsgebeugten.
Du, Göttin, ihn, den Ruhenden, sanft umfassend mit deinem
heiligen Leib, laß aus dem Munde die liebliche Rede
strömen, erbitte, Erlauchte, den Römern heiteren Frieden!
Denn weder wir können jetzt in solchen Nöten der Heimat
dichten mit gleichem Mut noch des Memmius ruhmvoller
                                        Nachwuchs
bei dieser Lage und Not dem Heile sich aller entziehen.
[Alle Natur der Götter muß nämlich für sich alleine
ihres unsterblichen Lebens in tiefstem Frieden genießen,
fern von unseren Dingen getrennt und weitab geschieden;
denn von jeglichem Schmerz befreit, befreit von Gefahren,
selber durch eigene Macht vermögend, nicht unser bedürftig,
wird von Verdienst sie weder gewonnen, vom Zorne berührt
                                        nicht.]
    Du im übrigen jetzt lenk offenes Ohr und den Geist mir
frei von Sorgen her zu der wahren Lehre der Dinge;
daß du meine Geschenke, in treuem Eifer gerichtet,
nicht, bevor verstanden sie sind, verachtet zurückläßt.
Denn über letzten Grund will dir von Himmel und Göttern
ich zu sprechen beginnen, will zeigen der Dinge Atome,
aus denen alles Natur erschafft, vermehret und nähret,
in die zugleich sie Natur dann wieder vernichtet und
                                        auflöst;
wir sind gewohnt, sie Stoff und Ursprungskörper der Dinge
bei der Lehre Beweis zu heißen und Samen der Dinge

appellare suemus et haec eadem usurpare   60
corpora prima, quod ex illis sunt omnia primis.

Humana ante oculos foede cum vita iaceret
in terris oppressa gravi sub religione,
quae caput a caeli regionibus ostendebat
horribili super aspectu mortalibus instans,   65
primum Graius homo mortalis tollere contra
est oculos ausus primusque obsistere contra,
quem neque fama deum nec fulmina nec minitanti
murmure compressit caelum, sed eo magis acrem
inritat animi virtutem, effringere ut arta   70
naturae primus portarum claustra cupiret.
ergo vivida vis animi pervicit, et extra
processit longe flammantia moenia mundi
atque omne immensum peragravit mente animoque,
unde refert nobis victor quid possit oriri,   75
quid nequeat, finita potestas denique cuique
quanam sit ratione atque alte terminus haerens.
quare religio pedibus subiecta vicissim
opteritur, nos exaequat victoria caelo.
    Illud in his rebus vereor, ne forte rearis   80
inpia te rationis inire elementa viamque
indugredi sceleris. quod contra saepius illa
religio peperit scelerosa atque impia facta.
Aulide quo pacto Triviai virginis aram
Iphianassai turparunt sanguine foede   85
ductores Danaum delecti, prima virorum.

auch zu nennen und eben diese zugleich zu bezeichnen
als die ersten Körper, weil alles aus jenen zuerst ist.

Als das Leben der Menschen darnieder schmählich auf
                                    Erden
lag, zusammengeduckt unter lastender Angst vor den
                                    Göttern,
welche das Haupt aus des Himmels Gevierten prahlerisch
                                    streckte
droben mit schauriger Fratze herab den Sterblichen dräuend,
erst hat ein Grieche gewagt, die sterblichen Augen dagegen
aufzuheben und aufzutreten als erster dagegen;
den nicht das Raunen von Göttern noch Blitze bezwangen
                                    noch drohend
donnernd der Himmel; nein, nur um so mehr noch den
                                    scharfen
Mut seines Geistes reizte, daß aufzubrechen die dichten
Riegel zum Tor der Natur als erster er glühend begehrte.
Also siegte die Kraft des lebendigen Geistes, und weiter
schritt er hinaus die flammumlohten Mauern des Weltballs,
und das unendliche All durchstreift' er männlichen Sinnes;
bringt als Sieger darum zurück von dort die Erkenntnis,
was zu entstehen vermag und was nicht, und wie einem jeden
schließlich die Macht ist beschränkt und im Grunde verhaftet
                                    der Grenzstein.
Drum liegt die Furcht vor den Göttern unter dem Fuß, und
                                    zur Rache
wird sie zerstampft, uns hebt der Sieg empor bis zum
                                    Himmel.
Jenes befürcht ich dabei, daß vielleicht du könntest
                                    vermeinen,
ruchlosen Lehren zu folgen unsrer Vernunft und die Straße
einzuschlagen der Sünde. Demgegenüber hat öfters
jene Furcht vor den Göttern verursacht Frevles und Böses.
So wie in Aulis einst der Trivia Altar befleckten
schmählich mit Blute der Jungfrau, der Iphianassa,
sie, die erlesenen Führer der Danaer, Fürsten der Männer.

cui simul infula virgineos circumdata comptus
ex utraque pari malarum parte profusast
et maestum simul ante aras adstare parentem
sensit et hunc propter ferrum celare ministros   90
aspectuque suo lacrimas effundere civis,
muta metu terram genibus summissa petebat.
nec miserae prodesse in tali tempore quibat,
quod patrio princeps donarat nomine regem;
nam sublata virum manibus tremebundaque ad aras   95
deductast, non ut sollemni more sacrorum
perfecto posset claro comitari Hymenaeo,
sed casta inceste, nubendi tempore in ipso,
hostia concideret mactatu maesta parentis,
exitus ut classi felix faustusque daretur.   100
tantum religio potuit suadere malorum.

Tutemet a nobis iam quovis tempore vatum
terriloquis victus dictis desciscere quaeres.
quippe etenim quam multa tibi iam fingere possunt
somnia, quae vitae rationes vertere possint   105
fortunasque tuas omnis turbare timore.
et merito; nam si certam finem esse viderent
aerumnarum homines, aliqua ratione valerent
religionibus atque minis obsistere vatum;
nunc ratio nulla est restandi, nulla facultas,   110
aeternas quoniam poenas in morte timendum.
ignoratur enim quae sit natura animai,
nata sit an contra nascentibus insinuetur
et simul intereat nobiscum morte dirempta,
an tenebras Orci visat vastasque lacunas,   115
an pecudes alias divinitus insinuet se,

Da nun das Opferband um die bräutlichen Locken
                              gewunden
gleich in der Länge zu beiden Seiten der Wange herabfloß
und sie traurigen Blicks vorm Altar stehen den Vater
sah und diesem zu Seite das Eisen verhehlen die Diener,
bei ihrem Anblick indessen Tränen verströmen die Bürger,
stumm vor Furcht in die Knie sank da sie und suchte den
                              Boden.
Und es vermochte der Armen zu nützen in solcher
                              Bedrängnis
nicht, daß sie zuerst schenkt' Vaters Namen dem König.
Denn von den Händen der Männer gepackt wurde zitternd
                              zum Altar
sie geschleift, nicht, daß nach feierlich heiligen Opfers
Ende geleitet sie heim werden könnte von Hochzeitgesängen,
nein, daß die Reine auf unreine Art, am Tage der Hochzeit
fiele traurig als Opfer gebracht von der Hand ihres Vaters,
daß seiner Flotte ein End mit Glück und Segen bevorstünd.
Soviel hat Furcht vor den Göttern raten können Verbrechen!
    Du wirst selber, zermürbt vom schreckenkündenden
                              Worte
unserer Seher, von uns zu Zeiten dich lossagen wollen.
Freilich: Wie vieles allein vermögen vor Augen zu gaukeln
Träume, was schon imstand ist, die Ordnung des Lebens zu
                              stürzen
und durch Angst dir alles Ergehen tief zu verwirren.
Und mit Recht: Denn sähen ein sicheres Ende die Menschen
ihrer Leiden, so wären in einer Weise sie mächtig,
abergläubiger Angst zu begegnen und Drohung der Seher.
Jetzt ist nirgends ein Weg zu trotzen, nirgends Vermögen,
da man ewige Strafen im Tod ja zu fürchten gezwungen.
Weiß man doch nicht, wie beschaffen es ist, das Wesen der
                              Seele,
ob sie geboren ist oder im Gegenteil schlüpft in Gebornes
und ob zugleich mit uns sie stirbt, im Tode zerfallen,
oder des Orkus Dunkel aufsucht und mächtige Höhlen
oder auf göttliche Art in andere Tiere sich einstiehlt,

Ennius ut noster cecinit, qui primus amoeno
detulit ex Helicone perenni fronde coronam,
per gentis Italas hominum quae clara clueret;
etsi praeterea tamen esse Acherusia templa   120
Ennius aeternis exponit versibus edens,
quo neque permanent animae neque corpora nostra,
sed quaedam simulacra modis pallentia miris;
unde sibi exortam semper florentis Homeri
commemorat speciem lacrimas effundere salsas   125
coepisse et rerum naturam expandere dictis.
quapropter bene cum superis de rebus habenda
nobis est ratio, solis lunaeque meatus
qua fiant ratione, et qua vi quaeque gerantur
in terris, tum cum primis ratione sagaci   130
unde anima atque animi constet natura videndum
et quae res nobis vigilantibus obvia mentes
terrificet morbo adfectis somnoque sepultis,
cernere uti videamur eos audireque coram,
morte obita quorum tellus amplectitur ossa.   135

   Nec me animi fallit Graiorum obscura reperta
difficile inlustrare Latinis versibus esse,
multa novis verbis praesertim cum sit agendum
propter egestatem linguae et rerum novitatem;
sed tua me virtus tamen et sperata voluptas   140
suavis amicitiae quemvis efferre laborem
suadet et inducit noctes vigilare serenas
quaerentem dictis quibus et quo carmine demum
clara tuae possim praepandere lumina menti,
res quibus occultas penitus convisere possis.   145

   Hunc igitur terrorem animi tenebrasque necessest
non radii solis neque lucida tela diei

wie unser Ennius sang, der als erster brachte vom schönen
Helikon den Kranz aus nimmer welkenden Blättern,
der im italischen Stamm der Menschen sollte berühmt sein;
freilich außerdem auch, daß seien des Acheron Reiche,
klärt uns Ennius auf, in ewigen Versen es kündend,
wo nicht Seelen hin drängen hindurch, nicht unsere Körper,
sondern Abbilder nur, die fahl auf seltsame Weisen;
dorther sei ihm entstiegen des immer frischen Homerus
Bild, so sagt er, und habe begonnen, salzige Tränen
zu vergießen und im Wort das Wesen zu künden. –
Darum müssen wir gut sowohl die oberen Dinge
tief bedenken, den Gang der Sonne, den Gang auch des
                                                Mondes,
wie er geschieht, durch welche Gewalt ein jedes betrieben
wird auf der Erde, besonders jedoch mit scharfer Berechnung
muß man sehen, woraus des Lebens besteht und der Seele
Wesen, und was uns im Wachen begegnend die Sinne
schreckt, wenn Krankheit uns quält, und wenn wir im
                                                Schlafe begraben,
daß zu schauen wir die und zu hören glauben persönlich,
deren Gebein die Erde umfängt nach Erleiden des Todes.
    Und ich täusche mich nicht, daß der Griechen dunkele
                                                Funde
schwierig ist im lateinischen Vers nach Bedeutung zu lichten,
da ja vieles zumal mit neuen Worten zu tun ist
wegen der Armut der Sprache so wie der Neuheit der Dinge;
aber dein hohes Sein jedoch rät mir und erhoffte
Wonne süßer Freundschaft, die Mühen alle zu tragen
bis zum Ende und zwingt, zu wachen in heiteren Nächten,
suchend mit welchem Wort und welchen Weisen ich
                                                schließlich
helles Licht vor deinem Geiste zu breiten vermöchte,
daß in der Tiefe du kannst die verborgenen Dinge
                                                erschauen. –

    Diesen Schrecken muß, dies Dunkel der Seele notwendig
nicht der Sonnen Strahl, noch die hellen Geschosse des Tages

discutiant, sed naturae species ratioque.
principium cuius hinc nobis exordia sumet,
nullam rem e nihilo gigni divinitus umquam.   150
quippe ita formido mortalis continet omnis,
quod multa in terris fieri caeloque tuentur,
quorum operum causas nulla ratione videre
possunt ac fieri divino numine rentur.
quas ob res ubi viderimus nil posse creari   156
de nihilo, tum quod sequimur iam rectius inde
perspiciemus, et unde queat res quaeque creari
et quo quaeque modo fiant opera sine divum.   155
nam si de nihilo fierent, ex omnibus rebus   159
omne genus nasci posset, nil semine egeret.   160
e mare primum homines, e terra posset oriri
squamigerum genus et volucres erumpere caelo,
armenta atque aliae pecudes, genus omne ferarum,
incerto partu culta ac deserta tenerent,
nec fructus idem arboribus constare solerent,   165
sed mutarentur, ferre omnes omnia possent.
quippe ubi non essent genitalia corpora cuique,
qui posset mater rebus consistere certa?
at nunc seminibus quia certis quaeque creantur,
inde enascitur atque oras in luminis exit,   170
materies ubi inest cuiusque et corpora prima;
atque hac re nequeunt ex omnibus omnia gigni,
quod certis in rebus inest secreta facultas.

  praeterea cur vere rosam, frumenta calore,
vites autumno fundi suadente videmus,   175
si non, certa suo quia tempore semina rerum
cum confluxerunt, patefit quodcumque creatur,
dum tempestates absunt et vivida tellus

schlagen entzwei, vielmehr Naturbetrachtung und Lehre.
Ihr Beginn aber wird von da den Ausgang uns nehmen,
daß kein Ding aus nichts entsteht auf göttliche Weise.
Hält doch drum die Angst in Banden die Sterblichen alle,
weil geschehen sie vieles am Himmel sehn und auf Erden,
dessen Gründe sie nicht, auf keine Weise, erkennen
können und zurück darum führen auf göttliches Walten.
Darum, wenn wir gesehen, daß nichts aus nichts kann
                                     entstehen,
werden wir dann unser Ziel von daher richtiger schauen,
beides: Woher ein jedes Ding vermag zu entstehen
und wie jedes geschieht, ohne daß sich die Götter bemühten.
Denn entstünd es aus nichts, so könnt aus jeglichem Dinge
jegliche Gattung entstehn und nichts bedürfte des Samens.
Aus dem Meere zunächst vermöchten die Menschen, aus Erde
Schuppengeschlecht zu entstehn und Vögel vom Himmel zu
                                     stürzen,
Herden und anderes Vieh, des Wildes jegliche Gattung
hielte besetzt von unklarer Herkunft Bebautes und Wüstes,
nicht würde selbige Frucht den Bäumen bestehen gewöhnlich,
sondern änderte sich, hervorbrächten alle dann alles.
Freilich: Da ja jedem die Zeugungskörperchen fehlten,
wie könnte da den Dingen die Mutter fest und bestimmt
                                     sein?
Weil aber alles jetzt von bestimmten Samen erzeugt wird,
springt es dorten hervor und steigt in die Räume des Lichtes,
wo der Stoff eines jeden wohnt und die Körper des
                                     Ursprungs;
und darum vermag nicht alles aus allem zu werden,
weil in bestimmten Dingen zuhaus ist geschiednes Vermögen.
   Weiter: Warum sehen wir im Lenz die Ros', in der Hitze
Korn, die Reben, wann rät der Herbst, mit Macht sich
                                     entfalten?
Doch weil dann, wenn zu ihrer Zeit zusammengeströmt sind
ihnen bestimmte Samen der Dinge, sich auftut, was
                                     aufwächst,
während die Unwetter fern und die lebenstrotzende Erde

tuto res teneras effert in luminis oras?
quod si de nilo fierent, subito exorerentur   180
incerto spatio atque alienis partibus anni;
quippe ubi nulla forent primordia, quae genitali
concilio possent arceri tempore iniquo.

  nec porro augendis rebus spatio foret usus
seminis ad coitum, si e nilo crescere possent;   185
nam fierent iuvenes subito ex infantibus parvis
e terraque exorta repente arbusta salirent.
quorum nil fieri manifestum est, omnia quando
paulatim crescunt, ut par est semine certo,
crescentesque genus servant; ut noscere possis   190
quicque sua de materie grandescere alique.

  huc accedit, uti sine certis imbribus anni
laetificos nequeat fetus submittere tellus
nec porro secreta cibo natura animantum
propagare genus possit vitamque tueri;   195
ut potius multis communia corpora rebus
multa putes esse, ut verbis elementa videmus,
quam sine principiis ullam rem existere posse.

  denique cur homines tantos natura parare
non potuit, pedibus qui pontum per vada possent   200
transire et magnos manibus divellere montis
multaque vivendo vitalia vincere saecla,
si non, materies quia rebus reddita certast
gignundis, e qua constat quid possit oriri?

  nil igitur fieri de nilo posse fatendumst,   205
semine quando opus est rebus, quo quaeque creatae
aeris in teneras possint proferrier auras.

sicher den zarten Keim in die Räume des Lichtes entsendet!
Würden sie aber aus nichts, müßten entspringen sie plötzlich
zu beliebiger Zeit und fremden Teilen des Jahres;
freilich, gäbe es nicht doch Urkörper, welche gehindert
werden könnten am Bund der Geburt zu schädlichen Zeiten.

   Ferner: Wäre nicht Zeit den wachsenden Dingen erfordert
zu des Samens Verein, vermöchten aus nichts sie zu wachsen;
Männer würden im Nu aus eben noch stammelnden Kindern,
und aus der Erde spräng plötzlich der Busch, wie eben
                                    entstanden.
Wovon nichts geschieht, das ist klar, da mählich ja alles
aufwächst, wie das entspricht bei festbemessenem Samen,
und im Wachsen die Art sich bewahrt; so kannst du
                                    erkennen:
Jedes wird groß und nährt sich von seinem eigenen Stoffe.

   Hierzu kommt noch dies, daß ohne die Regen des Jahres
prangenden Wuchs nicht die Erde heraufzusenden
                                    vermöchte,
weiter von Nahrung geschieden das Wesen alles Belebten
sein Geschlecht nicht fortpflanzen kann noch sein Leben
                                    erhalten;
so, daß eher man meint, daß zahlreiche Dinge gemeinsam
zahlreiche Körper besitzen, wie Worte Buchstaben sichtlich,
als daß irgendein Ding ohne Urkörper könnte bestehen.

   Schließlich: Warum hat die Natur so mächtig die
                                    Menschen
nicht zu bilden vermocht, daß zu Fuß durch Furten das
                                    Meer sie
queren und mit der Hand sie könnten Gebirge zerreißen,
lebend die Lebenszeit von vielen Geschlechtern besiegen?
Doch weil begrenzter Stoff den werdenden Dingen zuteil
                                    ward,
in dem beruht das feste Gesetz, was vermag zu entstehen.

   Nichts kann demnach aus nichts entstehen, mußt du
                                    bekennen,
da ja des Samens die Dinge bedürfen, aus welchem erschaffen
jedes erheben sich mag ins sanfte Wehen der Lüfte.

    postremo quoniam incultis praestare videmus
culta loca et manibus meliores reddere fetus,
esse videlicet in terris primordia rerum,   210
quae nos fecundas vertentes vomere glebas
terraique solum subigentes cimus ad ortus.
quod si nulla forent, nostro sine quaeque labore
sponte sua multo fieri meliora videres.

    Huc accedit, uti quicque in sua corpora rursum   215
dissolvat natura neque ad nihilum interemat res.
nam siquid mortale e cunctis partibus esset,
ex oculis res quaeque repente erepta periret;
nulla vi foret usus enim, quae partibus eius
discidium parere et nexus exsolvere posset.   220
quod nunc, aeterno quia constant semine quaeque,
donec vis obiit, quae res diverberet ictu
aut intus penetret per inania dissolvatque,
nullius exitium patitur natura videri.

    praeterea quaecumque vetustate amovet aetas,   225
si penitus peremit consumens materiem omnem,
unde animale genus generatim in lumina vitae
redducit Venus, aut redductum daedala tellus
unde alit atque auget generatim pabula praebens?
unde mare ingenuei fontes externaque longe   230
flumina suppeditant? unde aether sidera pascit?
omnia enim debet, mortali corpore quae sunt,
infinita aetas consumpse ante acta diesque.
quod si in eo spatio atque ante acta aetate fuere
e quibus haec rerum consistit summa refecta,   235
inmortali sunt natura praedita certe;
haud igitur possunt ad nilum quaeque reverti.

Schließlich: Da man ja sieht, daß dem unbebauten
Gelände
weit überlegen gepflegtes, den Händen bessere Frucht gibt,
gibt es natürlich im Boden Ursprungskörper der Dinge,
die wir, fruchtbare Scholle mit unsern Pflügen wendend
und den Boden des Lands bemeisternd, zum Aufgange
rufen.
Gäb es sie nicht, so würdest auch ohne unser Bemühen
alles aus eigener Kraft du viel besser entwickeln sich sehen.
  Hierzu kommt: die Natur löst jedes wieder in Ursprungs-
Körper auf und vernichtet die Dinge mitnichten zu Nichtsen.
Denn wenn irgend etwas in allen Teilen wär sterblich,
ginge den Augen entrafft ein jedes plötzlich zugrunde;
wäre Gewalt doch nicht nötig, die seinen Teilen vermöchte
Trennung zu wirken und ihre Verknüpfung zur Lösung zu
bringen.
Jetzt jedoch, weil alles besteht aus ewigem Samen,
läßt die Natur, bis Gewalt eintritt, welche Dinge mit
Schlägen
sprengt oder eindringt in sie durch Leeres hindurch und sie
auflöst,
keines Vernichtung sich in der Welt der Erscheinungen
zeigen.
  Außerdem: Was immer die Zeit durch Altern beseitigt,
wenn sie ganz es vernichtet verzehrend jeglichen Baustoff:
Woraus führt das belebte Geschlecht zum Lichte des Lebens
Venus nach Arten zurück, woher nährt Künstlerin Erde
dann und vermehrt es, getrennt nach Arten Futter
gewährend?
Woher füllen das Meer die drinnen geborenen Quellen
auf und von draußen weit die Flüsse, nährt Äther die Sterne?
Alles nämlich, was ist von sterblichem Körper, das hätten
längst unendliche Zeit vorher und die Tage vernichtet.
War aber in dieser Zeit und lange verflossenem Alter,
woraus jetzt die Summe der Welt erneuert bestehet,
war es sicher begabt mit unvergänglichem Wesen;
also kann nicht ein jedes Ding zurück in das Nichts kehrn.

  denique res omnis eadem vis causaque volgo
conficeret, nisi materies aeterna teneret
inter se nexu minus aut magis indupedita;   240
tactus enim leti satis esset causa profecto,
quippe ubi nulla forent aeterno corpore, quorum
contextum vis deberet dissolvere quaeque.
at nunc, inter se quia nexus principiorum
dissimiles constant aeternaque materies est,   245
incolumi remanent res corpore, dum satis acris
vis obeat pro textura cuiusque reperta.
haud igitur redit ad nilum res ulla, sed omnes
discidio redeunt in corpora materiai.

  postremo pereunt imbres, ubi eos pater aether   250
in gremium matris terrai praecipitavit;
at nitidae surgunt fruges ramique virescunt
arboribus, crescunt ipsae fetuque gravantur;
hinc alitur porro nostrum genus atque ferarum,
hinc laetas urbes pueris florere videmus.   255
frondiferasque novis avibus canere undique silvas;
hinc fessae pecudes pingui per pabula laeta
corpora deponunt et candens lacteus umor
uberibus manat distentis; hinc nova proles
artubus infirmis teneras lasciva per herbas   260
ludit lacte mero mentes perculsa novellas.
haud igitur penitus pereunt quaecumque videntur,
quando alid ex alio reficit natura nec ullam
rem gigni patitur, nisi morte adiuta aliena.

  Nunc age, res quoniam docui non posse creari   265
de nilo neque item genitas ad nil revocari,
ne qua forte tamen coeptes diffidere dictis,
quod nequeunt oculis rerum primordia cerni,

Endlich: Gleiche Gewalt und Ursache würde gewöhnlich
jegliches Ding zerstören, hielte nicht ewiger Stoff es,
in sich mehr verstrickt oder weniger in seiner Bindung;
Anrührn wäre genug fürwahr als Ursach des Todes,
da ja nichts da wär aus ewigem Körper, daß dessen
festes Gewebe Gewalt im einzelnen auflösen müßte.
Jetzt jedoch, weil unter sich der Atome Verknüpfung
ähnlich nicht ist und unvergänglich der Stoff sich behauptet,
bleiben die Dinge zurück mit heilem Körper, bis eintritt
heftig genug Gewalt, so jedem Gewebe sich findend.
Also kehret zurück kein Ding ins Nichts, sondern alle
kehren durch Trennung zurück in die Ursprungskörper des
                                                Stoffes.
Und zuletzt: Es vergeht der Regen, sobald ihn der Vater
Äther gestürzt in den Schoß hat der Mutter Erde vom
                                                Himmel,
aufsteigt schimmernde Frucht jedoch, den Bäumen ergrünen
Äste, sie wachsen selbst und laden sich schwer mit Früchten;
davon nährt unser Geschlecht sich dann und jenes der Tiere,
davon sehen wir froh die Städte voll Jugend erblühen,
laubbefiederten Hain überall mit neuen Vögeln erschallen,
davon legt ermattet vom Fett auf üppiger Weide
nieder sich das Vieh und strömt die milchige Feuchte
schimmernd heraus aus strotzenden Eutern; davon mit
                                                zarten
Gliedern spielet der Nachwuchs tollend im zierlichen Grase,
wirr im jungen Sinn von dem unvermischten Getränke.
Nicht also geht ganz zugrunde was immer sich zeigt so,
da die Natur aus andrem andres erneuert und andres
nichts entstehen je läßt, kommt fremder Tod nicht zu Hilfe.
Auf nun, da ja gelehrt ich, daß Dinge nicht können
                                                entstehen
aus dem Nichts, noch, gezeugt, zu nichts je werden
                                                gemindert:
Daß du vielleicht nicht doch am Worte zu zweifeln
                                                beginnest,
weil mit den Augen erblickt nicht werden können Atome,

accipe praeterea quae corpora tute necessest
confiteare esse in rebus nec posse videri.   270
  principio venti vis verberat incita pontum
ingentisque ruit navis et nubila differt,
interdum rapido percurrens turbine campos
arboribus magnis sternit montisque supremos
silvifragis vexat flabris: ita perfurit acri   275
cum fremitu saevitque minaci murmure ventus.
sunt igitur venti nimirum corpora caeca,
quae mare, quae terras, quae denique nubila caeli
verrunt ac subito vexantia turbine raptant,
nec ratione fluunt alia stragemque propagant   280
et cum mollis aquae fertur natura repente
flumine abundanti, quam largis imbribus auget
montibus ex altis magnus decursus aquai,
fragmina coniciens silvarum arbustaque tota,
nec validi possunt pontes venientis aquai   285
vim subitam tolerare: ita magno turbidus imbri
molibus incurrit validis cum viribus amnis,
dat sonitu magno stragem, volvitque sub undis
grandia saxa, ruit qua quidquid fluctibus obstat.
sic igitur debent venti quoque flamina ferri,   290
quae veluti validum cum flumen procubuere
quamlibet in partem, trudunt res ante ruuntque

höre zudem, was für Körperchen selber bekennen du mußt
doch,
daß in den Dingen sie sind und doch nicht geschaut werden
können.
  Erstens geißelt erregt die Macht des Sturmes die Meerflut,
stürzt die riesigen Schiffe dahin, zerteilet die Wolken,
manchmal mit reißendem Wirbel eilt sie hindurch durch die
Fluren,
deckt mit gewaltigen Bäumen sie zu, und die Gipfel der
Berge
quält sie mit wälderbrechendem Wehen: so wütet mit
scharfem
Heulen der Sturm und rast dahin mit drohendem Tosen.
Also gibt es, kein Zweifel, verborgne Körper des Windes,
die das Meer, das Land, die schließlich die Wolken des
Himmels
fegen und reißen dahin mit plötzlichem Wirbel verheerend,
und die nicht auf andere Weise fließen und Unheil
verbreiten,
als wenn plötzlich die sanfte Natur des Wassers dahineilt
überschäumenden Stroms, die mehrt mit reichlichem Regen
hoch vom Berge herab des Wassers mächtiger Absturz,
Brocken der Wälder in eins, ja ganze Gebüsche mittreibend,
und die Brücke nicht kann, die feste, des kommenden
Wassers
plötzliche Wucht ertragen: So wirbelnd vom mächtigen
Regen
stößt die Pfeiler der Strom mit seinen kernigen Kräften,
schafft mit großem Gebraus Verwüstung, und unter den
Wellen
wälzt er riesige Blöcke und stürzt, was der Flut in den Weg
tritt.
So muß also des Windes Wehen auch sich bewegen,
das, wenn es sich wie ein kräftiger Strom in beliebige
Richtung
vorwärts geworfen hat, treibt vor sich her die Dinge und
stürzt sie

impetibus crebris, interdum vertice torto
corripiunt rapidique rotanti turbine portant.
quare etiam atque etiam sunt venti corpora caeca,   295
quandoquidem factis et moribus aemula magnis
amnibus inveniuntur, aperto corpore qui sunt.

   tum porro varios rerum sentimus odores
nec tamen ad naris venientis cernimus umquam,
nec calidos aestus tuimur nec frigora quimus   300
usurpare oculis nec voces cernere suemus;
quae tamen omnia corporea constare necessest
natura, quoniam sensus impellere possunt;
tangere enim et tangi, nisi corpus, nulla potest res.

   denique fluctifrago suspensae in litore vestes   305
uvescunt, eaedem candenti sole serescunt.
at neque quo pacto persederit umor aquai
visumst nec rursum quo pacto fugerit aestu.
in parvas igitur partis dispergitur umor,
quas oculi nulla possunt ratione videre.   310

   quin etiam multis solis redeuntibus annis
anulus in digito subter tenuatur habendo,
stilicidi casus lapidem cavat, uncus aratri
ferreus occulte decrescit vomer in arvis,
strataque iam vulgi pedibus detrita viarum   315
saxea conspicimus; tum portas propter aena
signa manus dextras ostendunt adtenuari
saepe salutantum tactu praeterque meantum.
haec igitur minui, cum sint detrita, videmus,
sed quae corpora decedant in tempore quoque   320
invida praeclusit speciem natura videndi.

   postremo quaecumque dies naturaque rebus

durch seinen ständigen Stoß, das manchmal in kreisendem
Wirbel
auch sie packt und davonträgt reißend in drehendem Strudel.
Drum gibt's noch und noch verborgene Körper des Windes,
da nach Wesen und Tat als großer Ströme Rivalen
sie sich erfinden, die sind von offenliegendem Körper.

    Ferner spüren wir dann der Dinge verschiedne Gerüche,
aber sehen doch nie zur Nase sie steigen vor Augen,
schauen auch nicht die wärmende Glut und können die Kälte
nicht mit Augen erspähn noch Stimmen erblicken
gewöhnlich.
Alles das aber ist von körperlicher Natur ja
unausweichlich, da es vermag, die Sinne zu treffen;
denn zu berühren vermag und berühren zu lassen nur
Körper.

    Schließlich: Das Kleid, das aufgehängt ist am
umbrandeten Strande,
füllt sich mit Feuchte, es trocknet das gleiche in strahlender
Sonne.
Doch wurde weder, wie fest sich setzte die Feuchte des
Wassers,
noch wiederum gesehen, wie fort sie floh ob der Hitze.
Also wird versprengt in feinste Teilchen die Feuchte,
welche das Auge vermag in keiner Weise zu sehen.

    Ja wenn viele Jahre der Sonne kommen und gehen,
wird am Finger der Ring gar dünn darunter vom Tragen,
Fall des Tropfens höhlt den Stein, des Pfluges gekrümmte
eiserne Schar nimmt unvermerkt an Größe im Feld ab,
und von den Füßen des Volkes müssen abgetreten wir sehen
schon die Decke der Straßen, die steinerne; neben den Toren
erzene Bilder bieten zur Schau, wie die Rechte wird dünner
von dem häufigen Anrührn der Leute, die grüßend passieren.
Daß dies abnimmt also, das sehen wir, weil es sich abreibt,
was für Körper jedoch entweichen in jedem Momente,
dessen Sicht hat neidisch des Sehens Natur uns verschlossen.

    Schließlich: Was immer die Zeit und Natur den Dingen
allmählich

paulatim tribuit moderatim crescere cogens,
nulla potest oculorum acies contenta tueri;
nec porro quaecumque aevo macieque senescunt   325
nec, mare quae inpendent, vesco sale saxa peresa
quid quoque amittant in tempore cernere possis.
corporibus caecis igitur natura gerit res.
      Nec tamen undique corporea stipata tenentur
omnia natura; namque est in rebus inane.   330
quod tibi cognosse in multis erit utile rebus
nec sinet errantem dubitare et quaerere semper
de summa rerum et nostris diffidere dictis.
quapropter locus est intactus, inane vacansque.
quod si non esset, nulla ratione moveri   335
res possent; namque officium quod corporis exstat,
officere atque obstare, id in omni tempore adesset
omnibus; haud igitur quicquam procedere posset,
principium quoniam cedendi nulla daret res.
at nunc per maria ac terras sublimaque caeli   340
multa modis multis varia ratione moveri
cernimus ante oculos; quae, si non esset inane,
non tam sollicito motu privata carerent
quam genita omnino nulla ratione fuissent,
undique materies quoniam stipata quiesset.   345
      praeterea quamvis solidae res esse putentur,
hinc tamen esse licet raro cum corpore cernas:
in saxis ac speluncis permanat aquarum
liquidus umor et uberibus flent omnia guttis.
dissipat in corpus sese cibus omne animantum,   350
crescunt arbusta et fetus in tempore fundunt,
quod cibus in totas usque ab radicibus imis

zuteilt, so sie stetig und maßvoll zum Wachstume zwingend,
das vermag nicht der Augen Schärfe gespannt zu erschauen;
weiter auch nicht, was immer von Alter und Magerkeit greis
wird,
noch die ragen ins Meer, die Felsen, vom Salzfraß
zerklüftet,
was sie zu jeder Zeit verlieren, vermagst du zu scheiden.
Also führt die Natur ihr Geschäft mit verborgenen Körpern.

    Aber nicht überall fest gedrängt wird alles gehalten
von des Körpers Natur; denn es gibt in den Dingen das
Leere.
Dieses erkannt zu haben, wird vielfach sein dir von Nutzen,
wird dich nicht irrend zweifeln lassen, nicht immer nur
fragen
über das Wesen des Alls und unseren Worten nicht mißtraun.
Darum: Es gibt den Raum unberührbar, das Leere und Freie.
Gäb' es das nicht, so könnten in keiner Weise sich rühren
Dinge der Welt; denn des Körpers Tun, das immer ihm
eignet,
Widerstand und Stoß, würde jedem in jedem Momente
angehören; kein Ding also würde vorrücken können,
da des Weichens Beginn doch nichts zu geben vermöchte.
Jetzt jedoch über Meer und Land und Höhen des Himmels
sieht man viel in vielfacher Form aus wechselnden Gründen
sich bewegen vor Augen; das würde, gäb's nicht das Leere,
nicht so sehr von hastiger Unrast frei und beraubt sein,
als vielmehr überhaupt in keiner Weise geboren,
da ja der Stoff überall gedrängt in Ruhe verharrt wär.

    Außerdem: Mag als noch so fest die Dingwelt erscheinen,
darfst du hieraus schließen, daß lockere Masse im Spiel ist:
Tropft in Felsen und Höhlen hindurch doch sachte des
Wassers
flüssige Feuchte, und alles weint mit strömenden Tränen.
Speise verteilt sich in jeglichen Leib der lebenden Wesen,
Bäume wachsen empor und schütten Früchte zu ihrer
Zeit, weil tief von der untersten Wurzel ins Ganze verteilt
sich

per truncos ac per ramos diffunditur omnis.
inter saepta meant voces et clausa domorum
transvolitant, rigidum permanat frigus ad ossa.   335
quod, nisi inania sint, qua possent corpora quaeque
transire, haud ulla fieri ratione videres.

    denique cur alias aliis praestare videmus
pondere res rebus nilo maiore figura?
nam si tantumdemst in lanae glomere quantum   360
corporis in plumbo est, tantumdem pendere par est,
corporis officiumst quoniam premere omnia deorsum,
contra autem natura manet sine pondere inanis.
ergo quod magnumst aeque leviusque videtur,
nimirum plus esse sibi declarat inanis;   365
at contra gravius plus in se corporis esse
dedicat et multo vacui minus intus habere.

    est igitur nimirum id quod ratione sagaci
quaerimus admixtum rebus, quod inane vocamus.

    Illud in his rebus ne te deducere vero   370
possit, quod quidam fingunt, praecurrere cogor.
cedere squamigeris latices nitentibus aiunt
et liquidas aperire vias, quia post loca pisces
linquant, quo possint cedentes confluere undae.
sic alias quoque res inter se posse moveri   375
et mutare locum, quamvis sint omnia plena.
scilicet id falsa totum ratione receptumst.
nam quo squamigeri poterunt procedere tandem,

Nahrung durch die Stämme hindurch und breit durch die
Äste.
Durch die Wand dazwischen dringen die Stimmen und
fliegen
durch den Abschluß des Hauses, der Frost schleicht bis zu
den Knochen.
Wenn das Leere nicht wär', wo hindurch die einzelnen
Körper
drängen, würdest du niemals solches sehen geschehen.
  Endlich: Warum stellt fest man, daß andere Dinge vor
andern
stechen hervor an Gewicht, obwohl von Gestalt doch nicht
größer?
Denn wenn ebensoviel im Ballen Wolle sich findet
Masse, wieviel im Blei, müßt er doch wiegen dasselbe,
da ja des Körpers Tun ist, alles nach unten zu drücken,
während jedoch die Natur des Leeren ohne Gewicht ist.
Was gleich groß also, doch leichter dabei sich erfindet,
zeigt damit klar natürlich, daß mehr es besitzt von dem
Leeren;
andererseits sagt Schwereres aus, daß größere Masse
in ihm ist und es drinnen besitzt viel weniger Leeres.
  Zweifellos ist also das, was wir mit spürendem Scharfsinn
suchen, den Dingen beigemischt: wir nennen es Leeres.
  Daß dich jenes dabei nicht vom Wahren verleite, so bin
ich
dem, was sich manche erdichten, zuvorzukommen
gezwungen.
Sagen sie doch, daß das Naß, wenn die Fische drängten,
entwiche
und einen flüssigen Pfad eröffnete, weil ja die Fische
hinter sich Raum, wo Flut hinströmen könnte, verließen.
So könnten unter sich auch noch andere Dinge sich rühren
und ihren Platz vertauschen, wenn noch auch alles so voll
sei.
Das ist natürlich ganz mit falschem Denken gefunden.
Denn wohin sollen endlich und schließlich rücken die Fische,

ni spatium dederint latices? concedere porro
quo poterunt undae, cum pisces ire nequibunt?   380
aut igitur motu privandumst corpora quaeque
aut esse admixtum dicendumst rebus inane,
unde initum primum capiat res quaeque movendi.

   postremo duo de concursu corpora lata
si cita dissiliant, nempe aer omne necessest,   385
inter corpora quod fiat, possidat inane;
is porro quamvis circum celerantibus auris
confluat, haud poterit tamen uno tempore totum
compleri spatium; nam primum quemque necessest
occupet ille locum, deinde omnia possideantur.   390
quod si forte aliquis, cum corpora dissiluere,
tum putat id fieri quia se condenseat aer,
errat; nam vacuum tum fit quod non fuit ante
et repletur item vacuum quod constitit ante,
nec tali ratione potest denserier aer   395
nec, si iam posset, sine inani posset, opinor,
ipse in se trahere et partis conducere in unum.

   quapropter, quamvis causando multa moreris,
esse in rebus inane tamen fateare necessest.
multaque praeterea tibi possum commemorando   400
argumenta fidem dictis conradere nostris.
verum animo satis haec vestigia parva sagaci
sunt, per quae possis cognoscere cetera tute.

wenn das Wasser nicht Raum hat gegeben? Wo werden die
Wellen
hin zu entweichen vermögen, wenn vorgehn die Fische nicht
können?
Also muß entweder man der Bewegung die Körper berauben
oder sagen, daß beigemischt ist den Dingen das Leere,
woher jedes Ding den Beginn der Bewegung erhalte.
   Schließlich: Wenn vom Prall zwei flächige Körper
geschwinde
springen davon, muß freilich die Luft das Leere, das
zwischen
diesen Körpern entsteht, notwendig in Ganzheit besetzen;
wenn sie aber auch rings mit noch so stürmischem Wehen
strömt zusammen, so wird sich nicht doch im einzigen
Zeitpunkt
ganz erfüllen der Raum; denn je den ersten muß jene
sicher besetzen, und dann erst muß alles besetzt sein.
Wenn aber einer vielleicht, wenn die Körper sprangen von
hinnen,
meint, es geschehe das dann, weil dann die Luft sich
verdichtet,
irrt er; denn leer wird in diesem Fall, was vorher nicht leer
war,
und zugleich wird gefüllt das Leere, das früher bestanden,
und überhaupt kann so, wie gesagt, sich die Luft nicht
verdichten,
und gesetzt, es ist möglich, so könnte sie, mein ich, doch
selber
ohne das Leere in sich nicht ziehen und einen die Teile.
   Darum, magst du mit Klügeln auch noch so lange dich
winden,
mußt du dennoch gestehn, daß das Leere ist in den Dingen.
Vielerlei Gründe vermag ich außerdem zu erwähnen
und unseren Worten so Kredit zusammenscharren zu
Haufen.
Aber dem scharfen Geist sind diese bescheidenen Spuren,
daß du das übrige selbst zu erkennen imstand bist, genügend.

namque canes ut montivagae persaepe ferai
naribus inveniunt intectas fronde quietes,   405
cum semel institerunt vestigia certa viai,
sic alid ex alio per te tute ipse videre
talibus in rebus poteris caecasque latebras
insinuare omnis et verum protrahere inde.
quod si pigraris paulumve recesseris ab re,   410
hoc tibi de plano possum promittere, Memmi:
usque adeo largos haustis e fontibus amnis
lingua meo suavis diti de pectore fundet,
ut verear ne tarda prius per membra senectus
serpat et in nobis vitai claustra resolvat,   415
quam tibi de quavis una re versibus omnis
argumentorum sit copia missa per auris.

  Sed nunc ut repetam coeptum pertexere dictis,
omnis ut est igitur per se natura duabus
constitit in rebus; nam corpora sunt et inane,   420
haec in quo sita sunt et qua diversa moventur.
corpus enim per se communis dedicat esse
sensus; cui nisi prima fides fundata valebit,
haud erit occultis de rebus quo referentes
confirmare animi quicquam ratione queamus.   425
tum porro locus ac spatium, quod inane vocamus,
si nullum foret, haud usquam sita corpora possent
esse neque omnino quoquam diversa meare;
id quod iam supera tibi paulo ostendimus ante.
praeterea nihil est quod possis dicere ab omni   430
corpore seiunctum secretumque esse ab inani,
quod quasi tertia sit numero natura reperta.

Denn wie die bergdurchstreifenden Hunde gar oftmals des
Wildes
laubumhülltes Lager mit ihren Nasen erspüren,
sind sie einmal gesetzt auf die sichere Fährte des Weges,
so wirst selber eins nach dem andren du sehen von dir aus
können bei solchen Fragen und ein in die blinden Verstecke
dringen alle und dann ans Licht die Wahrheit hervorziehn.
Wenn aber kalt es dich läßt und abrückst du leicht von der
Sache,
kann ich, Memmius, dir ganz schlankweg folgendes sagen:
Solch einen breiten Strom aus tief geförderten Quellen
wird die Zunge, die süße, aus vollem Herzen ergießen,
daß, so fürcht ich, eher mühsames Alter den Gliedern
einschleicht und entriegelt in uns des Lebens Verschlüsse,
ehe daß dir über jegliches Ding in Versen die ganze
Fülle meiner Beweise geschickt worden ist durch die Ohren.

Aber um jetzt im Wort das Begonnene wieder zu wirken:
Alle Natur, an sich wie sie ist, besteht aus der Dinge
zwei; denn es gibt die Körper und andrerseits gibt es das
Leere,
in dem diese gelegen und wo sie verschieden sich rühren.
Denn daß Körper es gibt, zeigt an die allen gemeine
Sinnesempfindung; wenn ihr zuerst das Vertrauen von
Grund auf
stark nicht ist, ist nichts, worauf in verborgenen Dingen
wir beziehend etwas mit Verstand zu behaupten vermöchten.
Weiter wenn Platz und der Raum, den wir das Leere
benennen,
nicht da wär, würden nirgends die Körper zu liegen
vermögen
und überhaupt nach verschiedener Richtung sich nicht zu
bewegen;
das haben oben wir ja kurz vorher schon dir gewiesen.
Außerdem ist nichts, was von jedem Körper getrennt du
heißen könntest und annehmen abgeschieden vom Leeren,
was als dritte Natur gleichsam an Zahl sich erfände.

nam quodcumque erit, esse aliquid debebit id ipsum
augmine vel grandi vel parvo denique, dum sit.
cui si tactus erit quamvis levis exiguusque,   435
corporis augebit numerum summamque sequetur;
sin intactile erit, nulla de parte quod ullam
rem prohibere queat per se transire meantem,
scilicet hoc id erit, vacuum quod inane vocamus.

    praeterea per se quodcumque erit, aut faciet quid   440
aut aliis fungi debebit agentibus ipsum
aut erit ut possint in eo res esse gerique;
at facere et fungi sine corpore nulla potest res
nec praebere locum porro nisi inane vacansque.
ergo praeter inane et corpora tertia per se   445
nulla potest rerum in numero natura relinqui,
nec quae sub sensus cadat ullo tempore nostros
nec ratione animi quam quisquam possit apisci.

    Nam quaecumque cluent, aut his coniuncta duabus
rebus ea invenies aut horum eventa videbis.   450
coniunctum est id quod nusquam sine permitiali
discidio potis est seiungi seque gregari,
pondus uti saxis, calor ignist, liquor aquai,
tactus corporibus cunctis, intactus inani.
servitium contra, paupertas divitiaeque,   455
libertas, bellum, concordia, cetera quorum
adventu manet incolumis natura abituque,
haec soliti sumus, ut par est, eventa vocare.
tempus item per se non est, sed rebus ab ipsis
consequitur sensus, transactum quid sit in aevo,   460
tum quae res instet, quid porro deinde sequatur;
nec per se quemquam tempus sentire fatendumst
semotum ab rerum motu placidaque quiete.

Denn was immer es gibt, muß irgend etwas an sich selbst sein
großen Umfangs oder von kleinem, wenn überhaupt nur.
Wenn dem Berührung eignet, sei noch so klein und gering sie,
wird es des Körpers Zahl vermehrn und Gesamtem gehören;
wenn unfaßbar jedoch es ist, weil nirgends ein Ding es
durch sich hindurch zu gehen beim Schreiten vermöchte zu
                                                    hindern,
wird doch sicher es das sein, was lediges Leeres wir nennen.

   Außerdem: Alles was ist an sich, wird entweder etwas
tun oder selbst, wenn anderes handelt, sich lassen gebrauchen,
oder es wird so sein, daß Dinge in ihm sind und leben.
Aber tun und tun mit sich lassen kann nichts ohne Körper,
nichts stellt Raum zur Verfügung, es sei denn das Leere und
                                                    Freie.
Also kann außer dem Leeren an sich und außer den Körpern
nicht eine dritte Natur in der Zahl der Dinge verbleiben,
nicht eine, die einmal unter unsere Sinne je fiele,
noch eine, die jemand mit dem Denken erreichen je könnte.

   Denn was immer besteht, wirst diesen beiden du finden
eigen oder wirst es als Geschehen an ihnen erkennen.
Eigen ist das, was nirgends ohne vernichtende Scheidung
von ihnen abgelöst werden kann und von ihnen gesondert,
wie dem Stein das Gewicht, dem Feuer die Wärme, dem
                                                    Wasser
Flüssigkeit, allen Körpern Berührung, Unfaßbarkeit Leerem.
Knechtschaft dagegen, Armut und Reichtum, ebenso wie die
Freiheit, der Krieg, die Eintracht, das übrige, bei dessen
                                                    Zutritt
unversehrt die Natur bestehen bleibt und beim Wegtritt,
das sind gewohnt wir, wie billig, der Dinge Geschehen zu
                                                    heißen.
Auch die Zeit ist nicht an sich, sondern nur von den Dingen
selber folgt das Empfinden, erfolgt was ist in den Zeiten,
dann was bevorsteht, weiter was folgt in der Reihe
                                                    dahinter;
und an sich spürt keiner die Zeit, das muß man gestehen,
von der Bewegung der Dinge getrennt und friedlicher Ruhe.

denique Tyndaridem raptam belloque subactas
Troiugenas gentis cum dicunt esse, videndumst   465
ne forte haec per se cogant nos esse fateri,
quando ea saecla hominum, quorum haec eventa fuerunt,
inrevocabilis abstulerit iam praeterita aetas.
namque aliud tectis, aliud regionibus ipsis
eventum dici poterit quodcumque erit actum.   470
denique materies si rerum nulla fuisset
nec locus ac spatium, res in quo quaeque geruntur,
numquam Tyndaridis forma conflatus amore
ignis Alexandri Phrygio sub pectore gliscens
clara accendisset saevi certamina belli   475
nec clam durateus Troianis Pergama partu
inflammasset equos nocturno Graiugenarum;
perspicere ut possis res gestas funditus omnis
non ita uti corpus per se constare neque esse
nec ratione cluere eadem qua constet inane,   480
sed magis ut merito possis eventa vocare
corporis atque loci, res in quo quaeque gerantur.
     Corpora sunt porro partim primordia rerum,
partim concilio quae constant principiorum.
sed quae sunt rerum primordia, nulla potest vis   485
stinguere; nam solido vincunt ea corpore demum.
etsi difficile esse videtur credere quicquam
in rebus solido reperiri corpore posse.
transit enim fulmen caeli per saepta domorum.

Schließlich: Wenn man sagt, geraubt ist die Tyndarostochter
und die Troer, sie seien im Krieg unterworfen, so muß man
sehen, daß dies nicht vielleicht uns zwingt, es sei selber, zu
sagen,
da der Menschen Geschlechter, deren Geschehnisse dieses
waren, vergangene Zeit habe unwiderruflich entfernet.
Denn das eine wird Städten, das andre den Gegenden selber,
was auch immer geschieht, Geschehnis genannt werden
können.
Schließlich: Wenn kein Stoff für Dinge sich dorten
befunden,
noch hätten Raum und Platz, in dem sich ein jedes
vollführet,
nie wäre worden entfacht durch der Tyndaris Schönheit in
Liebe
züngelnd empor die Glut im phrygischen Herzen des Paris
und hätte hellen Kampf des wilden Krieges entzündet,
nie hätte Trojens Volke das hölzerne Roß im geheimen
Pergamons Feste entflammt in nächtlichem Wurf der
Achaier;
so daß erkennen du kannst, daß alle Geschichte von Grund
aus
nicht wie Körper an sich besteht und eigenes Sein hat
noch in derselben Art existiert, wie Leeres Bestand hat,
sondern vielmehr so, daß mit Recht du Geschehen es nennen
könntest des Körpers und Raumes, in dem sich alles
vollführet.
   Körper sind weiter teils die Ursprungskörper der Dinge,
teils was aus dem Verein der Anfangskörper sich bildet.
Keine Gewalt aber kann die Ursprungskörper der Dinge
auslöschen; bleiben mit festem Körper sie schließlich doch
Sieger.
Freilich scheint es schwierig zu glauben, es ließe sich finden
etwas von festem Körper in Dingen der Welt der
Erscheinung.
Geht doch des Himmels Blitz hindurch durch der Häuser
Gehege,

clamor ut ac voces, ferrum candescit in igni   490
dissiliuntque fero ferventi saxa vapore;
cum labefactatus rigor auri solvitur aestu,
tum glacies aeris flamma devicta liquescit:
permanat calor argentum penetraleque frigus,
quando utrumque manu retinentes pocula rite   495
sensimus infuso lympharum rore superne.
usque adeo in rebus solidi nil esse videtur.
sed quia vera tamen ratio naturaque rerum
cogit, ades, paucis dum versibus expediamus
esse ea quae solido atque aeterno corpore constent,   500
semina quae rerum primordiaque esse docemus,
unde omnis rerum nunc constet summa creata.

   principio quoniam duplex natura duarum
dissimilis rerum longe constare repertast,
corporis atque loci, res in quo quaeque geruntur,   505
esse utramque sibi per se puramque necessest.
nam quacumque vacat spatium, quod inane vocamus,
corpus ea non est; qua porro cumque tenet se
corpus, ea vacuum nequaquam constat inane.
sunt igitur solida ac sine inani corpora prima.   510

   praeterea quoniam genitis in rebus inanest,
materiem circum solidam constare necessest;
nec res ulla potest vera ratione probari
corpore inane suo celare atque intus habere,
si non, quod cohibet, solidum constare relinquas.   515
id porro nihil esse potest nisi materiai
concilium, quod inane queat rerum cohibere.
materies igitur, solido quae corpore constat,
esse aeterna potest, cum cetera dissoluantur.

   tum porro si nil esset quod inane vacaret,   520

so wie Stimmen und Lärm, das Eisen glühet im Feuer,
Felsen springen entzwei von der Glut der grausamen Hitze;
Goldes Starrheit löst sich gelockert im Wabern des Ofens,
wie des Erzes Spiegel zerschmilzt, besiegt von der Flamme;
Wärme und dringlicher Frost dazu durchströmen das Silber,
da wir beides gespürt, in der Hand den Becher geziemend
haltend, sobald sich ergoß das Naß des Wassers von oben.
So sehr scheint nichts Festes zu sein im Innern der Dinge.
Aber da wahre Vernunft es doch und das Wesen der Dinge
es erzwingen, so habe Geduld, bis in wenigen Versen
ich entwickle, es gibt sie, die aus ewigem, festem
Körper bestehen, die Samen und Ursprungskörper der
           Dinge
nach unsrer Lehre, woraus das All erschaffen besteht jetzt.
 Erstlich: Da sich ein doppeltes Wesen von zweierlei
           Dingen
weit verschieden erfand, die wir als bestehend erkannten,
das des Körpers und Raums, in dem sich die Dinge
           vollziehen,
müssen beide für sich an sich und rein sein notwendig.
Denn wo immer der Raum frei ist, den Leeres wir nennen,
dort ist nicht Körper; und wo wiederum der Körper sich
           aufhält,
dort besteht auf keinen Fall das ledige Leere.
Also sind fest und ohne das Leere die Körper des Anfangs.
 Außerdem: Da Leeres es gibt in entstandenen Dingen,
muß ein fester Stoff ringsum bestehen notwendig;
und es ließe sich nicht mit wahrem Denken beweisen,
daß ein Ding im Körper Leeres verbirgt und in sich hat,
wenn man nicht Festes läßt bestehen, das dieses umfinge.
Das kann weiter nichts anderes sein als des Stoffes
           Versammlung,
die es vermag, das Leere der Dinge fest zu umschließen.
Also kann der Stoff, der aus festem Körper sich aufbaut,
ewig sein, indes das übrige alles sich auflöst.
 Weiter dann: Wär' nichts, was als Leeres ledig und frei
           stünd',

omne foret solidum; nisi contra corpora certa
essent, quae loca complerent quaecumque tenerent,
omne quod est spatium vacuum constaret inane.
alternis igitur nimirum corpus inani
distinctum, quoniam nec plenum naviter extat   525
nec porro vacuum; sunt ergo corpora certa,
quae spatium pleno possint distinguere inane.

   haec neque dissolvi plagis extrinsecus icta
possunt nec porro penitus penetrata retexi
nec ratione queunt alia temptata labare;   530
id quod iam supra tibi paulo ostendimus ante.
nam neque conlidi sine inani posse videtur
quicquam nec frangi nec findi in bina secando
nec capere umorem neque item manabile frigus
nec penetralem ignem, quibus omnia conficiuntur.   535
et quo quaeque magis cohibet res intus inane,
tam magis his rebus penitus temptata labascit.
ergo si solida ac sine inani corpora prima
sunt ita uti docui, sint haec aeterna necessest.

   praeterea nisi materies aeterna fuisset,   540
antehac ad nihilum penitus res quaeque redissent
de nihiloque renata forent quaecumque videmus.
at quoniam supra docui nil posse creari
de nihilo neque quod genitum est ad nil revocari,
esse inmortali primordia corpore debent,   545
dissolvi quo quaeque supremo tempore possint,
materies ut suppeditet rebus reparandis.
sunt igitur solida primordia simplicitate
nec ratione queunt alia servata per aevum
ex infinito iam tempore res reparare.   550

   denique si nullam finem natura parasset
frangendis rebus, iam corpora materiai

alles wäre dann fest; gäb's wiederum nicht die bestimmten
Körper, welche den Raum erfüllten, den sie besetzen,
würde der Raum des Alls als lediges Leeres bestehen.
Klar im Wechsel ist füglich Körper durch Leeres geschieden
offenbar, da weder er völlig als voll sich erweiset
noch auch wieder als leer; so gibt es Körper, bestimmte,
welche den leeren Raum durch Volles zu teilen vermögen.

    Diese nun können weder durch Schläge von außen
                              getroffen
aufgelöst noch von drinnen durchdrungen aufgerollt werden
noch auf andere Weisen angegriffen sich lockern;
was wir oben dir schon ein wenig vorher gewiesen.
Denn nichts kann, wie man sieht, sich stoßen ohne das Leere
noch zerbrochen noch auch in zwei je werden gespalten,
Feuchtigkeit nicht, noch nehmen auf die schleichende Kälte
noch die fressende Glut, wodurch doch alles verbraucht wird.
Und je mehr drinnen birgt ein jegliches Ding von dem
                              Leeren,
um so tiefer lockert es sich von solchem bestürmet.
Wenn also fest und ohne das Leere die Körper des Anfangs
sind, so wie ich gelehrt, so sind notwendig sie ewig.

    Außerdem: Wäre der Stoff der Welt nicht ewig gewesen,
wären vorher völlig ins Nichts die Dinge vergangen,
und aus nichts wär neu geboren, was immer wir sehen.
Doch weil oben ich habe gezeigt, nichts könne geschaffen
werden aus nichts noch Erzeugtes zu nichts zurückgeholt
                              wieder,
müssen die Ursprungskörper sein von ewigem Stoffe,
worein jedes sich auflösen kann am Ende des Lebens,
auf daß Stoff zur Verfügung zur Neuerschaffung der
                              Dinge.
Füglich besitzen die Ursprungskörper gediegene Einfalt,
und sie können nicht anders, bewahrt durch ewige Zeiten,
seit unendlicher Frist nun schon erneuern die Dinge.

    Schließlich: Wenn die Natur nicht hätte bereitet ein Ende
der Zerstörung der Dinge, schon längst wären so dann des
                              Stoffes

usque redacta forent aevo frangente priore,
ut nihil ex illis a certo tempore posset
conceptum summum aetatis pervadere finem.   555
nam quidvis citius dissolvi posse videmus
quam rursus refici; qua propter longa diei
infinita aetas ante acti temporis omnis
quod fregisset adhuc disturbans dissoluensque,
numquam relicuo reparari tempore posset.   560
at nunc nimirum frangendi reddita finis
certa manet, quoniam refici rem quamque videmus
et finita simul generatim tempora rebus
stare, quibus possint aevi contingere florem.

  huc accedit uti, solidissima materiai   565
corpora cum constant, possint tamen omnia reddi,
mollia quae fiunt, aer, aqua, terra, vapores,
quo pacto fiant et qua vi quaeque gerantur,
admixtum quoniam semel est in rebus inane;
at contra si mollia sint primordia rerum,   570
unde queant validi silices ferrumque creari,
non poterit ratio reddi; nam funditus omnis
principio fundamenti natura carebit.
sunt igitur solida pollentia simplicitate,
quorum condenso magis omnia conciliatu   575
artari possunt validasque ostendere viris.

  porro si nullast frangendis reddita finis
corporibus, tamen ex aeterno tempore quaeque
nunc etiam superare necessest corpora rebus,
quae nondum clueant ullo temptata periclo.   580
at quoniam fragili natura praedita constant,
discrepat aeternum tempus potuisse manere
innumerabilibus plagis vexata per aevum.

Körper vermindert worden vom Druck der früheren Zeiten,
daß von bestimmter Zeit an nichts von ihnen vermöchte
von der Empfängnis zur Höhe des Lebens hin zu gelangen.
Denn nimm irgendein Ding: Es läßt, wie wir sehen, sich
                         schneller
trennen als wieder erbauen; drum könnte was endlose lange
Zeit des Tages, die Zeit des ganzen verflossenen Alters,
hätte zerbrochen bisher, es störend und Trennung ihm
                         bringend,
niemals wieder erneuert werden im Zeitraum, der übrig.
Doch jetzt ist offenbar ein Ziel der Zerstörung gegeben
und bleibt fest, da wir ja sehen, wie jegliches Ding sich
wieder erstellt und begrenzt zugleich nach Arten die Zeiten
dauern, in denen ein Ding kann die Blüte des Alters
                         erreichen.
    Hierzu kommt: wenn auch noch so fest die Körper der
                         Dinge
sind im Bestand, so kann doch alles werden geboten,
was sich Weichheit erwirbt: Luft, Wasser, Erde, die Dämpfe,
wie es entsteht und durch welche Kraft ein jedes regiert wird,
da ja den Dingen einmal drin beigemischt ist das Leere;
wenn aber weich sind dagegen die Ursprungskörper der
                         Dinge,
woher die starken Kiesel und Eisen erzeugt werden können,
davon wird dann der Grund nicht gegeben werden; von
                         Grund auf
nämlich entbehrt dann alle Natur des anfänglichen Grundes.
Füglich sind sie prall in undurchdringlicher Einfalt;
und durch ihren dichten Verein vielmehr können alle
Dinge sich eng verdichten und mächtige Kräfte beweisen.
    Weiter: Wenn kein Ende gesetzt ist für das Zerbrechen
allen Stoffes, müssen von ewiger Zeit an auch jetzt noch
Körper jeder Art für die Dinge sich übrig erhalten,
die von einer Gefahr noch niemals wurden betroffen.
Da sie jedoch ja begabt mit gebrechlichem Wesen bestehen,
stimmt dazu nicht, daß ewige Zeit sie konnten sich halten
durch unzählige Schläge gequält im Laufe der Zeiten.

denique iam quoniam generatim reddita finis
crescendi rebus constat vitamque tenendi,   585
et quid quaeque queant per foedera naturai,
quid porro nequeant, sancitum quandoquidem extat
nec commutatur quicquam, quin omnia constant
usque adeo, variae volucres ut in ordine cunctae
ostendant maculas generalis corpore inesse,   590
inmutabilis materiae quoque corpus habere
debent nimirum; nam si primordia rerum
commutari aliqua possent ratione revicta,
incertum quoque iam constet quid possit oriri,
quid nequeat, finita potestas denique cuique   595
quanam sit ratione atque alte terminus haerens,
nec totiens possent generatim saecla referre
naturam, mores, victum motusque parentum.

  Tum porro quoniam est extremum quodque cacumen
corporis illius, quod nostri cernere sensus   600
iam nequeunt, id nimirum sine partibus extat
et minima constat natura nec fuit umquam
per se secretum neque posthac esse valebit,
alterius quoniamst ipsum pars primaque et una;
inde aliae atque aliae similes ex ordine partes   605
agmine condenso naturam corporis explent;
quae quoniam per se nequeunt constare, necessest
haerere unde queant nulla ratione revelli.
sunt igitur solida primordia simplicitate,
quae minimis stipata cohaerent partibus arte,   610
non ex illorum conventu conciliata,
sed magis aeterna pollentia simplicitate,
unde neque avelli quicquam neque deminui iam
concedit natura reservans semina rebus.

  praeterea nisi erit minimum, parvissima quaeque   615

Schließlich: Da ja nach Arten ein Ziel den Dingen
                                        verliehen
für das Wachsen besteht und für das Behalten des Lebens,
und was alles vermag ein jedes im Bunde des Wesens
und was wiederum nicht, durch heilige Satzung bestimmt ist,
sich nichts ändert, ja bis zu dem Grad alles Bestand hat,
daß das bunte Geflügel alles zeigt, wie nach Ordnung
Flecken der einzelnen Art am Körper fest sich behaupten,
müssen sie zweifellos auch einen Bestand immer festen
Stoffes besitzen; denn wenn die Ursprungskörper der Dinge
ändern sich könnten, besiegt auf welche Weise auch immer,
würde schon unsicher sein auch, was zu entstehen vermöchte,
was wieder nicht, wie schließlich die Macht einem jeden
                                        begrenzt ist
auf seine Weise und tief im Grunde verhaftet der Grenzstein,
und es könnten so oft nach Arten nicht die Geschlechter
Wesen, Sitten, Kost und Bewegung zeigen der Eltern.
   Weiter dann: Da ja jedenfalls eine äußerste Spitze
jenes Körpers es gibt, den unsere Sinne zu sehen
nicht vermögen, besteht diese sicher bar jeden Teiles,
ist von kleinster Natur und ist niemals getrennt je gewesen
für sich allein und nie wird sie später solches vermögen,
da sie ja selbst des anderen Teil ist: einziger, erster;
drauf füllen andere Teile und wieder andre in Ordnung
aus des Körpers Natur in dichtem Zuge, die ähnlich;
diese, da für sich sie bestehen nicht können, verwurzeln
dort notwendig, von wo keine Macht sie herausreißen
                                        könnte.
Füglich gibt es die Ursprungskörper von festester Einfalt,
die in kleinsten Teilchen gedrängt eng halten zusammen,
nicht aus jener Verein zum vielfachen Ganzen vereinigt,
sondern vielmehr an Kräften reich durch die ewige Einfalt,
woraus weder herausreißen läßt noch irgend etwas gar
mindern des Wesens Natur, die den Dingen die Samen
                                        bewahret.
   Außerdem: Wenn es ein Kleinstes nicht gibt, wird auch
                                        noch der feinste

corpora constabunt ex partibus infinitis,
quippe ubi dimidiae partis pars semper habebit
dimidiam partem nec res praefiniet ulla.
ergo rerum inter summam minimamque quid escit?
nil erit ut distet. nam quamvis funditus omnis   620
summa sit infinita, tamen, parvissima quae sunt,
ex infinitis constabunt partibus aeque.
quod quoniam ratio reclamat vera negatque
credere posse animum, victus fateare necessest
esse ea quae nullis iam praedita partibus extent   625
et minima constent natura: quae quoniam sunt,
illa quoque esse tibi solida atque aeterna fatendum.
denique si minimas in partis cuncta resolvi
cogere consuesset rerum natura creatrix,
iam nihil ex illis eadem reparare valeret   630
propterea quia, quae nullis sunt partibus aucta,
non possunt ea quae debet genitalis habere
materies, varios conexus, pondera, plagas,
concursus, motus, per quae res quaeque geruntur.

Quapropter qui materiem rerum esse putarunt   635
ignem atque ex igni summam consistere solo,
magno opere a vera lapsi ratione videntur.
Heraclitus init quorum dux proelia primus,
clarus ob obscuram linguam magis inter inanis
quamde gravis inter Graios, qui vera requirunt;   640
omnia enim stolidi magis admirantur amantque,
inversis quae sub verbis latitantia cernunt,
veraque constituunt quae belle tangere possunt

Körper bestehen an Zahl aus je unendlichen Teilen,
da ja die Hälfte der Hälfte wird jeweils immer besitzen
wieder die Hälfte und nichts kann vorher setzen ein Ende.
Was wird zwischen dem All und dem Kleinsten für
                                    Unterschied sein dann?
Nichts wird der Unterschied sein. Denn mag die Summe auch
                                    noch so
endlos sein aus dem Grunde, so wird, was am kleinsten der
                                    Teile,
doch im gleichen Grad aus unendlichen Teilen bestehen.
Da das richtige Denken hier Einspruch erhebt und bestreitet,
daß es die Seele zu glauben vermag, mußt besiegt du
                                    gestehen,
daß es sie gibt, die mit keinerlei Teilen mehr sind versehen
und von kleinster Natur bestehen: da sie vorhanden,
müssen sie auch, das mußt du gestehen, ewig und fest sein.
Endlich: Wenn die Natur der Dinge, die Schöpferin, alles
wäre gewöhnt in kleinste Teile sich lösen zu lassen,
könnte sie selber nichts mehr jetzt schon aus ihnen ersetzen,
deswegen weil, was nicht um bestimmte Teile gemehrt ist,
nicht, was der Zeugungsstoff muß besitzen, zu haben
                                    vermöchte:
mannigfache Verbindungen, Schwerkraft, untereinander
Schläge, Zusammenprall und Bewegung, die alles bewirken.

Darum scheinen mir die, die meinten, Urstoff der Dinge
sei das Feuer und allein aus Feuer bestehe das Weltall,
weit von dem wahren Gedanken ab ins Falsche geglitten.
Heraklit als ihr Führer eröffnet als erster den Kampf hier,
wegen der dunklen Zunge berühmt mehr unter den hohlen
als den ernsten der Griechen, die nach dem Wahren auf
                                    Suche;
lieben doch alles die Dummköpfe mehr und bewundern es
                                    stärker,
was zu erblicken sie glauben versteckt in verschrobenen
                                    Worten,
stellen als wahr hin das, was hübsch zu kitzeln imstand ist

auris et lepido quae sunt fucata sonore.
nam cur tam variae res possent esse, requiro,   645
ex uno si sunt igni puroque creatae?
nil prodesset enim calidum denserier ignem
nec rarefieri, si partes ignis eandem
naturam quam totus habet super ignis haberent.
acrior ardor enim conductis partibus esset,   650
languidior porro disiectis disque supatis;
amplius hoc fieri nihil est quod posse rearis
talibus in causis, nedum variantia rerum
tanta queat densis rarisque ex ignibus esse.
id quoque: si faciant admixtum rebus inane,   655
denseri poterunt ignes rarique relinqui;
sed quia multa sibi cernunt contraria densa
et fugitant in rebus inane relinquere purum,
ardua dum metuunt, amittunt vera viai
nec rursum cernunt exempto rebus inani   660
omnia denseri fierique ex omnibus unum
corpus, nil ab se quod possit mittere raptim,
aestifer ignis uti lumen iacit atque vaporem,
ut videas non e stipatis partibus esse.
quod si forte aliqua credunt ratione potesse   665
ignis in coetu stingui mutareque corpus,
scilicet ex nulla facere id si parte reparcent,
occidet ad nihilum nimirum funditus ardor
omnis et ⟨e⟩ nihilo fient quaecumque creantur;
nam quodcumque suis mutatum finibus exit,   670
continuo hoc mors est illius quod fuit ante.
proinde aliquid superare necesse est incolume ollis,
ne tibi res redeant ad nilum funditus omnes
de nihiloque renata vigescat copia rerum.
nunc igitur quoniam certissima corpora quaedam   675

unsere Ohren und was übertüncht ist mit lockendem Klange.
Denn wie könnten sein so vielfache Dinge, so frag ich,
wenn aus dem einen und reinen Feuer sie wurden geschaffen?
Nützt' es doch nichts, daß sich das heiße Feuer verdichte
noch daß es lockerer würd', wenn Teile des Feuers dasselbe
Wesen besäßen, wie obendrein noch besitzt es das ganze.
Schärfer wäre die Glut, wenn die Teile sich zögen zusammen,
matter hinwieder, wofern sie wären getrennt und zerstoben;
mehr als das kann nicht geschehen, das kannst du mir
        glauben,
in einem solchen Fall, geschweige daß alle die Buntheit
unserer Welt vermöchte zu sein aus dichtem und lockerem
        Feuer.
Das auch noch: wenn vermischt sie ließen Leeres den Dingen,
wird das Feuer verdichten sich können und locker verbleiben;
weil aber Dichtes sich entgegenstehen sie sehen
und in den Dingen drum rein sie das Leere zu lassen
        vermeiden,
geben sie, während die Steilheit des Weges sie fürchten, die
        Wahrheit
auf und sehen wiederum nicht, daß, nimmt man das Leere
aus den Dingen, alles dann dicht und ein einziger Körper
wird aus allem, der nichts aus sich zu sprühen vermöchte,
wie das hitzige Feuer Licht auswirft und die Dämpfe,
so daß du siehst, es besteht aus kompakten Teilen mitnichten.
Wenn sie aber vielleicht sich denken, irgendwie könnte
in der Verbindung erlöschen die Glut und ändern den
        Körper,
wird, natürlich wofern sie nirgends zu tun es vermeiden,
ohne Zweifel zu nichts das ganze Glühen vergehen
gründlich und aus nichts entstehen, was immer erzeugt wird;
denn was immer geändert aus eignen Grenzen herausgeht,
ist sogleich der Tod von dem, was früher gewesen;
drum muß notwendig heil etwas den Dingen verbleiben,
daß die Dinge dir nicht zu nichts vergehen von Grund auf
alle und wieder aus nichts erstanden Fülle gediehe.
Jetzt indes, da es gibt gewisse genaueste Körper,

sunt, quae conservant naturam semper eandem,
quorum abitu aut aditu mutatoque ordine mutant
naturam res et convertunt corpora sese,
scire licet non esse haec ignea corpora rerum.
nil referret enim quaedam discedere, abire   680
atque alia attribui mutarique ordine quaedam,
si tamen ardoris naturam cuncta tenerent;
ignis enim foret omnimodis quodcumque crearent.
verum, ut opinor, itast: sunt quaedam corpora, **quorum**
concursus, motus, ordo, positura, figurae   685
efficiunt ignis mutatoque ordine mutant
naturam, neque sunt igni simulata neque ulli
praeterea rei quae corpora mittere possit
sensibus et nostros adiectu tangere tactus.
dicere porro ignem res omnis esse neque ullam   690
rem veram in numero rerum constare nisi ignem,
quod facit hic idem, perdelirum esse videtur.
nam contra sensus ab sensibus ipse repugnat
et labefactat eos, unde omnia credita pendent,
unde hic cognitus est ipsi quem nominat ignem;   695
credit enim sensus ignem cognoscere vere,
cetera non credit, quae nilo clara minus sunt.
quod mihi cum vanum tum delirum esse videtur;
quo referemus enim? quid nobis certius ipsis
sensibus esse potest, qui vera ac falsa notemus?   700
praeterea quare quisquam magis omnia tollat
et velit ardoris naturam linquere solam,
quam neget esse ignis, summam tamen esse relinquat?
aequa videtur enim dementia dicere utrumque.

  Quapropter qui materiem rerum esse putarunt   705
ignem atque ex igni summam consistere posse,
et qui principium gignundis aera rebus

welche dieselbe Natur beständig immer bewahren,
durch deren Weggang und Zugang und vertauschte
                                        Besetzung
ihre Natur die Dinge verändern und Körper sich wandeln,
ist zu wissen erlaubt, daß feurig nicht sind diese Körper.
Machte es nichts doch aus, daß manches entwiche, verginge,
anderes käme hinzu, in der Ordnung sich manches verkehrte,
wenn doch alles des Feuers Natur sich innig bewahrte;
alles wär nämlich Glut auf jeden Fall, was sie schüfen.
Nein, es ist so, denk ich: Es sind Körper vorhanden, gewisse,
deren Begegnung, Bewegung, Ordnung, Gestalten und Lage
Feuer bewirken und mit verwandelter Ordnung verwandeln
ihre Natur und gleichen nicht dem Feuer und keinem
Dinge noch sonst, das Körper auszusenden vermöchte
hin zu den Sinnen und unser Tasten zu treffen im Anwurf.
Weiter zu sagen, alles sei Feuer, und Wahres bestehe
nichts in der Zahl der Dinge noch weiter außer dem Feuer,
was derselbe Mann sagt, scheint mehr als Unsinn zu sein mir.
Streitet er gegen die Sinne doch selbst mit Hilfe der Sinne
und erschüttert die, von wo das Geglaubte doch abhängt
alles, von wo doch ihm selbst das bekannt ist, was Feuer er
                                        heißet;
denn er glaubt, die Sinne vermöchten wahr zu erkennen
Feuer, das übrige nicht, das doch nicht weniger klar ist.
Das scheint nichtig zu sein mir und Unsinn dazu noch.
Wohin beziehen wir dann uns denn? Was kann uns denn
                                        sicher
sein als eben die Sinne, um Wahres und Falsches zu zeichnen?
Außerdem: Warum soll jemand aufheben alles
und des Feuers Natur allein zurücklassen wollen
mehr, als das Feuer zu leugnen, das Sein aber allem zu
                                        lassen?
Gleicher Wahnsinn ist's nämlich ersichtlich, beides zu sagen.
    Die drum glaubten, der Stoff der Dingwelt wäre das
                                        Feuer
und aus Feuer vermöchte das All entstanden zu dauern,
und welche Luft als Beginn für das Entstehen der Dinge

constituere, aut umorem quicumque putarunt
fingere res ipsum per se, terramve creare
omnia et in rerum naturas vertier omnis,   710
magno opere a vero longe derrasse videntur.
adde etiam qui conduplicant primordia rerum
aera iungentes igni terramque liquori,
et qui quattuor ex rebus posse omnia rentur
ex igni, terra atque anima procrescere et imbri.   715
   Quorum Acragantinus cum primis Empedocles est,
insula quem triquetris terrarum gessit in oris,
quam fluitans circum magnis anfractibus aequor
Ionium glaucis aspargit virus ab undis,
angustoque fretu rapidum mare dividit undis   720
Italiae terrarum oras a finibus eius.
hic est vasta Charybdis et hic Aetnaea minantur
murmura flammarum rursum se colligere iras,
faucibus eruptos iterum vis ut vomat ignis
ad caelumque ferat flammai fulgura rursum.   725
quae cum magna modis multis miranda videtur
gentibus humanis regio visendaque fertur,
rebus opima bonis, multa munita virum vi,
nil tamen hoc habuisse viro praeclarius in se
nec sanctum magis et mirum carumque videtur;   730
carmina quin etiam divini pectoris eius
vociferantur et exponunt praeclara reperta,
ut vix humana videatur stirpe creatus.

setzten an oder meinten, es bilde die Feuchte von sich aus
selber die Dinge, und sei's, daß sie dachten, die Erde erzeuge
alles und wandele sich in alle Naturen der Dinge:
scheinen sehr von der Wahrheit ab in die Irre gegangen.
Füge hinzu, die verdoppeln die Ursprungskörper der Dinge,
koppelnd das Feuer mit Luft und den Stoff der Erde mit
           Feuchte,
und die der Ansicht sind, es könne hervor aus vieren der
           Dinge
wachsen alles, aus Feuer und Erde, dem Lufthauch und
           Regen.
  Unter den ersten davon ist Empedokles, Akragas' Bürger,
den jenes Eiland trug am Dreispitzgestade der Lande,
um das strömend herum in gewaltigen Buchten Ioniens
Meer ihm spritzt den Schaum aus dunkelgrünem Gewoge,
und die reißende See mit dem schmalen Sund und den
           Wellen
trennt des Landes Italien Saum von seinen Gebieten.
Hier ist die grause Charybdis, hier kündigt drohend des
           Ätna
Donnern an, daß wieder die Wut der Flammen er sammelt,
daß wieder seine Gewalt aus dem Schlunde geschleudert das
           Feuer
speie, das Blitzen der Flammen von neuem trage zum
           Himmel.
Wenn dieser Strich auch groß, in mancher Hinsicht ein
           Wunder
scheint den Völkern der Menschen und wert ist, daß man
           ihn sehe,
guter Sachen voll, mit Männerkraft vieler versehen,
scheint er Größeres nichts doch als diesen Mann in sich,
           nichts was
hehrer, erstaunlicher, kostbarer wär, geborgen zu haben.
Fügung des Dichterwortes sogar verleiht seines Herzens
hell erstrahlenden Funden Stimme und stellet sie dar uns,
so, daß kaum er aus menschlichem Stamme geboren
           erscheinet.

Hic tamen et supra quos diximus inferiores
partibus egregie multis multoque minores,   735
quamquam multa bene ac divinitus invenientes
ex adyto tamquam cordis responsa dedere
sanctius et multo certa ratione magis quam
Pythia quae tripode a Phoebi lauroque profatur,
principiis tamen in rerum fecere ruinas   740
et graviter magni magno cecidere ibi casu;
primum quod motus exempto rebus inani
constituunt et res mollis rarasque relinquunt,
aera, rorem, ignem, terras, animalia, fruges,
nec tamen admiscent in eorum corpus inane;   745
deinde quod omnino finem non esse secandis
corporibus facient neque pausam stare fragori
nec prorsum in rebus minimum consistere qui⟨cquam⟩,
cum videamus id extremum cuiusque cacumen
esse quod ad sensus nostros minimum esse videtur,   750
conicere ut possis ex hoc, quae cernere non quis
extremum quod habent, minimum consistere ⟨in illis⟩.
huc accedit item, quoniam primordia rerum
mollia constituunt, quae nos nativa videmus
esse et mortali cum corpore, funditus utqui   755
debeat ad nihilum iam rerum summa reverti
de nihiloque renata vigescere copia rerum;
quorum utrumque quid a vero iam distet habebis.
deinde inimica modis multis sunt atque veneno
ipsa sibi inter se; quare aut congressa peribunt   760
aut ita diffugient, ut tempestate coacta

Dieser jedoch und die oben genannt wir, ihm unterlegen
weit um mehrere Grade sogar und um vieles geringer,
haben sie vieles auch gut und auf göttliche Weise gefunden
und als Antwort gegeben aus stillem Innern des Herzens
unantastbarer noch und auf viel gewissere Weise,
als vom Dreifuß und Lorbeer des Phoebus Pythia kündet,
haben sie doch bei den Uranfängen der Dinge den Sturz sich
zugezogen und sind dort schwer die Stolzen aus stolzer
Höhe gefallen; erstlich weil sie Bewegungen setzen
ohne das Leere den Dingen, und Weiches und Lockeres
                        lassen,
Luft, Tau, Feuer und Land, die Lebewesen und Früchte,
nicht aber in ihren Leib hinein vermischen das Leere;
dann weil damit überhaupt sie bewirken, daß nirgends ein
                  Ende
ist für der Dinge Schnitt noch Ruhe besteht im Zerbrechen
noch überhaupt in den Dingen ein kleinstes Etwas Bestand
                  hat,
wo wir doch sehen, daß dies eines jeden äußerste Spitze
ist, was unseren Sinnen als Kleinstes sich zeigt nach dem
                  Anschein,
so, daß du hieraus zu schließen vermagst: Was als Äußerstes
                  haben
die du nicht siehst, die Körper, besteht als Kleinstes in ihnen.
Hierzu kommt noch, da sie ja die Ursprungskörper der
                  Dinge
weich ansetzen, die wir als geboren erkennen und daß sie
sterblichen Körpers darum, daß längst schon müßte von
                  Grund auf
kehren das All ins Nichts zurück und die Fülle der Dinge,
wieder erstanden aus nichts, von neuem müßte gedeihen;
wie weit beides davon entfernt ist vom Wahren, das weißt
                  du.
Dann ist es feind auf vielerlei Art und giftig einander
unter sich; drum wird es, zusammengeraten, vergehen
oder so flüchten hinweg, wie dann, wenn der Sturm sich
                  gesammelt,

fulmina diffugere atque imbris ventosque videmus.
denique quattuor ex rebus si cuncta creantur
atque in eas rursus res omnia dissoluuntur,
qui magis illa queunt rerum primordia dici   765
quam contra res illorum retroque putari?
alternis gignuntur enim mutantque colorem
et totam inter se naturam tempore ab omni.
[fulmina diffugere atque imbris ventosque videmus]
sin ita forte putas ignis terraeque coire   770
corpus et aerias auras roremque liquoris,
nil in concilio naturam ut mutet eorum,
nulla tibi ex illis poterit res esse creata,
non animans, non exanimo cum corpore, ut arbos.
quippe suam quicque in coetu variantis acervi   775
naturam ostendet mixtusque videbitur aer
cum terra simul atque ardor cum rore manere.
at primordia gignundis in rebus oportet
naturam clandestinam caecamque adhibere,
emineat nequid, quod contra pugnet et obstet   780
quo minus esse queat proprie quodcumque creatur.

   Quin etiam repetunt a caelo atque ignibus eius
et primum faciunt ignem se vertere in auras
aeris, hinc imbrem gigni, terramque creari
ex imbri retroque a terra cuncta reverti,   785
umorem primum, post aera, deinde calorem,
nec cessare haec inter se mutare, meare
a caelo ad terram, de terra ad sidera mundi.
quod facere haud ullo debent primordia pacto.
immutabile enim quiddam superare necessest,   790
ne res ad nihilum redigantur funditus omnes;
nam quodcumque suis mutatum finibus exit,
continuo hoc mors est illius quod fuit ante.
quapropter quoniam quae paulo diximus ante
in commutatum veniunt, constare necessest   795

Blitze entfliehen davon und Regen und Winde wir sehen.
Schließlich: Wenn alles aus vier der Dinge allein wird
                                                    geschaffen
und sich alles in sie, die vier, auch wieder entwickelt,
wie können jene mit mehr Recht Körper der Dinge geheißen,
als sie für die jener umgekehrt werden gehalten?
Wechselnd entstehen sie nämlich und ändern wechselnd die
                                                    Farbe
und ihre ganze Natur unter sich seit ewigen Zeiten.
[Blitze entfliehen davon und Regen und Winde wir sehen.]
Glaubst du aber vielleicht, es könnten Feuer, der Erde
Leib, das luftige Wehen, der Taufluß so sich vereinen,
daß in ihrem Verein sich nichts verändert im Wesen,
wird aus ihnen dir auch kein Ding sein können entstanden,
kein Belebtes und nichts aus leblosem Leib wie die Bäume.
Freilich: Wird doch jedes im Ring des wimmelnden Haufens
zeigen seine Natur und, gemischt, wird man sehen mit Erde
Luft zugleich und Glut mit Feuchte im Zustande bleiben.
Aber die Ursprungskörper der Dinge müssen bei deren
Werden wenden heimliches Wesen an und verborgnes,
daß nichts ragt hervor, was kämpft darwider und hindert,
daß in eigener Art besteht, was immer erzeugt wird.
   Ja, sie beginnen am Firmament und seinen Gestirnen
und lassen Feuer zuerst sich wandeln um in die Winde,
daraus Regen entstehn, dann Erde werden geschaffen
aus dem Regen, schließlich aus Erde dann alles zurückkehrn,
Feuchte zuerst, drauf Luft und wieder darnach das Erglühte,
sagen, das höre nicht auf, sich zu ändern untereinander,
und zu gehen vom Himmel zur Erd, von der Erd zu den
                                                    Sternen.
Das dürfen Ursprungskörper auf keinen Fall sich erlauben.
Unveränderlich muß nämlich übrig etwas verbleiben,
daß nicht alle Gebilde zu nichts dir gründlich zerrinnen.
Denn was immer verändert verläßt die eigenen Grenzen,
ist sogleich der Tod von dem, was früher gewesen.
Drum: Da das, was eben gesagt wir, kommt ja zu Tausche,
muß notwendig es selber aus anderen wieder bestehen,

ex aliis ea, quae nequeant convertier usquam,
ne tibi res redeant ad nilum funditus omnes.
quin potius tali natura praedita quaedam
corpora constituas, ignem si forte crearint,
posse eadem, demptis paucis paucisque tributis,   800
ordine mutato et motu, facere aeris auras,
sic alias aliis rebus mutarier omnis?
   ›At manifesta palam res indicat‹ inquis ›in auras
aeris e terra res omnis crescere alique;
et nisi tempestas indulget tempore fausto   805
imbribus, ut tabe nimborum arbusta vacillent,
solque sua pro parte fovet tribuitque calorem,
crescere non possint fruges, arbusta, animantes.‹
scilicet, et nisi nos cibus aridus et tener umor
adiuvet, amisso iam corpore vita quoque omnis   810
omnibus e nervis atque ossibus exsoluatur.
adiutamur enim dubio procul atque alimur nos
certis ab rebus, certis aliae atque aliae res.
nimirum quia multa modis communia multis
multarum rerum in rebus primordia mixta   815
sunt, ideo variis variae res rebus aluntur.
atque eadem magni refert primordia saepe
cum quibus et quali positura contineantur
et quos inter se dent motus accipiantque;
namque eadem caelum, mare, terras, flumina, solem   820
constituunt, eadem fruges, arbusta, animantis,
verum aliis alioque modo commixta moventur.

die sich nirgendwohin noch weiter können verwandeln,
daß dir die Dinge nicht gründlich zu nichts zurückkehren
alle.
Warum möchtest du denn nicht lieber aufstellen Körper
so mit Natur begabt, daß, haben sie Feuer geschaffen,
ebendieselben vermögen, bei kleinem Wegfall und Zuwachs,
Tausch der Bewegung und Ordnung, zu bilden Wehen der
Lüfte,
und sich können die Dinge vertauschen so eins mit dem
andern?
  Aber der klare Befund zeigt offen doch, meinst du, daß
alle
Dinge aus Erde wachsen ins Wehen der Lüfte und steigen;
Und wenn das Wetter zu günstiger Zeit mit Regen nicht
huldreich
ist, so daß im Naß der Güsse die Bäume sich biegen,
und zu ihrem Teil die Sonne nicht wärmt und die Hitze
zuteilt, könnten die Frucht, Gesträuch, Belebtes nicht
wachsen.
Freilich, und wenn nicht trockene Nahrung und flüssige
Feuchte
käm' uns zu Hilfe, so hätte den Körper verloren das Leben
und aus allen Sehnen und Knochen löste sich selbst es.
Haben wir Hilfe doch zweifellos und werden ernährt selbst
von bestimmten Dingen wie andres von andrem Bestimmten;
offenbar, weil auf vielfache Art die Körper des Ursprungs
vieler Dinge gemeinsam in großer Zahl in den Dingen
sind vermischt, wird Verschiednes genährt von verschiedenen
Dingen.
Und es tut häufig zur Sache nicht wenig, mit wem diese
Körper
und in welcher Stellung beisammengehalten sie werden,
und was unter sich für Bewegung sie geben und nehmen;
denn dieselben bilden den Himmel, das Meer und die
Länder,
Flüsse und Sonne, dieselben Frucht, Gebüsch und Belebtes,
aber mit andern auf andere Weise schwirren gemischt sie.

Quin etiam passim nostris in versibus ipsis
multa elementa vides multis communia verbis,
cum tamen inter se versus ac verba necessest   825
confiteare et re et sonitu distare sonanti.
tantum elementa queunt permutato ordine solo.
at rerum quae sunt primordia, plura adhibere
possunt unde queant variae res quaeque creari.

Nunc et Anaxagorae scrutemur homoeomerian   830
quam Grai memorant nec nostra dicere lingua
concedit nobis patrii sermonis egestas.
sed tamen ipsam rem facilest exponere verbis.
principio, rerum quam dicit homoeomerian,
ossa videlicet e pauxillis atque minutis   835
ossibus hic et de pauxillis atque minutis
visceribus viscus gigni sanguenque creari
sanguinis inter se multis coeuntibus guttis
ex aurique putat micis consistere posse
aurum, et de terris terram concrescere parvis,   840
ignibus ex ignis, umorem umoribus esse,
cetera consimili fingit ratione putatque.
nec tamen esse ulla idem parte in rebus inane
concedit neque corporibus finem esse secandis.
quare in utraque mihi pariter ratione videtur   845
errare atque illi, supra quos diximus ante.
adde quod imbecilla nimis primordia fingit,
si primordia sunt, simili quae praedita constant
natura atque ipsae res sunt aequeque laborant
et pereunt neque ab exitio res ulla refrenat.   850
nam quid in oppressu valido durabit eorum,

Siehst du ja sogar in unseren Versen hier selber
viele der Buchstaben doch auch vielen Worten gemeinsam,
während die Verse und Worte jedoch, das muß man
bekennen,
sich in Bedeutung und klingendem Klang unter sich
unterscheiden.
Soviel vermag der Buchstabe schon durch geänderte
Ordnung.
Aber die Ursprungskörper der Dinge vermögen zu wenden
mehr noch an, woraus das Verschiedenste kann sich
entwickeln.
   Jetzt wollen wir Anaxagoras' Homoiomerie noch
prüfen, geheißen so von den Griechen: In unserer Zunge
sie zu bezeichnen, erlaubt uns nicht unsre dürftige Sprache.
Selber die Sache jedoch ist leicht in Worten zu klären.
Erstlich: was er der Dinge Homoiomerie nennt, so meint er
offenbar, daß aus allerfeinstem und winzigem Knochen
Knochen, aus allerfeinstem und winzigem Fleisch sich bildet
Fleisch, daß Blut wird so erschaffen und dann nur entstehet,
wenn eine Menge Tropfen Blut miteinander sich einen;
und daß aus feinsten Körnchen Gold zu bestehen vermöchte
Gold, und daß Erde zusammenrinne aus dünnester Erde,
Feuer sei aus Feuer, Feuchte aus Teilchen von Feuchte,
und so fort, erdenkt er auf ähnliche Weise und meint es.
Daß jedoch in den Dingen irgendwo sich finde das Leere,
gibt er nicht zu, noch daß harre dem Schnitt der Dinge ein
Ende.
Drum scheint er mir in beiden Lehren aufs gleiche zu irren
so wie jene, die kurz vorher ich oben genannt hab.
Füge hinzu, daß zu schwächlich die Ursprungskörper er
bildet,
wenn es Ursprungskörper sind, die bestehen versehen
selber mit gleicher Natur, wie die Dinge sind, gleich wie sie
leiden
und vergehen und die vorm Tode nichts zügelnd zurückreißt.
Denn was wird dauern von ihnen in seinem mächtigen
Drucke,

ut mortem effugiat, leti sub dentibus ipsis?
ignis an umor? an aura? quid horum? sanguen an ossa?
nil, ut opinor, ubi ex aequo res funditus omnis
tam mortalis erit quam quae manifesta videmus   855
ex oculis nostris aliqua vi victa perire.
at neque reccidere ad nihilum res posse neque autem
crescere de nihilo testor res ante probatas.
praeterea quoniam cibus auget corpus alitque,
scire licet nobis venas et sanguen et ossa   860
. . . .
sive cibos omnis commixto corpore dicent
esse et habere in se nervorum corpora parva
ossaque et omnino venas partisque cruoris,
fiet uti cibus omnis, et aridus et liquor ipse,
ex alienigenis rebus constare putetur,   865
ossibus et nervis sanieque et sanguine, mixtus.
praeterea quaecumque e terra corpora crescunt,
si sunt in terris, terram constare necessest
ex alienigenis, quae terris exoriuntur.
transfer item, totidem verbis utare licebit: 870
in lignis si flamma latet fumusque cinisque,
ex alienigenis consistant ligna necessest;
praeterea tellus quae corpora cumque alit, auget
. . . .
. . . .
ex alienigenis, quae lignis exoriuntur.
linquitur hic quaedam latitandi copia tenvis,   875
id quod Anaxagoras sibi sumit, ut omnibus omnis
res putet immixtas rebus latitare, sed illud

daß es entfliehe dem Tod, inmitten der Zähne des Raffers?
Feuer, Wasser? Gar Luft? Was davon? Blut oder Knochen?
Nichts, mein ich, wo jegliches Ding von Grund auf in gleicher
Weise so sterblich sein wird, wie das, was offen wir sehen
aus unsren Augen besiegt verschwinden durch eine der
Kräfte.
Daß aber nicht zurück die Dinge zu nichts können fallen
noch auch wachsen aus nichts, ruf ich das Bewiesne zum
Zeugen.
Außerdem: Da Speise ja mehrt den Körper und nähret,
ist uns zu wissen erlaubt, daß Adern, Blut und die Knochen
[aus anderen Dingen bestehen] . . .
sei's, daß sie sagen, es sei die Speise zusammengemischten
Körpers und berge in sich von Sehnen winzige Teilchen,
Knochen und überhaupt noch Adern und Teile des Blutes,
wird eine jegliche Speise, die trockne und Flüssigkeit selber,
schließlich bestehend geglaubt aus andersartigen Dingen,
Knochen, Sehnen, aus Blut, dem Wasser des Blutes, in
Mischung.
Außerdem: Was immer aus Erde entstehet an Körpern,
wenn in der Erde sie sind, muß Erde bestehen notwendig
auch aus Fremdem, das dann aus der Erde heraus sich
erhoben.
Gehe so weiter, so kannst du gleichviel Worte gebrauchen.
Wenn im Holz die Flamme verbirgt sich und Rauch und die
Asche,
muß das Holz notwendig bestehen aus anderem Fremden;
außerdem vermehrt die Erde die Körper alle, die nährt sie,
⟨also noch um die, welche aus diesen Dingen entstehen,
so, daß besteht sie einmal aus eigenem Fremden, zum
andern⟩
aus den andersartigen, die den Hölzern entspringen.
Bleibt hier noch für ihn ein schwacher Schimmer von
Hoffnung
des Entkommens, was sich Anaxagoras auch nicht entgehn
läßt,
daß er alles allem vermischt glaubt tief im Verborgnen,

apparere unum cuius sint plurima mixta
et magis in promptu primaque in fronte locata.
quod tamen a vera longe ratione repulsumst.   880
conveniebat enim fruges quoque saepe, minaci
robore cum saxi franguntur, mittere signum
sanguinis aut aliquid, nostro quae corpore aluntur.
consimili ratione herbis quoque saepe decebat,   885
cum lapidi lapidem terimus, manare cruorem   884
et latices dulcis guttas similique sapore   886
mittere, lanigerae quali sunt ubere lactis,
scilicet, et glebis terrarum saepe friatis
herbarum genera et fruges frondesque videri
dispertita inter terram latitare minute,   890
postremo in lignis cinerem fumumque videri,
cum praefracta forent, ignisque latere minutos.
quorum nil fieri quoniam manifesta docet res,
scire licet non esse in rebus res ita mixtas,
verum semina multimodis inmixta latere   895
multarum rerum in rebus communia debent.

    ›At saepe in magnis fit montibus‹ inquis ›ut altis
arboribus vicina cacumina summa terantur
inter se, validis facere id cogentibus austris,
donec flammai fulserunt flore coorto.‹   900
scilicet, et non est lignis tamen insitus ignis,
verum semina sunt ardoris multa, terendo
quae cum confluxere, creant incendia silvis.
quod si facta foret silvis abscondita flamma,
non possent ullum tempus celarier ignes,   905
conficerent volgo silvas, arbusta cremarent.
iamne vides igitur, paulo quod diximus ante,

doch daß nur eines sich zeige, von dem am meisten gemischt
ist
drin und sichtbarer mehr und in erster Linie geordnet.
Das ist von wahrer Lehre jedoch weit irrend verschlagen.
Müßte dann häufig doch auch die Frucht des Feldes
entsenden,
wenn zerbrochen sie wird von drohender Dichte des Steines,
Zeichen von Blut oder etwas, das sonst im Körper genährt
wird.
Und auf ähnliche Art wär' schicklich es, daß auch den
Kräutern,
reiben wir Stein auf Stein, oft Blut von innen entströmte,
daß des Wassers Naß entsende von gleichem Geschmacke
süße Tropfen, wie sind von Euters Süße die Schafe,
freilich, und daß gar oft, zerbröckelt man Schollen der Erde,
Arten von Kräutern und Frucht des Feldes und Laub man
erblickte,
wie sie klein verteilt sich inmitten der Erde verbergen,
schließlich daß im Holz man erblickte Asche und Rauch drin,
bricht man es auf, und winziges Feuer oft sich verstecken.
Da der Tatbestand aber lehrt, daß hiervon geschieht nichts,
ist zu wissen erlaubt, daß nicht so die Dinge gemischt sind
in den Dingen, sondern vielfach gemischt müssen Samen
vieler Dinge sich in den Dingen verbergen gemeinsam.
    »Aber es kommt«, sagst du, »oft vor im steilen Gebirge,
daß den hohen Bäumen sich reiben benachbarte höchste
Spitzen unter sich, wenn mächtiger Süd dazu zwinget,
bis sie glänzen auf, wenn die Blume des Feuers entstanden.«
Freilich, und doch ist nicht eingeboren Feuer dem Holze,
aber es sind viel Samen der Glut, die, sind sie durch Reiben
hin zusammengeströmt, den Wäldern schaffen die Brände.
Wäre dagegen den Wäldern verborgen die fertige Flamme,
könnte das Feuer versteckt nicht werden auch nur ein
Weilchen,
würd' es gewöhnlich den Wald verbrennen, Büsche
verzehren.
Siehst du also nun wohl, was vorher wir sagten soeben:

permagni referre eadem primordia saepe
cum quibus et quali positura contineantur
et quos inter se dent motus accipiantque,   910
atque eadem paulo inter se mutata creare
ignes et lignum? quo pacto verba quoque ipsa
inter se paulo mutatis sunt elementis,
cum ligna atque ignes distincta voce notemus.
denique iam quaecumque in rebus cernis apertis   915
si fieri non posse putas, quin materiai
corpora consimili natura praedita fingas,
hac ratione tibi pereunt primordia rerum:
fiet uti risu tremulo concussa cachinnent
et lacrimis salsis umectent ora genasque.   920

   Nunc age quod superest cognosce et clarius audi.
nec me animi fallit quam sint obscura; sed acri
percussit thyrso laudis spes magna meum cor
et simul incussit suavem mi in pectus amorem
Musarum, quo nunc instinctus mente vigenti   925
avia Pieridum peragro loca, nullius ante
trita solo. iuvat integros accedere fontis
atque haurire, iuvatque novos decerpere flores
insignemque meo capiti petere inde coronam,
unde prius nulli velarint tempora Musae;   930
primum quod magnis doceo de rebus et artis
religionum animum nodis exsolvere pergo,
deinde quod obscura de re tam lucida pango

es komme oft sehr stark darauf an, mit welchen dieselben
Ursprungskörper vereint und in was für Ordnung gehalten
werden und was für Bewegung einander sie geben und
                                                   nehmen,
und daß dieselben, ein wenig untereinander vertauscht nur,
schaffen Feuer und Holz? Wie die Worte doch selber auch
                                                   wenig
haben untereinander vertauscht die Buchstaben in sich,
wenn wir Feuer und Holz mit verschiedenem Worte
                                                   bezeichnen.
Schließlich: Was immer du schaust in den offen liegenden
                                                   Dingen,
wenn du meinst, es könnte geschehen nicht, ohne des Stoffes
Körper mit gleicher Natur begabt in Gedanken zu bilden,
werden dir so die Ursprungskörper der Dinge vergehen:
dann wird's geschehn, daß erschüttert von brausendem
                                    Lachen heraus sie
platzen, mit salziger Träne Gesicht und Wange befeuchten!

   Jetzt wohlan! Lern kennen, was übrig, und höre es klarer!
Und ich täusche mich nicht im Herzen, wie dunkel es ist;
                                                   doch
hat mit scharfem Thyrsos die Hoffnung auf Ruhm mich
                                                   getroffen
und hat zugleich in die Brust mir geworfen süßes Verlangen
nach den Musen, von dem ich befeuert mit kräftigem Sinn
                                                   jetzt
wegloses Musengefild durchwandre, das vorher von keines
Fuße betreten. Wonne, unversehrten Quellen zu nahen
und zu schöpfen! Wonne auch, neue Blüten zu brechen
und von dort meinem Haupt einen strahlenden Kranz mir
                                                   zu holen,
woher niemandem noch die Schläfen umwanden die Musen;
erstlich weil von großen Dingen ich lehr und von engen
Knoten der Furcht vor den Göttern das Herz zu entwinden
                                                   mich anschick,
dann aber weil ich von dunklen Dingen schmiede so lichte

carmina musaeo contingens cuncta lepore.
id quoque enim non ab nulla ratione videtur;   935
sed veluti pueris absinthia taetra medentes
cum dare conantur, prius oras pocula circum
contingunt mellis dulci flavoque liquore,
ut puerorum aetas inprovida ludificetur
labrorum tenus, interea perpotet amarum   940
absinthi laticem deceptaque non capiatur,
sed potius tali pacto recreata valescat,
sic ego nunc, quoniam haec ratio plerumque videtur
tristior esse quibus non est tractata, retroque
volgus abhorret ab hac, volui tibi suaviloquenti   945
carmine Pierio rationem exponere nostram
et quasi musaeo dulci contingere melle,
si tibi forte animum tali ratione tenere
versibus in nostris possem, dum perspicis omnem
naturam rerum, qua constet compta figura.   950

    Sed quoniam docui solidissima materiai
corpora perpetuo volitare invicta per aevum,
nunc age, summai quaedam sit finis eorum
necne sit, evolvamus; item quod inane repertumst
seu locus ac spatium, res in quo quaeque gerantur,   955
pervideamus utrum finitum funditus omne
constet an immensum pateat vasteque profundum.
    Omne quod est igitur nulla regione viarum
finitumst; namque extremum debebat habere.
extremum porro nullius posse videtur   960
esse, nisi ultra sit quod finiat, ut videatur
quo non longius haec sensus natura sequatur.

Verse, mit musischer Anmut leicht ein jedes benetzend.
Nämlich auch das scheint mir zu sein nicht bar allen Sinnes;
sondern so wie, wenn der Arzt den Knaben abscheulichen
                                                    Wermut
einzuflößen versucht, er vorher den Becher am Rande
überstreicht mit des Honigs süßem, goldenem Seime,
daß das arglose Alter der Knaben zum Besten gehalten
wird bis zur Lippe, inzwischen aber austrinkt die bittere
Feuchte des Wermuts und, überlistet, doch nicht getäuscht
                                                    wird,
sondern mehr sich also erholt und wieder zu Kraft kommt,
so hab auch ich jetzt, da diese Lehre ja meistens ein wenig
herb scheint dem, der mit ihr nicht viel sich beschäftigt, und
                                                    vor ihr
bebt der Haufe zurück, dir gewünscht in lieblich beredtem
Lied der pierischen Mädchen ein Bild unsrer Lehre zu geben
und mit süßem musischen Honig sie zu bestreichen,
ob ich vielleicht deinen Sinn auf solche Weise vermöchte
bei unseren Versen zu halten, während du wahrnimmst das
                                                    ganze
Wesen der Dinge, mit welcher Gestalt begabt es bestehet.

    Aber dieweil ich gelehrt ja nun, daß festeste Körper
ständig des Stoffes umher, seit Ewigkeit unbesiegt, schwirren,
wollen wir jetzt – wohlan! –, ob es gibt ein Ziel ihrer Summe
oder ob nicht, entwickeln; und was sich als Leeres gefunden
oder Erstreckung und Raum, worin sich jegliches abspielt,
wollen wir scharf erforschen, ob ganz es durchaus begrenzt
                                                    ist
oder ob unermeßlich weit es sich öffnet und grundlos.
    Was nun das All ist, so ist es in keiner Richtung der
                                                    Straßen
endlich begrenzt; sonst müßte es doch ein Äußerstes haben.
Äußerstes weiter scheint von nichts es geben zu können,
wenn nicht darüber hinaus etwas ist, was begrenzte, so daß
                                                    sich
zeigte, wohin nicht weiter der Sinne Natur würde folgen.

nunc extra summam quoniam nihil esse fatendum,
non habet extremum, caret ergo fine modoque.
nec refert quibus adsistas regionibus eius: 965
usque adeo, quem quisque locum possedit, in omnis
tantundem partis infinitum omne relinquit.
praeterea si iam finitum constituatur
omne quod est spatium, si quis procurrat ad oras
ultimus extremas iaciatque volatile telum,   970
id validis utrum contortum viribus ire
quo fuerit missum mavis longeque volare,
an prohibere aliquid censes obstareque posse?
alterutrum fatearis enim sumasque necessest.
quorum utrumque tibi effugium praecludit et omne   975
cogit ut exempta concedas fine patere.
nam sive est aliquid quod probeat efficiatque
quominus quo missum est veniat finique locet se,
sive foras fertur, non est a fine profectum.
hoc pacto sequar atque, oras ubicumque locaris   980
extremas, quaeram quid telo denique fiat:
fiet uti nusquam possit consistere finis
effugiumque fugae prolatet copia semper.
    praeterea spatium summai totius omne
undique si inclusum certis consisteret oris   985
finitumque foret, iam copia materiai
undique ponderibus solidis confluxet ad imum
nec res ulla geri sub caeli tegmine posset
nec foret omnino caelum neque lumina solis,
quippe ubi materies omnis cumulata iaceret   990
ex infinito iam tempore subsidendo.
at nunc nimirum requies data principiorum

Weil aber über die Summe hinaus nichts ist, wie man zugibt,
hat sie ein Äußerstes nicht, entbehrt also Endes und Maßes.
Und es macht nichts aus, in welches Gebiet von ihr du dich
                                                hinstellst:
Sosehr, welchen Ort man besetzt auch, läßt er in alle
Teile hin ebensosehr unendlich das All sich erstrecken.
Außerdem, gesetzt, man nähme als endlich den ganzen
Raum, der ist; wenn dann zuäußerst einer zum fernsten
Saume rückte vor und würfe den flüchtigen Wurfspieß,
willst du dann mehr, daß von starker Kraft er geschleudert
fliege, wohin er geschickt, und weiter beschwingt sich
                                                entferne,
oder meinst du vielmehr, es kann etwas hindern und trotzen?
Eines von beidem mußt du gestehen und annehmen sicher.
Beides verschließt dir jedoch die Ausflucht und zwingt dich
zum Geständnis, daß ohne ein Ende das All sich erstrecke.
Denn mag sein etwas, was hindert und wirksam vereitelt,
daß, wohin er geschickt, er komme und ruhe am Ende,
mag er fliegen hinaus: Er ist nicht vom Ende gekommen.
So werde weiter ich gehn, und wo du auch immer den
                                                fernsten
Saum ansetzest, werde ich fragen, was schließlich der Spieß
                                                macht:
Nirgends, so wird es geschehn, wird das Ziel sich zu setzen
                                                vermögen
und die Mittel zur Flucht werden immer die Ausflucht
                                                verschieben.

  Außerdem: Wenn aller Raum des gesamten Alles von allen
Seiten geschlossen Halt machen würde an sicheren Säumen
und wär' fest begrenzt, wär' längst die Fülle des Stoffes
überallher mit festem Gewicht zum Tiefsten geflossen
und es würde kein Ding geschehn in der Hülle des Himmels,
und überhaupt wär' nicht der Himmel und Leuchten der
                                                Sonne,
da doch aller Stoff läg' hoch gehäuft auf dem Boden,
dadurch daß seit unermeßlicher Zeit er sich setzte.
Jetzt aber ist natürlich den Ursprungskörpern der Dinge

corporibus nullast, quia nil est funditus imum
quo quasi confluere et sedes ubi ponere possint.
semper in adsiduo motu res quaeque geruntur   995
partibus in cunctis infernaque suppeditantur
ex infinito cita corpora materiai.
    postremo ante oculos res rem finire videtur:
aer dissaepit collis atque aera montes,
terra mare et contra mare terras terminat omnis;   1000
omne quidem vero nihil est quod finiat extra.
est igitur natura loci spatiumque profundi,
quod neque clara suo percurrere fulmina cursu
perpetuo possint aevi labentia tractu
nec prorsum facere ut restet minus ire meando;   1005
usque adeo passim patet ingens copia rebus
finibus exemptis in cunctas undique partis.
    Ipsa modum porro sibi rerum summa parare
ne possit, natura tenet, quae corpus inani
et quod inane autem est finiri corpore cogit,   1010
ut sic alternis infinita omnia reddat,
aut etiam alterutrum, nisi terminet alterum, eorum
simplice natura pateat tamen inmoderatum.
. . . .
nec mare nec tellus neque caeli lucida templa
nec mortale genus nec divum corpora sancta   1015
exiguum possent horai sistere tempus;
nam dispulsa suo de coetu materiai
copia ferretur magnum per inane soluta,
sive adeo potius numquam concreta creasset
ullam rem, quoniam cogi disiecta nequisset.   1020
    nam certe neque consilio primordia rerum
ordine se suo quaeque sagaci mente locarunt

keine Ruhe geschenkt, weil nichts ist gänzlich das Tiefste,
wo sie hinfließen könnten und wo die Sitze begründen.
Immer wird jegliches Ding in steter Bewegung getrieben
überall in den Teilen, und dargereicht zur Ergänzung
werden die Körper des Stoffes, geschnellt aus unendlichem
                              Raume.
  Schließlich: Vor Augen begrenzt, so sieht man's, Ding sich
                             mit Dinge:
Luft trennt Hügel ab voneinander, Berge dem Luftraum,
Erde begrenzt das Meer, das Meer alle Länder dagegen.
Nichts aber gibt es jedoch, was das All von außen begrenzte.
Füglich gibt es des Raumes Natur und des Tiefen
                               Erstreckung,
die der strahlende Blitz mit seinem Lauf zu durcheilen
gleitend nicht vermag in der Ewigkeit stetigem Ziehen
noch im Gang zu bewirken, daß weniger bliebe zu gehen;
so sehr breitet sich rings den Dingen gewaltige Fülle
überall hin nach allen Seiten ohne ein Ende.
  Daß sich weiter ein Maß die Welt nicht selber bereiten
kann, das bewirkt ihr Wesen, das zwingt, den Körper durch
                               Leeres
und was wiederum leer, durch Körper klar zu begrenzen,
so, daß im Wechsel unendlich es macht das Ganze, was da ist,
oder auch eines von beiden, wofern das andre nicht schiede,
sich in einfachem Wesen erstreckt doch ohne ein Ende.
. . . .
weder das Meer noch die Erde noch lichte Gevierte des
                               Himmels
noch der Menschen Geschlecht noch der Götter heilige Leiber
könnten dann die winzige Zeit einer Stunde bestehen;
denn aus ihrem Verein zersprengt zerflöge des Stoffes
Fülle hin durch das mächtige Leere bar aller Bindung,
oder besser vielmehr: hätte niemals zusammengeronnen
etwas erzeugt, da, zerstreut, sie nicht sich hätte gesammelt.
  Denn gewiß haben sich die Ursprungskörper der Dinge
alle nach Plan nicht gestellt in richtiger Ordnung mit
                               Scharfsinn

nec quos quaeque darent motus pepigere profecto,
sed quia multa modis multis mutata per omne
ex infinito vexantur percita plagis,   1025
omne genus motus et coetus experiundo
tandem deveniunt in talis disposituras,
qualibus haec rerum consistit summa creata
et multos etiam magnos servata per annos
ut semel in motus coniectast convenientis,   1030
efficit ut largis avidum mare fluminis undis
integrent amnes et solis terra vapore
fota novet fetus summissaque gens animantum
floreat et vivant labentes aetheris ignes;
quod nullo facerent pacto, nisi materiai   1035
ex infinito suboriri copia posset,
unde amissa solent reparare in tempore quaeque.
nam veluti privata cibo natura animantum
diffluit amittens corpus, sic omnia debent
dissolvi simul ac defecit suppeditare   1040
materies aliqua ratione aversa viai.

   nec plagae possunt extrinsecus undique summam
conservare omnem, quaecumque est conciliata.
cudere enim crebro possunt partemque morari,
dum veniant aliae ac suppleri summa queatur;   1045
interdum resilire tamen coguntur et una
principiis rerum spatium tempusque fugai
largiri, ut possint a coetu libera ferri.
quare etiam atque etiam suboriri multa necessest,
et tamen ut plagae quoque possint suppetere ipsae,   1050
infinita opus est vis undique materiai.

   Illud in his rebus longe fuge credere, Memmi,
in medium summae quod dicunt omnia niti,
atque ideo mundi naturam stare sine ullis
ictibus externis neque quoquam posse resolvi   1055

noch in der Tat beschlossen, wie jeder sich solle bewegen,
sondern weil viele im All vertauscht auf vielfache Weise
seit unendlicher Zeit sich quälen gepeitscht durch die Schläge,
kommen sie, jederlei Art Bewegung und Einigung probend,
endlich zum Schluß dann auch in solche Ordnungsgefüge,
aus welchen jetzt besteht die Summe der Dinge geschaffen
und durch viele Jahre hindurch bewahrt, und gar große,
seit sie geworfen einmal in passend gefugte Bewegung,
macht, daß das gierige Meer mit reichen Fluten des Flusses
Ströme ergänzen und Land, von der Sonne Glühen
                                        erwärmet,
neuert den Nachwuchs, das junge Geschlecht des Belebten
blüht und leben in Kraft die gleitenden Feuer des Äthers;
das aber täten sie nie, wenn nicht die Fülle des Stoffes
aus dem Unendlichen her neu aufzusteigen vermöchte,
aus der zur rechten Zeit sie gewohnt sind, Verlornes zu
                                        neuern.
Denn wie der Speise beraubt der Belebten Natur auseinander
fließt, an Körper verlierend, so muß sich auch auflösen alles
dann, sobald der Stoff versagt und nicht zu Gebote
reichlich steht, irgendwie den richtigen Bahnen entfremdet.
   Und es vermögen die Schläge von außen überall alles
nicht zu bewahren, was immer als Welt sich einmal vereinigt.
Häufig zu schlagen vermögen sie wohl und Teile zu halten,
solange bis dann andere kommen, die Summe ergänzt wird;
manchmal jedoch sind gedrängt sie zurückzuspringen und
                                        dabei
Raum und Zeit zur Flucht den Ursprungskörpern der Dinge
reich zu schenken, daß frei vom Vereine sie können
                                        entweichen.
Darum müssen auch noch und noch neu nachrücken viele,
aber auch daß die Schläge selber zu reichen vermögen,
ist überall unendliche Macht des Stoffes vonnöten.
   Jenes vermeide durchaus, o Memmius, hierbei zu glauben,
was man sagt, daß alles der Mitte zustrebe des Ganzen
und daß deshalb das Wesen der Welt Bestand habe ohne
Schläge von außen und nicht sich aufzulösen vermöchte

summa atque ima, quod in medium sint omnia nixa
– ipsum si quicquam posse in se sistere credis –,
et quae pondera sunt sub terris omnia sursum
nitier in terraque retro requiescere posta,
ut per aquas quae nunc rerum simulacra videmus;   1060
et simili ratione animalia suppa vagari
contendunt neque posse e terris in loca caeli
reccidere inferiora magis quam corpora nostra
sponte sua possint in caeli templa volare;
illi cum videant solem, nos sidera noctis   1065
cernere, et alternis nobiscum tempora caeli
dividere et noctes parilis agitare diebus.
sed vanus stolidis haec
amplexi quod habent peru
nam medium nil esse potest, ⟨si summa patescit⟩   1070
infinita neque omnino, si iam ⟨medium sit⟩
possit ibi quicquam consistere
quam quavis alia longe ratione
omnis enim locus ac spatium, quod in⟨ane vocamus⟩,
per medium, per non medium, concedere ⟨debet⟩   1075
aeque ponderibus, motus quacumque feruntur
nec quisquam locus est, quo corpora cum venere,
ponderis amissa vi possint stare ⟨in⟩ inani;
nec quod inane autem est ulli subsistere debet,
quin, sua quod natura petit, concedere pergat.   1080
haud igitur possunt tali ratione teneri
res in concilium medii cuppedine victae.

    praeterea quoniam non omnia corpora fingunt
in medium niti, sed terrarum atque liquoris
et quasi terreno quae corpore contineantur,   1085
umorem ponti magnasque e montibus undas,
at contra tenuis exponunt aeris auras

Höchstes und Tiefstes wohin, weil alles zur Mitte bestrebt sei
– wenn du meinst, es könne sich selber in sich etwas setzen –,
und was an Massen unter der Erde sich finde, nach oben
strebe und auf der Erde verkehrt aufliege in Ruhe,
wie die Spiegel der Dinge, die jetzt im Wasser wir sehen;
und in ähnlicher Art, so behaupten sie, schweiften die Tiere
oben umher und es könne zurück das Untere fallen
von der Erde zum Himmel ebensowenig wie unsre
Körper von selbst in des Himmels Bereiche zu fliegen
          vermöchten;
sähen jene die Sonne, so wären sichtbar die Sterne
uns der Nacht, sie teilten mit uns die Zeiten des Jahres
und verbrächten die Nacht je gleich mit unserem Tage.
Aber dies hat den Toren leerer ⟨Irrtum geschaffen,⟩
weil erfaßt sie haben in fal⟨scher Weise die Dinge.⟩
Denn es kann nichts Mittleres sein, ⟨wo die Summe der
          Tiefe⟩
ohne Begrenzung ist; überhaupt, ⟨wofern es das gäbe,⟩
könnte doch nichts dort ruhen ⟨in sich mit größerer
          Wahrheit,⟩
als auf ganz andere Art beliebig ⟨gehalten zu werden.⟩
Denn ein jeder Ort und Raum, den Leeres wir nennen,
sei's in der Mitte, sei's nicht, muß gleicherweise zurückgehn
vor den gewichtigen Massen, wohin die Bewegung auch
          führte,
und es gibt keinen Ort, wo Körper, kommen dahin sie,
unter Verlust des Gewichtes vermöchten im Leeren zu stehen,
noch darf irgendein Ding wiederum unterstützen das Leere,
ohne daß es, was sein Wesen verlangt, nicht weiter entwiche.
Also können auf solcherlei Art mitnichten gehalten
werden die Dinge zum Bunde, besiegt von der Gier nach der
          Mitte.
 Außerdem: Da ja, wie sie denken, die Körper nicht alle
streben zur Mitte, sondern nur die von Erde und Wasser
und was gleichsam noch im irdischen Körper beschlossen,
Feuchte des Meeres, dazu die großen Wellen vom Berge,
zartes Wehen der Luft dagegen, wie sie erklären,

et calidos simul a medio differrier ignis,
atque ideo totum circum tremere aethera signis
et solis flammam per caeli caerula pasci,   1090
quod calor a medio fugiens se ibi conligat omnis,
nec prorsum arboribus summos frondescere ramos
posse, nisi a terris paulatim cuique cibatum   1093
. . . .
ne volucri ritu flammarum moenia mundi   1102
diffugiant subito magnum per inane soluta
et ne cetera consimili ratione sequantur
neve ruant caeli tonitralia templa superne   1105
terraque se pedibus raptim subducat et omnis
inter permixtas rerum caelique ruinas
corpora solventes abeat per inane profundum,
temporis ut puncto nihil extet reliquiarum
desertum praeter spatium et primordia caeca.   1110
nam quacumque prius de parti corpora desse
constitues, haec rebus erit pars ianua leti,
hac se turba foras dabit omnis materiai.

Haec sic pernosces parva perductus opella;
namque alid ex alio clarescet nec tibi caeca   1115
nox iter eripiet, quin ultima naturai
pervideas: ita res accendent lumina rebus.

und das glühende Feuer zugleich der Mitte entziehn sich,
und drum aller Äther ringsum von Sternbildern funkle
und sich nähre durchs Blau des Himmels die Flamme der
                                        Sonne,
weil von der Mitte die Glut entfliehend ganz sich dort balle,
und überhaupt die höchsten Geäste den Bäumen zu grünen
nicht vermöchten, wenn nicht allmählich Speise von Erden
. . . .
daß nicht nach flüchtiger Flammen Art die Mauern des
                                        Weltalls
plötzlich entfliehen gelöst im unermeßlichen Leeren,
und das übrige nicht auf ähnliche Weise dann folge,
nicht nach oben entstürzen des Himmels donnernde Reiche
und die Erde dem Fuß sich reißend entziehe und gänzlich,
mitten im Sturz von Erde und Himmel, dem innig
                                        vermischten,
der die Körper entläßt, in hohler Tiefe verschwinde,
so daß im winzigen Nu kein Rest mehr übrig von ihnen
außer verlassenem Raum und dem Auge verborgenen
                                        Körpern.
Denn von welchem Teile zuerst du Körperchen fehlen
läßt, der Teil wird sein das Tor den Dingen zum Tode,
dort wird der ganze Wirbel des Stoffes nach außen sich
                                        werfen.

    Dies wirst so du verstehen, geführt von geringem
                                        Bemühen;
eins nämlich wird nach dem andren dir klar so und finsteres
                                        Dunkel
wird dir den Weg nicht entreißen, daß nicht das Letzte des
                                        Wesens
du durchschaust: So wird ein Ding das Licht dem andren
                                        entzünden.

Liber secundus

Svave mari magno turbantibus aequora ventis
e terra magnum alterius spectare laborem,
non quia vexari quemquamst iucunda voluptas,
sed quibus ipse malis careas quia cernere svave est;
per campos instructa tua sine parte pericli   5
svave etiam belli certamina magna tueri;
sed nil dulcius est, bene quam munita tenere
edita doctrina sapientum templa serena,
despicere unde queas alios passimque videre
errare atque viam palantis quaerere vitae,   10
certare ingenio, contendere nobilitate,
noctes atque dies niti praestante labore
ad summas emergere opes rerumque potiri.
O miseras hominum mentes, o pectora caeca!
qualibus in tenebris vitae quantisque periclis   15
degitur hoc aevi quodcumquest! nonne videre
nil aliud sibi naturam latrare, nisi utqui
corpore seiunctus dolor absit, mente fruatur
iucundo sensu cura semota metuque?
    ergo corpoream ad naturam pauca videmus   20
esse opus omnino, quae demant cumque dolorem,
delicias quoque uti multas substernere possint.
gratius interdum neque natura ipsa requirit,
si non aurea sunt iuvenum simulacra per aedes
lampadas igniferas manibus retinentia dextris,   25

Zweites Buch

Süß, wenn auf hohem Meer die Stürme die Weiten erregen,
ist es, des anderen mächtige Not vom Lande zu schauen,
nicht weil wohlige Wonne das ist, daß ein andrer sich
                         abquält,
sondern zu merken, weil süß es ist, welcher Leiden du ledig.
Süß ist es auch, des Krieges gewaltige Schlachten zu sehen
wohl im Felde geordnet, ohne dein Teil an Gefahren;
aber süßer ist nichts, als zu wohnen im heitern Gefilde,
hoch in der Höhe und wohlverwahrt durch Lehre der
                         Weisen,
so daß herabblicken kannst du auf andre und sehen du, wie
                         sie
überall irren und schweifend suchen die Bahnen des Lebens,
wetteifern mit ihrem Geist, sich streiten um Ansehn und
                         Ehre,
nachts sich mühen und tags in unermüdlichem Ringen,
aufzutauchen zu Reichtums Höhn, sich der Macht zu
                         versichern.
O du kläglicher Sinn der Menschen, verblendete Herzen!
In welchem Dunkel des Lebens und in wie großen Gefahren
wird das bißchen Leben verbracht, was beschieden! Erkennt
                         man
nicht denn, daß die Natur nichts anderes fordert, als daß
                         vom
Körper der Schmerz geschieden und fern sei, im Geist sie sich
                         freue
heitrer Empfindung, weit entzogen Sorgen und Ängsten?
  Für des Körpers Natur also ist weniges, wie wir
sehen, not überhaupt, was Schmerz zu nehmen imstande,
so daß viele Genüsse es auch vermag uns zu bieten.
Lieber ist's gar bisweilen und sicher verlangt's die Natur
                         nicht,
wenn im Hause sich nicht goldne Jünglingsstatuen finden,
mit ihrer rechten Hand umklammernd brennende Leuchten,

lumina nocturnis epulis ut suppeditentur,
nec domus argento fulget auroque renidet
nec citharae reboant laqueata aurataque templa,
cum tamen inter se prostrati in gramine molli
propter aquae rivum sub ramis arboris altae   30
non magnis opibus iucunde corpora curant,
praesertim cum tempestas adridet et anni
tempora conspergunt viridantis floribus herbas.
nec calidae citius decedunt corpore febres,
textilibus si in picturis ostroque rubenti   35
iacteris, quam si in plebeia veste cubandum est.

   quapropter quoniam nil nostro in corpore gazae
proficiunt neque nobilitas nec gloria regni,
quod superest, animo quoque nil prodesse putandum;
si non forte, tuas legiones per loca campi   40
fervere cum videas belli simulacra cientis
subsidiis magnis et opum vi constabilitas:
ornatas armis sat quas pariterque animatas,
fervere cum videas classem lateque vagari,   43[a]
his tibi tum rebus timefactae religiones
effugiunt animo pavidae mortisque timores   45
tum vacuum tempus lincunt curaque solutum.

   quod si ridicula haec ludibriaque esse videmus
re veraque metus hominum curaeque sequaces
nec metuunt sonitus armorum nec fera tela
audacterque inter reges rerumque potentis   50

daß dem nächtlichen Mahl das Licht zuströme in Fülle,
nicht von Silber das Haus erglänzt, im Golde erschimmert,
widerhallen der Zither getäfelte, goldene Decken,
während man doch unter sich, auf weichen Rasen gebettet,
nahe dem fließenden Bach, im Schatten des ragenden
Baumes,
ohne viel Aufwand erquicklich es wohl sein lässet dem
Körper,
dann zumal, wenn das Wetter lacht, die Zeiten des Jahres
reich mit Blüten bestreuen das Grün der schimmernden
Matten.
Und nicht schneller weichen die heißen Fieber vom Körper,
wenn auf gewebten Gemälden, auf rötlich glänzendem
Purpur
du dich wälzt, als wenn du auf einfacher Decke mußt ruhen.

　Darum, da ja nichts bei unserem Körper die Schätze
nützen noch Ansehn und Adel noch selbst der Glanz einer
Herrschaft,
muß man im übrigen glauben, daß auch dem Geist sie nichts
nützen;
oder es müßte denn sein, wenn du siehst, wie deine
Legionen
weithin im Felde sich tummeln, des Krieges Bilder erregend,
mächtig mit Hilfsvolk verstärkt und der Schätze gewaltigen
Kräften:
reich mit Waffen geschmückt wie von Mute erfüllt, wenn du
diese,
wenn du siehst, wie die Flotte sich tummelt und weithin
umherschweift,
daß dir erschreckt hierdurch dann die religiöse Beklemmung
ängstlich flieht aus dem Sinn und dann die Ängste des Todes
offen dir lassen die Zeit und gelöst von drängender Sorge.

　Wenn aber, wie wir ja sehen, das lächerlich ist und ein
Unsinn,
und in Wahrheit Angst der Menschen und dringliche Sorge
weder der Waffen Lärm noch fürchten wilde Geschosse,
frech unter Könige gar und gewaltige Herren der Erde

versantur neque fulgorem reverentur ab auro
nec clarum vestis splendorem purpureai,
quid dubitas quin omnis sit haec rationis potestas,
omnis cum in tenebris praesertim vita laboret?
nam veluti pueri trepidant atque omnia caecis   55
in tenebris metuunt, sic nos in luce timemus
interdum, nihilo quae sunt metuenda magis quam
quae pueri in tenebris pavitant finguntque futura.
hunc igitur terrorem animi tenebrasque necessest
non radii solis neque lucida tela diei   60
discutiant, sed naturae species ratioque.

Nunc age, quo motu genitalia materiai
corpora res varias gignant genitasque resolvant
et qua vi facere id cogantur quaeque sit ollis
reddita mobilitas magnum per inane meandi,   65
expediam, tu te dictis praebere memento.
nam certe non inter se stipata cohaeret
materies, quoniam minui rem quamque videmus
et quasi longinquo fluere omnia cernimus aevo
ex oculisque vetustatem subducere nostris,   70
cum tamen incolumis videatur summa manere,
propterea quia, quae decedunt corpora cuique,
unde abeunt minuunt, quo venere augmine donant,
illa senescere, at haec contra florescere cogunt,
nec remorantur ibi. sic rerum summa novatur   75
semper, et inter se mortales mutua vivunt.
augescunt aliae gentes, aliae minuuntur,
inque brevi spatio mutantur saecla animantum
et quasi cursores vitai lampada tradunt.

schreiten, weder den Strahl, der sich hebt vom Golde,
                                          verehren
noch den hellen Glanz der purpurfarbenen Decke,
kannst du zweifeln da, daß alles dies Macht der Vernunft
                                          ist,
da doch zumal sich müht das ganze Leben im Dunkel?
Denn wie die Kinder zittern vor Schrecken und alles im
                                          blinden
Dunkel fürchten, sind wir bei Tage vor Dingen in Ängsten
manchmal, die man nicht mehr zu fürchten brauchte als das,
                                          was
Kinder im Dunkel bebend erwarten und wähnen als
                                          kommend.
Diesen Schrecken nun, dies Dunkel der Seele muß füglich
nicht der Sonnen Strahl noch die hellen Geschosse des Tages
schlagen entzwei, vielmehr Naturbetrachtung und Lehre.

    Jetzt wohlan! In welcher Bewegung zeugen des Stoffes
Ursprungskörper die Vielfalt der Welt und erzeugt sie
                                          zerteilen,
welche Gewalt sie dazu zwingt und welche Bewegtheit
ihnen des Gehens gegeben ist durch das mächtige Leere,
will ich entfalten, du gedenk, dich den Worten zu öffnen.
Denn gewiß hängt doch der Stoff gedrängt nicht zusammen
unter sich, da jedes sich ja vermindern allmählich,
alles gleichsam fließen im Laufe der Zeiten wir sehen
und das Alter entziehen es jeweils unseren Augen,
während die Summe dagegen unversehrt überdauert,
deswegen weil, was jedem Ding an Körpern entweichet,
wo es geht, dort schmält, wo es hinkommt, Zuwachs gewährt
                                          ihm,
eines zu altern zwingt, das andre dagegen zu blühen,
und nicht dort verweilt. So erneut sich die Summe der Dinge
immer, und alles, was sterblich, lebt so auf Borg miteinander.
Aufwächst der eine Stamm, dieweil der andere schwindet,
und in kurzer Zeit vertauscht sich ein Alter der Wesen,
und wie Läufer wechseln sie aus die Fackel des Lebens.

Si cessare putas rerum primordia posse   80
cessandoque novos rerum progignere motus,
avius a vera longe ratione vagaris.
nam quoniam per inane vagantur, cuncta necessest
aut gravitate sua ferri primordia rerum
aut ictu forte alterius; nam ⟨cum⟩ cita saepe   85
obvia conflixere, fit ut diversa repente
dissiliant; neque enim mirum, durissima quae sint
ponderibus solidis neque quicquam a tergibus obstet.
et quo iactari magis omnia materiai
corpora pervideas, reminiscere totius imum   90
nil esse in summa, neque habere ubi corpora prima
consistant, quoniam spatium sine fine modoquest,
immensumque patere in cunctas undique partis
pluribus ostendi et certa ratione probatumst.
quod quoniam constat, nimirum nulla quies est   95
reddita corporibus primis per inane profundum,
sed magis assiduo varioque exercita motu
partim intervallis magnis confulta resultant,
pars etiam brevibus spatiis vexantur ab ictu.
et quaecumque magis condenso conciliatu   100
exiguis intervallis convecta resultant,
indupedita suis perplexis ipsa figuris,
haec validas saxi radices et fera ferri
corpora constituunt et cetera de genere horum.
paucula quae porro magnum per inane vagantur,   105
cetera dissiliunt longe longeque recursant
in magnis intervallis. haec aera rarum
sufficiunt nobis et splendida lumina solis.

Wenn du meinst, es vermöchten zu ruhen die Körper der
Dinge
und im Säumen erzeugen neue Bewegung der Dinge,
schweifest weit du ab vom wahren Erfassen des Wesens.
Denn da sie schweben durch leeren Raum, müssen alle
notwendig
stürzen durch eignes Gewicht, die Ursprungskörper der
Dinge,
oder durch Stoß vielleicht des andern; denn wenn erregt sie
prallen, wie oft, zusammen, geschieht's, daß verschieden sie
plötzlich
springen hinweg. Kein Wunder! Sind doch überaus hart sie
mit ihrem festen Gewicht und hindert doch gar nichts im
Rücken!
Und daß mehr du erkennest, daß alle Körper des Stoffes
leiden den Wurf, erinnere dich, daß die Summe des Alles
nichts hat Tiefstes und daß die ersten Körper nichts haben,
wo sie sich setzen, da ja der Raum ohne Ende und Maß ist;
und daß er endlos sich weite nach allen Seiten beliebig,
hab ich vielfach gezeigt und wurde ja sicher bewiesen.
Da das fest nun steht, ist den ersten Körpern natürlich
niemals Ruhe geschenkt inmitten der Leere des Abgrunds,
sondern gequält vielmehr in ständiger bunter Bewegung,
springen geprellt sie teils zurück in großer Entfernung,
teils auch werden in schmalem Raum sie vom Stoße
geschleudert.
Und alle Körper, die sind in dichtrer Vereinigung und in
kleinerem Abstand, springen zurück, wenn zusammen sie
prallen,
selber durch eigne verfilzte Gestalt in Fesseln geschlagen,
bilden des Felsens starke Verwurzelung wie auch des Eisens
wilde Gestalt und das Übrige noch aus demselben
Geschlechte.
Die in geringer Zahl im großen Leeren sich tummeln:
springen die übrigen weit hinweg und kehren von weitem
auch in großem Abstand zurück. Sie spenden die lockere
Luft uns immer neu und das strahlende Leuchten der Sonne.

multaque praeterea magnum per inane vagantur,
conciliis rerum quae sunt reiecta nec usquam   110
consociare etiam motus potuere recepta.
cuius, uti memoro, rei simulacra et imago
ante oculos semper nobis versatur et instat.
contemplator enim, cum solis lumina cumque
inserti fundunt radii per opaca domorum.   115
multa minuta modis multis per inane videbis
corpora misceri radiorum lumine in ipso
et velut aeterno certamine proelia pugnas
edere turmatim certantia nec dare pausam,
conciliis et discidiis exercita crebris;   120
conicere ut possis ex hoc, primordia rerum
quale sit in magno iactari semper inani.
dumtaxat rerum magnarum parva potest res
exemplare dare et vestigia notitiai.
hoc etiam magis haec animum te advertere par est   125
corpora quae in solis radiis turbare videntur,
quod tales turbae motus quoque materiai
significant clandestinos caecosque subesse.
multa videbis enim plagis ibi percita caecis
commutare viam retroque repulsa reverti   130
nunc huc nunc illuc in cunctas undique partis.
scilicet hic a principiis est omnibus error.
prima moventur enim per se primordia rerum;
inde ea quae parvo sunt corpora conciliatu

Außerdem schwirren umher im großen Leeren noch viele,
die von Verbänden der Dinge verstoßen wurden und
                          nirgends
mehr zu vereinen vermochten Bewegung, von neuem
                          gefangen.
Hierfür, wie ich sage, bewegt sich Abbild und Gleichnis
immer uns vor Augen und kann stets dringlich uns mahnen.
Schau dir doch an: Wann immer das Licht der Sonne die
                          Strahlen
einfallend breiten aus im dämmrigen Dunkel der Häuser,
wirst du winzige viele in vielfacher Art sich vermischen
sehen Körper im Leeren im Lichte eben der Strahlen
und wie im ewigen Streit erregen Schlachten und Kämpfe
um die Wette geschwaderweis und Ruhe nicht geben,
ständig mit Trennung gequält und wieder mit neuer
                          Vereinung;
daß du zu schließen vermagst hieraus, was es heißt, daß die
                          Körper
immer der Dinge den Wurf im großen Leeren erleiden.
Freilich nur, soweit geringe Dinge für große
Beispiel zu geben vermögen und Spuren für unsre
                          Erkenntnis.
Aber auch darum ist's gut, noch mehr auf die Körper zu
                          achten,
die man sich tummeln sieht zuhauf im Strahle der Sonne,
weil ein solches Getümmel zugleich als Zeichen sich ausweist,
daß Bewegung des Stoffes verborgen und heimlich zugrund
                          liegt.
Viele wirst nämlich du dort von versteckten Schlägen
                          getrieben
ändern sehen den Weg und zurück geworfen sich kehren,
hier bald hin, bald dorthin nach allen Seiten, wo's sei auch.
Dieses Irren rührt von den Ursprungskörpern für alle.
Erst bewegen sich nämlich die Ursprungskörper von sich
                          aus;
dann werden die von den Körpern, die kleinen Vereinen
                          gehören

et quasi proxima sunt ad viris principiorum,   135
ictibus illorum caecis inpulsa cientur,
ipsaque ⟨pro⟩porro paulo maiora lacessunt.
sic a principiis ascendit motus et exit
paulatim nostros ad sensus, ut moveantur
illa quoque, in solis quae lumine cernere quimus   140
nec quibus id faciant plagis apparet aperte.

　　Nunc quae mobilitas sit reddita materiai
corporibus, paucis licet hinc cognoscere, Memmi.
primum aurora novo cum spargit lumine terras
et variae volucres nemora avia pervolitantes   145
aera per tenerum liquidis loca vocibus opplent,
quam subito soleat sol ortus tempore tali
convestire sua perfundens omnia luce,
omnibus in promptu manifestumque esse videmus.
at vapor is quem sol mittit lumenque serenum   150
non per inane meat vacuum; quo tardius ire
cogitur, aerias quasi dum diverberat undas.
nec singillatim corpuscula quaeque vaporis,
sed complexa meant inter se conque globata;
quapropter simul inter se retrahuntur et extra   155
officiuntur, uti cogantur tardius ire.
at quae sunt solida primordia simplicitate
cum per inane meant vacuum nec res remoratur
ulla foris atque ipsa suis e partibus unum
unum in quem coepere locum conixa feruntur,   160
debent nimirum praecellere mobilitate
et multo citius ferri quam lumina solis

und gleichsam den Kräften der Ursprungskörper verwandt
sind,
aufgeregt, geprellt von deren verborgenen Stößen,
selber reizen sie dann ein wenig größere weiter.
So steigt mählich empor die Bewegung von den Atomen,
tritt hervor zu den Sinnen allmählich, daß sich bewegen
jene auch, die wir im Lichte der Sonne zu sehen vermögen
und von welchen nicht klar, unter was für Schlägen sie's
tuen.
Jetzt, was ist für Raschheit verliehen den Körpern des
Stoffes,
kannst mit wenigem du, o Memmius, hieraus erkennen.
Erstlich: Wenn Aurora besprengt die Lande mit neuem
Lichte, der Vögel Buntheit durchschwirrt die weglosen
Haine
und mit schmelzender Stimme den Raum erfüllet in linder
Luft, wie plötzlich zu solcher Zeit der Aufgang der Sonne
alles mit seinem Licht überschüttend pflegt zu bekleiden,
das haben alle vor Augen und nahe zum Greifen, das sehn
wir.
Aber der Dampf, den die Sonne verschickt, und ihr heiteres
Leuchten
eilen nicht durch leeren Raum; drum sind sie gezwungen,
müder zu gehen, indes die Wogen der Luft sie zerteilen.
Und nicht einzeln bewegt sich ein jeder Körper der Hitze,
sondern verknüpft unter sich und zum Ball
zusammengeschlossen;
darum werden zugleich sie gehemmt unter sich, und wird
außen
Einhalt getan, so daß sie müder zu gehen gezwungen.
Wenn sich dagegen die Ursprungskörper von festester
Einfalt
durch das stofflose Leere bewegen, außen sie aufhält
nichts und mit Nachdruck, selbst aus ihren Teilen ein Ganzes,
sie zu dem einen Ort, wie begonnen, sich hinreißen lassen,
müssen natürlich sie weit an Raschheit dann überragen,
schneller um vieles stürzen dahin als das Leuchten der Sonne

multiplexque loci spatium transcurrere eodem
tempore quo solis pervolgant fulgura caelum.
....
nec persectari primordia singula quaeque,   165
ut videant qua quidque geratur cum ratione.
    At quidam contra haec, ignari materiai,
naturam non posse deum sine numine reddi
tanto opere humanis rationibus admoderate
tempora mutare annorum, frugesque creare   170
et iam cetera, mortalis quae suadet adire
ipsaque deducit dux vitae dia voluptas
et res per Veneris blanditur saecla propagent,
ne genus occidat humanum: quorum omnia causa
constituisse deos cum fingunt, omnibus rebus   175
magno opere a vera lapsi ratione videntur.
nam quamvis rerum ignorem primordia quae sint,
hoc tamen ex ipsis caeli rationibus ausim
confirmare aliisque ex rebus reddere multis,
nequaquam nobis divinitus esse creatam   180
naturam mundi: tanta stat praedita culpa.
quae tibi posterius, Memmi, faciemus aperta.
nunc id quod superest de motibus expediemus.
    Nunc locus est, ut opinor, in his illud quoque rebus
confirmare tibi, nullam rem posse sua vi   185
corpoream sursum ferri sursumque meare;
ne tibi dent in eo flammarum corpora fraudem.

und die vielfache Länge des Raums durchlaufen in selber
Zeit, wie den Himmel durcheilt beständig das Blitzen der
Sonne.

. . . .

nicht zu verfolgen im Geist einen jeden einzeln der Körper,
daß sie sehen, wie jedes geschieht auf solcherlei Wegen.

Aber wenn manche dagegen, da sie des Stoffes nicht
kundig,
daß die Natur nicht erklärt werden könne: wie ohne das
Walten
sie der Götter so sehr gemäß dem Bedürfnis der Menschen
ändre die Zeiten des Jahres und schaffe die Früchte des
Feldes
und das übrige, das zu suchen den Menschen gebietet
göttliche Wonne, selbst sie als Führer des Lebens geleitet
und durch der Venus Lust ihnen schmeichelt, die Art zu
vermehren,
daß der Menschen Geschlecht nicht verschwinde: wenn alles
die Götter
ihretwegen sie festsetzen lassen, scheinen in allem
sie mir sehr von dem wahren Gedanken sich zu entfernen.
Wüßt' ich gleich auch nichts von den Ursprungskörpern der
Dinge,
möchte doch dies ich gerad aus des Himmels Plan zu
behaupten
wagen und den Beweis dafür aus vielem andrem zu geben:
Keineswegs ist für uns auf göttliche Weise geschaffen
worden das Wesen der Welt: so mit Schuld steht da sie
beladen.
Das werden später wir dir, o Memmius, offenbar machen.
Nun wollen wir den Rest über ihre Bewegung entwickeln.

Jetzt ist, mein ich, der Ort, auch jenes auf diesem
Gebiete
dir zu erhärten, daß nichts, was Körper, aus eigenen Kräften
aufwärts zu stürzen vermöchte und aufwärts sich zu
bewegen;
daß dir hierbei nicht Trug der Flammen Körper bereiten!

sursus enim versus gignuntur et augmina sumunt
et sursum nitidae fruges arbustaque crescunt,
pondera, quantum in se est, cum deorsum cuncta ferantur.
nec cum subsiliunt ignes ad tecta domorum   191
et celeri flamma degustant tigna trabesque,
sponte sua facere id sine vi subiecta putandum est.
quod genus e nostro cum missus corpore sanguis
emicat exultans alte spargitque cruorem.   195
nonne vides etiam quanta vi tigna trabesque
respuat umor aquae? nam quo magis ursimus alte
derecta et magna vi multi pressimus aegre,
tam cupide sursum revomit magis atque remittit,
plus ut parte foras emergant exiliantque.   200
nec tamen haec, quantum est in se, dubitamus, opinor,
quin vacuum per inane deorsum cuncta ferantur.
sic igitur debent flammae quoque posse per auras
aeris expressae sursum succedere, quamquam
pondera, quantum in sest, deorsum deducere pugnent.   205
nocturnasque faces caeli sublime volantis
nonne vides longos flammarum ducere tractus,
in quascumque dedit partis natura meatum?
non cadere in terram stellas et sidera cernis?
sol etiam ⟨caeli⟩ de vertice dissipat omnis   210
ardorem in partis et lumine conserit arva;
in terras igitur quoque solis vergitur ardor.

Aufwärts nämlich gewandt entstehn sie und nehmen sie
Zuwachs,
aufwärts wächst auch die schimmernde Frucht des Feldes und
Buschwerk,
während, soweit es an ihm, das Gewicht je abwärts sich
stürzet.
Und wenn die Feuer empor zu den Dächern springen der
Häuser
und mit schneller Flamme belecken Balken und Bohlen,
darf man nicht glauben, sie täten es selbst ohne Zwang sich
erhebend.
Grad so wie wenn das Blut aus unserem Körper entlassen
ausspritzt in hohem Sprung und weit versprengt die
Gerinnsel.
Siehst du nicht auch, mit welcher Wucht die Balken und
Bohlen
wieder die Flut des Wassers ausspeit? Denn um wieviel wir
tiefer sie senkrecht gedrängt und zu vielen mit Macht sie
gedrückt kaum,
um so begieriger speit es sie aus und schleudert sie von sich,
daß sie mehr als die Hälfte heraus ihm tauchen und springen.
Aber von diesem, soweit es an ihm, hat nicht man doch
Zweifel,
daß es im leeren Raum nach unten alles sich stürze.
So müssen füglich auch die Flammen imstand sein, nach oben
hochgedrängt im Wogen der Luft zu steigen, obwohl doch
abwärts, soweit es an ihm, ihr Gewicht zu ziehen sich
abmüht.
Und die nächtlichen Fackeln des Himmels, die Höhe
befliegend,
siehst du nicht, wie lange Züge von Flammen sie führen,
dorthin, in welchen Teil die Natur den Gang ihnen anwies?
Merkst du nicht, wie Stern und Gestirne fallen zur Erde?
Und die Sonne verteilt vom Scheitel des Himmels in alle
Richtungen gar die Glut und besät mit dem Lichte die
Fluren.
Füglich neigt sich der Sonne Glühen auch auf die Erde.

transversosque volare per imbris fulmina cernis;
nunc hinc nunc illinc abrupti nubibus ignes
concursant; cadit in terras vis flammea volgo.   215

   Illud in his quoque te rebus cognoscere avemus,
corpora cum deorsum rectum per inane feruntur
ponderibus propriis, incerto tempore ferme
incertisque locis spatio depellere paulum,
tantum quod momen mutatum dicere possis.   220
quod nisi declinare solerent, omnia deorsum,
imbris uti guttae, caderent per inane profundum
nec foret offensus natus nec plaga creata
principiis. ita nil umquam natura creasset.
quod si forte aliquis credit graviora potesse   225
corpora, quo citius rectum per inane feruntur,
incidere ex supero levioribus atque ita plagas
gignere, quae possint genitalis reddere motus,
avius a vera longe ratione recedit.
nam per aquas quaecumque cadunt atque aera rarum,   230
haec pro ponderibus casus celerare necessest,
propterea quia corpus aquae naturaque tenvis
aeris haud possunt aeque rem quamque morari,
sed citius cedunt gravioribus exsuperata.
at contra nulli de nulla parte neque ullo   235
tempore inane potest vacuum subsistere rei,
quin, sua quod natura petit, concedere pergat.
omnia quapropter debent per inane quietum
aeque ponderibus non aequis concita ferri.
haud igitur poterunt levioribus incidere umquam   240

Deutlich siehst du die Blitze fliegen quer durch die Regen.
Bald von hier und bald von dort gesprengt von den Wolken
laufen die Feuer; gemeinhin fällt Wucht der Flammen zur
Erden.

   Jenes solltest hierbei du auch erkennen, ist unser Begehren:
wenn die Körper durchs Leere nach unten geradewegs
stürzen
mit ihrem eignen Gewicht, so springen zu schwankender Zeit
und an schwankendem Ort von der Bahn sie ab um ein
Kleines,
so, daß du von geänderter Richtung zu sprechen vermöchtest.
Wären sie nicht gewohnt sich zu beugen, würd alles nach
unten,
wie die Tropfen des Regens, fallen im grundlosen Leeren,
wäre nicht Anstoß entstanden noch Schlag den Körpern
geschaffen
worden. So hätte nichts die Natur je schaffend vollendet.
Wenn aber einer vielleicht hier glaubt, die schwereren Körper
könnten, je rascher sie selber senkrecht stürzen durchs Leere,
auf die leichteren fallen herab und damit erzeugen
Schläge, die wären imstand, der Zeugung Bewegung zu
schaffen,
geht von der wahren Vernunft weit ab er in weglosen Irrtum.
Denn was immer fällt durch Wasser und lockere Lüfte,
muß nach dem Maß des Gewichts den Fall beschwingen
notwendig,
darum, weil des Wassers Leib und das zartere Wesen
eben der Luft nicht gleich ein jedes zu hemmen vermögen,
sondern dem Schwereren rascher sich fügen durch Wucht
überwunden.
Aber an keinem Teil dagegen kann und zu keiner
Zeit das stofflose Leere ertragen irgend etwas nur,
ohne, was seine Natur verlangt, ihm weiter zu weichen.
Darum muß auch alles hindurch durch das ruhige Leere
gleichschnell, obschon mit Gewichten die ungleich, erregt sich
bewegen.
Füglich wird Leichterem nie sich fallend zu nahen vermögen

ex supero graviora neque ictus gignere per se,
qui varient motus, per quos natura gerat res.
quare etiam atque etiam paulum inclinare necessest
corpora; nec plus quam minimum, ne fingere motus
obliquos videamur et id res vera refutet.   245
namque hoc in promptu manifestumque esse videmus,
pondera, quantum in sest, non posse obliqua meare,
ex supero cum praecipitant, quod cernere possis;
sed nihil omnino ⟨recta⟩ regione viai
declinare quis est qui possit cernere sese?   250

   Denique si semper motus conectitur omnis
et vetere exoritur ⟨motu⟩ semper novus ordine certo
nec declinando faciunt primordia motus
principium quoddam, quod fati foedera rumpat,
ex infinito ne causam causa sequatur,   255
libera per terras unde haec animantibus exstat,
unde est haec, inquam, fatis avolsa voluntas,
per quam progredimur quo ducit quemque voluptas,
declinamus item motus nec tempore certo
nec regione loci certa, sed ubi ipsa tulit mens?   260
nam dubio procul his rebus sua cuique voluntas
principium dat et hinc motus per membra rigantur.
nonne vides etiam patefactis tempore puncto

Schweres von oben und nie von sich aus Stöße bewirken,
buntre Bewegung zu schaffen, wodurch die Natur alles
                                        ausführt.
Deshalb ist noch und noch, daß ein wenig sich beugen die
                                        Körper,
unbedingt nötig; und mehr nicht als winzig, daß aus uns zu
                                        denken
schräge Bewegungen wir nicht scheinen und Wahrheit das
                                        ablehnt.
Denn das sehen wir klar vor Augen und deutlich zum
                                        Greifen,
daß ein Gewicht, soweit es an ihm liegt, unmöglich schräg
                                        geht,
wenn es von oben herunterstürzt, soweit man das sehn kann;
doch daß um nichts überhaupt von der rechten Richtung der
                                        Route
es sich beugt, wer ist, der dies zu schauen vermöchte?
   Schließlich: wenn eine jede Bewegung immer verknüpft
                                        wird
und aus der alten Bewegung entsteht in sicherer Ordnung
stets eine neue und nicht durch Beugen die Körper den
                                        Anfang
einer Bewegung machen, der breche das Bündnis des
                                        Schicksals,
daß seit unendlicher Zeit nicht Ursache folge auf Ursach:
Woher besteht auf Erden allem Beseelten der freie,
woher stammt, sag ich, der dem Schicksal entwundene Wille,
dank dem vorwärts wir schreiten, wohin einen leitet die
                                        Freude,
abbiegen auch die Bewegungen weder zu sicherem Zeitpunkt
noch an sicherer Stelle des Raums, sondern wo der Gedanke
                                        uns hintrug?
Denn ohne Zweifel bewirkt hierbei der eigene Wille
jedem den Anfang und daraus ergießt sich Bewegung den
                                        Gliedern.
Siehst du nicht auch, wenn im Nu einer Zeit die Schranken
                                        sich öffnen,

carceribus non posse tamen prorumpere equorum
vim cupidam tam de subito quam mens avet ipsa?   265
omnis enim totum per corpus materiai
copia conciri debet, concita per artus
omnis ut studium mentis conixa sequatur;
ut videas initum motus a corde creari
ex animique voluntate id procedere primum,   270
inde dari porro per totum corpus et artus.

   nec similest ut cum impulsi procedimus ictu
viribus alterius magnis magnoque coactu;
nam tum materiem totius corporis omnem
perspicuumst nobis invitis ire rapique,   275
donec eam refrenavit per membra voluntas.
iamne vides igitur, quamquam vis extera multos
pellat et invitos cogat procedere saepe
praecipitesque rapi, tamen esse in pectore nostro
quiddam quod contra pugnare obstareque possit?   280
cuius ad arbitrium quoque copia materiai
cogitur interdum flecti per membra per artus
et proiecta refrenatur retroque residit.
quare in seminibus quoque idem fateare necessest
esse aliam praeter plagas et pondera causam   285
motibus, unde haec est nobis innata potestas,
de nilo quoniam fieri nil posse videmus.
pondus enim prohibet ne plagis omnia fiant
externa quasi vi. sed ne mens ipsa necessum
intestinum habeat cunctis in rebus agendis   290
et devicta quasi cogatur ferre patique,

daß nicht vermag der Rosse begierige Kraft sich zu stürzen
plötzlich hervor so schnell, wie selber der Sinn ist begierig?
Muß doch im ganzen Leib hin erregt die Fülle des Stoffes
werden, daß sie, wenn erregt sie ist im Inneren aller
Glieder, zu folgen vermag mit Kraft dem Eifern des Sinnes;
so daß du siehst: es stammt vom Herzen die
          Eingangsbewegung
und zuerst geht alles hervor aus dem Willen der Seele,
drauf wird es weiter gereicht durch den ganzen Leib und die
          Glieder.
 Dem ist nicht ähnlich, wenn wir getroffen vorgehn vom
          Schlage
durch die gewaltige Kraft eines andern, sein mächtiges
          Zwingen.
Denn dann ist klar, daß aller Stoff im Ganzen des Körpers
wider unseren Willen dahingeht und fort wird gerissen,
bis ihn wieder zurück in den Gliedern der Wille gebändigt.
Siehst du nun also, daß obschon von außen Gewalt treibt
viele und oftmals zwingt zu gehen wider den Willen
und gerissen zu werden jäh, in unserem Herzen
doch etwas ist, was vermag dagegen zu kämpfen und
          trotzen?
Nach dessen freiem Willen wird auch die Fülle des Stoffes
manchmal sich zu wenden gedrängt durch Glieder, Gelenke
und wird vorgeschleudert, gebändigt, setzt wieder sich
          nieder.
Drum mußt du auch in den Samen dasselbe bekennen
          gezwungen,
daß neben Schlag und Gewicht der Bewegung noch andere
          Ursach
ist gegeben, woher diese Macht uns eingepflanzt wurde,
da, wie wir sehen, ja nichts aus nichts vermag zu entstehen.
Denn das Gewicht, es hindert, daß alles vollzieht sich durch
          Schläge
wie durch äußre Gewalt. Daß der Sinn aber selber nicht habe
inneren Zwang in allen Dingen, welche er anfängt,
und wie ein Besiegter gedrängt ist zu tragen und leiden,

id facit exiguum clinamen principiorum
nec regione loci certa nec tempore certo.
    Nec stipata magis fuit umquam materiai
copia nec porro maioribus intervallis;   295
nam neque adaugescit quicquam neque deperit inde.
quapropter quo nunc in motu principiorum
corpora sunt, in eodem ante acta aetate fuere
et post haec semper simili ratione ferentur,
et quae consuerint gigni gignentur eadem   300
condicione et erunt et crescent vique valebunt,
quantum cuique datum est per foedera naturai.
nec rerum summam commutare ulla potest vis;
nam neque quo possit genus ullum materiai
effugere ex omni quicquam est ⟨extra⟩, neque in omne   305
unde coorta queat nova vis inrumpere et omnem
naturam rerum mutare et vertere motus.
    Illud in his rebus non est mirabile, quare,
omnia cum rerum primordia sint in motu,
summa tamen summa videatur stare quiete,   310
praeterquam siquid proprio dat corpore motus.
omnis enim longe nostris ab sensibus infra
primorum natura iacet; quapropter, ubi ipsa
cernere iam nequeas, motus quoque surpere debent;
praesertim cum, quae possimus cernere, celent   315
saepe tamen motus spatio diducta locorum.
nam saepe in colli tondentes pabula laeta
lanigerae reptant pecudes, quo quamque vocantes
invitant herbae gemmantes rore recenti,
et satiati agni ludunt blandeque coruscant;   320

das bewirkt der Ursprungskörper winzige Beugung,
weder am festen Ort noch auch zum sicheren Zeitpunkt.
   Und es war nie stärker zusammengedrängt des Stoffes
Fülle und wieder auch nie vereint im größeren Abstand;
wächst doch nichts Neues hinzu noch schwindet etwas von
                                              dorten.
Drum sind auch, in welcher Bewegung jetzt der Atome
Körper sind, in ebenderselben sie früher gewesen
und werden auch hernach auf ähnliche Weise sich regen,
und was gewöhnlich entsteht, wird unter derselben
                                              Bedingung
auch entstehen und sein und wachsen und stark mit Gewalt
                                              sein,
soweit jedem im Bunde des Wesens es wurde verliehen.
Und die Summe der Dinge vermag keine Kraft zu
                                              verändern;
denn es ist außerhalb nichts, wohin aus dem All zu entfliehen
irgendein Zweig des Stoffes vermöchte noch woher
                                              entstanden
neue Gewalt einbrechen könnte ins All und dann alles
Wesen der Dinge verändern und wenden ihre Bewegung.
   Das ist dabei in diesen Dingen mitnichten ein Wunder,
warum, obgleich doch alle Atome sind in Bewegung,
doch das Ganze sich ganz in Ruhe scheint zu befinden,
außer wenn etwas mit eigenem Leib Bewegungen ausführt.
Alle Natur der Atome ist unterhalb unserer Sinne
weit doch gelegen; darum, da du sie selber zu sehen
nicht vermagst, müssen auch die Bewegung uns sie
                                              entwenden;
da doch zumal, was uns zu erblicken ist möglich, uns dennoch
oft die Bewegung verhehlt, entfernt durch des Raumes
                                              Erstreckung.
Oftmals nämlich am Holm abscherend üppige Weide
kriechen die wolligen Schafe dahin, wo jedes hin einlädt
mit seinem Anruf das Kraut, das perlt von frischer Betauung,
und gesättigt spielen die Lämmer und tummeln sich
                                              schmeichelnd.

omnia quae nobis longe confusa videntur
et velut in viridi candor consistere colli.
praeterea magnae legiones cum loca cursu
camporum complent belli simulacra cientes,
fulgor ubi ad caelum se tollit totaque circum   325
aere renidescit tellus subterque virum vi
excitur pedibus sonitus clamoreque montes
icti reiectant voces ad sidera mundi
et circumvolitant equites mediosque repente
tramittunt valido quatientes impete campos: 330
et tamen est quidam locus altis montibus, unde
stare videntur et in campis consistere fulgor.

    Nunc age, iam deinceps cunctarum exordia rerum
[qualia sint et quam longe distantia formis]
percipe, multigenis quam sint variata figuris;   335
non quo multa parum simili sint praedita forma,
sed quia non volgo paria omnibus omnia constant.
nec mirum; nam cum sit eorum copia tanta,
ut neque finis, uti docui, neque summa sit ulla,
debent nimirum non omnibus omnia prorsum   340
esse pari filo similique adfecta figura
. . . .

    Praeterea genus humanum mutaeque natantes
squamigerum pecudes et laeta armenta feraeque
et variae volucres, laetantia quae loca aquarum
concelebrant circum ripas fontisque lacusque,   345

Alles das scheint uns von ferne, wie wenn es in eines
geflossen,
und wie ein weißlicher Fleck sich zu halten am grünenden
Holme.
Außerdem: wenn im Lauf der Legionen mächtige Scharen
füllen die Weite der Fluren, des Krieges Bilder erregend,
wann sich der Glanz bis zum Himmel erhebt und ringsum
die ganze
Erde von Erze erschimmert und drunten von der Gewalt sich
nun der Männer erhebt das Getöse unter den Füßen
und vom Lärm getroffen schleudern die Berge die Stimmen
hoch zu des Himmels Gestirnen, umher fliegen Reiter und
plötzlich
queren im mächtigen Sturm sie peitschend die Flur in der
Mitte:
und doch ist ein Ort auf der Höhe der Berge, von woher
fest sie zu stehen scheinen und Glanz nur im Feld sich zu
halten.

Jetzt wohlan, die Urkörper aller Dinge nun in der Folge,
[wie sie geschaffen und weit in ihrer Gestalt auseinander,]
nimm es auf, wie bunt sie gestaltet in vielfachen Formen!
Nicht weil zu wenige sind begabt mit ähnlichen Formen,
sondern weil nicht gleich überall allen alle bestehen.
Und das ist kein Wunder; denn da ihre Menge so groß ist,
daß weder Grenze, wie ich schon gelehrt, es gibt und nicht
Summe,
dürfen sie natürlich nicht gänzlich alle mit allen
sein mit gleicher Gestalt versehen und ähnlichen Formen
. . . .
Außerdem: der Menschen Geschlecht, die schwimmenden
stummen
Schwärme der Schuppenbedeckten, prangendes Vieh und das
Wild,
buntes Geflügel, das häufig die strotzenden Reiche der
Wasser
aufsucht rings um die Ufer zumal und Quellen und Lachen

et quae pervolgant nemora avia pervolitantes:
quorum unum quidvis generatim sumere perge:
invenies tamen inter se differre figuris.
nec ratione alia proles cognoscere matrem
nec mater posset prolem; quod posse videmus   350
nec minus atque homines inter se nota cluere.
nam saepe ante deum vitulus delubra decora
turicremas propter mactatus concidit aras
sanguinis expirans calidum de pectore flumen.
at mater viridis saltus orbata peragrans   355
figit humi pedibus vestigia pressa bisulcis
omnia convisens oculis loca, si queat usquam
conspicere amissum fetum, completque querellis
frondiferum nemus adsistens et crebra revisit
ad stabulum desiderio perfixa iuvenci,   360
nec tenerae salices atque herbae rore vigentes
fluminaque ulla queunt summis labentia ripis
oblectare animum subitamque avertere curam,
nec vitulorum aliae species per pabula laeta
derivare queunt animum curaque levare: 365
usque adeo quiddam proprium notumque requirit.
praeterea teneri tremulis cum vocibus haedi
cornigeras norunt matres agnique petulci
balantum pecudes: ita, quod natura reposcit,
ad sua quisque fere decurrunt ubera lactis.   370
postremo quodvis frumentum non tamen omne
quidque suo genere inter se simile esse videbis,
quin intercurrat quaedam distantia formis.

und den weglosen Hain überall durchstreifet im Fluge:
nimm nacheinander nach Arten heraus dir, welches beliebet,
wirst du finden, es scheidet sich doch unter sich nach
                                            Gestalten.
Anders würde ja auch die Brut nicht die Mutter erkennen,
noch die Mutter kennen die Brut; dazu sind sie imstande,
wie wir sehen, und sind bekannt unter sich wie die Menschen.
Denn vor den schönen Tempeln der Götter ist oftmals ein
                                            Kälbchen
nah am Altar, dem weihrauchumbrannten,
                                            zusammengebrochen,
aus der Brust den heißen Strom des Blutes veratmend.
Aber die Mutter, verwaist, die grünen Gebirge
                                            durchstreifend,
schlägt mit gespaltenem Fuß die Spuren tief in den Boden,
musternd mit ihren Augen alles Geländ, ob erspäh sie
irgendwo das verlorene Junge und füllet mit Klagen
nahend den laubbeschatteten Hain, kehrt oftmals zum Stalle
wieder zurück, das Herz von Sehnsucht durchbohrt nach dem
                                            Kalbe;
weder die zarten Weiden, Gräser, gestrafft noch vom Taue,
irgendein Fluß, am Rande der Ufer gleitend, vermögen
aufzuheitern ihr Herz und die nagende Sorge zu scheuchen,
noch kann der Anblick von anderen Kälbern auf strotzenden
                                            Auen
ablenken ihr Gemüt und es von Sorge erleichtern:
so sehr sucht etwas Eigenes sie und etwas Bekanntes.
Außerdem kennen die zarten Böckchen mit zittrigen
                                            Stimmen
wohl die hörnertragenden Mütter und stößige Lämmer
Tiere der blökenden Gattung: so läuft, was Natur auch
                                            erfordert,
jedes genau auch hin zu den eigenen Eutern des Milchstroms.
Schließlich beliebige Feldfrucht ist doch nicht ganz, wie du
                                            sehn wirst,
jedes in seiner Art unter sich von ähnlichem Aussehn,
ohne daß nicht ein Unterschied in der Form unterliefe.

concharumque genus parili ratione videmus
pingere telluris gremium, qua mollibus undis   375
litoris incurvi bibulam pavit aequor harenam.
quare etiam atque etiam simili ratione necessest,
natura quoniam constant neque facta manu sunt
unius ad certam formam primordia rerum,
dissimili inter se quaedam volitare figura.   380

    Perfacile est animi ratione exsolvere nobis,
quare fulmineus multo penetralior ignis
quam noster fluat e taedis terrestribus ortus.
dicere enim possis caelestem fulminis ignem
subtilem magis e parvis constare figuris   385
atque ideo transire foramina quae nequit ignis
noster hic e lignis ortus taedaque creatus.
praeterea lumen per cornum transit, at imber
respuitur. quare? nisi luminis illa minora
corpora sunt quam de quibus est liquor almus aquarum.   390
et quamvis subito per colum vina videmus
perfluere, at contra tardum cunctatur olivom,
aut quia nimirum maioribus est elementis
aut magis hamatis inter se perque plicatis,
atque ideo fit, uti non tam diducta repente   395
inter se possint primordia singula quaeque
singula per cuiusque foramina permanare.
    huc accedit uti mellis lactisque liquores
iucundo sensu linguae tractentur in ore,
at contra taetra absinthi natura ferique   400
centauri foedo pertorquent ora sapore.
ut facile agnoscas e levibus atque rutundis
esse ea quae sensus iucunde tangere possunt,
at contra quae amara atque aspera cumque videntur,

Und der Muscheln Geschlecht sehn wir auf ähnliche Weise
malen des Landes Schoß dort, wo mit sanften Wellen
schlägt das Meer den dürstenden Strand des krummen
Gestades.
Drum ist noch und noch es in ähnlicher Weise notwendig,
da bestehn von Natur und nicht gemacht von der Hand sind
nach dem Vorbild eines die Ursprungskörper der Dinge,
daß unter sich von verschiedner Gestalt umherschwirren
manche.

Sehr leicht ist uns zu lösen mit Geistes Berechnung,
warum des Blitzes Feuer um vieles dringlicher sein muß
als das unsere, das entbrennt aus irdischen Fackeln.
Könntest du sagen doch leicht, das himmlische Feuer des
Blitzes,
feiner um vieles mehr, bestehe aus kleinen Gestalten
und durchdringe die Gänge darum, die dies unser Feuer
nicht vermag, aus Holz entstanden und Fackeln erzeuget.
Außerdem geht Licht durch Horn hindurch, aber Regen
wird verschmäht. Warum? Doch, weil die Körper des Lichtes
kleiner sind als die, aus denen das gütige Naß ist.
Und, so plötzlich du magst, sehen Wein durch den Seiher
fließen hindurch wir, doch zögert wieder träge das Öl dir,
entweder weil natürlich es ist von größeren Körpern
oder die mehr unter sich verhakt und enger verfilzt sind.
Und drum geschieht's, daß nicht so plötzlich getrennt
voneinander
unter sich die Ursprungskörper einzeln ein jeder vermöchte
durch den einzelnen Gang eines jeden durch sich zu schleusen.

Hierzu kommt, daß der Milch und des Honigs flüssige
Massen
werden mit wohl'gem Gefühl der Zunge im Munde
befördert,
wieder des Wermuts abscheuliche Art jedoch und des wilden
Güldenkrautes verzieht das Gesicht mit eklem Geschmacke.
So daß leicht du erkennst: es ist aus glatten und runden
das, was wohlig die Sinnesempfindung vermag zu berühren,
was aber immer dagegen sich rauh und bitter erweiset,

haec magis hamatis inter se nexa teneri   405
proptereaque solere vias rescindere nostris
sensibus introituque suo perrumpere corpus.
  omnia postremo bona sensibus et mala tactu
dissimili inter se pugnant perfecta figura;
ne tu forte putes serrae stridentis acerbum   410
horrorem constare elementis levibus aeque
ac musaea mele, per chordas organici quae
mobilibus digitis expergefacta figurant;
neu simili penetrare putes primordia forma
in nares hominum, cum taetra cadavera torrent   415
et cum scena croco Cilici perfusa recens est
araque Panchaeos exhalat propter odores;
neve bonos rerum simili constare colores
semine constituas, oculos qui pascere possunt
et qui conpungunt aciem lacrimareque cogunt   420
aut foeda specie diri turpesque videntur.
omnis enim sensus quae mulcet cumque ⟨et alit res⟩,
haud sine principiali aliquo levore creatast;
at contra quaecumque molesta atque aspera constat,
non aliquo sine materiae squalore repertast.   425
sunt etiam quae iam nec levia iure putantur
esse neque omnino flexis mucronibus unca,
sed magis angellis paulum prostantibus, ⟨utqui⟩
titillare magis sensus quam laedere possint,
fecula iam quo de genere est inulaeque sapores.   430
denique iam calidos ignis gelidamque pruinam
dissimili dentata modo compungere sensus

das wird unter sich mehr durch behakte verknüpft und
gehalten
und drum pflegt es die Straßen unserer Sinnesempfindung
aufzureißen und mit seinem Eingang den Leib zu zerbrechen.
  Schließlich ist alles, was gut für die Sinne, was schlecht zu
berühren,
unter sich im Kampf, vollendet aus ungleichen Formen;
daß du nicht etwa vermeinst, der kreischenden Säge
scharfgrelles
Schauernmachen bestehe aus glatten Atomen genauso
wie die musischen Lieder, die auf den Saiten der Spieler
mit seinen hurtigen Fingern erweckt und kunstvoll gestaltet,
und denk nicht, es drängen von ähnlichen Formen Atome
ein in die Nasen der Menschen, wenn ekle Kadaver
verbrennt man
und wenn die Bühne ist frisch durchströmt von kilikischem
Safran
und der Altar nahebei veratmet panchäische Düfte;
noch darfst aufstellen du die guten Farben der Dinge,
die das Auge zu weiden vermögen, aus ähnlichem Samen
wie die, welche das Auge verletzen spitz und zwingen zu
tränen
oder durch scheußlichen Anblick grausig und häßlich
erscheinen.
Nämlich jegliches Ding, das den Sinnen schmeichelt und
aufbaut,
nicht ist es ohne bestimmte anfängliche Glätte geschaffen;
welches dagegen rauh und beschwerlich immer sich findet,
wurde nicht ohne gewisse Rauheit des Stoffes erfunden;
welche sind auch, die schon nicht glatt mit Recht einen
dünken
und überhaupt nicht gekrümmt mit rund gebogenen Haken,
sondern mehr mit ein wenig krakenden Eckchen, so daß zu
kitzeln sie mehr die Sinne vermögen als sie zu verletzen,
wozu Weinsteinsalz gehört und die Säfte des Alant.
Schließlich gar, daß glühendes Feuer und frostiger Winter
nicht auf ähnliche Weise bezahnt die Sinnesempfindung

corporis, indicio nobis est tactus uterque.
tactus enim, tactus, pro divum numina sancta,
corporis est sensus, vel cum res extera sese   435
insinuat, vel cum laedit quae in corpore natast
aut iuvat egrediens genitalis per Veneris res.
aut ex offensu cum turbant corpore in ipso
semina, confundunt inter se concita sensum;
ut si forte manu quamvis iam corporis ipse   440
tute tibi partem ferias atque experiare.
quapropter longe formas distare necessest
principiis, varios quae possint edere sensus.

    Denique quae nobis durata ac spissa videntur,
haec magis hamatis inter sese esse necessest   445
et quasi ramosis alte compacta teneri.
in quo iam genere in primis adamantina saxa
prima acie constant ictus contemnere sueta
et validi silices ac duri robora ferri
aeraque quae claustris restantia vociferantur.   450
illa quidem debent e levibus atque rutundis
esse magis, fluvido quae corpore liquida constant.
namque papaveris haustus itemst facilis quod aquarum;
nec retinentur enim inter se glomeramina quaeque
et perculsus item proclive volubilis exstat.   455
omnia postremo quae puncto tempore cernis
diffugere, ut fumum, nebulas flammasque, necessest,
si minus omnia sunt e levibus atque rutundis,

stechen des Körpers, dafür ist ein Zeichen beider Berührung.
Nämlich Berührung, Berührung, ihr heiligen Wesen der
Götter,
ist des Körpers Empfindung, sei's, daß von außen etwas sich
einschleicht, sei's, wenn verletzt, was drinnen im Körper
entstanden,
oder ergötzt, wenn verläßt es ihn bei der Venus Befruchtung.
Oder auch, wenn vom Anstoß her die Samen im Körper
selber tollen, verwirren erregt unter sich sie Empfindung,
wie wenn du selber einmal mit der Hand den Teil deines
Körpers,
welchen du willst, dir triffst, und davon spürest Erfahrung.
Drum müssen weit unter sich den Ursprungskörpern die
Formen
sich unterscheiden, daß bunte Empfindung sie können
bewirken.
   Schließlich, was hart und dicht sich zeigt uns in der
Berührung,
das muß notwendig sein aus mehr miteinander verhakten
und von verästelten gleichsam verfilzt in der Tiefe gehalten.
Von dieser Art stehen fest in erster Reihe vor allen
Felsen wie Stahl so hart und gewohnt, den Schlag zu
verachten,
mächtiger Kieselstein, des harten Eisens kernige Masse
und das Erz, das kreischt im zähen Kampf mit dem Riegel.
Jenes freilich muß mehr aus glatten und runden bestehen,
was mit fließendem Leib sich in flüssigem Zustand befindet.
Denn das Schöpfen von Mohn ist genauso bequem wie von
Wasser.
Denn es werden nicht in sich gehalten die einzelnen Ballen
und ihr Zerschlagen tritt ebenso schüssig gleitend zutage.
Alles schließlich, was du sich verflüchtigen siehst in dem
kleinsten
Punkte der Zeit, wie Rauch, den Nebel, die Flammen, muß
sicher,
wenn sie nicht ganz aus glatten und runden Atomen
bestehen,

at non esse tamen perplexis indupedita,
pungere uti possint corpus penetrareque saxa,   460
nec tamen haerere inter se, quod cuique videmus
discidium esse datum facile; ut cognoscere possis
non e perplexis, sed acutis esse elementis.
sed quod amara vides eadem quae fluvida constant,
sudor uti maris est, minime mirabile debet   465
⟨esse⟩ .... ;   465a
nam quod fluvidus est, e levibus atque rutundis
est, ⟨quod amarus item, sunt illi⟩ admixta doloris
corpora. nec tamen haec retineri hamata necessumst;
scilicet esse globosa tamen, cum squalida constent,
provolvi simul ut possint et laedere sensus.   470
et quo mixta putes magis aspera levibus esse
principiis, unde est Neptuni corpus acerbum,
est ratio secernendi seorsumque videndi,
umor dulcis ubi per terras crebrius idem
percolatur, ut in foveam fluat ac mansuescat;   475
linquit enim supera taetri primordia viri,
aspera quom magis in terris haerescere possint.
    Quod quoniam docui, pergam conectere rem quae
ex hoc apta fidem ducat, primordia rerum
finita variare figurarum ratione.   480
quod si non ita sit, rursum iam semina quaedam
esse infinito debebunt corporis auctu.
namque in eadem una cuiusvis iam brevitate
corporis inter se multum variare figurae
non possunt. fac enim minimis e partibus esse   485
corpora prima tribus vel paulo pluribus auge:
nempe ubi eas partis unius corporis omnis,
summa atque ima locans, transmutans dextera laevis,

doch nicht gehindert sein durch unter sich enge verflochtne,
daß sie den Körper zu reizen vermögen, in Felsen zu
dringen,
ohne doch untereinander zu kleben, da jedem gegeben
leichtes Zerwürfnis, wie sichtbar; so daß zu erkennen ist
möglich,
daß sie nicht aus verflochtnen sind, sondern spitzen Atomen.
Wenn aber bitter du siehst dasselbe, was flüssig geartet,
wie des Meeres Schweiß, so darf das mitnichten ein Wunder
sein ⟨für die, so der Lehre bis hierher verständig gefolgt
sind.⟩
Denn soweit flüssig er ist, besteht er aus glatten und runden,
soweit bitter zugleich, sind beigemischt ihm des Schmerzes
Körper. Doch ist es nötig, daß hakig sie fest sich nicht halten.
Kugelig sind sie natürlich, obgleich sie struppig beschaffen,
so daß zugleich sie zu rollen imstand und die Sinne zu reizen.
Und damit du glaubst um so mehr, daß rauhe vermischt sind
glatten Atomen, woraus ist der bittere Körper des Meeres,
so gibt es Mittel und Weg es zu trennen und sehen gesondert,
wenn nämlich öfter durch Erde das süße Wasser geseiht wird,
gleiches, damit in die Grube es fließt und dort wird gefügig;
läßt es doch oben zurück die Körper abscheulicher Lauge,
während die rauhen mehr zu hängen vermögen im Boden.
    Da nun das ich gelehrt, werd ich weiter verkünden die
Sache,
die an ihr hängend hieraus das Vertrauen leitet, daß nämlich
in der Gestalt in begrenzter Weise die Urkörper wechseln.
Wär es nicht so, werden wiederum auch bestimmte Atome
unbegrenzt müssen sein in ihres Körpers Vermehrung.
Denn in ein und derselben Kürze beliebiger Körper
können die Formen nicht viel variieren untereinander.
Laß nämlich sein die Ursprungskörper aus dreien der
kleinsten
Teilchen oder vermehre sie noch um einige wen'ge:
wenn natürlich du hier die Teile alle des einen
Körpers, zuoberst und unterst sie setzend, vertauschend mit
links rechts,

omnimodis expertus eris, quam quisque det ordo
formai speciem totius corporis eius,   490
quod super est, si forte voles variare figuras,
addendum partis alias erit. inde sequetur,
adsimili ratione alias ut postulet ordo,
si tu forte voles etiam variare figuras.
ergo formarum novitatem corporis augmen   495
subsequitur. quare non est ut credere possis
esse infinitis distantia semina formis,
ne quaedam cogas inmani maximitate
esse, supra quod iam docui non posse probari.
iam tibi barbaricae vestes Meliboeaque fulgens   500
purpura Thessalico concharum tacta colore,
aurea pavonum ridenti imbuta lepore
saecla novo rerum superata colore iacerent
et contemptus odor smyrnae mellisque sapores,
et cycnea mele Phoebeaque daedala chordis   505
carmina consimili ratione oppressa silerent;
namque aliis aliud praestantius exoreretur.
cedere item retro possent in deteriores
omnia sic partis, ut diximus in melioris;
namque aliis aliud retro quoque taetrius esset   510
naribus, auribus atque oculis orisque sapori.
quae quoniam non sunt, ⟨sed⟩ rebus reddita certa
finis utrimque tenet summam, fateare necessest
materiem quoque finitis differre figuris.

auserprobt hast auf jegliche Art, was je ein Ordnungsgefüge
für ein Aussehen gibt der Gestalt des ganzen Atomes,
mußt im übrigen du, willst weiter du wechseln die Formen,
andere fügen hinzu. Und darauf wird folgen, daß andre
Teile auf ähnliche Art die Anordnung fordernd erheischet,
willst du weiter vielleicht noch ausgestalten die Formen.
Also folgt auf die Neuheit der Formen des Körpers
                                            Vergrößern
auf dem Fuß. Drum vermagst auf keinen Fall du zu glauben,
daß sich die Samen entfernen in unbegrenzten Gestalten,
daß du manche zu sein nicht zwingst von riesiger Größe,
hab ich doch oben gelehrt schon, das könne gebilligt nicht
                                            werden.
Schon würden dann barbarisch Gewand, Meliboeens
                                            beglänzter
Purpur, von der Farbe berührt thessalischer Schnecken,
würden der Pfauen goldne Geschlechter, von lachender
                                            Anmut
tief getränkt, von neuer Farb übertroffen am Boden
liegen, verachtet der Myrrhe Duft, des Honiges Süße,
und der Schwanen Gesänge und Phoebus' Lied, auf den
                                            Saiten
kunstvoll gespielt, überwältigt genauso würden sie
                                            schweigen.
Denn von größerem Vorrang würd eins als das andre
                                            entstehen.
Ebenso könnte zurück sich ziehen in schlechtere Richtung
alles auf solche Art, wie wir nach der besseren sagten;
eins als das andre wär umgekehrt auch abscheulicher nämlich
für die Nase, das Ohr, die Augen, des Mundes
                                            Geschmackssinn.
Da das nicht ist, sondern, fest den Dingen verliehen, das
                                            Ende
Höchstes auf beiden Seiten beschließt, ist's Zwang zu
                                            gestehen,
daß auch der Stoff unterschieden in sich durch begrenzte
                                            Gestalten.

denique ab ignibus ad gelidas hiemum usque pruinas   515
finitumst retroque pari ratione remensumst.
omnis enim calor ac frigus mediique tepores
interutrasque iacent explentes ordine summam;
ergo finita distant ratione creata,
ancipiti quoniam mucroni utrimque notantur,   520
hinc flammis, illinc rigidis infesta pruinis.

Quod quoniam docui, pergam conectere rem quae
ex hoc apta fidem ducat, primordia rerum,
inter se simili quae sunt perfecta figura,
infinita cluere. etenim distantia cum sit   525
formarum finita, necesse est quae similes sint
esse infinitas aut summam materiai
finitam constare, id quod non esse probavi
· ·
versibus ostendam corpuscula materiai
ex infinito summam rerum usque tenere,   530
undique protelo plagarum continuato.
nam quod rara vides magis esse animalia quaedam
fecundamque magis naturam cernis in illis,
at regione locoque alio terrisque remotis
multa licet genere esse in eo numerumque repleri;   535
sicut quadrupedum cum primis esse videmus
in genere anguimanus elephantos, India quorum
milibus e multis vallo munitur eburno,
ut penitus nequeat penetrari: tanta ferarum
vis est, quarum nos perpauca exempla videmus.   540
sed tamen id quoque uti concedam, quam lubet esto
unica res quaedam nativo corpore sola,
cui similis toto terrarum ⟨non⟩ sit ⟨in⟩ orbi:
infinita tamen nisi erit vis materiai,
unde ea progigni possit concepta, creari   545

Schließlich von Hitze bis hin zum kalten Reife des Winters
ist es begrenzt und zurück in gleicher Weise bemessen.
Jegliche Hitze und Kälte und mitten inne das Laue
liegen dazwischen und auf füllen so sie in Ordnung das
                                      Höchste;
füglich stehen in endlicher Form auseinander gezeugt sie,
da durch zwiefache Spitze sie hüben und drüben bezeichnet,
hier durch die Flammen, doch dort bedrohlich durch eisige
                                        Kälte.
  Da ich dieses gelehrt, werd ich weiter verknüpfen die
                                        Sache,
die an ihr hängend hieraus das Vertrauen leitet: die Körper,
die von ähnlicher Form unter sich vollendet sind worden,
sind unendlich. Denn da das Verschiedensein ja der Formen
ist begrenzt, müssen die, welche ähnlich einander, notwendig
grenzenlos sein, sonst müßte die Summe des Stoffes als
                                        endlich
selber bestehen, was unmöglich ist, wie schon ich bewiesen.
. . . .
lege in Versen ich dar, daß die Ursprungskörper der Dinge
aus unendlichem Raum die Summe der Dinge beständig
halten, dieweil überall sich fortsetzt die Kette der Stöße.
Denn wenn seltener sein du siehst verschiedene Wesen,
fruchtbarer wieder Natur vielleicht erblickst auch in jenen,
können in andrer Region und Landschaft und ferneren
                                        Ländern
viele doch sein von dieser Art und die Zahl sich ergänzen!
Wie in der Vierfüßler Schlag vor allen sich finden wir sehen
schlangenhändig die Elefanten; Indien schützt sich
mit einem elfenbeinernen Wall von unzähligen Tausend,
so daß man eindringen kann nicht tief: so groß ist der Tiere
Macht, von denen doch wir nur wenige Beispiele sehen.
Aber um dies auch zuzugeben: es sei manche Sache
noch so einzig, allein mit dem Leibe, der ihr geboren,
daß ein ähnlicher ihm nicht ist überall auf dem Erdkreis:
wenn unendlich ihm nicht sein wird die Menge des Stoffes,
aus dem sie hervorgehen kann empfangen, vermöchte

non poterit neque, quod superest, procrescere alique.
quippe etenim, sumam hoc ⟨quoque⟩ uti finita per omne
corpora iactari unius genitalia rei,
unde, ubi, qua vi et quo pacto congressa coibunt
materiae tanto in pelago turbaque aliena?   550
non, ut opinor, habent rationem conciliandi,
sed quasi naufragiis magnis multisque coortis
disiectare solet magnum mare transtra, cavernas,
antemnas, proram, malos tonsasque natantis,
per terrarum omnis oras fluitantia aplustra   555
ut videantur et indicium mortalibus edant,
infidi maris insidias virisque dolumque
ut vitare velint neve ullo tempore credant,
subdola cum ridet placidi pellacia ponti,
sic tibi si finita semel primordia quaedam   560
constitues, aevum debebunt sparsa per omnem
disiectare aestus diversi materiai,
numquam in concilium ut possint compulsa coire
nec remorari in concilio nec crescere adaucta;
quorum utrumque palam fieri manifesta docet res,   565
et res progigni et genitas procrescere posse.
esse igitur genere in quovis primordia rerum
infinita palam est, unde omnia suppeditantur.

   nec superare queunt motus itaque exitiales
perpetuo neque in aeternum sepelire salutem,   570
nec porro rerum genitales auctificique
motus perpetuo possunt servare creata.

nicht sie erzeugt zu werden noch sonst gedeihlich zu wachsen.
Freilich: denn selbst um das noch anzunehmen, der Zeugung
Körper je eines Dinges würden begrenzt durchs All hin
                           geworfen,
wo, woher, durch welcherlei Kraft und wie werden einig
sie in solchem Meere des Stoffes und fremdem Getümmel?
Nicht haben sie, mein ich, ein Mittel, sich zu vereinen,
sondern wie dann, wenn gewaltiger, vielfacher Schiffbruch
                           geschehen,
auszustreuen das riesige Meer pflegt Bänke und Rumpfe,
Rahen, Bug, die Masten und Ruder, die schwimmen im
                           Wasser,
so, daß an allen Küsten der Länder die schmückenden
                           Zeichen
treiben man sieht und geben den Sterblichen warnende
                           Winke,
stets des treulosen Meeres Trug und Kräfte und Tücke
klüglich zu meiden und nie zu trauen ihm irgendwann
                           einmal,
dann wenn heimtückisch lacht des ruhigen Meeres Berückung,
so muß dir, wenn begrenzt du einmal bestimmte Atome
ansetzt, diese verstreut, seit aller Ewigkeit dauernd,
die verschieden gerichtete Brandung des Stoffes versprengen,
so daß nie zum Verein zusammengetrieben zu kommen
noch im Verein zu verweilen noch vermehrt sie zu wachsen
                           vermögen.
Beides davon lehrt offen der Tatbestand, daß es vorkommt:
Dinge vermögen erzeugt und erzeugt auch größer zu
                           werden.
Füglich liegt offen zutag, daß die Ursprungskörper der
                           Dinge
zahllos in jeglicher Art sind, aus denen alles ergänzt wird.
   Und es kann darum der Trieb zum Tode nicht siegen
ständig noch auch für ewige Zeit begraben das Heilsein,
noch können wiederum auch die zeugenden, mehrenden
                           Triebe
ständig der Dinge Geschaffenes heil und sicher bewahren.

sic aequo geritur certamine principiorum
ex infinito contractum tempore bellum.
nunc hic, nunc illic superant vitalia rerum   575
et superantur item. miscetur funere vagor,
quem pueri tollunt visentes luminis oras;
nec nox ulla diem neque noctem aurora secutast,
quae non audierit mixtos vagitibus aegris
ploratus, mortis comites et funeris atri.   580

    Illud in his obsignatum quoque rebus habere
convenit et memori mandatum mente tenere,
nil esse, in promptu quorum natura videtur,
quod genere ex uno consistat principiorum,
nec quicquam quod non permixto semine constet;   585
et quodcumque magis vis multas possidet in se
atque potestates, ita plurima principiorum
in sese genera ac varias docet esse figuras.
principio tellus habet in se corpora prima,
unde mare inmensum volventes frigora fontes   590
assidue renovent, habet ignes unde oriantur;
nam multis succensa locis ardent sola terrae,
ex imis vero furit ignibus impetus Aetnae.
tum porro nitidas fruges arbustaque laeta
gentibus humanis habet unde extollere possit,   595
unde etiam fluvios, frondes et pabula laeta
montivago generi possit praebere ferarum.
quare magna deum mater materque ferarum
et nostri genetrix haec dicta est corporis una.

So wird im niemals entschiedenen Wettstreit zwischen des
                                                    Ursprungs
Körpern Krieg geführt, erregt seit ewigen Zeiten.
Bald gehört hier, bald dort der Sieg den Bewahrern des
                                                    Lebens
ebenso wie die Schlappe. Es mischt sich das Schrein ins
                                                    Begräbnis,
das der Knabe erhebt, sieht er des Lichtes Gestade;
weder ist Nacht je dem Tag noch Aurora gefolgt einer
                                                    Nacht je,
daß sie nicht hätte gehört vermischt dem hilflosen Schreien
Jammern, des Todes Genossen, Genossen der schwarzen
                                                    Bestattung.
    Jenes geziemt sich dabei besiegelt sicher zu haben
auch und fest im treuen Gedächtnis vertraut es zu halten,
daß nichts ist von dem, dessen Wesen offen sich zeiget,
was aus einem Geschlecht nur der Ursprungskörper bestünde,
und darum nichts, was nicht aus vermischtem Samen sich
                                                    fände;
und was immer in höherem Grad viel Kräfte und Mächte
in sich besitzt, hat auch um so mehr von Urkörpern Arten
in sich und mannigfache Gestalten, wie damit es lehret.
Erstlich die Erde hat in sich Ursprungskörper, woraus die
Quellen das endlose Meer zu erneuern ständig vermögen,
Kälte wälzend, hat Samen, woraus die Feuer entstehen;
denn entzündet ja brennt vielerorts der Boden der Erde,
aus dem Feuer im Grunde gar rast das Wüten des Ätna.
Dann hat sie weiter, woraus sie kann den Völkern der
                                                    Menschen
schimmernde Feldfrucht und prächtige Bäume erheben zum
                                                    Lichte,
woraus auch die Flüsse, das Laub und üppige Weide
reichen sie kann dem bergdurchschweifenden Volke des
                                                    Wildes.
Drum ist die große Mutter der Götter und Mutter der
                                                    Tiere,
sie auch allein genannt worden unsres Körpers Erzeuger.

   Hanc veteres Graium docti cecinere poetae   600
sedibus in curru biiugos agitare leones,
aeris in spatio magnam pendere docentes
tellurem neque posse in terra sistere terram.
adiunxere feras, quia quamvis effera proles
officiis debet molliri victa parentum.   605
muralique caput summum cinxere corona,
eximiis munita locis quia sustinet urbes;
quo nunc insigni per magnas praedita terras
horrifice fertur divinae matris imago.
hanc variae gentes antiquo more sacrorum   610
Idaeam vocitant matrem Phrygiasque catervas
dant comites, quia primum ex illis finibus edunt
per terrarum orbem fruges coepisse creari.
gallos attribuunt, quia, numen qui violarint
matris et ingrati genitoribus inventi sint,   615
significare volunt indignos esse putandos,
vivam progeniem qui in oras luminis edant.
tympana tenta tonant palmis et cymbala circum
concava, raucisonoque minantur cornua cantu,
et Phrygio stimulat numero cava tibia mentis,   620
telaque praeportant, violenti signa furoris,
ingratos animos atque impia pectora volgi
conterrere metu quae possint numine divae.
ergo cum primum magnas invecta per urbis
munificat tacita mortalis muta salute,   625

Sie, so sangen die alten gelehrten Dichter der Griechen,
treibt auf erhabnem Sitz im Wagen das Doppel der Löwen,
kündend so, daß im Raum des Aethers hange die große
Tellus und daß nicht Erde auf Erde zu stehen vermöchte.
Schirrten an ihn die Tiere, weil noch so verwilderter
                                            Nachwuchs
durch die Liebesdienste der Eltern besiegt sich sänftigen
                                            müsse.
Haben den Scheitel des Haupts mit der Mauern Reife
                                            bekrönet,
weil auf ragendem Felsen befestigt sie Städte emporhält;
mit diesem Zeichen geschmückt wird jetzt durch mächtige
                                            Länder
schauererregend das Bild der großen Mutter getragen.
Bunter Völker Zahl nach alter Weise der Riten
nennen sie Mutter vom Ida und geben phrygische Scharen
ihr zu Begleitern, dieweil, wie sie sagen, aus jenen Gebieten
hin durch den Erdkreis zuerst die Feldfrucht begann zu
                                            entstehen.
Geben Verschnittene bei zum Zeichen, daß die, so der
                                            Mutter
heiligen Willen verletzt und als undankbar ihren Zeugern
wurden erfunden, man nicht erachten dürfte als würdig,
lebenden Nachwuchs hervor in des Lichtes Gestade zu
                                            bringen.
Pralle Pauken ertönen unter den Händen und Becken
rings, die hohlen, es droht das Horn mit belegtem Gesange
und im phrygischen Takt peitscht Pfeife der Flöten die
                                            Sinne;
Waffen trägt man voran, die Zeichen gewaltsamen Wütens,
daß sie den danklosen Sinn und die unfrommen Herzen des
                                            Volkes
schrecken können in Furcht mit dem göttlichen Willen der
                                            Göttin.
Wenn sie darum, kaum eingeführt in die stattlichen Städte,
stumm mit schweigendem Gruß die Sterblichen reichlich
                                            gesegnet,

aere atque argento sternunt iter omne viarum,
largifica stipe ditantes, ninguntque rosarum
floribus umbrantes matrem comitumque catervas.
hic armata manus, Curetas nomine Grai
quos memorant, Phrygias inter si forte catervas   630
ludunt in numerumque exultant sanguine laeti,
terrificas capitum quatientes numine cristas,
Dictaeos referunt Curetas, qui Jovis illum
vagitum in Creta quondam occultasse feruntur,
cum pueri circum puerum pernice chorea   635
[armat et in numerum pernice chorea]
armati in numerum pulsarent aeribus aera,
ne Saturnus eum malis mandaret adeptus
aeternumque daret matri sub pectore volnus.
propterea magnam armati matrem comitantur,   640
aut quia significant divam praedicere, ut armis
ac virtute velint patriam defendere terram
praesidioque parent decorique parentibus esse.
quae bene et eximie quamvis disposta ferantur,
longe sunt tamen a vera ratione repulsa.   645
omnis enim per se divum natura necessest
inmortali aevo summa cum pace fruatur
semota ab nostris rebus seiunctaque longe;
nam privata dolore omni, privata periclis,
ipsa suis pollens opibus, nihil indiga nostri,   650
nec bene promeritis capitur neque tangitur ira.
terra quidem vero caret omni tempore sensu,
et quia multarum potitur primordia rerum,
multa modis multis effert in lumina solis.

streuen den ganzen Pfad sie der Straßen mit Kupfer und
                                        Silber,
reich mit erklecklicher Gabe sie machend, und lassen mit
                                        Blüten
schnein es der Rosen, die Mutter beschattend und folgenden
                                        Scharen.
Wenn hier vielleicht der bewaffnete Trupp, Kureten mit
                                        Namen,
wie ihn die Griechen nennen, unter den phrygischen Scharen
tollt und hoch nach dem Takte aufspringt, schwelgend im
                                        Blute,
schüttelnd die schreckerregenden Mähnen mit Werfen der
                                        Köpfe,
stellt er Diktes Kureten dar, die Jupiters Wimmern
einst, wie die Sage geht, auf Kreta haben verheimlicht,
als im raschen Reigen rings um den Knaben die Knaben
schlugen bewaffnet im Takt mit Erze schallend das Erz
                                        laut,
daß Saturnus ihn nicht erhaschend mit Zähnen zermalme
und der Mutter ewige Wunde im Herzen errege.
Darum begleiten Bewaffnete wohl die große Mutter
oder auch weil ein Zeichen sie sind, daß die Göttin befehle,
Heimaterde mit Waffengewalt und Mut zu beschützen
und sich zu rüsten, Wehr und Zierde den Eltern zu werden.
Mag auch noch so gut und vortrefflich gedacht das sich
                                        anhörn,
ist es doch weit von wahrer Lehre entfernt und verschlagen.
Sein der Götter muß gänzlich nämlich für sich alleine
seines unsterblichen Lebens in tiefstem Frieden genießen,
fern von unseren Dingen, getrennt und weitab geschieden;
denn von jeglichem Schmerz befreit, befreit von Gefahren,
selber durch eigene Macht vermögend, nicht unser bedürftig,
wird von Verdienst es weder gewonnen, vom Zorne berührt
                                        nicht.
Erde gar ist zu jeder Zeit bar aller Empfindung,
und weil sie verfügt über vieler Dinge Atome,
bringt sie vieles auf vielerlei Art zur Helle der Sonne.

hic siquis mare Neptunum Cereremque vocare   655
constituet fruges et Bacchi nomine abuti
mavolt quam laticis proprium proferre vocamen,
concedamus ut hic terrarum dictitet orbem
esse deum matrem, dum vera re tamen ipse   659
religione animum turpi contingere parcat.   680

  Saepe itaque ex uno tondentes gramina campo   660
lanigerae pecudes et equorum dvellica proles
buceriaeque greges eodem sub tegmine caeli
ex unoque sitim sedantes flumine aquai
dissimili vivunt specie retinentque parentum
naturam et mores generatim quaeque imitantur.   665
tanta est in quovis genere herbae materiai
dissimilis ratio, tanta est in flumine quoque.
hinc porro quamvis animantem ex omnibus unam
ossa, cruor, venae, calor, umor, viscera, nervi
constituunt; quae sunt porro distantia longe   670
dissimili perfecta figura principiorum.
tum porro quaecumque igni flammata cremantur,
si nil praeterea, tamen haec in corpore aluntur
unde ignem iacere et lumen submittere possint
scintillasque agere ac late differre favillam.   675
cetera consimili mentis ratione peragrans
invenies igitur multarum semina rerum
corpora celare et varias cohibere figuras.

  denique multa vides, quibus et color et sapor una   679
reddita sunt cum odore, in primis pleraque poma;   681
haec igitur variis debent constare figuris;
nidor enim penetrat qua fucus non it in artus,
fucus item sorsum, ⟨sorsum⟩ sapor insinuatur

Wenn hier einer das Meer Neptun und Ceres zu nennen
Feldfrucht beschließt und mißbrauchen lieber den Namen
                des Bacchus
will als des Nasses eigne Benennung im Wort zu enthüllen,
mag er, wir lassen es zu, der Länder Kreis sei der Götter
Mutter, noch so oft sagen, wenn nur in Wahrheit er selber
es vermeidet, den Sinn mit schimpflicher Scheu zu berühren.
   Oftmals leben darum aus einem Felde, den Rasen
scherend, das wollige Schaf, der Rosse reisiger Nachwuchs,
hörnergeschmückte Herden, in gleichen Himmels Umhüllung
und aus einzigem Strome des Wassers löschend den Durst
                sich,
doch von ungleichem Anblick, halten das Wesen der Eltern
fest und ahmen ein jedes artgemäß nach ihre Sitten.
So groß ist in jeglicher Art des Krautes des Stoffes
bunte Verfassung, so groß auch in jeglichem Strome.
Hieraus bauen zudem ein jedes Wesen, ein einzges
auf aus allem die Knochen, Blut und Adern, die Wärme,
Feuchte, Fleisch und Sehnen; alles ist weit unterschieden
wieder von ungleicher Art der Ursprungskörper erschaffen.
Weiter, alles, was immer im Feuer entzündet verbrannt
                wird:
wird, wenn nichts, doch dies in seinem Körper genährt,
woraus Feuer es werfen kann und aussenden Leuchten,
Funken sprühen und weit von sich die Asche verstäuben.
Wenn du das übrige so mit des Geistes Berechnung
                durchstreifest,
wirst du füglich finden, daß vieler Dinge Atome
bergen die Körper und vielfache Formen begreifen.
   Schließlich siehst du vieles, dem Farbe mitsamt und
                Geschmack sind
worden verliehen mit Duft, vor allem meistens die
                Früchte;
die müssen denn bestehen aus unterschiedlichen Formen;
Duft dringt nämlich dort, wo Farbe nicht geht, in die
                Glieder,
ebenso schlüpft Farbe für sich, für sich der Geschmack auch

sensibus; ut noscas primis differre figuris.   685
dissimiles igitur formae glomeramen in unum
conveniunt et res permixto semine constant.
    quin etiam passim nostris in versibus ipsis
multa elementa vides multis communia verbis,
cum tamen inter se versus ac verba necesse est   690
confiteare alia ex aliis constare elementis;
non quo multa parum communis littera currat
aut nulla inter se duo sint ex omnibus isdem,
sed quia non vulgo paria omnibus omnia constant.
sic aliis in rebus item communia multa   695
multarum rerum cum sint primordia, rerum
dissimili tamen inter se consistere summa
possunt; ut merito ex aliis constare feratur
humanum genus et fruges arbustaque laeta.
    Nec tamen omnimodis conecti posse putandum est   700
omnia; nam vulgo fieri portenta videres,
semiferas hominum species existere et altos
interdum ramos egigni corpore vivo
multaque conecti terrestria membra marinis,
tum flammam taetro spirantis ore Chimaeras   705
pascere naturam per terras omniparentis.
quorum nil fieri manifestum est, omnia quando
seminibus certis certa genetrice creata
conservare genus crescentia posse videmus.
scilicet id certa fieri ratione necessust.   710
nam sua cuique cibis ex omnibus intus in artus
corpora discedunt conexaque convenientis
efficiunt motus: at contra aliena videmus
reicere in terras naturam, multaque caecis
corporibus fugiunt e corpore percita plagis,   715

ein in die Sinne; so daß du erkennst sie getrennt in
                      Atomform.
Füglich kommen unähnliche Formen zusammen in eine
Ballung und die Dinge bestehn aus verbundenem Samen.
  Ja, überall sogar selbst hier in unseren Versen
siehst du Buchstaben viel doch gemeinsam vielen der Wörter,
während unter sich doch die Verse und Wörter, das mußt du
einräumen, jedes aus anderen Buchstaben setzt sich
                      zusammen;
nicht daß zu wenig an Zahl gemeinsam der Buchstaben wäre
oder nicht zwei unter sich bestünden aus allen denselben,
sondern weil nicht gewöhnlich sind allen alle dieselben.
Sind auch so gleichwohl in den anderen Dingen gemeinsam
viele von vielen Dingen Atome, vermögen sie doch noch
unter sich zu bestehen aus ungleichartigem Ganzen;
so daß mit Recht man sagt, aus andren bestehe der Menschen
Art, des Feldes Frucht und üppig strotzende Büsche.
  Freilich darf man nicht meinen, verknüpft könnten alle
werden in aller Art; entstehn würdest Wunder du sehen,
Halbtierformen von Menschen erscheinen, hohe Geäste
sich entwickeln zuweilen heraus aus lebendem Leibe
und sich vereinen im Bund mit Meeresgliedern vom Land
                      viel,
dann, wie nährt die Natur, aus scheußlichem Rachen die
                      Flamme
schnaubend, Chimären hin über allesgebärende Lande.
Daß nichts hiervon geschieht, liegt klar am Tage, da alles,
aus bestimmten Samen, bestimmter Mutter geschaffen,
wachsend die Art zu bewahren vermag, wie alle wir sehen.
Daß das natürlich geschieht nach bestimmter Regel, ist nötig.
Denn einem jeden verteilen aus allen Speisen die eignen
Körper sich in die Glieder hinein und verbunden bewirken
wohl sie gefügte Bewegung: dagegen sehen wir fremde
werfen zur Erde zurück die Natur und es flieht aus dem
                      Körper
vieles mit heimlichen Körpern heraus, erregt durch die
                      Schläge,

quae neque conecti quoquam potuere neque intus
vitalis motus consentire atque imitari.
sed ne forte putes animalia sola teneri
legibus hisce, eadem ratio res terminat omnis.
nam veluti tota natura dissimiles sunt   720
inter se genitae res quaeque, ita quamque necessest
dissimili constare figura principiorum;
non quo multa parum simili sint praedita forma,
sed quia non vulgo paria omnibus omnia constant.
semina cum porro distent, differre necessust   725
intervalla, vias, conexus, pondera, plagas,
concursus, motus; quae non animalia solum
corpora seiungunt, sed terras ac mare totum
secernunt caelumque a terris omne retentant.

   Nunc age dicta meo dulci quaesita labore   730
percipe, ne forte haec albis ex alba rearis
principiis esse, ante oculos quae candida cernis,
aut ea quae nigrant nigro de semine nata;
nive alium quemvis quae sunt imbuta colorem,
propterea gerere hunc credas, quod materiai   735
corpora consimili sint eius tincta colore;
nullus enim color est omnino materiai
corporibus, neque par rebus neque denique dispar.
in quae corpora si nullus tibi forte videtur
posse animi iniectus fieri, procul avius erras.   740
nam cum caecigeni, solis qui lumina numquam
dispexere, tamen cognoscant corpora tactu,

was sich nirgends hinzuzuverbinden, noch drinnen
                    vermochte,
mit in die Lebensbewegung zu stimmen und nach sie zu
                    ahmen.
Daß aber du nicht vermeinst, allein würden lebende Wesen
diesem Gesetze verpflichtet: die Regel ist allem der
                    Grenzstein.
Denn wie in ihrer ganzen Natur unähnlich die Dinge
unter sich sind erzeugt ein jedes, so muß auch notwendig
jedes bestehen nicht aus gleicher Gestalt der Atome;
nicht weil zu wenige sind begabt mit ähnlichen Formen,
sondern weil nicht gewöhnlich sind allen alle dieselben.
Da die Samen sind weiter verschieden, müssen gesondert
Zwischenräume und Bahn sein, Verbindung, Gewichte und
                    Schläge,
Prall und Bewegung; das trennt nicht lebende Körper
nur voneinander, nein scheidet das ganze Meer und die
                    Länder
ab und hält den ganzen Himmel zurück von der Erde.

Jetzt wohlan vernimm die Worte, gefunden in meiner
süßen Arbeit, damit du nicht wähnst, dies Weiße bestünde
auch aus weißen Atomen, was schimmernd erblickst du vor
                    Augen,
oder es sei, was dunkelt, aus schwarzen Körpern geboren;
noch du glaubst, was getränkt ist mit andrer beliebiger
                    Farbe,
daß es sie darum trage, dieweil des Urstoffes Körper
diesem seien gefärbt mit gleich aussehender Farbe;
nämlich: es ist überhaupt keine Farbe gegeben des Stoffes
Körpern, weder den Dingen gleich noch endlich auch
                    ungleich.
Wenn dir auf diese Körper vielleicht nicht möglich des
                    Geistes
Wurf erscheint, bist fern du vom Pfade in wegloser Irre.
Denn da Blindgeborene, die nie das Leuchten der Sonne
jemals erblickten, doch durch Berührung Körper erkennen,

scire licet nostrae quoque menti corpora posse   744
vorti in notitiam nullo circumlita fuco.   745
denique nos ipsi caecis quaecumque tenebris
tangimus, haud ullo sentimus tincta colore.

Quod quoniam vinco fieri, nunc esse docebo   748
ex ineunte aevo nullo coniuncta colore.   743
omnis enim color omnino mutatur in omnis;
quod facere haud ullo debent primordia pacto.   750
immutabile enim quiddam superare necessest,
ne res ad nihilum redigantur funditus omnes;
nam quodcumque suis mutatum finibus exit,
continuo hoc mors est illius quod fuit ante.
proinde colore cave contingas semina rerum,   755
ne tibi res redeant ad nilum funditus omnes.

Praeterea si nulla coloris principiis est
reddita natura et variis sunt praedita formis,
e quibus omne genus gignunt variantque colores,
propterea magni quod refert, semina quaeque   760
cum quibus et quali positura contineantur
et quos inter se dent motus accipiantque,
perfacile extemplo rationem reddere possis,
cur ea quae nigro fuerint paulo ante colore,
marmoreo fieri possint candore repente;   765
ut mare, cum magni commorunt aequora venti,
vertitur in canos candenti marmore fluctus.
dicere enim possis, nigrum quod saepe videmus,
materies ubi permixta est illius et ordo
principiis mutatus et addita demptaque quaedam,   770

kann man wissen, daß auch für unseren Geist sich die Körper
zur Erkenntnis wenden von keiner Farbe umstrichen.
Schließlich was wir selbst im blinden Dunkel berühren,
nehmen wir doch wahr, ohne daß es von Farbe benetzt wär.

    Daß das geschieht, behaupte ich leicht: drum werde ich
                             lehren
nun, daß vom Anfang der Zeit an sie nicht mit Farbe
                            verbunden.
Farbe verwandelt sich nämlich gänzlich, jede in alle;
das ist Atomen erlaubt zu tun unter keiner Bedingung.
Etwas muß nämlich übrig unveränderlich bleiben,
daß die Dinge zu nichts nicht etwa gänzlich zerrinnen;
denn was immer geändert aus seinen Grenzen herausgeht,
ist sogleich der Tod von dem, was früher gewesen.
Nimm drum in acht dich, mit Farbe die Samen der Dinge zu
                            netzen,
daß dir die Dinge zu nichts nicht gänzlich alle vergehen.

    Außerdem, wenn keiner Farbe Natur den Atomen
wurde verliehen und begabt sie sind mit wechselnden
                            Formen,
aus denen jederlei Art von Farbe sie schaffen und ändern,
darum weil es von großem Belang, mit welchen ein jeder
Samen und in welchem Satz zusammengehalten sie werden
und auch was für Bewegung sie unter sich geben und
                            nehmen,
könntest leicht du sogleich die Rechenschaft darüber geben,
warum das, was kurz vorher von schwarzer Farbe gewesen,
plötzlich zu werden vermag von weißem marmornem
                            Schimmer;
wie das Meer, wenn die Flächen bewegten mächtige Stürme,
sich in weißgraue Flut von schimmerndem Marmor
                            verwandelt.
Könntest du doch dann sagen, was schwarz wir oftmals
                            erblicken,
könnte, sobald sich sein Stoff durchmischt hat, die Ordnung
                            verändert
ist der Urkörper und noch manche ergänzt und geraubt sind,

continuo id fieri ut candens videatur et album.
quod si caeruleis constarent aequora ponti
seminibus, nullo possent albescere pacto;
nam quocumque modo perturbes caerula quae sint,
numquam in marmoreum possunt migrare colorem.   775
sin alio atque alio sunt semina tincta colore,
quae maris efficiunt unum purumque nitorem,
ut saepe ex aliis formis variisque figuris
efficitur quiddam quadratum unaque figura,
conveniebat, ut in quadrato cernimus esse   780
dissimiles formas, ita cernere in aequore ponti
aut alio in quovis uno puroque nitore
dissimiles longe inter se variosque colores.
praeterea nihil officiunt obstantque figurae
dissimiles, quo quadratum minus omne sit extra;   785
at varii rerum impediunt prohibentque colores,
quominus esse uno possit res tota nitore.
tum porro quae ducit et inlicit ut tribuamus
principiis rerum nonnumquam causa colores,
occidit, ex albis quoniam non alba creantur,   790
nec quae nigra cluent de nigris, sed variis ex.
quippe etenim multo proclivius exorientur
candida de nullo quam nigro nata colore
aut alio quovis, qui contra pugnet et obstet.
    praeterea quoniam nequeunt sine luce colores   795
esse neque in lucem existunt primordia rerum,
scire licet quam sint nullo velata colore.
qualis enim caecis poterit color esse tenebris?
lumine quin ipso mutatur propterea quod

dann sogleich als hell erschimmernd und weiß sich erzeigen.
Wenn aber auch aus blauen Samen die Weiten des Meeres
würden bestehen, könnten sie niemals weißlich erschimmern.
Denn wenn du noch so sehr, die blau sind, bringst
                                  durcheinander,
über vermögen sie nie doch in marmorne Farbe zu gehen.
Wenn aber wieder getränkt sind die Samen mit mehreren
                                   Farben,
welche des Meeres einfachen, reinen Schimmer bewirken,
wie aus anderen Formen und bunten Gestalten bisweilen
etwas wie ein Quadrat zustand kommt und eine Gestalt nur,
müßte man doch, wie wir im Quadrat unähnliche Formen
ja noch sehen, so auch erschauen im Spiegel des Meeres
oder in jedem andrem reinen, einfachen Glanze
weit unter sich verschiedene, mannigfaltige Farben.
Nicht zudem versperren den Weg und hindern Figuren,
die verschieden, daß nicht doch außen alles Quadrat sei;
bunte Farben der Dinge jedoch erschweren und vereiteln,
daß im ganzen ein Ding in einer Farbe erstrahlet.
Weiter dann: der Grund, der leitet und lockt, daß wir
                                   Farben
zuteilen wollen den Ursprungskörpern der Dinge –
                                 bisweilen –,
fällt zusammen, dieweil das Weiße aus Weißem entsteht
                                 nicht,
und was schwarz, mitnichten aus Schwarzem, sondern
                                 Verschiednem.
Denn viel glatter wird freilich Helles aus keiner Farbe
dir entspringen erzeugt als aus der schwarzen geboren
oder beliebiger andrer, die gegen sie streitet und hindert.
   Außerdem: da sein ohne Licht nicht können die Farben
und hervor nicht ins Licht die Urkörper treten der Dinge,
läßt sich wissen, wie sehr sie von keiner Farbe bekleidet.
Wie denn wird Farbe in blinder Finsternis bilden sich
                                   können?
Ändert sie sich doch gar durch eben das Licht, und zwar
                                   darum,

recta aut obliqua percussus luce refulget;   800
pluma columbarum quo pacto in sole videtur,
quae sita cervices circum collumque coronat;
namque alias fit uti claro sit rubra pyropo,
interdum quodam sensu fit uti videatur
inter caeruleum viridis miscere zmaragdos.   805
caudaque pavonis, larga cum luce repleta est,
consimili mutat ratione obversa colores;
qui quoniam quodam gignuntur luminis ictu,
scire licet, sine eo fieri non posse putandum est.

    et quoniam plagae quoddam genus excipit in se   810
pupula, cum sentire colorem dicitur album,
atque aliud porro, nigrum cum et cetera sentit,
nec refert ea quae tangas quo forte colore
praedita sint, verum quali magis apta figura,
scire licet nil principiis opus esse colores,   815
sed variis formis variantes edere tactus.

    praeterea quoniam non certis certa figuris
est natura coloris et omnia principiorum
formamenta queunt in quovis esse nitore,
cur ea quae constant ex illis non pariter sunt   820
omne genus perfusa coloribus in genere omni?
conveniebat enim corvos quoque saepe volantis
ex albis album pinnis iactare colorem
et nigros fieri nigro de semine cycnos
aut alio quovis uno varioque colore.   825

    quin etiam quanto in partes res quaeque minutas

weil sie von steilem und schrägem Lichte getroffen
zurückstrahlt,
so, wie sich zeigt der Tauben Flaum im Glanze der Sonne,
der um den Nacken liegt und ihnen das Hälschen bekränzet;
denn zu manchem Mal ist er rot wie strahlende Bronze,
manchmal geschieht's in gewisser Sicht, daß es aussieht, als
ob er
grüne Smaragden unter die Farbe des Himmels vermische.
Und des Pfauen Schweif, ist von reichem Lichte erfüllt er,
ändert auf ähnliche Art, dem Lichte begegnend, die Farben.
Da diese ja mit bestimmtem Treffen des Lichtes entstehen,
können sie, wie man annehmen muß, nicht ohne es werden.

Und da besondere Art von Schlag doch ja die Pupille
aufnimmt in sich, wenn sie, wie es heißt, empfindet das
Weiße,
und eine andere wieder, wenn Schwarzes und andres sie
spüret,
und es doch aus nichts macht, mit welcher Farbe vielleicht
das,
was du berührst, ist begabt, doch mit welcher Form es
versehen,
kann man wissen, daß nicht sind Farben den Urkörpern
nötig,
sondern: in wechselnder Form verschiedne Berührung zu
geben.

Außerdem: da ja nicht bestimmt aus bestimmten Gestalten
ist der Farbe Natur und in jedem beliebigen Farbglanz
alle wohnen können der Ursprungskörper Gebilde,
warum ist das, was aus ihnen besteht, nicht auch in der
gleichen
Weise von Farben jederlei Art in jedem Geschlechte?
Paßte es doch dazu, daß oft die fliegenden Raben
auch aus weißen Federn weiße Farbe versenden
müßten und schwarz aus schwarzem Samen werden die
Schwäne
oder von andrer beliebiger bunter und einfacher Farbe.

Ja je mehr sogar in verminderte Teile ein jedes

distrahitur magis, hoc magis est ut cernere possis
evanescere paulatim stinguique colorem;
ut fit ubi in parvas partis discerpitur austrum:
purpura poeniceusque color clarissimus multo,   830
filatim cum distractum est, disperditur omnis;
noscere ut hinc possis prius omnem efflare colorem
particulas, quam discedant ad semina rerum.

postremo quoniam non omnia corpora vocem
mittere concedis neque odorem, propterea fit   835
ut non omnibus attribuas sonitus et odores.
sic oculis quoniam non omnia cernere quimus,
scire licet quaedam tam constare orba colore
quam sine odore ullo quaedam sonituque remota,
nec minus haec animum cognoscere posse sagacem   840
quam quae sunt aliis rebus privata notare.

Sed ne forte putes solo spoliata colore
corpora prima manere, etiam secreta teporis
sunt ac frigoris omnino calidique vaporis,
et sonitu sterila et suco ieiuna feruntur,   845
nec iaciunt ullum proprium de corpore odorem.
sicut amaracini blandum stactaeque liquorem
et nardi florem, nectar qui naribus halat,
cum facere instituas, cum primis quaerere par est,
quod licet ac possis reperire, inolentis olivi   850
naturam, nullam quae mittat naribus auram,
quam minime ut possit mixtos in corpore odores
concoctosque suo contractans perdere viro,
propter eandem rem debent primordia rerum
non adhibere suum gignundis rebus odorem   855

Ding auseinandergezogen wird, um so mehr kann man sehen
mählich es sich in der Farbe verflüchtigen und verlöschen;
wie wenn das Purpurgewand in dünne Teile zerpflückt
wird:
Purpur und punische Farbe, bei weitem die hellste von allen,
ganz verliert sie sich dann, wenn's in dünne Fäden getrennt
ist;
so daß hieraus erkennen du kannst, daß vorher jegliche
Farbe
ganz die Teilchen verhauchen, bevor zum Atom sie sich
scheiden.
   Schließlich: da du doch zugibst, daß nicht alle die Körper
Stimme entsenden und Duft, deswegen muß es geschehen,
daß du nicht allen Atomen hinzufügst Klänge und Düfte.
Da wir genauso nicht alles mit Augen zu schauen vermögen,
kann man wissen, daß manche so bar der Farbe bestehen
wie manche ohne den Duft und weit entfernt von dem
Klange
und daß diese der spürende Geist vermag zu erkennen
ebenso wie zu bemerken, was anderer Dinge beraubt ist.
   Aber daß du nicht meinst vielleicht, alleine der Farbe
blieben die ersten Körper beraubt: auch geschieden von
Wärme
sind sie und überhaupt von Kälte und glühendem Dampfe,
unfruchtbar an Klängen und saftlos fliegen sie schwärmend,
nicht verströmen sie eignen Geruch aus dem Innern des
Körpers.
Wie du des Majorans und der Myrrhen liebliche Salben
und das Duften der Narde, die Nektar hauchet der Nase,
wenn du bereiten sie willst, vor allem suchen du solltest,
soweit es möglich und finden du's kannst, eines duftlosen
Öles
Art, die keinen Dunst entsendet empor zu der Nase,
daß so wenig wie möglich sie kann im Körper vermischte
und verkochte Gerüche verderben, mit ihrem berührend,
eben drum müssen auch die Ursprungskörper der Dinge
fern ihnen halten den eigenen Duft beim Werden der Dinge

nec sonitum, quoniam nihil ab se mittere possunt,
nec simili ratione saporem denique quemquam
nec frigus neque item calidum tepidumque vaporem,
cetera; quae cum ita sunt tamen ut mortalia constent,
molli lenta, fragosa putri, cava corpore raro,   860
omnia sint a principiis seiuncta necessest,
inmortalia si volumus subiungere rebus
fundamenta, quibus nitatur summa salutis,
ne tibi res redeant ad nilum funditus omnes.

Nunc ea quae sentire videmus cumque necessest   865
ex insensilibus tamen omnia confiteare
principiis constare. neque id manifesta refutant
nec contra pugnant, in promptu cognita quae sunt,
sed magis ipsa manu ducunt et credere cogunt
ex insensilibus, quod dico, animalia gigni.   870
quippe videre licet vivos existere vermes
stercore de taetro, putorem cum sibi nacta est
intempestivis ex imbribus umida tellus;
praeterea cunctas itidem res vertere sese.
vertunt se fluvii, [in] frondes et pabula laeta   875
in pecudes, vertunt pecudes in corpora nostra
naturam, et nostro de corpore saepe ferarum
augescunt vires et corpora pennipotentum.
ergo omnes natura cibos in corpora viva
vertit et hinc sensus animantum procreat omnes,   880
non alia longe ratione atque arida ligna
explicat in flammas et ⟨in⟩ ignis omnia versat.
iamne vides igitur magni primordia rerum

wie den Klang, da nichts aus sich sie zu senden vermögen,
und in ähnlicher Art auch endlich Geschmack, einen jeden,
Kälte desgleichen und ebenso heißes und laues Erwärmen,
und dergleichen; da dies so beschaffen ist, daß es sterblich,
weichen Körpers Biegsames, morschen Zerbrechliches,
                                        lockren
Hohles, muß alles getrennt von den Körpern werden des
                                        Ursprungs,
wenn wir unzerstörbaren Grund zugrunde den Dingen
legen wollen, auf den sich stütze die Krise des Heiles,
daß nicht ganz dir zu nichts die Dinge sonst alle zerrinnen.
   Jetzt mußt du doch, daß alles, was hat, wie wir sehen,
                                        Empfindung,
aus empfindungslosen Atomen besteht, mir gestehen
unausweichlich; und das widerlegt nicht des Tatbestands
                                        Klarheit,
noch widerstreitet das, was mit den Händen zu greifen
                                        bekannt ist,
sondern vielmehr führt selbst an der Hand es und zwingt es
                                        zu glauben,
daß, wie gesagt, aus Empfindungslosem Beseeltes erzeugt
                                        wird.
Kann man doch sehn, wie hervor aus stinkigem Miste
                                        lebend'ge
Würmer treten, wenn Fäulnis und Moder in sich erlangt hat,
feucht vom Regen, der außer den Zeiten strömte, die Erde;
außerdem wandeln in gleicher Art die Dinge sich alle.
Über gehen die Flüsse, das Laub und strotzende Weide
in das Vieh, es wandelt das Vieh in unsere Körper
seine Natur, und aus unserem Leib sind oftmals der Tiere
Kräfte gewachsen vermehrt und die Körper der
                                        Flügelbewehrten.
Also verwandelt Natur die Speisen in lebende Körper
alle und hieraus bringt sie hervor der Wesen Empfindung
alle, nicht anders so sehr, als wenn sie trockene Hölzer
auf in Flammen entfaltet und alles in Feuer verwandelt.
Siehst du also nun wohl, von welcher Bedeutung es ist, wie

referre in quali sint ordine quaeque locata
et commixta quibus dent motus accipiantque?   885
    tum porro quid id est, animum quod percutit ipsum,
quod movet et varios sensus expromere cogit,
ex insensilibus ne credas sensile gigni?
nimirum lapides et ligna et terra quod una
mixta tamen nequeunt vitalem reddere sensum.   890
illud in his igitur rebus meminisse decebit,
non ex omnibus omnino, quaecumque creant res
sensilia, extemplo me gigni dicere sensus,
sed magni referre ea primum quantula constent,
sensile quae faciunt, et qua sint praedita forma,   895
motibus, ordinibus, posituris denique quae sint.
quarum nil rerum in lignis glaebisque videmus;
et tamen haec, cum sunt quasi putrefacta per imbres,
vermiculos pariunt, quia corpora materiai
antiquis ex ordinibus permota nova re   900
concilientur ita ut debent animalia gigni.
    deinde ex sensilibus qui sensile posse creari
constituunt porro ex aliis sentire suetis
....
mollia cum faciunt; nam sensus iungitur omnis
visceribus, nervis, venis, quaecumque videmus   905
mollia mortali consistere corpore creta.
sed tamen esto iam posse haec aeterna manere:
nempe tamen debent aut sensum partis habere
aut similis totis animalibus esse putari.

jeder der Ursprungskörper gestellt ist in seine Ordnung
und vermischt mit welchen sie geben Bewegung und nehmen?
Weiter dann: was ist's denn, was eben den Geist dir
erschüttert,
was ihn bewegt und zwingt verschiedne Empfindung zu
äußern,
daß du nicht glaubst, aus Empfindungslosem werde
Empfindung?
Offenbar, daß Steine und Holz und Erde zusammen
doch nicht, vermischt, vermögen die Lebensempfindung zu
wirken.
Jenes wird man hierbei nun füglich müssen bedenken,
nicht aus allen Dingen, sag ich, die Empfindendes schaffen,
geht überall sogleich auch wirklich hervor die Empfindung,
sondern es ist von großem Gewicht vor allem, wie klein sind,
die Empfindendes zeugen, mit welcher Gestalt sie begabt
sind,
schließlich wie in Bewegung, Ordnung und Lage beschaffen.
Sehen können wir nichts davon in Hölzern und Schollen.
Solcherlei Dinge jedoch, wenn im Regen sie gleichsam
verwesen,
bringen die kleinen Würmer hervor, weil die Körper des
Stoffes,
aus der alten Ordnung gestoßen vom neuen Ereignis,
so sich vereinen, wie das Belebte muß kommen zum Werden.
Dann: wer immer bestimmt, daß Empfindendes könne
geschaffen
werden aus Empfindendem, das aus andrem empfindet
⟨wieder gewöhnlich, macht die Ursprungskörper
vergänglich,⟩
dadurch, daß er sie weich macht; alle Empfindungen nämlich
sind mit dem Fleisch, den Sehnen, den Adern verbunden, mit
allem,
was aus sterblichem Körper weich wir sehen erschaffen.
Aber es sei: mag schon dies ewig zu bleiben vermögen:
müssen sie freilich doch entweder Empfindung des Teiles
haben oder vollkommenen Wesen sein gleich zu erachten.

at nequeant per se partes sentire necesse est;   910
namque alios sensus membrorum respicit omnis,
nec manus a nobis potis est secreta neque ulla
corporis omnino sensum pars sola tenere.
linquitur ut totis animantibus adsimulentur,   914
vitali ut possint consentire undique sensu.   915
sic itidem quae sentimus sentire necessest.   923
qui poterunt igitur rerum primordia dici   916
et leti vitare vias, animalia cum sint,
atque animalia ⟨sint⟩ mortalibus una eademque?
quod tamen ut possint, at coetu concilioque
nil facient praeter vulgum turbamque animantum,   920
scilicet ut nequeant homines, armenta feraeque
inter sese ullam rem gignere conveniundo.   922
quod si forte suum dimittunt corpore sensum   924
atque alium capiunt, quid opus fuit adtribui id quod
detrahitur? tum praeterea, quo fugimus ante,
quatenus in pullos animalis vertier ova
cernimus alituum vermisque efferuere, terram
intempestivos quom putor cepit ob imbris,
scire licet gigni posse ex non sensibus sensus.   930
    quod si forte aliquis dicet dumtaxat oriri
posse ex non sensu sensum mutabilitate,

Aber für sich können Teile mitnichten empfinden, wie klar
ist;
denn eine jede Empfindung der Glieder achtet auf andre,
und es vermag nicht von uns geschieden die Hand noch ein
andrer
Teil überhaupt des Körpers allein Empfinden zu halten.
Bleibt, daß man sie vollkommenen Wesen ähnelt und
angleicht,
daß in die Lebensempfindung sie überall einstimmen
können.
So muß notwendig, was wir empfinden, selber empfinden.
Wie werden also genannt sie Atome zu werden vermögen
und des Todes Pfade zu meiden, da doch sie belebt sind
und doch immer belebt und sterblich ist ein und
dasselbe?
Seien sie dazu befugt, so werden im Kreis und Vereine
nichts sie doch schaffen als Masse und Trubel von Wesen,
so wie natürlich nicht können Menschen, Vieh und das
Wildtier
dadurch erzeugen irgendein Ding, daß zusammen sie
kommen.
Wenn sie aber vielleicht aus dem Körper die eigne
Empfindung
lassen und aufnehmen andre, wozu wird hinzu dann gefügt,
was
wieder geraubt wird? Dann außerdem, wo Zuflucht wir
suchten
vorher: wofern in lebendige Küken sich Eier wir sehen
wandeln der Vögel und Würmer wimmeln hervor, wenn die
Fäulnis
wegen der Güsse des Regens zur Unzeit die Erde gepackt
hat,
können wir wissen, daß kommt aus Nichtempfindung
Empfindung.
Wenn aber einer vielleicht will sagen, insoweit entstünde
möglicherweise Empfindung aus Nichtempfindung: durch
Ändern

aut aliquo tamquam partu quo proditur extra,
huic satis illud erit planum facere atque probare,
non fieri partum nisi concilio ante coacto   935
nec quicquam commutari sine conciliatu.
principio nequeunt ullius corporis esse
sensus ante ipsam genitam naturam animantis,
nimirum quia materies disiecta tenetur
aere, fluminibus, terris terraque creatis;   940
nec congressa modo vitalis convenientes
contulit inter se motus, quibus omnituentes
accensi sensus animantem quamque tuentur.

   Praeterea quamvis animantem grandior ictus,
quam patitur natura, repente adfligit et omnis   945
corporis atque animi pergit confundere sensus.
dissoluuntur enim positurae principiorum
et penitus motus vitales inpediuntur,
donec materies, omnis concussa per artus,
vitalis animae nodos a corpore solvit   950
dispersamque foras per caulas eiecit omnis;
nam quid praeterea facere ictum posse reamur
oblatum, nisi discutere ac dissolvere quaeque?
fit quoque uti soleant minus oblato acriter ictu
relicui motus vitales vincere saepe,   955
vincere, et ingentis plagae sedare tumultus
inque suos quicquid rursus revocare meatus
et quasi iam leti dominantem in corpore motum
discutere ac paene amissos accendere sensus.
nam quare potius leti iam limine ab ipso   960

oder durch irgendeine Geburt, wodurch sie befreit wird,
dem wird genug sein dies zu beweisen und klar ihm zu
                                                    machen,
daß nur dann Geburt sich vollzieht, wenn Vereinigung
                                                    vorher
schloß sich zusammen, und nichts sich verändert ohne
                                                    Verbindung.
Erstlich vermögen nicht zu sein beliebiger Körper
Sinnesempfindungen vor der Geburt selbst eben des Wesens,
weil natürlich der Stoff voneinander getrennt wird
                                                    gehalten
in den Flüssen, der Luft, der Erde und Erdeentsprossnem;
und auch eben vereinter hat nicht noch zusammengestimmte
Lebensbewegung verknüpft unter sich, durch welche
                                                    entzündet
alleserschauende Sinne ein jedes Wesen beschützen.
    Außerdem: nimm ein beliebiges Wesen: ein Hieb, der
                                                    gewaltiger,
als es seine Natur verträgt, schlägt plötzlich es nieder
und verwirrt die Empfindung weiter des Körpers und
                                                    Geistes.
Auf wird nämlich getrennt der Ursprungskörper Gefüge
und die Lebensbewegungen tief im Grunde gehindert,
bis der Stoff, in allen Gliedern durchweg erschüttert,
löst der Seele Lebensverbindung entknotend vom Körper
und sie schleudert heraus, verstreut durch alle die Poren;
denn was glauben wir, könne ein Hieb wohl sonst noch
                                                    bewirken,
zugefügt, als alles zu sprengen und auf es zu lösen?
Weiter geschieht's, daß oft, wenn der Schlag war weniger
                                                    heftig,
doch noch Sieg erringt die übrige Lebensbewegung,
Sieg erringt und sänftigt des Schlages mächtigen Aufruhr,
alles sie wieder zurück zum eigenen, friedlichen Gang ruft
und des Todes Bewegung, die fast schon Herr ist im Körper,
schlägt entzwei, entfacht die fast verlorne Empfindung.
Warum sollte denn grad von der Schwelle des Todes sie eher

ad vitam possint conlecta mente reverti,
quam quo decursum prope iam siet ire et abire?
  praeterea, quoniam dolor est, ubi materiai
corpora vi quadam per viscera viva, per artus
sollicitata suis trepidant in sedibus intus,   965
inque locum quando remigrant, fit blanda voluptas,
scire licet nullo primordia posse dolore
temptari nullamque voluptatem capere ex se;
quandoquidem non sunt ex ullis principiorum
corporibus, quorum motus novitate laborent   970
aut aliquem fructum capiant dulcedinis almae;
haud igitur debent esse ullo praedita sensu.
  denique uti possint sentire animalia quaeque,
principiis si iam est sensus tribuendus eorum,
quid, genus humanum propritim de quibus auctumst?   975
scilicet et risu tremulo concussa cachinnant
et lacrimis spargunt rorantibus ora genasque
multaque de rerum mixtura dicere callent
et sibi proporro quae sint primordia quaerunt;
quandoquidem totis mortalibus adsimulata   980
ipsa quoque ex aliis debent constare elementis,
inde alia ex aliis, nusquam consistere ut ausis:
quippe sequar, quodcumque loqui ridereque dices
et sapere, ex aliis eadem haec facientibus ut sit.
quod si delira haec furiosaque cernimus esse,   985
et ridere potest non ex ridentibus auctus

sein imstand, sich zum Leben zu kehren gesammelten Geistes
als, wohin fast der Lauf durchmessen, zu gehn und zu
vergehn?
    Außerdem: da Schmerz ja herrscht, wenn die Körper des
Stoffes,
irgendwie durch Gewalt im lebenden Fleisch, in den
Gliedern
heftig erregt, in ihren Sitzen hastig sich rühren,
kehren zum Platz sie zurück, dann eintritt wohlige Freude,
kann man wissen, daß nicht vom Schmerze die Urkörper
werden
können berührt und aus sich selber nehmen Genüsse;
sind sie doch nicht irgendwie aus Ursprungskörpern
geschaffen,
durch deren neu verstörte Bewegung sie Schmerzliches litten
oder irgend die Frucht erführen nährender Wonne;
also dürfen sie nicht beliehen sein mit Empfindung.
    Schließlich: wenn schon, damit ein Wesen vermag zu
empfinden,
ihren Ursprungskörpern ist zuzuteilen Empfindung,
wie steht's mit denen, aus denen der Menschen Geschlecht ist
erwachsen?
Klärlich werden, erschüttert von bebendem Lachen, sie
prusten,
netzen Gesicht und Wangen mit tauig tropfenden Tränen,
vieles mit klugem Verstand über Mischung reden der Dinge
und in einem fort, was Urkörper seien, erforschen;
da sie ja nun einmal, dem Menschen vollkommen ähnlich,
selber wieder aus anderen Körpern müssen bestehen,
andre darauf aus andern, daß nirgends zu halten du
wagtest:
freilich setze ich's fort: was immer du sprechen und lachen
läßt und verstehen, daß das ist aus solchen, die tuen
dasselbe.
Wenn aber Unsinn das ist und Wahnsinn, wie jeder erkennt
doch,
und zu lachen vermag nicht gemacht aus lachenden einer

et sapere et doctis rationem reddere dictis
non ex seminibus sapientibus atque disertis,
qui minus esse queant ea quae sentire videmus
seminibus permixta carentibus undique sensu?   990

   denique caelesti sumus omnes semine oriundi,
omnibus ille idem pater est, unde alma liquentis
umoris guttas mater cum terra recepit,
feta parit nitidas fruges arbustaque laeta
et genus humanum, parit omnia saecla ferarum,   995
pabula cum praebet, quibus omnes corpora pascunt
et dulcem ducunt vitam prolemque propagant;
quapropter merito maternum nomen adepta est.
cedit item retro, de terra quod fuit ante,
in terras et quod missumst ex aetheris oris,   1000
id rursum caeli rellatum templa receptant.
nec sic interemit mors res, ut materiai
corpora conficiat, sed coetum dissipat ollis,
inde aliis aliud coniungit et efficit omnes
res ita convertant formas mutentque colores   1005
et capiant sensus et puncto tempore reddant,
ut noscas referre, eadem primordia rerum
cum quibus et quali positura contineantur
et quos inter se dent motus accipiantque,
neve putes aeterna penes residere potesse   1010
corpora prima quod in summis fluitare videmus
rebus et interdum nasci subitoque perire.
quin etiam refert nostris in versibus ipsis
cum quibus et quali sint ordine quaeque locata.
namque eadem caelum, mare, terras, flumina, solem   1015

und Verstand zu haben und Rechenschaft klug zu entwickeln
nicht aus weisen Atomen einer gemacht und beredten,
wie soll weniger das, was empfinden wir sehen, bestehen
können vermischt aus Samen, die bar überall der
                                        Empfindung?
  Schließlich sind wir alle aus himmlischem Samen
                                        entstanden,
allen ist Vater derselbe. Hat aus ihm flüssige Tropfen
Mutter Erde der Feuchte in sich empfangen, die holde,
fruchtbar gebiert sie schimmernde Frucht und üppige Bäume,
und der Menschen Geschlecht, gebiert alle Arten der Tiere,
dadurch daß Speise sie reicht, aus der die Körper ernähren
alle und fristen das süße Leben und Nachwuchs verbreiten.
Drum hat mit Recht sie erlangt überall den Namen der
                                        Mutter.
Ebenso geht zurück, was vorher aus Erde entstanden,
in die Erde, und das, was aus Äthers Gefilden gesandt ward,
nehmen wiederum auf in die Heimat des Himmels Bereiche.
Und nicht so vernichtet die Dinge der Tod, daß des Stoffes
Körper er tilgte: er sprengt auseinander ihre Verbindung,
drauf verknüpft er andres mit andrem und wirket, daß alle
Dinge verwandeln so die Gestalt und ändern die Farbe,
nehmen Empfindungen auf und geben im Nu dann zurück
                                        sie,
daß du erkennst: es ist von Gewicht, mit welchen der Dinge
Körper und in was für Lage sie werden gehalten,
welche Bewegung sie unter sich geben und wieder
                                        empfangen,
und nicht glaubst, daß ewig Besitz zu bleiben vermögen
Ursprungskörper, weil wir an der Oberfläche der Dinge
fluten sie sehen und manchmal entstehen und plötzlich
                                        vergehen.
Ja es ist von Belang in unsern Versen ja selber,
wie – mit welchen und welcher Ordnung – die Buchstaben
                                        liegen.
Denn dieselben bezeichnen den Himmel, das Meer und die
                                        Länder,

significant, eadem fruges, arbusta, animantis;
si non omnia sunt, at multo maxima pars est
consimilis; verum positura discrepitant res.
sic ipsis in rebus item iam materiai
[intervalla vias conexus pondera plagas]   1020
concursus, motus, ordo, positura, figurae
cum permutantur, mutari res quoque debent.

   Nunc animum nobis adhibe veram ad rationem.
nam tibi vementer nova res molitur ad auris
accidere et nova se species ostendere rerum.   1025
sed neque tam facilis res ulla est, quin ea primum
difficilis magis ad credendum constet, itemque
nil adeo magnum neque tam mirabile quicquam,
quod non paulatim minuant mirarier omnes:
principio caeli clarum purumque colorem,   1030
quaeque in se cohibet, palantia sidera passim
lunamque et solis praeclara luce nitorem:
omnia quae nunc si primum mortalibus essent,
ex inproviso si essent obiecta repente,
quid magis his rebus poterat mirabile dici   1035
aut minus ante quod auderent fore credere gentes?
nil, ut opinor; ita haec species miranda fuisset.
quam tibi iam nemo fessus satiate videndi
suspicere in caeli dignatur lucida templa.
desine quapropter novitate exterritus ipsa   1040
expuere ex animo rationem, sed magis acri
iudicio perpende, et si tibi vera videntur,
dede manus, aut, si falsum est, accingere contra.

Flüsse und Sonne, dieselben die Frucht, die Bäume und
                                                    Wesen;
wenn nicht alle es sind, so ist doch bei weitem der größte
Teil sich ähnlich; durch Lage jedoch sind die Dinge
                                                    verschieden.
So müssen, auch wenn inmitten der Dinge selber des Stoffes
[Zwischenräume und Bahnen, Verbindung, Gewicht und
                                                    Schläge,]
Prall, Bewegung, Ordnung, Gestalt und Lage geändert
werden, auch die Dinge selber im Wesen sich ändern.

Jetzt nun halte den Geist uns bereit für die Wahrheit der
                                                    Lehre.
Denn mit großer Gewalt will neue Erkenntnis das Ohr dir
treffen, ein neuer Anblick vor Augen sich breiten.
Aber getrost: kein Ding ist so schlicht, daß zuerst nicht ein
                                                    wenig
schwieriger es sich zeigte zu glauben, und ebenso gilt es:
nichts ist so gewaltig, und nichts so Seltsames gibt es,
was nicht doch gemach zu bewundern alle vergäßen:
allem voran des Himmels Klarheit und Reinheit der Farbe,
dann was er in sich birgt, die überall schweifenden Sterne,
Mond und der Sonne Glanz mit hellem, schimmerndem
                                                    Lichte:
alles dies, wenn zuerst es jetzt den Sterblichen wäre
unversehens geboten und plötzlich vor Augen zu sehen,
was könnte mehr als dies als ein Wunder zu gelten verdienen
oder als etwas, das vorher nicht möglich schiene den
                                                    Völkern?
Nichts, denk ich; so mächtig wäre zum Staunen der Anblick!
Jetzt hält keiner mehr schon, vom Zuviel des Sehens
                                                    ermattet,
aufzublicken für wert in die lichten Räume des Himmels.
Laß darum ab, allein vor der Neuheit nur dich entsetzend,
aus dem Geist diese Lehre zu weisen, sondern nur mehr noch
wäge mit scharfem Urteil ab, und wenn es dir wahr scheint,
strecke die Hände, scheint es dir falsch, so rüste dagegen!

quaerit enim rationem animus, cum summa loci sit
infinita foris haec extra moenia mundi,   1045
quid sit ibi porro, quo prospicere usque velit mens
atque animi iactus liber quo pervolet ipse.

   Principio nobis in cunctas undique partis
et latere ex utroque sup⟨ra subt⟩erque per omne
nulla est finis, uti docui, res ipsaque per se   1050
vociferatur, et elucet natura profundi.
nullo iam pacto veri simile esse putandumst,
undique cum vorsum spatium vacet infinitum
seminaque innumero numero summaque profunda
multimodis volitent aeterno percita motu,   1055
hunc unum terrarum orbem caelumque creatum,
nil agere illa foris tot corpora materiai;
cum praesertim hic sit natura factus et ipsa
sponte sua forte offensando semina rerum
multimodis temere incassum frustraque coacta   1060
tandem coluerant ea quae coniecta repente
magnarum rerum fierent exordia semper,
terrai, maris et caeli generisque animantum.
quare etiam atque etiam talis fateare necesse est
esse alios alibi congressus materiai,   1065
qualis hic est, avido complexu quem tenet aether.

   praeterea cum materies est multa parata,
cum locus est praesto nec res nec causa moratur
ulla, geri debent nimirum et confieri res.
nunc et seminibus si tanta est copia, quantam   1070
enumerare aetas animantum non queat omnis,
quis eadem natura manet, quae semina rerum
conicere in loca quae⟨que⟩ queat simili ratione

Sucht doch Erklärung der Geist, da draußen die Summe des
Raumes
ohne Begrenzung ist, entfernt von den Mauern der Welt
hier,
was dort weiter sei, wo der Sinn uns hin blicken möchte
und wo des Geistes Wurf in Freiheit selber hindurchfliegt.
  Erstens: blicken wir überall hin nach jeder der Seiten
rechts und links und drüber und drunten im All durch:
grenzenlos dehnt sich der Raum. So hab ich gelehrt und von
sich aus
rufen die Dinge es laut und leuchtet das Wesen der Tiefe.
Nun ist auf keinerlei Weise der Wahrheit es ähnlich zu
achten,
da nach jeglicher Richtung der Raum unendlich erstreckt sich,
zahllos an Zahl dazu die Samen im grundlosen Ganzen
schwirren, in vielerlei Art erregt in steter Bewegung,
daß als einziger hier der Erdkreis und Himmel geschaffen
wäre, doch nichts da draußen betrieben so viele Atome,
da doch zumal von Natur er wurde geschaffen und selber
ganz von sich zufällig im Anstoß die Samen der Dinge,
planlos in vielerlei Art vergebens und ziellos vereinigt,
endlich wuchsen in eins, und zwar solche, die, plötzlich
verschmolzen,
immer wurden damit der Beginn gewaltiger Dinge,
Anfang von Himmel und Erde, von Meer, dem Geschlecht
der Belebten.
Drum mußt noch und noch du zugeben, daß von der gleichen
Art auch sonst noch es gibt woanders Versammlung des
Stoffes,
so wie hier, die der Äther umfaßt in heißem Umfangen.
  Weiter zudem: wo Stoff in Fülle dazu doch bereit ist,
wo vorhanden der Raum, weder Ding noch Ursache hindert
irgend, müssen natürlich Vorgänge sein und Dinge entstehen.
Wenn der Samen Menge daher so mächtig ist, wie sie
aufzuzählen die sämtliche Zeit nicht vermöchte des Lebens,
denen dieselbe Natur verbleibt, die imstande ist, weiter
Samen der Dinge zusammen an einen Ort auf die gleiche

atque huc sunt coniecta: necesse est confiteare
esse alios aliis terrarum in partibus orbis   1075
et varias hominum gentis et saecla ferarum.

  huc accedit ut in summa res nulla sit una,
unica quae gignatur et unica solaque crescat,
quin aliquoius siet saecli permultaque eodem
sint genere. in primis animalibus inice mentem: 1080
invenies sic montivagum genus esse ferarum,
sic hominum genitam prolem, sic denique mutas
squamigerum pecudes et corpora cuncta volantum.
quapropter caelum simili ratione fatendumst
terramque et solem, lunam, mare, cetera quae sunt,   1085
non esse unica, sed numero magis innumerali;
quandoquidem vitae depactus terminus alte
tam manet haec et tam nativo corpore constant,
quam genus omne quod his generatim rebus abundans.

  Quae bene cognita si teneas, natura videtur   1090
libera continuo dominis privata superbis
ipsa sua per se sponte omnia dis agere expers.
nam pro sancta deum tranquilla pectora pace
quae placidum degunt aevom vitamque serenam,
quis regere immensi summam, quis habere profundi   1095
indu manu validas potis est moderanter habenas,
quis pariter caelos omnis convertere et omnis
ignibus aetheriis terras suffire feracis,
omnibus inve locis esse omni tempore praesto,
nubibus ut tenebras faciat caelique serena   1100
concutiat sonitu, tum fulmina mittat et aedis

Weise zu werfen, wie hierher sie wurden geschleudert:
                            gedrängt bist
du zu gestehen: andere gibt es in anderen Teilen
Erden und bunte Stämme der Menschen und Rassen von
                            Tieren.
    Hierzu kommt, daß im All von allen Dingen nicht eins ist,
das als einziges vorkäm und einzig und einsam emporwüchs,
ohne daß es zur Rasse gehörte und viele von gleicher
Abstammung wären. Richte zuerst den Sinn auf Belebtes:
so wirst du finden die bergdurchschweifenden Arten des
                            Wildes,
so den Nachwuchs der Menschen, so auch endlich die
                            stummen
Herden beschuppter Fische und aller Befiederten Leiber.
Drum muß aus ähnlichem Grund man gestehn, daß Himmel
                            und Erde,
Sonne und Mond, das Meer und was es gibt und noch übrig,
einzig nicht sind, vielmehr von Zahl, die zu zählen
                            unmöglich;
da des Lebens einmal in der Tiefe befestigter Grenzstein
so ihrer harrt und so sie bestehn von geborenem Körper,
wie ein jedes Geschlecht, das von Dingen hier artweis genug
                            hat.
    Hältst du gut das erkannt, so zeigt in der Folge zugleich
                            sich,
daß befreit die Natur, der herrischen Zwingherrn entledigt,
selber, von sich aus, spontan, ohne Götter alles vollführet.
Denn ihr heiligen Herzen im stillen Frieden, ihr Götter,
die ihr friedliche Zeiten durchlebt und heiteres Leben,
wer vermag's, des Unermeßlichen All zu regieren,
maßvoll wer zu behandeln die mächtigen Zügel der Tiefe,
wer alle Himmel zugleich zum Kreisen zu bringen und alle
fruchtbaren Erden durch Feuer des Äthers mit Wärme zu
                            füllen,
wer allen Ortes zugleich gewärtig immer zu weilen,
daß er Dunkel breite mit Wolken, das Heitre des Himmels
donnernd erschüttre, zudem die Blitze verschicke und häufig

saepe suas disturbet et in deserta recedens
saeviat exercens telum, quod saepe nocentes
praeterit exanimatque indignos inque merentes?

Multaque post mundi tempus genitale diemque   1105
primigenum maris et terrae solisque coortum
addita corpora sunt extrinsecus, addita circum
semina, quae magnum iaculando contulit omne,
unde mare et terrae possent augescere et unde
appareret spatium caeli domus altaque tecta   1110
tolleret a terris procul et consurgeret aer.
nam sua cuique locis ex omnibus omnia plagis
corpora distribuuntur et ad sua saecla recedunt,
umor ad umorem, terreno corpore terra
crescit et ignem ignes procudunt aetheraque ⟨aether⟩, 1115
donique ad extremum crescendi perfica finem
omnia perduxit rerum natura creatrix;
ut fit ubi nihilo iam plus est quod datur intra
vitalis venas quam quod fluit atque recedit.
omnibus hic aetas debet consistere rebus,   1120
hic natura suis refrenat viribus auctum.
nam quaecumque vides hilaro grandescere adauctu
paulatimque gradus aetatis scandere adultae,
plura sibi adsumunt quam de se corpora mittunt,
dum facile in venas cibus omnis inditur et dum   1125
non ita sunt late dispersa, ut multa remittant
et plus dispendi faciant quam vescitur aetas.
nam certe fluere atque recedere corpora rebus

eigene Tempel zerstöre und fort in die Wüste entweichend
wüte, mit Fleiß das Geschoß bewegend, das häufig die
Schuldgen
ausläßt, des Lebens beraubt, die nicht es verdienen und
schuldlos?
Und in Menge sind nach der Geburtszeit der Welt und
dem ersten
Tage des Meers und nach Entstehen von Erde und Sonne
Körperchen zugeführt von außen worden und ringsum
Samen, die das gewaltige All im Wurfe vereinte;
woraus Länder und Meer vermöchten zu wachsen und
woraus
zuerwürbe sich Raum des Himmels Dom und die hohen
Dächer erhöbe weit von der Erde, der Äther entstiege.
Werden doch jedem die seinen, überall her, von den Stößen
alle verteilt und flüchten zu ihrem Geschlechte, die Körper,
Feuchte zu Feuchte, es wächst durch irdischen Körper die
Erde,
Feuer treibt Feuer voran und Äther mehret den Äther,
bis die Natur, die Vollenderin, alles zum schließlichen Ende
führte des Wachsens hindurch, Natur, die Schöpferin aller;
wie es geschieht, wo das, was hinein in die Adern des Lebens
strömt, nicht mehr ist, als was immer entfließt und
davongeht.
Hier muß am Ziel das Alter in allem kommen zum
Stillstand:
hier hält durch eigene Kraft zurück die Natur die
Vermehrung.
Denn was immer du siehst sich vergrößern in heiterem
Zuwachs
und die Stufen gemach besteigen der Reife des Alters,
nimmt sich hinzu mehr Körper als wieder es von sich läßt
gehen,
solange leicht sich füllt in die Adern jegliche Nahrung
und solang nicht es sich so gedehnt, daß es vieles zurückgibt
und Verlust mehr hat, als braucht das Leben zum Aufwand.
Denn daß fließen hinzu und viele Körperchen wieder

multa manus dandum est; sed plura accedere debent,
donec alescendi summum tetigere cacumen.   1130
inde minutatim vires et robor adultum
frangit et in partem peiorem liquitur aetas.
quippe etenim quanto est res amplior augmine adempto
et quo latior est, in cunctas undique partis
plura modo dispargit et a se corpora mittit,   1135
nec facile in venas cibus omnis diditur ei
nec satis est, proquam largos exaestuat aestus,
unde queat tantum suboriri ac subpeditare.
iure igitur pereunt, cum rarefacta fluendo
sunt et cum externis succumbunt omnia plagis,   1140
quandoquidem grandi cibus aevo denique defit
nec tuditantia rem cessant extrinsecus ullam
corpora conficere et plagis infesta domare.
    Sic igitur magni quoque circum moenia mundi
expugnata dabunt labem putrisque ruinas;   1145
omnia debet enim cibus integrare novando
et fulcire cibus, ⟨cibus⟩ omnia sustentare,
nequiquam, quoniam nec venae perpetiuntur
quod satis est neque quantum opus est natura ministrat.
iamque adeo fracta est aetas effetaque tellus   1150
vix animalia parva creat, quae cuncta creavit
saecla deditque ferarum ingentia corpora partu.
haud, ut opinor, enim mortalia saecla superne
aurea de caelo demisit funis in arva

weichen den Dingen, ist sicherlich nicht zu bestreiten; doch
müssen
zukommen mehr, bis berührt den Scheitel des Wuchses sie
haben.
Darauf zerbricht stückweis das Alter die Kraft und
erwachsne
Stärke und schmilzt dahin, zum schlechteren Teile sich
neigend.
Denn um wieviel stärker ein Ding, ist das Wachstum
genommen,
und je breiter es ist, um so mehr an Körpern entsprechend
teilt es überall aus nach allen Seiten und streut sie,
und in die Adern nicht leicht verteilt sich ihm alle die
Nahrung
noch ist genug, daß, wieviel es reichlich Dünste verdunstet,
soviel ihm nachwachsen kann, soviel kann dargereicht
werden.
Also geht alles mit Recht zugrund, wenn es locker geworden
ist durch den Ausstrom und erliegt den Stößen von außen;
da ja endlich einmal die Nahrung mangelt dem Alter,
und in ständigem Stoß die Körper von außen nicht rasten,
jegliches Ding zu vernichten und bös mit Schlägen zu
zwingen.
So werden auch einmal die Mauern des mächtigen Weltalls
stürzen erobert ein ringsum und mürbe zerfallen;
muß doch Nahrung alles erneuernd herstellen wieder,
Nahrung es stützen, Nahrung unterhalten das Ganze,
doch umsonst, da weder die Adern können ertragen,
was für sie reicht, noch, soviel wie not, die Natur ihnen
bietet.
Und so ist jetzt ihr Alter gebrochen, erschöpft bringt die
Erde
mühsam winzige Wesen hervor, die doch alle Geschlechter
einmal schuf und gebar der Tierwelt riesige Leiber.
Glaub ich doch nicht, daß von oben herab die Geschlechter
der Menschen
einst das goldene Seil vom Himmel senkte zu Boden,

nec mare nec fluctus plangentes saxa crearunt,   1155
sed genuit tellus eadem quae nunc alit ex se.
praeterea nitidas fruges vinetaque laeta
sponte sua primum mortalibus ipsa creavit,
ipsa dedit dulcis fetus et pabula laeta;
quae nunc vix nostro grandescunt aucta labore,   1160
conterimusque boves et viris agricolarum,
conficimus ferrum vix arvis suppeditati:
usque adeo parcunt fetus augentque laborem.
iamque caput quassans grandis suspirat arator
crebrius incassum magnos cecidisse labores,   1165
et cum tempora temporibus praesentia confert
praeteritis, laudat fortunas saepe parentis.
tristis item vetulae vitis sator atque ⟨vietae⟩
temporis incusat momen saeclumque fatigat,
et crepat, anticum genus ut pietate repletum   1170
perfacile angustis tolerarit finibus aevom,
cum minor esset agri multo modus ante viritim;
nec tenet omnia paulatim tabescere et ire
ad scopulum spatio aetatis defessa vetusto.

auch nicht schufen sie Meer und felsenpeitschende Fluten,
nein, die Erde gebar sie, die jetzt aus sich auch sie nähret.
Schimmernde Feldfrucht außerdem und prangenden
                                        Weinberg
hat zuerst sie selbst freiwillig den Menschen geschaffen,
selber hat süßen Wuchs sie gegeben und üppige Weiden;
das wächst mühsam jetzt durch unser Ringen befördert;
und wir schinden zugrund die Rinder und Kräfte der
                                        Bauern,
brauchen das Eisen ab, kaum mehr von den Fluren
                                        ermuntert:
so sehr sparen sie Frucht und mehren statt dessen die Arbeit.
Und schon schüttelt das Haupt und seufzt der greise
                                        Besteller
öfter, daß zu nichts die große Bemühung zerronnen,
und wenn er Zeit mit Zeit vergleicht, der Gegenwart Leiden
mit der vergangnen, lobt er oft den Reichtum des Vaters.
Ebenso klagt der Pflanzer der welken und ältlichen Rebe
über den Zug der Zeit, betrübt, und schilt aufs Jahrhundert,
knurrt, wie das alte Geschlecht, erfüllt von frommer
                                        Gesinnung,
doch so leicht in enger Gemarkung das Leben gefristet,
mocht viel kleiner das Maß auch sein des Ackers für jeden;
und er hat nicht gemerkt, daß alles mählich sich auflöst
und vergeht, ermattet vom langen Gange der Zeiten.

Liber tertius

E tenebris tantis tam clarum extollere lumen
qui primus potuisti inlustrans commoda vitae,
te sequor, o Graiae gentis decus, inque tuis nunc
ficta pedum pono pressis vestigia signis,
non ita certandi cupidus quam propter amorem   5
quod te imitari aveo: quid enim contendat hirundo
cycnis, aut quidnam tremulis facere artubus haedi
consimile in cursu possint et fortis equi vis?
tu, pater, es rerum inventor, tu patria nobis
suppeditas praecepta, tuisque ex, inclute, chartis,   10
floriferis ut apes in saltibus omnia libant,
omnia nos itidem depascimur aurea dicta,
aurea, perpetua semper dignissima vita.
nam simul ac ratio tua coepit vociferari
naturam rerum, divina mente coorta,   15
diffugiunt animi terrores, moenia mundi
discedunt, totum video per inane geri res.
apparet divum numen sedesque quietae,
quas neque concutiunt venti nec nubila nimbis
aspergunt neque nix acri concreta pruina   20
cana cadens violat semper⟨que⟩ innubilus aether
integit, et large diffuso lumine ridet.
omnia suppeditat porro natura neque ulla
res animi pacem delibat tempore in ullo.

Drittes Buch

Aus so tiefem Dunkel so strahlendes Licht zu erheben
der du als erster vermocht hast, die Güter des Lebens
                                        erleuchtend,
dir folg ich nach, o Zierde des griechischen Stammes, in
                                        deiner
Füße geprägtes Mal setz ich die haftenden Spuren,
nicht begierig so sehr zu streiten, als vielmehr aus Liebe,
weil dir nachzustreben ich glühe. Was könnte denn streiten
Schwalbe mit Schwan, und was vermöchten mit lockeren
                                        Gliedern
Böckchen Gleiches im Lauf und die Kraft des mächtigen
                                        Rosses?
Du, Vater, bist der Dinge Erfinder, du bist's, der Vaters-
lehren uns darbringt reich, und aus deinen Blättern,
                                        Erlauchter,
wie auf blumiger Trift die Bienen alles benaschen,
weiden genauso wir uns ab alle goldenen Worte,
goldene, immer zumal am würdigsten ewigen Lebens.
Denn sobald die Vernunft deiner Lehre zu künden
                                        begonnen
wahres Wesen der Dinge, aus göttlichem Geiste erstanden,
fliehen die Schrecken davon der Seele, die Mauern der Welt
                                        hier
weichen, im ganzen Raum erblick ich das wahre Geschehen.
Klar tritt hervor der Götter Sinn, ihre ruhigen Sitze,
die weder Winde erschüttern, noch trübes Gewölk mit Regen
sprengt, noch Schnee, erstarrt in des Reifes schneidender
                                        Kälte,
farblos fallend verletzt und immer heiterer Äther
schirmt, und er lacht im weithin verstreuten Glanze des
                                        Lichtes.
Alles zudem stellt reich die Natur zur Verfügung, und
                                        nirgends
sehrt auch nur eines irgendeinmal den Frieden der Seele.

at contra nusquam apparent Acherusia templa   25
nec tellus obstat, quin omnia dispiciantur,
sub pedibus quaecumque infra per inane geruntur.
his ibi me rebus quaedam divina voluptas
percipit atque horror, quod sic natura tua vi
tam manifesta patens ex omni parte retecta est.   30
  Et quoniam docui cunctarum exordia rerum
qualia sint et quam variis distantia formis
sponte sua volitent aeterno percita motu
quove modo possint res ex his quaeque creari,
hasce secundum res animi natura videtur   35
atque animae claranda meis iam versibus esse
et metus ille foras praeceps Acheruntis agendus,
funditus humanam qui vitam turbat ab imo,
omnia suffundens mortis nigrore, neque ullam
esse voluptatem liquidam puramque relinquit.   40
nam quod saepe homines morbos magis esse timendos
infamemque ferunt vitam quam Tartara leti
et se scire animi naturam sanguinis esse   43
aut etiam venti, si fert ita forte voluntas,   46
nec prorsum quicquam nostrae rationis egere,   44
hinc licet advertas animum magis omnia laudis   45
iactari causa quam quod res ipsa probetur: 47
extorres idem patria longeque fugati
conspectu ex hominum, foedati crimine turpi,
omnibus aerumnis adfecti denique vivunt,   50
et quocumque tamen miseri venere parentant
et nigras mactant pecudes et manibus divis

Nirgends dagegen erscheint gegenüber Acheruns' Halle,
noch ist die Erde im Weg, ein jedes klar zu durchschauen,
was auch immer geschieht zu Füßen im Leeren darunter.
Drob erfaßt mich auch hier darüber göttliche Wonne,
faßt mich Schauer zugleich, weil derart durch deine Gewalt
                                        so
sichtbar offen das Wesen nach jeder Richtung entdeckt ist.
    Und da gelehrt ich ja nun, wie aller Dinge beschaffen
Urkörper sind und wie sie nach wechselnden Formen
                                        verschieden
schwirren aus eigenem Trieb, erregt in ewiger Unrast,
und ein jegliches Ding wie's aus ihnen vermag zu entstehen,
scheint der Reihe hernach das Wesen von Seele und Leben
jetzt nun in meinen Versen erleuchtet werden zu müssen
und vertrieben die Furcht vor dem Acheruns schnellstens
                                        von hinnen,
die das menschliche Leben im tiefsten vom Grunde aus
                                        aufwühlt,
alles von unten umwölkend mit Todes Schwärze, und keine
Möglichkeit läßt, daß klar und rein eine Freude bestehe.
Denn wenn oftmals der Mensch, die Krankheit sei mehr
                                        noch zu fürchten,
sagt, und ein Leben mit Schmach als der Tartaros, Wohnung
                                        des Todes,
und sie wüßten, der Seele Natur sei die doch des Blutes
oder des Hauches, wenn so Belieben vielleicht es gebietet,
und bedürfe durchaus nicht unserer heilsamen Lehren,
magst du hieraus ersehen, daß alles mehr um des Ruhmes
willen geprahlt wird, als daß die Sache selber fänd Beifall:
eben dieselben, verbannt aus der Heimat und weithin
                                        verschlagen
aus der Menschen Gesicht, von schändlicher Untat besudelt,
schließlich von Mühsal bedrückt aller Art: sie leben doch
                                        weiter,
und wohin sie auch kommen im Elend, sie opfern den Toten,
schlachten den schwarzen Widder für sie, und den göttlichen
                                        Manen

inferias mittunt multoque in rebus acerbis
acrius advertunt animos ad religionem.
quo magis in dubiis hominem spectare periclis   55
convenit adversisque in rebus noscere qui sit;
nam verae voces tum demum pectore ab imo
eliciuntur ⟨et⟩ eripitur persona, manet res.

    denique avarities et honorum caeca cupido,
quae miseros homines cogunt transcendere fines   60
iuris et interdum socios scelerum atque ministros
noctes atque dies niti praestante labore
ad summas emergere opes, haec vulnera vitae
non minimam partem mortis formidine aluntur.
turpis enim ferme contemptus et acris egestas   65
semota ab dulci vita stabilique videtur
et quasi iam leti portas cunctarier ante;
unde homines dum se falso terrore coacti
effugisse volunt longe longeque remosse,
sanguine civili rem conflant divitiasque   70
conduplicant avidi, caedem caede accumulantes,
crudeles gaudent in tristi funere fratris
et consanguineum mensas odere timentque.

    consimili ratione ab eodem saepe timore
macerat invidia ante oculos illum esse potentem,   75
illum aspectari, claro qui incedit honore,

spenden sie Wein, und im bitteren Unglück richten sie mehr
nur
noch ihre Seelen hin auf die Furcht vor den Göttern und
schärfer.
Drum muß man um so mehr den Menschen in Proben des
Zweifels
schauen und im widrigen Unglück sein Wesen erkennen;
dann nämlich erst wird entlockt der Tiefe des Herzens der
echte
Laut, heruntergezerrt die Maske: es bleibt das Gewisse.
  Schließlich die Habsucht, dazu das blinde Gieren nach
Ehren,
welche die armen Menschen zum Übertreten der Grenzen
zwingen des Rechts und, mitunter Gehilfen von Freveln und
Bündner,
nachts sich zu mühen und tags, in unermüdlichem Ringen
aufzutauchen zur höchsten Macht: diese Wunden des Lebens
nähren sich nicht zum wenigsten Teil aus der Angst vor dem
Tode.
Schmähliche Nichtachtung nämlich etwa und bitteres Darben
scheinen fern zu sein einem süßen, gefestigten Leben
und vor den Toren des Tods gleichsam schon lauernd zu
warten;
während die Menschen draus zu entkommen, getrieben von
falschem
Schrecken, sich mühen hinweg weit, sich weit davon zu
entfernen,
häufen mit Bürgersblut sie Vermögen und doppeln den
Reichtum
gierig, türmen Mord auf Mord zu gewaltigen Bergen,
grausam freuen sie sich am traurigen Grabe des Bruders,
und der Verwandten Tisch flößt ein ihnen Haß oder Ängste.
  Ganz auf ähnliche Art, entsprungen derselben
Befürchtung,
quält sie oftmals der Neid: daß der vor Augen ist mächtig,
der im Blicke der Welt, der im Glanze der Ehre
daherkommt,

ipsi se in tenebris volvi caenoque queruntur,
intereunt partim statuarum et nominis ergo.
et saepe usque adeo mortis formidine vitae
percipit humanos odium lucisque videndae,   80
ut sibi consciscant maerenti pectore letum
obliti fontem curarum hunc esse timorem:
hunc vexare pudorem, hunc vincula amicitiai
rumpere et in summa pietatem evertere suadet;
nam iam saepe homines patriam carosque parentis   85
prodiderunt vitare Acherusia templa petentes.
nam veluti pueri trepidant atque omnia caecis
in tenebris metuunt, sic nos in luce timemus
interdum, nilo quae sunt metuenda magis quam
quae pueri in tenebris pavitant finguntque futura.   90
    hunc igitur terrorem animi tenebrasque necessest
non radii solis neque lucida tela diei
discutiant, sed naturae species ratioque.

    Primum animum dico, mentem quam saepe vocamus,
in quo consilium vitae regimenque locatum est,   95
esse hominis partem nihilo minus ac manus et pes
atque oculi partes animantis totius extant.
....
sensum animi certa non esse in parte locatum,
verum habitum quendam vitalem corporis esse,
harmoniam Grai quam dicunt, quod faciat nos   100
vivere cum sensu, nulla cum in parte siet mens;
ut bona saepe valetudo cum dicitur esse
corporis, et non est tamen haec pars ulla valentis.
sic animi sensum non certa parte reponunt;

selbst sie im Dunkel und Kote sich wälzen, ist ihre Klage.
Gehen sie doch zugrund zum Teil um Standbild und Namen!
Und oft faßt in solchem Grad aus Schreck vor dem Tode
Menschen des Lebens Haß und Haß, den Tag zu ersehen,
daß sie selber den Tod sich verhängen mit traurigem Herzen,
eingedenk nicht, daß diese Furcht der Quell ist der Qualen:
daß den Anstand sie mitnimmt, die Bande der Freundschaft
sie zerbricht, überhaupt: sie rät, frommen Sinn zu
                                    entwurzeln.
Denn schon oft hat der Mensch seine Heimat und teueren
                                 Eltern
preisgegeben, aus Sucht, des Acheruns Hallen zu meiden.
Denn wie die Kinder zittern vor Grauen und alles im
                                 blinden
Dunkel fürchten, sind wir bei Tage vor Dingen in Ängsten
manchmal, die man nicht mehr zu fürchten brauchte als das,
                                 was
Kinder im Dunkel bebend erwarten und drohend sich
                                 vorstelln.
   Diesen Schrecken nun, dies Dunkel der Seele muß füglich
nicht der Sonnen Strahl noch die hellen Geschosse des Tages
schlagen entzwei, vielmehr Naturbetrachtung und -lehre.

   Erstens sag ich, die Seele, die Geist wir oftmals benennen,
drin des Lebens Rat und Lenkung hat ihren Wohnsitz,
ist vom Menschen ein Teil nicht minder als Hand oder Fuß
                                 und
Augen als Teile des ganzen Lebewesens bestehen.
⟨Manche dagegen jedoch vertreten töricht die Ansicht,⟩
nicht sei der Seele Sinn in bestimmtem Teile zuhause,
sondern es wäre vielmehr ein Lebenszustand des Körpers,
Harmonie von den Griechen benannt, was uns mit
                                 Empfindung
hieße zu leben, obgleich in keinem Teile der Geist sei;
wie wenn oft man sagt, der Körper besitze Gesundheit,
diese jedoch nicht irgendein Teil sein kann des Gesunden.
So versetzen sie nicht in Bestimmtes der Seele Empfindung.

magno opere in quo mi diversi errare videntur.   105
saepe itaque, in promptu corpus quod cernitur, aegret,
cum tamen ex alia laetamur parte latenti;
et retro fit uti contra sit saepe vicissim,
cum miser ex animo laetatur corpore toto;
non alio pacto quam si, pes cum dolet aegri,   110
in nullo caput interea sit forte dolore.
praeterea molli cum somno dedita membra
effusumque iacet sine sensu corpus onustum,
est aliud tamen in nobis quod tempore in illo
multimodis agitatur et omnis accipit in se   115
laetitiae motus et curas cordis inanis.

     nunc animam quoque ut in membris cognoscere possis
esse neque harmonia corpus sentire solere,
principio fit uti detracto corpore multo
saepe tamen nobis in membris vita moretur;   120
atque eadem rursum, cum corpora pauca caloris
diffugere forasque per os est editus aer,
deserit extemplo venas atque ossa relinquit;
noscere ut hinc possis non aequas omnia partis
corpora habere neque ex aequo fulcire salutem,   125
sed magis haec, venti quae sunt calidique vaporis
semina, curare in membris ut vita moretur.
est igitur calor ac ventus vitalis in ipso
corpore, qui nobis moribundos deserit artus.

     quapropter quoniam est animi natura reperta   130
atque animae quasi pars hominis, redde harmoniai

Darin scheinen sie mir gar sehr in die Irre zu gehen.
Häufig daher ist krank der Körper, den offen wir sehen,
während wir uns doch freuen aus andrem, verborgenem
                                        Teile;
und es geschieht umgekehrt, daß wieder das Gegenteil
                                         eintritt,
wenn einer, elend im Geist, gedeiht mit all seinem Körper;
anders nicht, als wenn, schmerzt auch des Kranken Fuß,
                                   doch nicht etwa
auch inzwischen der Kopf sich irgend im Schmerze befindet.
Außerdem, wenn die Glieder dem sanften Schlafe verfallen,
ohne Empfindung dahingestreckt liegt der Körper beladen,
ist doch ein andres in uns, das eben bei diesem Befinden
mannigfach sich bewegt und alle Bewegungen in sich
aufnimmt der Freude zugleich und die leeren Sorgen des
                                     Herzens.
   Jetzt, damit du erkennst: auch das Leben ist in den
                                     Gliedern,
nicht aber pflegt der Körper durch Harmonie zu empfinden:
erstlich geschieht's, daß, selbst wenn ein großes Stück Körper
                                   entzogen,
oftmals doch noch uns in den Gliedern das Leben verweilet;
das wiederum, wenn wenige nur der Körper der Wärme
strömten davon und heraus durch den Mund ergoß sich der
                                   Atem,
läßt auf der Stelle im Stich die Adern und flieht aus den
                                   Knochen;
hieraus kannst du erkennen: es besitzen nicht alle Atome
gleich die Teile, noch sind sie aufs gleiche die Stütze des
                                   Lebens,
sondern die vielmehr, die des Windes und hitzigen Dampfes
Samen sind, sorgen dafür, daß im Leibe das Leben verweilet.
Also ist Lebenswärme und Lebenshauch in dem Körper
drinnen und zieht sich zurück aus uns aus den sterbenden
                                   Gliedern.
   Darum, da sich erfand ja nun das Wesen der Seele
wie des Lebens als Teil des Menschen, erstatte den Namen

nomen, ad organicos alto delatum Heliconi,
sive aliunde ipsi porro traxere et in illam
transtulerunt, proprio quae tum res nomine egebat;
quidquid ⟨id⟩ est, habeant: tu cetera percipe dicta.   135
    Nunc animum atque animam dico coniuncta teneri
inter se atque unam naturam conficere ex se,
sed caput esse quasi et dominari in corpore toto
consilium, quod nos animum mentemque vocamus.
idque situm media regione in pectoris haeret.   140
hic exultat enim pavor ac metus, haec loca circum
laetitiae mulcent, hic ergo mens animusquest.
cetera pars animae per totum dissita corpus
paret et ad numen mentis momenque movetur.
idque sibi solum per se sapit, ⟨id⟩ sibi gaudet,   145
cum neque res animam neque corpus commovet una.
et quasi, cum caput aut oculus temptante dolore
laeditur in nobis, non omni concruciamur
corpore, sic animus nonnumquam laeditur ipse
laetitiaque viget, cum cetera pars animai   150
per membra atque artus nulla novitate cietur.
verum ubi vementi magis est commota metu mens,
consentire animam totam per membra videmus
sudoresque ita pallorem⟨que⟩ existere toto
corpore et infringi linguam vocemque aboriri,   155
caligare oculos, sonere auris, succidere artus,
denique concidere ex animi terrore videmus
saepe homines; facile ut quivis hinc noscere possit

Harmonie zurück, der den Künstlern aus Helikons Höhen
kam, sei's anderswoher, daß sie selber wieder ihn zogen
und übertrugen auf das, was noch eigenen Namens
                                        entbehrte;
wie es auch sei, sie mögen es tun: du hör die übrigen Worte.

  Jetzt sag ich, daß Seele und Leben verbunden sich halten
untereinander und aus sich bilden ein einziges Wesen,
daß das Haupt aber sei und im ganzen Körper regiere
lenkender Rat, den Geist wir und Seele mit Namen benennen.
Der aber ist in der Mitte der Brust gelegen und sitzt dort.
Hüpfen doch hier die Furcht und der Schrecken, um diese
                                        Gebiete
schmeicheln die Lüste: demnach sitzt hier der Geist und die
                                        Seele.
Doch der übrige Teil der Seele, verstreut durch den ganzen
Körper, gehorcht und bewegt sich nach Willen und Winke
                                        des Geistes.
Der ist weise für sich allein aus sich, und er freut sich
auch für sich, während nichts weder Körper bewegt noch das
                                        Leben.
Und wie wenn, wird Haupt oder Auge vom Angriff des
                                        Schmerzes
in uns verletzt, doch nicht am ganzen Körper wir Qualen
leiden, so wird verletzt die Seele auch selber bisweilen
oder erfreut sich in Lust, wenn der übrige Teil unsrer Seele,
jener in Körper und Gliedern, von keiner Neuheit erregt
                                        wird.
Wenn in heftiger Furcht aber stärker der Geist sich bewegt
                                        hat,
sehn wir die Seele im Ganzen mitempfinden im Körper,
sehn wir, wie Schweiß ausbricht und Blässe hervortritt am
                                        ganzen
Leibe, die Zunge stockt und die Stimme vor Schrecken
                                        erstirbt dann,
Dunkel die Augen erfüllt, die Ohren klingen, die Glieder
sinken, endlich sehen wir oft, wie beim Schrecken der Seele
Menschen stürzen zusammen; daß jeder leicht zu erkennen

esse animam cum animo coniunctam, quae cum animi vi
percussast, exim corpus propellit et icit.   160

Haec eadem ratio naturam animi atque animai
corpoream docet esse; ubi enim propellere membra,
corripere ex somno corpus mutareque vultum
atque hominem totum regere ac versare videtur,
quorum nil fieri sine tactu posse videmus,   165
nec tactum porro sine corpore, nonne fatendumst
corporea natura animum constare animamque?

praeterea pariter fungi cum corpore et una
consentire animum nobis in corpore cernis.
si minus offendit vitam vis horrida teli   170
ossibus ac nervis disclusis intus adacta,
at tamen insequitur languor terraeque petitus
suavis et in terra mentis qui gignitur aestus,
interdumque quasi exsurgendi incerta voluntas.
ergo corpoream naturam animi esse necessest,   175
corporeis quoniam telis ictuque laborat.

Is tibi nunc animus quali sit corpore et unde
constiterit pergam rationem reddere dictis.
principio esse aio persubtilem atque minutis
perquam corporibus factum constare. id ita esse   180
hinc licet advertas animum ut pernoscere possis.
nil adeo fieri celeri ratione videtur,
quam sibi mens fieri proponit et inchoat ipsa.
ocius ergo animus quam res se perciet ulla,
ante oculos quorum in promptu natura videtur;   185

hieraus vermag, daß Leben mit Seele vereint, da
                                    durchdrungen
es von der Seele Gewalt den Körper vorantreibt und
                                    anstößt.
    Dieser selbe Gedanke belehrt, daß das Wesen der Seele
wie des Lebens körperlich ist; denn wenn sie die Glieder
sichtlich treibt, aus dem Schlafe den Körper rafft und den
                                    Ausdruck
ändert, den ganzen Menschen aber regiert und wendet,
wovon nichts zu geschehen vermag klar ohne Berührung,
weiter Berührung nicht ohne Körper, muß nicht man gestehn
                                    dann
beides, daß Seele und Leben von körperlicher Natur sind?
    Kommt hinzu, daß zugleich mit dem Körper uns leidet
                                    und gleich auch
mitempfindet die Seele im Körper, wie du ja sehn kannst.
Wenn das Leben nicht trifft die schaurige Wucht des
                                    Geschosses,
Knochen und Sehnen öffnend, tief in das Innre getrieben,
folgt doch Erschlaffen sogleich, ein sanftes Ertasten des
                                    Bodens,
dann ein Wogen im Geist, das erst sich am Boden entfaltet,
auch bisweilen der ohnmächtge Wille, sich gleichsam zu
                                    heben.
Also muß körperlich sein das Wesen der Seele notwendig,
da unter körperlichem Geschoß und Schlag es ja leidet.
    Diese Seele jedoch, welchen Wesens und woraus
                                    entstanden
sie nun ist, will jetzt ich im folgenden weiter entwickeln.
Erstlich sag ich, sie ist sehr fein und ist aus sehr kleinen
Körperchen hergestellt. Daß so sich's verhalte, bemerken
kannst du es hieraus, daß zur Erkenntnis werden es möchte:
Nichts vermag, wie sich zeigt, auf so schnelle Weise zu
                                    werden,
wie der Geist sich vorstellt, daß es geschieht und es anfängt.
Rascher bewegt sich also der Geist als jegliches Ding sonst,
dessen Wesen man sieht vor Augen, mit Händen zu greifen.

at quod mobile tanto operest, constare rutundis
perquam seminibus debet perquamque minutis,
momine uti parvo possint inpulsa moveri.
namque movetur aqua et tantillo momine flutat
quippe volubilibus parvisque creata figuris.   190
at contra mellis constantior est natura
et pigri latices magis et cunctantior actus;
haeret enim inter se magis omnis materiai
copia, nimirum quia non tam levibus extat
corporibus neque tam subtilibus atque rutundis.   195
namque papaveris aura potest suspensa levisque
cogere ut ab summo tibi diffluat altus acervus,
at contra lapidum coniectum spicarumque
noenu potest. igitur parvissima corpora proquam
et levissima sunt, ita mobilitate fruuntur;   200
at contra quaecumque magis cum pondere magno
asperaque inveniuntur, eo stabilita magis sunt.
nunc igitur quoniam⟨st⟩ animi natura reperta
mobilis egregie, perquam constare necessest
corporibus parvis et levibus atque rutundis.   205
quae tibi cognita res in multis, o bone, rebus
utilis invenietur et opportuna cluebit.

  haec quoque res etiam naturam dedicat eius,
quam tenui constet textura quamque loco se
contineat parvo, si possit conglomerari,   210
quod simul atque hominem leti secura quies est
indepta atque animi natura animaeque recessit,
nil ibi libatum de toto corpore cernas

Was aber derart beweglich, das muß aus überaus runden
Samen bestehen doch wohl und zugleich aus überaus
winzgen,
daß es, von kleinem Ruck gestoßen, schon rühren sich könne.
Rührt sich das Wasser doch und flutet bei leichtestem
Anstoß,
eben weil schlüpfriger es und Schöpfung kleiner Atome.
Doch des Honigs Natur ist in sich fester gebildet,
seine Flüssigkeit zäher, klebriger seine Bewegung.
Hängt unter sich doch mehr die ganze Menge des Stoffes
aneinander: klar! Weil nicht aus so glatten Atomen
Honig besteht und auch nicht aus so feinen und runden.
Hier der Beweis: vom Mohn kann ein leiser und
schwebender Windhauch
dir erzwingen, daß stiebt von der Spitze der mächtige
Haufe,
keineswegs eine Schichte von Steinen indessen und Ähren.
Draus muß schließen man doch, daß je kleiner die
Körperchen und je
glatter sie sind, um so mehr sie sich auch der Raschheit
erfreuen;
die dagegen von großem Gewicht und rauh sich erfinden,
alle die sind auch drum um so mehr von festerem Stande.
Da sich ja nun also das Wesen der Seele gezeigt als
außerordentlich rasch, so muß es sicher in gar sehr
kleinen Körpern bestehn und gar sehr glatten und runden.
Diese Erkenntnis, mein Bester, wird sich auf vielen Gebieten
dir als nützlich erweisen und sein von geschickter
Verwendung.
Folgendes auch ist Beweis für ihr Wesen und kann es
verkünden,
aus wie feinem Gespinst sie besteht und wie sie in engem
Raum sich hielte, wär' es erlaubt, sie zusammenzuballen,
daß, sobald einen Menschen ereilt hat des Todes erlöste
Ruhe und von ihm damit gewichen ist Leben und Seele,
nichts du verletzt da am ganzen Körper zu sehen
vermöchtest,

ad speciem, nihil ad pondus: mors omnia praestat
vitalem praeter sensum calidumque vaporem.   215
ergo animam totam perparvis esse necessest
seminibus nexam per venas, viscera, nervos;
quatenus, omnis ubi e toto iam corpore cessit,
extima membrorum circumcaesura tamen se
incolumem praestat nec defit ponderis hilum.   220
quod genus est Bacchi cum flos evanuit aut cum
spiritus unguenti suavis diffugit in auras
aut aliquo cum iam sucus de corpore cessit;
nil oculis tamen esse minor res ipsa videtur
propterea neque detractum de pondere quicquam,   225
nimirum quia multa minutaque semina sucos
efficiunt et odorem in toto corpore rerum.
quare etiam atque etiam mentis naturam animaeque
scire licet perquam pauxillis esse creatam
seminibus, quoniam fugiens nil ponderis aufert.   230

    Nec tamen haec simplex nobis natura putanda est.
tenvis enim quaedam moribundos deserit aura
mixta vapore, vapor porro trahit aera secum.
nec calor est quisquam, cui non sit mixtus et aer;
rara quod eius enim constat natura, necessest   235
aeris inter eum primordia multa moveri.
iam triplex animi est igitur natura reperta;
nec tamen haec sat sunt ad sensum cuncta creandum,
nil horum quoniam recipit mens posse creare

nichts am Aussehen, nichts am Gewicht: der Tod besitzt alles
außer des Lebens Empfindungskraft und dem wärmenden
Atem.
Also muß aus sehr kleinen Atomen sicher bestehen
ganz die Seele, verknüpft mit den Adern, dem Körper, den
Sehnen;
insofern sich, sobald sie ganz aus dem Körper entwichen,
dennoch unversehrt der äußerste Umriß der Glieder
zeigt und dem Blick sich erweist und dabei nichts fehlt am
Gewichte.
Solcher Art ist's auch, wenn des Weines Blume verduftet
oder der süße Hauch des Parfüms in den Lüften
entschwindet
oder schon der Saft aus einem Körper enteilte;
zeigt sich den Augen darum doch die Sache selber nicht
kleiner
ebendeshalb, noch ist auch nur etwas entzogen der Schwere;
klar: weil viele zwar, aber winzige Samen die Säfte
wirken sowie den Duft im ganzen Körper der Dinge.
Darum ist noch und noch es zu wissen erlaubt, daß des
Geistes
und des Lebens Natur ist die Schöpfung sehr feiner Atome,
da sie ja nichts auf der Flucht vom Gewicht mit sich fort- und
davonreißt.
Diese Natur jedoch darf nicht man sich denken als
einfach.
Denn ein feiner Wind verläßt die Sterbenden vorher,
selber mit Wärme gemischt: die Wärme führt Luft aber mit
sich.
Wärme gibt's überhaupt gar nicht, der gemischt nicht auch
Luft wär';
weil nämlich locker ihre Natur ist, so müssen notwendig
auch sich Atome der Luft zwischen ihr sehr zahlreich
bewegen.
Dreifach schon ist demnach das Wesen der Seele gefunden,
aber noch nicht ist genug das alles, Empfindung zu schaffen,
da von diesem ja nichts verspricht, daß es Sinnenbewegung

sensiferos motus, nedum quae mente volutat.   240
quarta quoque his igitur quaedam natura necessest
adtribuatur. east omnino nominis expers;
qua neque mobilius quicquam neque tenvius exstat
nec magis e parvis et levibus ex elementis;
sensiferos motus quae didit prima per artus.   245
prima cietur enim parvis perfecta figuris;
inde calor motus et venti caeca potestas
accipit, inde aer, inde omnia mobilitantur:
concutitur sanguis, tum viscera persentiscunt
omnia, postremis datur ossibus atque medullis   250
sive voluptas est sive est contrarius ardor.
nec temere huc dolor usque potest penetrare neque acre
permanare malum, quin omnia perturbentur
usque adeo, ⟨ut⟩ vitae desit locus atque animai
diffugiant partes per caulas corporis omnis.   255
sed plerumque fit in summo quasi corpore finis
motibus: hanc ob rem vitam retinere valemus.

    Nunc ea quo pacto inter sese mixta quibusque
compta modis vigeant rationem reddere aventem
abstrahit invitum patrii sermonis egestas;   260
sed tamen, ut potero summatim attingere, tangam.
inter enim cursant primordia principiorum
motibus inter se, nihil ut secernier unum
possit nec spatio fieri divisa potestas,

schaffen könnte, wie erst, was der Geist bei sich drinnen
                                        umwälzt?
Drum ist es nötig also, eine vierte Natur noch zu fügen
ihnen hinzu: es ist die, die des Namens gänzlich ermangelt.
Rascheres gibt es nicht als sie noch irgendwie Zartres,
nichts ist mehr als sie aus kleinen und glatten Atomen,
sie gibt als erste hindurch durch die Glieder die
                                        Sinnesbewegung.
Sie wird gereizt zuerst, da aus kleinen Formen vollendet;
drauf empfängt die Bewegung die Wärme, des Windes
                                        verborgene
Kraft, darauf die Luft, darauf wird alles Bewegung:
schauernd regt sich das Blut, drauf hat das Fleisch die
                                        Empfindung
ganz, vermittelt wird sie zuletzt dem Mark und den
                                        Knochen,
sei es Wonne, sei es entgegengesetzte Erregung.
Nicht ohne weiteres kann der Schmerz so tief noch heftige
                                        Krankheit
bohren und dringen, ohne daß alles in schlimmste
                                        Verwirrung
derart gerät, daß Raum dem Leben fehlt und der Seele
Teile davon durch alle Poren fliehen des Körpers.
Meist machen Halt jedoch die Bewegungen hart an des
                                        Körpers
oberer Fläche: und drum sind imstand wir, das Leben zu
                                        fesseln.
   Jetzt: in dem Wunsch, wie untereinander vermischt und
                                        auf welche
Weisen gefügt sie leben, dir Rechenschaft davon zu geben,
zieht mich wider den Willen zurück die Armut der Sprache;
doch will, wie ich es kann, ich die Haupttatsachen berühren.
Untereinander umher in Bewegungen ihrer Atome
laufen nämlich die Körperchen so, daß getrennt werden
                                        könnte
nichts davon los noch durch Raum ihre Macht in Teile
                                        zerschnitten,

sed quasi multae vis unius corporis extant.   265
quod genus in quovis animantum viscere vulgo
est odor et quidam calor et sapor, et tamen ex his
omnibus est unum perfectum corporis augmen,
sic calor atque aer et venti caeca potestas
mixta creant unam naturam et mobilis illa   270
vis, initum motus ab se quae dividit ollis,
sensifer unde oritur primum per viscera motus.
nam penitus prorsum latet haec natura subestque,
nec magis hac infra quicquam est in corpore nostro,
atque anima est animae proporro totius ipsa.   275
quod genus in nostris membris et corpore toto
mixta latens animi vis est animaeque potestas,
corporibus quia de parvis paucisque creatast,
sic tibi nominis haec expers vis, facta minutis
corporibus, latet atque animae quasi totius ipsa   280
proporrost anima et dominatur corpore toto.
consimili ratione necessest ventus et aer
et calor inter se vigeant commixta per artus
atque aliis aliud subsit magis emineatque,
ut quiddam fieri videatur ab omnibus unum,   285
ni calor ac ventus seorsum seorsumque potestas
aeris interemant sensum diductaque solvant.
est etiam calor ille animo, quem sumit, in ira
cum fervescit et ex oculis micat acrius ardor.
est et frigida multa, comes formidinis, aura,   290
quae ciet horrorem membris et concitat artus.
est etiam quoque pacati status aeris ille,

sondern wie vielerlei Kraft eines einzigen Körpers bestehn
sie.
So wie gewöhnlich in jedem Fleische der Tiere sich finden
Farbe, Duft und Geschmack, und dennoch zusammen aus
allen
diesen bewirkt ist damit ein einziger Umfang des Körpers,
so schaffen Wärme und Luft und des Windes verborgene
Macht auch
eine Natur, vermischt, im Verein mit jener geschwinden
Kraft, die der Regung Beginn aus sich den anderen zuteilt,
woher zuerst im Fleisch entsteht die Sinnenbewegung.
Denn verborgen ist tief ganz diese Natur und im Grunde,
nichts liegt tiefer als sie im Innern unseres Körpers,
und sie selber ist ihrerseits wieder die Seele der Seele.
Ebenso wie versteckt in unseren Gliedern und ganzem
Körper vermischt der Seele Kraft und des Lebens Gewalt ist,
weil sie aus kleinen gewirkt ist und nur aus wenig Atomen,
also ist auch dir die Kraft, die des Namens ermangelt, aus
kleinen
Körperchen hergestellt, verborgen, ist selber die Seele
gleichsam der ganzen Seele und herrscht im Ganzen des
Körpers.
Ähnlicherweise sind Wind notwendig und Luft in den
Gliedern
untereinander gemischt und Wärme und wirken zusammen,
und das eine tritt mehr vor andern zurück und hervor auch,
daß zur Erscheinung kommt aus allen ein einziges Etwas,
daß nicht Wärme wie Wind getrennt und gespalten die
Luftkraft
dadurch Empfindung zerstört und entzweigerissen dir
auflöst.
Auch die Seele hat Glut, die sie aufnimmt, wenn sie im
Zorne
wallt und das Feuer sprüht aus scharf entzündeten Augen.
Ebenso führt sie Wind viel, kalten, Begleiter des Schauders,
der das Zittern erregt im Körper und schüttelt die Glieder;
da noch ist auch in ihr der Luft befriedeter Zustand,

pectore tranquillo qui fit vultuque sereno.
sed calidi plus est illis quibus acria corda
iracundaque mens facile effervescit in ira,   295
quo genere in primis vis est violenta leonum,
pectora qui fremitu rumpunt plerumque gementes
nec capere irarum fluctus in pectore possunt;
at ventosa magis cervorum frigida mens est
et gelidas citius per viscera concitat auras,   300
quae tremulum faciunt membris existere motum.
at natura boum placido magis aere vivit,
nec nimis irai fax umquam subdita percit
fumida, suffundens caecae caliginis umbram,
nec gelidis torpet telis perfixa pavoris,   305
interutrasque sitast cervos saevosque leones.
sic hominum genus est. quamvis doctrina politos
constituat pariter quosdam, tamen illa relinquit
naturae cuiusque animi vestigia prima.
nec radicitus evelli mala posse putandumst,   310
quin proclivius hic iras decurrat ad acris,
ille metu citius paulo temptetur, at ille
tertius accipiat quaedam clementius aequo.
inque aliis rebus multis differre necessest
naturas hominum varias moresque sequaces;   315
quorum ego nunc nequeo caecas exponere causas
nec reperire figurarum tot nomina quot sunt
principiis, unde haec oritur variantia rerum.
illud in his rebus video firmare potesse,
usque adeo naturarum vestigia linqui   320
parvola, quae nequeat ratio depellere nobis,
ut nihil inpediat dignam dis degere vitam.

der bei ruhigem Herzen herrscht und heiterem Ausdruck.
Glühendes haben indes mehr die, deren grimmige Herzen
und ihr stürmischer Sinn leicht zornig in Wallung geraten,
welcher Art vor andern der Löwen reißende Kraft ist,
die meist, brüllend, die Brust fast sprengen mit donnernder
                                    Stimme
und die Fluten des Zorns nicht fassen können im Herzen;
windhaft dagegen ist mehr der Hirsche kühle Gesinnung
und regt rascher über den Leib hin den frostigen Hauch auf,
der den Gliedern bewirkt, daß entsteht ein ruhloses Zittern.
Aber der Rinder Natur ist mehr der friedlichen Luft nach,
und nie regt zu sehr des Zornes qualmige Fackel,
tief entzündet, sie auf, der Blindheit Schatten verströmend,
noch versteint sie, durchbohrt von dem kalten Geschoß des
                                    Entsetzens;
zwischen beiden ist sie: dem Hirsch und dem grimmigen
                                    Löwen.
So der Menschen Geschlecht: mag Lehre machen auch manche
gleichmäßig glatt, so läßt sie unverändert zurück stets
erste Spuren doch noch der Natur einer jeglichen Seele.
Und man glaube doch nicht, daß Übel vertilgt mit der
                                    Wurzel
werden könnten, daß der nicht geneigter zu bitterem Zorne
schritte, der von der Furcht etwas rascher erfaßt wird, doch
                                    jener
dritte hingegen auf wieder nähm manches milder als billig.
In vielen anderen Dingen noch unterscheiden notwendig
sich der Menschen verschiedne Natur und zähe Gewohnheit;
aber ich kann dafür jetzt nicht die verborgenen Gründe
darstellen noch so viele Benennungen finden der Formen,
wie den Atomen sind, woraus entsteht diese Buntheit.
Das aber seh ich genau: ich vermag hierbei zu versichern,
daß verbleiben zurück so winzige Spuren des Wesens,
welche die klare Vernunft uns nicht zu vertreiben
                                    vermöchte,
daß nichts hinderlich ist, ein Leben zu führen, das Gott
                                    gleicht.

Haec igitur natura tenetur corpore ab omni
ipsaque corporis est custos et causa salutis.
nam communibus inter se radicibus haerent   325
nec sine pernicie divelli posse videntur.
quod genus e thuris glaebis evellere odorem
haut facile est, quin intereat natura quoque eius,
sic animi atque animae naturam corpore toto
extrahere haut facile est, quin omnia dissoluantur.   330
inplexis ita principiis ab origine prima
inter se fiunt consorti praedita vita
nec sibi quaeque sine alterius vi posse videtur
corporis atque animi seorsum sentire potestas,
sed communibus inter eas conflatur utrimque   335
motibus accensus nobis per viscera sensus.

    praeterea corpus per se nec gignitur umquam
nec crescit neque post mortem durare videtur.
non enim, ut umor aquae dimittit saepe vaporem,
qui datus est, neque ea causa convellitur ipse,   340
sed manet incolumis, non, inquam, sic animai
discidium possunt artus perferre relicti,
sed penitus pereunt convulsi conque putrescunt.
ex ineunte aevo sic corporis atque animai
mutua vitalis dicunt contagia motus,   345
maternis etiam membris alvoque reposta,

Dieses Wesen also wird vom ganzen Körper gehalten
und ist selber Grund des Heiles und Wächter des Körpers.
Denn sie hängen verfilzt mit gemeinsamen Wurzeln
                                                  zusammen,
und sie lassen sich nicht zerreißen ohne Vernichtung.
Wie es möglich nicht ist, zu reißen den Duft aus des.
                                                  Weihrauchs
Klümpchen, ohne daß nicht sein Wesen auch gänzlich
                                                  verginge,
so ist der Seele Natur und des Lebens zu ziehn aus dem
                                                  ganzen
Körper nicht leicht möglich, ohne daß alles zerfiele.
Sind sie doch gleich von Geburt durch eng verschlungne
                                                  Atome
untereinander begabt mit schicksalsverbundenem Leben;
ohne des anderen Kraft, das zeigt die Erscheinung, kann
                                                  keines
haben Empfindung getrennt, weder Macht des Geistes noch
                                                  Körpers,
sondern beiderseits wird in gemeinsamer Regung von ihnen
uns Empfindung erweckt, zusammen entzündet im Leibe.
Kommt noch hinzu: der Leib entsteht nie für sich, wie er
                                                  niemals
aufwächst für sich, noch zu dauern vermag für sich nach dem
                                                  Tode;
denn nicht, wie oft den Dampf entläßt die Feuchte des
                                                  Wassers,
der ihr gegeben, und doch nicht darum es selber zersetzt wird,
sondern im Wesen besteht, nicht so, sag ich, können die
                                                  Glieder
für sich gelassen allein der Seele Trennung ertragen,
sondern, völlig zersetzt, vergehn sie und faulen zusammen.
Lernt doch so vom Beginn an des Lebens der wechselnde
                                                  Einfluß
untereinander von Körper und Seele die Lebensbewegung,
schon, wenn sie noch im Leibe der Mutter und Körper
                                                  geborgen,

discidium ⟨ut⟩ nequeat fieri sine peste maloque;
ut videas, quoniam coniunctast causa salutis,
coniunctam quoque naturam consistere eorum.

Quod superest, siquis corpus sentire refutat   350
atque animam credit permixtam corpore toto
suscipere hunc motum quem sensum nominitamus,
vel manifestas res contra verasque repugnat.
quid sit enim corpus sentire quis adferet umquam,
si non ipsa palam quod res dedit ac docuit nos?   355
›at dimissa anima corpus caret undique sensu‹:
perdit enim quod non proprium fuit eius in aevo,
multaque praeterea perdit, quom expellitur aevo.

dicere porro oculos nullam rem cernere posse,
sed per eos animum ut foribus spectare reclusis,   360
difficilest, contra cum sensus ducat eorum;
sensus enim trahit atque acies detrudit ad ipsas,
fulgida praesertim cum cernere saepe nequimus,
lumina luminibus quia nobis praepediuntur.
quod foribus non fit; neque enim, qua cernimus ipsi, 365
ostia suscipiunt ullum reclusa laborem.
praeterea si pro foribus sunt lumina nostra,
iam magis exemptis oculis debere videtur
cernere res animus sublatis postibus ipsis.

Illud in his rebus nequaquam sumere possis,   370
Democriti quod sancta viri sententia ponit,

daß eine Trennung erfolgt nicht ohne Verderben und Übel.
So, daß du siehst: da verknüpft ja ist der Grund ihres
Heiles,
ist auch ihre Natur verknüpft und besteht in Verbindung.
Übrigens, wenn einer sagt, der Körper hat keine
Empfindung,
und vermeint, die Seele, vermischt im Ganzen des Körpers,
nähm die Bewegung auf, die wir benennen Empfindung,
streitet er wider mit Hand zu greifende, wahre Befunde.
Wer wird je, was es heißt, daß der Körper empfinde, denn
weisen,
wenn nicht das, was die Wirklichkeit selbst offenbart und
uns lehrte?
»Aber der Körper entbehrt, ist die Seele weg, ganz der
Empfindung!«
Ja, er verliert nämlich dann, was eigen nicht war ihm im
Leben,
und er verliert dazu noch viel, aus dem Leben vertrieben.
Weiter: zu sagen, die Augen vermöchten nichts zu
erblicken,
sondern es schaue der Geist durch sie wie geöffnete Türen,
ist sehr schwer, da ihr eignes Empfinden streitet entgegen.
Ihr Empfinden doch zieht und stößt auf die Sehkraft hin
selber,
da wir Gleißendes oft zumal nicht zu schauen vermögen,
weil der Augen Licht uns vom Glanze des Lichts ist
geblendet.
Anders ist's mit der Tür; denn nicht die geringste
Beschwerde
nimmt das geöffnete Tor in sich auf, durch das wir
hindurchsehn.
Außerdem, wenn das Licht unsrer Augen Türen uns wären,
müßte doch mehr nur der Geist offenbar, wenn das Auge
entfernt ist,
Dinge erkennen noch, wenn das Tor ist selber beseitigt.
Jenes könntest dabei keineswegs zur Ansicht du nehmen,
was Demokrits, des Mannes heilige Meinung verkündet,

corporis atque animi primordia singula privis
adposita alternis variare ac nectere membra.
nam cum multo sunt animae elementa minora
quam quibus e corpus nobis et viscera constant,   375
tum numero quoque concedunt et rara per artus
dissita sunt, dumtaxat ut hoc promittere possis,
quantula prima queant nobis iniecta ciere
corpora sensiferos motus in corpore, tanta
intervalla tenere exordia prima animai.   380
nam neque pulveris interdum sentimus adhaesum
corpore nec membris incussam sidere cretam,
nec nebulam noctu neque aranei tenvia fila
obvia sentimus, quando obretimur euntes,
nec supera caput eiusdem cecidisse vietam   385
vestem nec plumas avium papposque volantis,
qui nimia levitate cadunt plerumque gravatim,
nec repentis itum cuiusviscumque animantis
sentimus nec priva pedum vestigia quaeque,
corpore quae in nostro culices et cetera ponunt.   390
usque adeo prius est in nobis multa ciendum
semina corporibus nostris inmixta per artus,   393
quam primordia sentiscant concussa animai   392
et tantis intervallis tuditantia possint   394
concursare, coire et dissultare vicissim.   395

    Et magis est animus vitai claustra coercens
et dominantior ad vitam quam vis animai.
nam sine mente animoque nequit residere per artus
temporis exiguam partem pars ulla animai,
sed comes insequitur facile et discedit in auras   400

daß, je eines gesetzt zu je einem, des Körpers Atome
und die der Seele sich bunt abwechseln und binden die
Glieder.
Denn viel kleiner sind doch die Atome der Seele als jene,
aus denen uns der Leib und das Fleisch des Leibes bestehen,
dann stehen auch an Zahl sie zurück und sind locker gesäet
über die Glieder, doch so, daß du dies zu sagen vermöchtest:
wie groß Körper, auf uns gelegt, der Empfindung Bewegung
aufzuregen im Leib vermögen, so groß ist der Abstand,
den ein jedes Atom der Seele vom anderen einhält.
Denn bisweilen empfinden wir nicht am Körper des Staubes
Haften, nicht, wie verspritzt auf die Glieder die Kreide sich
festsetzt,
nicht empfinden wir nachts den Nebel, noch, die begegnen,
feine Gespinste der Spinne, wenn wir beim Gehen umstrickt
sind,
noch daß über das Haupt derselben morsches Gewand uns
sich gesenkt, nicht die Federn der Vögel und fliegende
Samen,
die nur ungern zumeist ob zu großer Leichtigkeit sinken,
noch verspürn wir den Gang eines Tieres, sei's welchen du
wollest,
das auf uns kriecht, noch auch einzeln alle die Spuren der
Füße,
welche die Mücken und sonstwas setzen auf unseren Körper.
So sehr müssen zuerst in uns erregt werden viele
Samen, die vermischt unserm Körper über die Glieder,
ehe daß, heftig gerührt, Empfindung der Seele Atome
haben und fähig sind, in so weiten Abständen schlagend,
wechselnd zusammenzustoßen, zu einen sich oder zu prallen.
   Und zusammen hält mehr der Geist des Lebens Verschlüsse
und das Leben bestimmt mehr er denn die Kraft der
Belebung.
Denn ohne Seele und Geist vermag in den Gliedern zu
weilen
nicht einen winzigen Teil der Zeit ein Teilchen des Lebens,
sondern folgt als Geleit gar leicht und weicht in die Lüfte

et gelidos artus in leti frigore linquit.
at manet in vita, cui mens animusque remansit.
quamvis est circum caesis lacer undique membris
truncus, adempta anima circum membrisque remota
vivit et aetherias vitalis suscipit auras,   405
si non omnimodis, at magna parte animai
privatus tamen in vita cunctatur et haeret;
ut, lacerato oculo circum si pupula mansit
incolumis, stat cernundi vivata potestas,
dummodo ne totum corrumpas luminis orbem   410
et circum caedas aciem solamque relinquas;
id quoque enim sine pernicie non fiet eorum.
at si tantula pars oculi media illa peresa est,
occidit extemplo lumen tenebraeque secuntur,
incolumis quamvis alioqui splendidus orbis.   415
hoc anima atque animus vincti sunt foedere semper.

Nunc age, nativos animantibus et mortalis
esse animos animasque levis ut noscere possis,
conquisita diu dulcique reperta labore
digna tua pergam disponere carmina vita.   420
tu fac utrumque uno sub iungas nomine eorum,
atque animam verbi causa cum dicere pergam,
mortalem esse docens, animum quoque dicere credas,
quatenus est unum inter se coniunctaque res est.
Principio quoniam tenuem constare minutis   425
corporibus docui multoque minoribus esse
principiis factam quam liquidus umor aquai
aut nebula aut fumus – nam longe mobilitate
praestat et a tenui causa magis icta movetur,

und läßt eisig erstarrt die Glieder im Froste des Todes.
Aber im Leben verbleibt, wem Geist und Seele verblieben.
Mag er, zerfetzt, mit überall rings verstümmelten Gliedern
leben als Rest mit rings beschnittnem, den Gliedern
                                                entzognem
Leben und den belebenden Hauch des Äthers genießen,
wenn auch nicht ganz, so doch eines großen Teiles des Lebens
so beraubt, er verzieht doch im Leben und bleibt in ihm
                                                hangen.
Wie, wenn das Auge zerfetzt ringsum, aber heil die Pupille
blieb, doch weiter besteht lebendig des Sehens Befugnis,
wenn du nur nicht verdirbst den ganzen Umkreis des Auges
und die Sehkraft beschneidest rings und im ganzen
                                                entblößest.
Das wird nämlich auch nicht ohne Vernichtung geschehen.
Aber wenn nur der geringste Teil jener Mitte versehrt ist,
bricht sogleich das Licht und finsteres Dunkel ergießt sich,
mag das glänzende Rund auch unverletzt überall sein.
In einem solchen Bund sind Geist und Seele verknüpft stets.

    Jetzt nun, daß du erkennst, daß sterblich zugleich und
                                                geboren
aller belebten Natur sind Seelen und leichte Belebung,
werde ich, lange gesucht und in süßer Bemühung gefunden,
formen würdig deines Geschmackes weiter dir Verse,
du nimm unter das Joch bitte beide von einem der Namen,
und wenn weiter hinfort ich »Leben« sage des Wortes
wegen, belehrend, daß sterblich es ist, auf die Seele bezieh's
                                                auch,
da sie ja eins unter sich und ein eng verbundenes Wesen.
    Erstlich, da ich gelehrt, daß sie aus winzigen Körpern
fein besteht und ist gemacht aus Ursprungskörpern, die
                                                vieles
kleiner an Umfang sind als die flüssige Feuchte des Wassers
oder Nebel und Rauch (denn weit überragt sie an Raschheit
jenes und wird auch bewegt von leichterem Anstoß
                                                getroffen,

quippe ubi imaginibus fumi nebulaeque movetur;   430
quod genus in somnis sopiti ubi cernimus alte
exhalare vaporem altaria ferreque fumum;
nam procul haec dubio nobis simulacra geruntur –
nunc igitur quoniam quassatis undique vasis
diffluere umorem et laticem discedere cernis,   435
et nebula ac fumus quoniam discedit in auras,
crede animam quoque diffundi multoque perire
ocius et citius dissolvi in corpora prima,
cum semel ex hominis membris ablata recessit.
quippe etenim corpus, quod vas quasi constitit eius,   440
cum cohibere nequit conquassatum ex aliqua re
ac rarefactum detracto sanguine venis,
aere qui credas posse hanc cohiberier ullo,
corpore qui nostro rarus magis incohibens sit?
    praeterea gigni pariter cum corpore et una   445
crescere sentimus pariterque senescere mentem.
nam velut infirmo pueri teneroque vagantur
corpore, sic animi sequitur sententia tenvis;
inde ubi robustis adolevit viribus aetas,
consilium quoque maius et auctior est animi vis;   450
post ubi iam validis quassatum est viribus aevi
corpus et obtusis ceciderunt viribus artus,
claudicat ingenium, delirat lingua, ⟨labat⟩ mens,
omnia deficiunt atque uno tempore desunt.
ergo dissolvi quoque convenit omnem animai   455

da sie von Bildern sogar des Rauches und Nebels bewegt
wird;
wie wenn versunken im Traum wir sehen hoch in die Lüfte
atmen Altäre den Dampf und Rauch entführen zur Höhe;
denn ohne Zweifel: Abbilder sind's, die von dorten uns
kommen).
Jetzt also, da du ja nun beobachtest, wie bei zersprungnen
Krügen entfließt überall die Feuchte, die Flüssigkeit
schwindet,
und da Nebel und Rauch zerstieben weit in die Lüfte,
muß auch der Geist zerfließen und geht viel schneller
zugrunde,
glaub es, und löst sich rascher auf in die ersten Substanzen,
wenn er einmal davon den Gliedern des Menschen gegangen.
Freilich, da doch der Leib, der gleichsam sich als Gefäß
ihm
bildete, nicht zu binden vermag ihn, zerrüttet aus irgend-
einem Grund und porös, wenn das Blut den Adern entzogen,
wie solltest glauben dann du, daß Luft zusammen ihn hielte,
die doch, lockrer als unser Leib, viel weniger bändigt?
    Drüber hinaus entsteht zugleich mit dem Körper und
wächst auch
mit ihm, das spüren wir, und altert zugleich unser Geist mit.
Denn wie mit schwachem und zartem Leibe die Knaben sich
tummeln
rings umher, so folgt ihnen auch eine biegsame Meinung der
Seele;
drauf, sobald ihr Alter heranreift mit kernigen Kräften,
ist auch die Einsicht größer und reicher die Macht ihres
Geistes;
dann, sobald schon der Leib von der Zeiten starken
Gewalten
ist zerrüttet und müde sind in sich die Glieder gesunken,
lahmt der Geist, nicht trifft mehr die Zunge, der Sinn hält
nicht stand mehr,
alles läßt uns im Stich und mangelt zum selbigen Zeitpunkt.
Also paßt es dazu, daß die ganze Natur unsrer Seele

naturam, ceu fumus, in altas aeris auras;
quandoquidem gigni pariter pariterque videmus
crescere et, ut docui, simul aevo fessa fatisci.

huc accedit uti videamus, corpus ut ipsum
suscipere inmanis morbos durumque dolorem,   460
sic animum curas acris luctumque metumque;
quare participem leti quoque convenit esse.
quin etiam morbis in corporis avius errat
saepe animus; dementit enim deliraque fatur
interdumque gravi lethargo fertur in altum   465
aeternumque soporem oculis nutuque cadenti;
unde neque exaudit voces nec noscere vultus
illorum potis est, ad vitam qui revocantes
circumstant lacrimis rorantes ora genasque.
quare animum quoque dissolvi fateare necessest,   470
quandoquidem penetrant in eum contagia morbi;
nam dolor ac morbus leti fabricator uterquest,
multorum exitio perdocti quod sumus ante.
[et quoniam mentem sanari corpus ut aegrum
et pariter mentem sanari corpus inani]   475

denique cur, hominem cum vini vis penetravit
acris et in venas discessit diditus ardor,
consequitur gravitas membrorum, praepediuntur
crura vacillanti, tardescit lingua, madet mens,

sich, wie Rauch, auflöst in das hohe Wehen der Lüfte,
da wir sehn, daß zugleich sie entsteht, zugleich sich
entwickelt,
und, wie gezeigt, zugleich, vom Alter ermattet, ermüdet.
    Hier gesellt sich dazu, daß wir sehen: wie selber der
Körper
in sich aufnimmt schreckliche Krankheit und drückende
Schmerzen,
bitteres Sorgen so die Seele, Härmen und Ängste.
Darum fügt es sich auch, daß sie teilhat am Tode wie jene.
Ja, in des Körpers Krankheit geht oft sogar in die Irre
weit der Geist; er ist dann nämlich von Sinnen, spricht
Torheit,
und bisweilen versinkt er in schwerer Schlafsucht in tiefen,
dauernden Schlummer mit Schließen der Augen und
sinkendem Nicken;
draus er weder die Stimmen vernimmt noch zu kennen die
Mienen
er von jenen vermag, die, zurück ihn rufend zum Leben,
ihn umstehen, mit Tränen benetzend Antlitz und Wangen.
Drum kannst nicht du umhin zu bekennen: zersetzt wird der
Geist auch,
weil doch eindringt in ihn der Krankheit schlimme
Berührung;
Krankheit nämlich und Schmerz sind beide Bewirker des
Todes,
was zur Genüge vorher der Untergang vieler gelehrt uns.
[Und da ja der Geist wie ein kranker Körper geheilt wird
und zugleich der Geist . . .]
    Schließlich: warum, wenn hitzige Kraft des Weines den
Menschen
hat durchströmt und die Glut, in die Adern verteilt, ist
zerronnen,
folgt dann Schwere der Glieder, werden die wankenden
Beine
lahm, wird die Zunge schwer, ist der Sinn in trunkenem
Schwimmen,

nant oculi, clamor, singultus, iurgia gliscunt,   480
et iam cetera de genere hoc quaecumque secuntur,
cur ea sunt, nisi quod vehemens violentia vini
conturbare animam consvevit corpore in ipso?
at quaecumque queunt conturbari inque pediri,
significant, paulo si durior insinuarit   485
causa, fore ut pereant aevo privata futuro.

   quin etiam subito vi morbi saepe coactus
ante oculos aliquis nostros, ut fulminis ictu,
concidit et spumas agit, ingemit et tremit artus,
desipit, extentat nervos, torquetur, anhelat   490
inconstanter et in iactando membra fatigat.
nimirum quia vis morbi distracta per artus
turbat agens animam spumas, ⟨ut⟩ in aequore salso
ventorum validis fervescunt viribus undae.
exprimitur porro gemitus, quia membra dolore   495
adficiuntur et omnino quod semina vocis
eiiciuntur et ore foras glomerata feruntur
qua quasi consuerunt et sunt munita viai.
desipientia fit, quia vis animi atque animai
conturbatur et, ut docui, divisa seorsum   500
disiectatur eodem illo distracta veneno.
inde ubi iam morbi reflexit causa reditque

feuchten die Augen sich an, brennt Streit auf, Schluchzen
　　　　　　　　　　　　　　　und Schreien,
und das übrige derlei Art was immer auch folgt dann?
Was ist der Grund? Doch nur, daß die hitzige Wildheit des
　　　　　　　　　　　　　　　Weines
drinnen im Körper das Leben pflegt in Verwirrung zu
　　　　　　　　　　　　　　　bringen!
Was aber in Verwirrung gebracht werden kann und
　　　　　　　　　　　　　　　gehindert,
zeigt damit an: wofern nur ein etwas härterer Anstoß
eindringt, kann es vergehen, beraubt des künftigen Daseins.
　　Ja von der Krankheit Gewalt stürzt oftmals einer
　　　　　　　　　　　　　　　bezwungen
plötzlich vor unsern Augen, wie vom Schlage des Blitzes,
in sich zusammen, schäumt, stöhnt auf und bebt an den
　　　　　　　　　　　　　　　Gliedern,
ist von Sinnen, verkrampft die Sehnen, windet sich, keuchet
stoßweis, wirft in die Luft die Glieder und quält sie
　　　　　　　　　　　　　　　vergebens.
Klar, weil der Krankheit Kraft, versprengt hin über die
　　　　　　　　　　　　　　　Glieder,
schäumend die Seele verwirrt, derart, wie bei salziger
　　　　　　　　　　　　　　　Meerflut
sieden die Wogen mit Schaum unter mächtigen Kräften der
　　　　　　　　　　　　　　　Winde.
Stöhnen wird weiter aus ihm gepreßt, weil die Glieder vom
　　　　　　　　　　　　　　　Schmerze
werden gepackt sowie überhaupt, weil Samen der Stimme
werden geschleudert hervor und geballt aus dem Munde
　　　　　　　　　　　　　　　getragen,
wo sie sonst es gewohnt und läuft die Bahn ihres Weges.
Wahnsinn entsteht, weil die Kraft des Geistes wie auch des
　　　　　　　　　　　　　　　Lebens
in Verwirrung gerät und, wie schon ich gelehrt, voneinander,
zwiefach geteilt, gesprengt wird, zersetzt vom selbigen Gifte.
Drauf, wenn der Krankheit Grund sich schon gewandt und
　　　　　　　　　　　　　　　zurückkehrt

in latebras acer corrupti corporis umor,
tum quasi vaccillans primum consurgit et omnis
paulatim redit in sensus animamque receptat.   505
haec igitur tantis ubi morbis corpore in ipso
iactentur miserisque modis distracta laborent,
cur eadem credis sine corpore in aere aperto
cum validis ventis aetatem degere posse?

  et quoniam mentem sanari corpus ut aegrum   510
cernimus et flecti medicina posse videmus,
id quoque praesagit mortalem vivere mentem.
addere enim partis aut ordine traiecere aequumst
aut aliquid prosum de summa detrahere hilum,
commutare animum quicumque adoritur et infit   515
aut aliam quamvis naturam flectere quaerit.
at neque transferri sibi partis nec tribui vult
inmortale quod est quicquam neque defluere hilum.
nam quodcumque suis mutatum finibus exit,
continuo hoc mors est illius quod fuit ante.   520
ergo animus sive aegrescit, mortalia signa
mittit, uti docui, seu flectitur a medicina.
usque adeo falsae rationi vera videtur
res occurrere et effugium praecludere eunti
ancipitique refutatu convincere falsum.   525

  denique saepe hominem paulatim cernimus ire
et membratim vitalem deperdere sensum,
in pedibus primum digitos livescere et unguis,
inde pedes et crura mori, post inde per artus
ire alios tractim gelidi vestigia leti.   530
scinditur atque animo quoniam natura nec uno
tempore sincera existit, mortalis habendast.

in seine Höhlen das ätzende Naß des verdorbenen Körpers,
dann erhebt er sich erst wie wankend, findet allmählich
sich in die Sinne alle zurück und zeigt wieder Leben.
Wo von so schwerer Krankheit also schon drinnen im
                                         Körper
diese geschleudert sind und zerrissen jämmerlich leiden,
warum nimmst du dann an, dieselben könnten in freier
Luft ohne Körper heil mit den mächtigen Winden bestehn?
    Und da der Geist, wie man sieht, wie ein kranker Körper
                                         geheilt wird,
und wir beobachten, daß er bestimmt werden kann von
                                         Arzneien,
zeigt auch das im voraus uns an, daß sterblich der Geist ist.
Teile hinzufügen muß, der Stellung nach ändern muß billig
nämlich oder auch etwas vom Ganzen jedenfalls mindern,
wer sich anschickt, der Seele Natur zu ändern, und anfängt
oder umstimmen will ein andres beliebiges Wesen.
Aber daß Teile versetzt ihm oder hinzugefügt werden,
will das Unsterbliche nicht, noch daß ihm etwas entfließe.
Denn was immer verändert verläßt die eigenen Grenzen,
ist sofort der Tod von dem, was früher gewesen.
Also sendet der Geist, ob er krank wird, des Todes
                                         Symptome
von sich, wie ich gelehrt, ob bewegt er wird von Arzneien.
So sehr, sieht man, tritt der falschen Lehre die wahre
Tatsache eilends entgegen, schneidet dem Rückzug den Weg
                                         ab
und widerlegt in doppelt geschliffner Entgegnung das
                                         Falsche.
    Schließlich sehen wir oft allmählich den Menschen
                                         vergehen
und verlieren Glied für Glied des Lebens Empfindung;
an den Füßen zuerst sich Zehen und Nägel entfärben,
Füße und Schenkel darauf ersterben, dann, durch die andern
Glieder ziehend, sich breiten die Spuren des eisigen Todes.
Da sich darum die Natur der Seele zersplißt und zur selben
Zeit nicht rein besteht, hat als sterblich diese zu gelten.

quod si forte putas ipsam se posse per artus
introsum trahere et partis conducere in unum
atque ideo cunctis sensum deducere membris,   535
at locus ille tamen, quo copia tanta animai
cogitur, in sensu debet maiore videri;
qui quoniam nusquamst, nimirum, ut diximus ante,
dilaniata foras dispargitur, interit ergo.
quin etiam si iam libeat concedere falsum   540
et dare posse animam glomerari in corpore eorum,
lumina qui lincunt moribundi particulatim,
mortalem tamen esse animam fateare necesse,
nec refert utrum pereat dispersa per auras
an contracta suis e partibus obbrutescat,   545
quando hominem totum magis ac magis undique sensus
deficit et vitae minus et minus undique restat.
  et quoniam mens est hominis pars una, loco quae
fixa manet certo, velut aures atque oculi sunt
atque alii sensus qui vitam cumque gubernant,   550
et veluti manus atque oculus naresve seorsum
secreta ab nobis nequeunt sentire neque esse,
sed tamen in parvo licuntur tempore tabe,
sic animus per se non quit sine corpore et ipso
esse homine, illius quasi quod vas esse videtur,   555
sive aliud quid vis potius coniunctius ei
fingere, quandoquidem conexu corpus adhaeret.
  denique corporis atque animi vivata potestas

Wenn du vielleicht aber meinst, sie könne sich selbst durch
die Glieder
ziehen ins Innre hinein und die Teile versammeln an einem
Orte und drum überall den Gliedern Empfindung
entführen,
müßte doch jener Ort, wo so mächtige Fülle der Seele
sich vereint, von sehr viel größerer Empfindung sich zeigen.
Da einen Ort derart es nicht gibt, ist's so, wie wir sagten:
grausam zerstückelt strömt sie hinweg, geht also zugrunde.
Ja beliebte es gar einmal, dem Falschen zu weichen,
und als möglich zu setzen, es balle die Seele im Körper
derer sich, die das Licht verlassen, in Teilen versterbend,
ist uns doch sterblich die Seele, bist zu gestehn du gezwungen,
und es macht nichts aus, ob vergeht sie, verströmt in die
Lüfte,
oder, zusammengezwängt aus den eigenen Teilen, sie stumpf
wird,
da dem Menschen als Ganzem mehr und mehr das
Empfinden
überall schwindet und überall weniger Leben zurückbleibt.
  Und da der Geist ein Teil ist des Menschen, der an
bestimmtem
Flecke verhaftet bleibt, wie die Ohren und Augen es sind
und
jeglicher andere Sinn, der das Steuer des Lebens mit führt,
und wie die Hand und genauso das Auge für sich und die
Nase
abgeschieden von uns nicht empfinden, noch können auch
sein nur,
sondern wenigstens doch in Kürze in Fäulnis zerfließen,
so kann die Seele auch nicht für sich ohne Körper und ohne
eben den Menschen sein, da wie ihr Gefäß er zu sein scheint,
oder wenn etwas andres du lieber ihm enger Verbundnes
ausdenken willst, weil der Leib ja in enger Verflechtung ihr
anhängt.
  Schließlich: die lebenskräftige Macht von Körper und
Seele

inter se coniuncta valent vitaque fruuntur;
nec sine corpore enim vitalis edere motus   560
sola potest animi per se natura nec autem
cassum anima corpus durare et sensibus uti.
scilicet avulsus radicibus ut nequit ullam
dispicere ipse oculus rem seorsum corpore toto,
sic anima atque animus per se nil posse videtur.   565
nimirum quia ⟨per⟩ venas et viscera mixtim,
per nervos atque ossa tenentur corpore ab omni
nec magnis intervallis primordia possunt
libera dissultare, ideo conclusa moventur
sensiferos motus, quos extra corpus in auras   570
aeris haut possunt post mortem eiecta moveri,
propterea quia non simili ratione tenentur;
corpus enim atque animans erit aer, si cohibere
sese anima atque in eos poterit concludere motus,
quos ante in nervis et in ipso corpore agebat.   575
quare etiam atque etiam resoluto corporis omni
tegmine et eiectis extra vitalibus auris
dissolvi sensus animi fateare necessest
atque animam, quoniam coniunctast causa duobus.

denique cum corpus nequeat perferre animai   580
discidium, quin in taetro tabescat odore,
quid dubitas quin ex imo penitusque coorta

ist in Verbindung stark miteinander und freut sich des
                                                    Lebens;
nicht kann nämlich ohne den Leib des Lebens Bewegung
einzeln wirken für sich das Wesen der Seele, noch wieder
dauern, der Seele beraubt, der Leib und die Sinne
                                                gebrauchen.
Freilich: wie nicht allein, seinen Wurzeln entrissen, das Auge
sehen kann etwas selbst, vom Ganzen des Körpers
                                                geschieden,
so scheint Seele wie Geist für sich rein nichts zu vermögen.
Freilich: weil sie vermischt durch Adern und Fleisch, die
                                                    Atome,
weil sie in Sehnen und Knochen vom ganzen Körper
                                                gehalten
werden und sich nicht frei versprengt in geräumigem
                                                    Abstand
tummeln können, darum bewegen zusammengeschlossen
sie in Bewegungen sich, empfindungstragenden, die sie,
fern aus dem Leib nach dem Tod in die Lüfte gestoßen, zu
                                                    üben
nicht sind imstand, weil nicht sie gleicherweis werden
                                                gehalten.
Leib müßte nämlich die Luft und belebt sein, wäre die Seele
fähig zu fassen sich selbst und in gleiche Bewegung zu
                                                schließen,
wie in den Sehnen sie vorher und eben im Körper sie führte.
Drum noch und noch: hat gelöst sich des Körpers schützende
                                                    Hülle
gänzlich und sind hinaus die Dünste des Lebens gestoßen,
mußt du gestehn, daß sich löst des Geistes Empfindung und
                                                    Leben,
da ja Seele wie Leib in gemeinsamer Sache verbunden.
   Schließlich: da nicht zu ertragen vermag der Körper der
                                                    Seele
Scheidung, ohne daß selber mit scheußlichem Dufte er faulte,
was noch zweifelst du da, daß aus Tiefstem und drinnen
                                                entstanden

emanarit uti fumus diffusa animae vis,
atque ideo tanta mutatum putre ruina
conciderit corpus, penitus quia mota loco sunt   585
fundamenta, foras manante anima usque per artus
perque viarum omnis flexus, in corpore qui sunt,
atque foramina? multimodis ut noscere possis
dispertitam animae naturam exisse per artus
et prius esse sibi distractam corpore in ipso,   590
quam prolapsa foras enaret in aeris auras.
quin etiam finis dum vitae vertitur intra,
saepe aliqua tamen e causa labefacta videtur
ire anima ac toto solvi de corpore ⟨velle⟩
et quasi supremo languescere tempore vultus   595
molliaque exsangui cadere omnia ⟨corpore⟩ membra.
quod genus est, animo male factum cum perhibetur
aut animam liquisse; ubi iam trepidatur et omnis
extremum cupiunt vitae reprehendere vinclum.
conquassatur enim tum mens animaeque potestas   600
omnis et haec ipso cum corpore conlabefiunt,
ut gravior paulo possit dissolvere causa.
quid dubitas tandem quin extra prodita corpus
inbecilla foras in aperto tegmine dempto
non modo non omnem possit durare per aevom,   605
sed minimum quodvis nequeat consistere tempus?
nec sibi enim quisquam moriens sentire videtur
ire foras animam incolumem de corpore toto
nec prius ad iugulum et supera succedere fauces,

flossen heraus wie Rauch verströmt der Seele Gewalten?
Und daß darum der Leib verwandelt in solch einem Einsturz
morsch zerfiel, weil der Grund von der Stelle in innerster
Tiefe
ward verrückt, derweil durch die Glieder herausdrang die
Seele
und durch alle der Bahnen Windungen, die es im Leib gibt,
und seine Poren? So, daß mehrfach Erkenntnis dir möglich,
daß der Seele Natur zerteilt durch die Glieder herauskam
und im Körper selbst sie versprengt war, ehe sie weiter
vorwärts gleitend hinaus entfloß in das Wehen der Lüfte.
Ja, selbst während sie noch verweilt im Bereiche des Lebens,
scheint die Seele doch oft, aus bestimmtem Grunde
erschüttert,
willens zu gehen und ganz aus dem Körper sich lösen zu
wollen,
und, als wär' es das Ende der Zeit, der Blick zu ermatten
und vom blutleeren Leib schon weich alle Glieder zu sinken.
So wie es ist, wenn man sagt, es ist einem übel geworden
oder Besinnung hat ihn verlassen; dann fiebert man schon
und
alle wollen des Lebens Band am Ende noch fassen.
Werden doch da der Geist und des Lebens Vollmacht
zerrüttet
gänzlich und beides gerät mit dem Körper zusammen ins
Wanken,
daß ein um weniges schwererer Grund sie zu trennen
vermöchte.
Warum zweifelst du noch, daß, aus dem Körper gestoßen,
draußen im Freien sie schwach, da der Schutz der Hülle
genommen,
nicht nur nicht vermag durch alle Zeiten zu dauern,
sondern auch nicht die kürzeste Zeit, die beliebt, zu
bestehen?
Keiner nämlich scheint beim Tod die Empfindung zu haben,
heil entweiche heraus aus dem Ganzen des Körpers die Seele,
noch, daß rücke zuerst sie zur Kehle und über den Rachen,

verum deficere in certa regione locatam;   610
ut sensus alios in parti quemque sua scit
dissolvi. quod si inmortalis nostra foret mens,
non tam se moriens dissolvi conquereretur,
sed magis ire foras vestemque relinquere, ut anguis.

    denique cur animi numquam mens consiliumque   615
gignitur in capite aut pedibus manibusve, sed unis
sedibus et certis regionibus omnibus haeret,
si non certa loca ad nascendum reddita cuique
sunt, et ubi quicquid possit durare creatum
atque ita multimodis partitis artubus esse,   620
membrorum ut numquam existat praeposterus ordo?
usque adeo sequitur res rem neque flamma creari
fluminibus solitast neque in igni gignier algor.

    praeterea si inmortalis natura animaist
et sentire potest secreta a corpore nostro,   625
quinque ut opinor eam faciundum est sensibus auctam.
nec ratione alia nosmet proponere nobis
possumus infernas animas Acherunte vagare.
pictores itaque et scriptorum saecla priora
sic animas intro duxerunt sensibus auctas.   630
at neque sorsum oculi neque nares nec manus ipsa
esse potest animae neque sorsum lingua neque aures;
haud igitur per se possunt sentire neque esse.
et quoniam toto sentimus corpore inesse
vitalem sensum et totum esse animale videmus,   635
si subito medium celeri praeciderit ictu

sondern daß sie vergeht an festem Platze verhaftet;
wie in seinem Teil, wie er weiß, ein jeder der andren
Sinne zerfällt. Wär unsterblich jedoch von Natur unsre
Seele,
würde sie nicht im Sterben, daß sie zerfalle, beklagen,
vielmehr entweichen mit Lust und das Kleid wie die
Schlange verlassen.
    Schließlich: warum entsteht der Geist und der Rat unsrer
Seele
nie in Haupt oder Fuß und den Händen, sondern ist einem
Sitz und bestimmtem Gebiete bei allen Menschen verhaftet?
Doch wohl, weil zur Geburt bestimmte Plätze gewiesen
sind einem jeden und wo es, geschaffen, zu dauern vermöchte
und derart vielfältige Glieder verteilt zu besitzen,
daß niemals entsteht verkehrte Ordnung der Teile.
So sehr folgt ein Ding dem andren und nicht sind Flammen
fähig, zu lodern aus Flüssen noch Frost zu entstehen im
Feuer.
    Außerdem noch: nimm an, der Seele Natur sei unsterblich
und vermöge getrennt zu empfinden von unserem Körper,
muß mit fünf Sinnen begabt, mein ich, man sie auftreten
lassen:
und wir können auch nicht uns selber auf andere Weise
vorstellen, wie sich die Seelen im Acheruns drunten bewegen.
Drum haben Maler ja auch und frühre Geschlechter von
Dichtern
so mit Sinnen begabt die Seelen darstellen wollen.
Aber vom Körper getrennt kann nicht Augen die Seele noch
Nase,
Hand selbst nicht noch Zunge, getrennt, noch Ohren besitzen.
Nicht also können für sich sie sein noch Empfindungen
haben.
Und da spüren wir ja, daß im ganzen Körper Empfindung
wohnet des Lebens, und sehen, daß ganz der Körper beseelt
ist,
wird, wenn mit raschem Streich ihn mitten hindurch eine
Kraft haut

vis aliqua, ut sorsum partem secernat utramque,
dispertita procul dubio quoque vis animai
et discissa simul cum corpore dissicietur.
at quod scinditur et partis discedit in ullas,   640
scilicet aeternam sibi naturam abnuit esse.
falciferos memorant currus abscidere membra
saepe ita de subito permixta caede calentis,
ut tremere in terra videatur ab artubus id quod
decidit abscisum, cum mens tamen atque hominis vis   645
mobilitate mali non quit sentire dolorem
et simul in pugnae studio quod dedita mens est:
corpore relicuo pugnam caedesque petessit,
nec tenet amissam laevam cum tegmine saepe
inter equos abstraxe rotas falcesque rapaces,   650
nec cecidisse alius dextram, cum scandit et instat.
inde alius conatur adempto surgere crure,
cum digitos agitat propter moribundus humi pes.
et caput abscisum calido viventeque trunco
servat humi vultum vitalem oculosque patentis,   655
donec reliquias animai reddidit omnis.
quin etiam tibi si lingua vibrante, minanti
serpentis cauda, procero corpore utrumque
sit libitum in multas partis discidere ferro,
omnia iam sorsum cernes ancisa recenti   660
volnere tortari et terram conspargere tabo
ipsam seque retro partem petere ore priorem

plötzlich, so, daß für sich voneinander die Teile sie scheidet,
sonder Zweifel zerteilt auch der Seelen Kraft und zerrissen
und mit dem Körper zugleich in verschiedene Richtung
                                              geschleudert.
Was aber spalten sich läßt und trennt irgenwie sich in Teile,
zeugt damit klärlich dafür, daß ew'ge Natur ihm versagt ist.
Sicheltragende Wagen, erzählt man, schneiden die Glieder
oftmals so plötzlich ab, von klebenden Mordresten
                                              dampfend,
daß auf dem Boden man sieht noch zittern, was von den
                                              Gliedern
sank entrissen herab, ob Geist und Kraft auch des Menschen
wegen der Raschheit des Leids den Schmerz nicht vermögen
                                              zu spüren
und zumal, weil der Geist im Eifer des Kampfes versunken:
Schlachten sucht mit dem restlichen Körper er weiter und
                                              Morden,
nimmt nicht wahr, daß oft samt Schild die verlorene Linke
Räder und reißende Sicheln zwischen die Rosse gerissen,
der nicht, daß fiel seine Rechte, indes er aufsteigt und
                                              eindringt.
Dort versucht sich ein andrer, des Schenkels beraubt, zu
                                              erheben,
während am Boden nahe, verendend, der Fuß noch den Zeh
                                              rührt.
Und ein Haupt, geschlagen vom warmen lebendigen Rumpfe,
wahrt am Boden den Blick des Lebens und offene Augen,
bis es aus sich heraus alle Reste der Seele gegeben.
Ja, bei der Schlange sogar mit züngelnder Zunge, mit
                                              drohend
zuckendem Schwanz, gestrecktem Leibe, wenn beides
dir mit dem Schwerte beliebt in viele Teile zu schneiden,
wirst du sogleich für sich beschnitten alles mit frischer
Wunde sich krümmen sehn und den Boden mit Eiter
                                              bespritzen,
selber ihn sich – den vorderen Teil – nach hinten
                                              erschnappen,

volneris ardenti ut morsu premat icta dolore.
omnibus esse igitur totas dicemus in illis
particulis animas? at ea ratione sequetur   665
unam animantem animas habuisse in corpore multas.
ergo divisast ea quae fuit una simul cum
corpore; quapropter mortale utrumque putandumst,
in multas quoniam partis disciditur aeque.

   praeterea si inmortalis natura animai   670
constat et in corpus nascentibus insinuatur,
cur super ante actam aetatem meminisse nequimus
nec vestigia gestarum rerum ulla tenemus?
nam si tanto operest animi mutata potestas,
omnis ut actarum exciderit retinentia rerum,   675
non, ut opinor, id ab leto iam longius errat;
quapropter fateare necessest quae fuit ante
interiisse, et quae nunc est nunc esse creatam.

   praeterea si iam perfecto corpore nobis
inferri solitast animi vivata potestas   680
tum cum gignimur et vitae cum limen inimus,
haud ita conveniebat uti cum corpore et una
cum membris videatur in ipso sanguine cresse,
sed velut in cavea per se sibi vivere solam
convenit, ut sensu corpus tamen affluat omne.   685
quare etiam atque etiam neque originis esse putandumst
expertis animas nec leti lege solutas;
nam neque tanto opere adnecti potuisse putandumst

um sich zu beißen, gequält vom glühenden Schmerze der
Wunde.
Werden wir also nun, daß ganze Seelen in allen
Teilen wären, behaupten? Auf diesem Wege wird folgen,
daß ein einziges Wesen im Leib viele Seelen gehabt hat.
Also wurde geteilt sie, die vorher eine gewesen,
mit dem Körper zugleich. Muß beides für sterblich drum
gelten,
da gleich eins wie das andre in vielfache Teile zerstückt wird!
   Außerdem noch: wenn der Seele Natur unsterblich in
ihrem
Sein und bei der Geburt den Menschen heimlich sich
einschleicht,
warum können wir nicht an das frühere Leben erinnern
uns und halten nicht fest die geringsten Spuren von Taten?
Denn wenn wurde so tief der Seele Befugnis gewandelt,
daß das Behalten ganz entfiel der geschehenen Dinge,
liegt das nicht allzuweit, mein ich, vom richtigen Tode.
Drum der Zwang für dich zu bekennen: die früher gewesen,
ging zugrunde, die jetzt aber lebt, ist jetzt erst entstanden.
   Außerdem noch: wenn bei schon vollendetem Körper der
Seele
lebenserfüllende Macht sich einzuschleichen gewohnt wär’,
dann, wenn geboren wir sind und des Lebens Schwelle
betreten,
dürft’ es geschehen nicht so, daß eins mit dem Leib und
zusammen
sie mit den Gliedern zu wachsen schiene wie jetzt grad im
Blut noch,
sondern, daß für sich sie lebte allein wie im Kerker,
wäre gemäß, doch so, daß ganz voll Empfindung der Leib
wär.
Drum muß noch und noch man glauben, daß weder des
Ursprungs
ledig die Seelen sind noch erlöst vom Gesetze des Todes.
Denn man kann doch nicht glauben, daß so sehr fähig
gewesen

corporibus nostris extrinsecus insinuatas –
quod fieri totum contra manifesta docet res;   690
namque ita conexa est per venas, viscera, nervos
ossaque, uti dentes quoque sensu participentur;
morbus ut indicat et gelidai stringor aquai
et lapis oppressus subitis e frugibus asper –
nec, tam contextae cum sint, exire videntur   695
incolumes posse et salvas exsolvere sese
omnibus e nervis atque ossibus articulisque.
quod si forte putas extrinsecus insinuatam
permanare animam nobis per membra solere,
tanto quique magis cum corpore fusa peribit.   700
quod permanat enim dissolvitur, interit ergo;
dispertitur enim per caulas corporis omnis.
ut cibus, in membra atque artus cum diditur omnis,
disperit atque aliam naturam sufficit ex se,
sic anima atque animus quamvis [est] integra recens ⟨in⟩ 705
corpus eunt, tamen in manando dissoluuntur,
dum quasi per caulas omnis diduntur in artus
particulae quibus haec animi natura creatur,
quae nunc in nostro dominatur corpore nata
ex illa quae tunc periit partita per artus.   710
quapropter neque natali privata videtur
esse die natura animae nec funeris expers.

   semina praeterea linquuntur necne animai
corpore in exanimo? quod si linquuntur et insunt,

sich zu verbinden mit unserem Leib von außen gekommne –
daß es ganz anders verläuft, das zeigt doch die Sache uns
selber.
Denn sie ist so verwebt durch Adern, Muskeln und Sehnen,
Knochen selbst, daß noch sich der Zahn am Empfinden
beteiligt;
wie der Zahnschmerz zeigt und das Ziehen eisigen Wassers
und das Beißen auf Stein, wenn ein spitzer im Brote
verborgen –
noch, wenn so sie verwebt, daß heraus sie vermöchten zu
kommen
offenbar unversehrt und heil sich zu lösen aus allen
Sehnen heraus sowie den Knochen und feineren Gliedern.
Meinst du vielleicht indes, wenn von außen die Seele
gedrungen,
pflege sie sich nun breit durch die Glieder uns zu ergießen:
wird um so mehr nur verströmt mit dem Leibe zusammen sie
sterben.
Was sich nämlich ergießt, löst sich auf, geht demnach
zugrunde.
Denn sie geht in Teile durch alle Poren des Körpers.
Wie die Speise, wenn sie sich verteilt in Körper und Glieder,
schwindet und aus sich schafft ein andres Wesen statt dessen,
so werden Seele und Geist, wenn auch heil sie in eben
geborne
Körper einziehen, doch verströmend in Teilchen zerrissen,
während durch Poren sich wohl zerstreuen in alle die
Glieder
Teilchen, von denen diese Natur wird der Seele geschaffen,
welche in unserem Leib jetzt herrscht, aus jener entstanden,
die soeben verging in Teile zerlegt durch die Glieder.
Darum zeigt sich, daß nicht ist entzogen der Tag der
Entstehung
unserer Seele Natur und daß sie nicht ledig des Todes.

Bleiben ferner zurück oder nicht noch Samen der Seele,
wenn er entseelt ist, im Leib? Wenn welche verbleiben und
drin sind,

haut erit ut merito inmortalis possit haberi,   715
partibus amissis quoniam libata recessit;
sin ita sinceris membris ablata profugit,
ut nullas partis in corpore liquerit ex se,
unde cadavera rancenti iam viscere vermes
expirant, atque unde animantum copia tanta   720
exos et exanguis tumidos perfluctuat artus?
quod si forte animas extrinsecus insinuari
vermibus et privas in corpora posse venire
credis nec reputas cur milia multa animarum
conveniant unde una recesserit, hoc tamen est ut   725
quaerendum videatur et in discrimen agendum,
utrum tandem animae venentur semina quaeque
vermiculorum ipsaeque sibi fabricentur ubi sint,
an quasi corporibus perfectis insinuentur.
at neque cur faciant ipsae quareve laborent   730
dicere suppeditat. neque enim, sine corpore cum sunt,
sollicitae volitant morbis alguque fameque.
corpus enim magis his vitiis adfine laborat
et mala multa animus contage fungitur eius.
sed tamen his esto quamvis facere utile corpus,   735
cui subeant; at qua possint, via nulla videtur.
haut igitur faciunt animae sibi corpora et artus.
nec tamen est utqui [cum] perfectis insinuentur
corporibus; neque enim poterunt suptiliter esse
conexae neque consensu contagia fient.   740

darf nicht mit Fug und Recht unsterblich geheißen sie
werden,
da versehrt sie ja mit Verlust von Teilen zurückwich.
Wenn aber so mit heiler Haut sie davon ist geflohen,
daß sie keinen Teil von sich im Körper zurückließ,
woher atmet das Aas, wenn das Fleisch schon modert, die
Würmer
aus, und woher ergießt sich die zahllose Fülle von Wesen,
die, ohne Knochen und Blut, die schwellenden Glieder
durchflutet?
Wenn du aber vielleicht vermeinst, von außerhalb zögen
Seelen in Würmer und einzelne, jede für sich, könnten
kommen
in die Körper hinein, und dabei nicht bedenkst, warum viele
Tausende Seelen sollten sich sammeln, wo eine gewichen,
ist doch wohl eines zu fragen und zur Entscheidung zu
bringen,
ob denn jede sich jagt von den Seelen die Samen von
Würmern
und sich selber das Haus baut, um drin Wohnung zu
nehmen,
oder ob wohl in schon vollendete Körper sie einzieht.
Aber warum sie selbst sie mache und weshalb sie sich mühe,
läßt sich nicht sagen. Denn nicht, wenn ohne den Körper sie
leben,
schwirren etwa sie ruhlos in Krankheit, Kälte und Hunger.
Ist doch der Leib vielmehr diesen Mängeln verhaftet und
leidet,
und durch Vermählung mit ihm hat vielfache Übel die Seele.
Aber es soll ihnen noch so nützen, den Leib zu erbauen,
um in ihn einzuziehen: es gibt nichts, wie sie's vermöchten.
Also bauen die Seelen sich nicht einen Körper und Glieder.
Aber es kann auch nicht sein, daß sie in vollendete Körper
eindringen, denn so werden sie nicht mit Feinheit verwebt
sein
können, und nicht kann sein dann im Mitempfinden
Vermählung.

denique cur acris violentia triste leonum
seminium sequitur, volpes dolus, et fuga cervis
a patribus datur et [a] patrius pavor incitat artus?
et iam cetera de genere hoc cur omnia membris
ex ineunte aevo generascunt ingenioque,   745
si non, certa suo quia semine seminioque
vis animi pariter crescit cum corpore quoque?
quod si inmortalis foret et mutare soleret
corpora, permixtis animantes moribus essent,
effugeret canis Hyrcano de semine saepe   750
cornigeri incursum cervi tremeretque per auras
aeris accipiter fugiens veniente columba,
desiperent homines, saperent fera saecla ferarum.
illud enim falsa fertur ratione, quod aiunt
inmortalem animam mutato corpore flecti.   755
quod mutatur enim, dissolvitur, interit ergo.
traiciuntur enim partes atque ordine migrant;
quare dissolvi quoque debent posse per artus,
denique ut intereant una cum corpore cunctae.
sin animas hominum dicent in corpora semper   760
ire humana, tamen quaeram, cur e sapienti
stulta queat fieri nec prudens sit puer ullus

    Endlich: warum folgt gierige Wut der Löwen geharschtem
Stamme, dem Fuchse die List, wird furchtsame Flucht von
den Vätern
Hirschen verliehen und scheucht vererbter Schrecken die
Glieder,
und das andre derart, warum wächst alles von klein auf
mit der Geburt in Körper und Sosein empor, sich
entwickelnd?
Doch nur, weil, bestimmt durch Samen und Artung des
Stammes,
gleich mit dem Körper die Kraft der Seele jeweils empor-
wächst.
Wär' sie unsterblich jedoch und pflegte die Körper zu
tauschen,
wären die lebenden Wesen von ganz vermischtem Charakter,
würden der Hund von hyrkanischer Art des geweihstolzen
Hirsches
Angriff oft entfliehen und ängstlich zittern der Habicht,
flüchtend im Wehen der Luft, wenn ihm sich nähert die
Taube,
blöd wär' der Mensch, doch weise die wilden Geschlechter
der Tiere.
Jenes ist nämlich falsch, was man sagt, im Gedanken
entwickelt:
ändre der Leib sich, verwandle sich auch die unsterbliche
Seele.
Denn was sich ändert, löst sich auf, geht also zugrunde.
Werden die Teile versetzt doch und gehen aus ihrer
Ordnung;
müssen drum auch sich hin durch die Glieder auflösen
können,
um am Ende vereint mit dem Körper alle zu sterben.
Wenn sie sagen jedoch, es zögen in menschliche Körper
immer der Menschen Seelen: warum aus der weisen die
dumme,
frag ich dann doch, zu werden vermag, nicht ein Knabe ist
klug schon,

[si non, certa suo quia semine seminioque]
nec tam doctus equae pullus quam fortis equi vis?
scilicet in tenero tenerascere corpore mentem   765
confugient. quod si iam fit, fateare necessest
mortalem esse animam, quoniam mutata per artus
tanto opere amittit vitam sensumque priorem.
quove modo poterit pariter cum corpore quoque
confirmata cupitum aetatis tangere florem   770
vis animi, nisi erit consors in origine prima?
quidve foras sibi vult membris exire senectis?
an metuit conclusa manere in corpore putri,
et domus aetatis spatio ne fessa vetusto
obruat? at non sunt inmortali ulla pericla.   775
    denique conubia ad Veneris partusque ferarum
esse animas praesto derididiculum esse videtur,
expectare inmortalis mortalia membra
innumero numero certareque praeproperanter
inter se quae prima potissimaque insinuetur;   780
si non forte ita sunt animarum foedera pacta,
ut quae prima volans advenerit insinuetur
prima neque inter se contendant viribus hilum.
    denique in aethere non arbor, non aequore in alto

[doch wohl, weil sie bestimmt durch eigenen Samen und
Artung]
nicht das Fohlen gewitzt wie des tapferen Rosses Gewalt ist.
Sie werden dann natürlich nehmen als Ausflucht, daß zart
der
Geist sei in zartem Leib. Doch geschieht das, mußt offen
bekennen
du, daß sterblich die Seele, derweil, in den Gliedern
geändert,
so sehr sie verliert das frühere Leben und Sinnen.
Oder wie wird zugleich mit jeglichem Körper vermögen,
wenn sie erstarkt ist, des Lebens ersehntes Erblühen der
Seele
Kraft zu erlangen, wenn nicht vermählt beim ersten
Beginne?
Oder warum hat den Wunsch sie, dem greisen Leib zu
entweichen?
Fürchtet sie etwa, gesperrt im fauligen Körper zu bleiben
und, daß das Haus, erschöpft von des Lebens hoher
Bejahrtheit,
sie verschüttet? Doch sind dem Unsterblichen keine
Gefahren.
   Schließlich: daß beim Bunde der Venus und Werfen der
Tiere
wartend dasteht die Seele, scheint mehr als lachhaft zu sein
doch,
daß Unsterbliche sich erhoffen sterbliche Glieder,
zahllos an Zahl, und, schnell sich vordrängend eins vor dem
andren,
streiten, welche zuerst und vorzüglich den Einschlupf
erringe –
müßte denn sein, es sei ein Vertrag von den Seelen
geschlossen,
daß, die zuerst herbei im Fluge gekommen, zuerst auch
einzög und daß mit Gewalt sie nichts miteinander erstritten.
   Schließlich: im Äther vermag nicht der Baum, in des
Ozeans Tiefe

nubes esse queunt nec pisces vivere in arvis   785
nec cruor in lignis neque saxis sucus inesse.
certum ac dispositumst ubi quicquid crescat et insit.
sic animi natura nequit sine corpore oriri
sola neque a nervis et sanguine longius esse.
quod si posset enim, multo prius ipsa animi vis   790
in capite aut umeris aut imis calcibus esse
posset et innasci quavis in parte soleret,
tandem in eodem homine atque in eodem vase manere.
quod quoniam nostro quoque constat corpore certum
dispositumque videtur ubi esse et crescere possit   795
sorsum anima atque animus, tanto magis infitiandum
totum posse extra corpus durare genique.
quare, corpus ubi interiit, periisse necessest
confiteare animam distractam in corpore toto.
quippe etenim mortale aeterno iungere et una   800
consentire putare et fungi mutua posse
desiperest; quid enim diversius esse putandumst
aut magis inter se disiunctum discrepitansque,
quam mortale quod est inmortali atque perenni
iunctum in concilio saevas tolerare procellas?   805
‖ praeterea quaecumque manent aeterna necessest
aut, quia sunt solido cum corpore, respuere ictus
nec penetrare pati sibi quicquam quod queat artas
dissociare intus partis, ut materiai
corpora sunt, quorum naturam ostendimus ante,   810
aut ideo durare aetatem posse per omnem,
plagarum quia sunt expertia, sicut inanest,

nicht die Wolke zu sein noch der Fisch zu leben auf Fluren,
Blut nicht dem Holz, dem Felsen der Saft nicht
                                    innezuwohnen.
Sicher und klar ist verfügt, wo jedes wachse und wohne.
So kann der Seele Natur nicht ohne den Körper entstehen
für sich allein noch vom Blut und den Sehnen nur wenig
                                    entfernt sein.
Könnte sie nämlich das, viel eher wäre der Seele Gewalt
                                    dann
fähig im Haupte zu sein, den Schultern oder im Knöchel,
unten, und gewohnt, zu entstehn in beliebigem Teile,
aber zu bleiben im selben Menschen dabei und Behältnis.
Da nun in unserem Leib auch klar geschieden es feststeht
und verfügt sich zeigt, wo zu sein und zu wachsen vermögen
Seele getrennt und Geist, muß um so mehr man bestreiten,
daß zu dauern imstand und zu bilden sie fern sich vom
                                    ganzen
Leibe. Ist drum vergangen der Leib, ist vergangen die Seele
auch, das mußt du gestehn, die verteilt ist im Ganzen des
                                    Körpers.
Ist doch, mit Ewigem Sterbliches fest zu verbinden und
                                    meinen,
spüren könnten sie und im Austausch handeln zusammen,
Unsinn. Denn was hat für verschiedner in sich zu gelten
und für mehr unter sich getrennt und im Widerstreit liegend,
als daß, was sterblich, vereint mit Unsterblichem, immer
                                    Bestehndem,
wüßte, zusammen im Bund zu ertragen der Unwetter
                                    Wüten?
‖ Außerdem: alles, was ewig bleibt, das muß ohne Zweifel
entweder, weil es von festem Körper, die Schläge verwinden
noch in sich eindringen lassen, was immer könnte die engen
Teilchen drinnen entzwein – wie die Körperchen sind der
                                    Materie,
deren Natur wir ja vordem vor Augen gebreitet –,
oder darum sein imstand, durch alle Zeiten zu dauern,
weil von den Schlägen nicht es betroffen – wie es das Leere

quod manet intactum neque ab ictu fungitur hilum
aut etiam quia, nulla loci si copia circum,
quo quasi res possint discedere dissoluique,   815
sicut summarum summast aeterna, neque extra
quis locus est quo diffugiant neque corpora sunt quae
possint incidere et valida dissolvere plaga. ||
quod si forte ideo magis inmortalis habendast,
quod vitalibus ab rebus munita tenetur,   820
aut quia non veniunt omnino aliena salutis,
aut quia quae veniunt aliqua ratione recedunt
pulsa prius quam quid noceant sentire queamus: 823
praeter enim quam quod morbis cum corporis aegret,
advenit id quod eam de rebus saepe futuris   825
macerat inque metu male habet curisque fatigat,
praeteritisque male admissis peccata remordent.
adde furorem animi proprium atque oblivia rerum,
adde quod in nigras lethargi mergitur undas.

Nil igitur mors est ad nos neque pertinet hilum,   830
quandoquidem natura animi mortalis habetur.
et velut ante acto nil tempore sensimus aegri,
ad confligendum venientibus undique Poenis,
omnia cum belli trepido concussa tumultu

ist, das ungreifbar bleibt und nichts von Stößen erleidet –
oder auch schließlich, weil, wenn rings kein Raum sich
                                           befindet,
wohin entweichen und auf sich lösen könnten die Dinge
– so wie beim Ganzen des ewigen Alles –, nicht außerhalb
                                           seiner
irgendein Raum ist, wohin sie entfliehen möchten, noch
                                           Körper,
die zu fallen auf es imstand und mit starkem Schlag es zu
                                           lösen. ||
Wenn aber darum vielleicht soll mehr als unsterblich sie
                                           gelten,
weil sie wohl verwahrt von lebendigen Kräften gehalten,
oder weil überhaupt nicht kommt, was dem Heile entgegen,
oder weil, was immer kommt, auf seltsame Weise
                                           zurückweicht,
eher vertrieben, als wir, was es schadet, zu spüren imstande,
nun: außerdem, daß sie krankt im Verein mit den Leiden
                                           des Körpers,
kommt herbei, was sie oft um die kommenden Dinge sich
                                           härmen
läßt und in Angst schlimm hält und mit Sorgen quälend
                                           ermattet,
und, sind die Sünden vergangen, so beißt sie doch das
                                           Gewissen.
Füge den Wahnsinn hinzu, der eignet dem Geist, und
                                           Vergessen,
füge hinzu, daß sie taucht in die dunklen lethargischen
                                           Wolken!

   Nichts geht also der Tod uns an und reicht an uns
                                           nirgends,
da der Seele Natur sich hat als sterblich nunmehr erwiesen.
Und, wie wir in vergangner Zeit nichts Trübes erfuhren,
da zum Kampfe herbei die Punier überall eilten,
damals, als alles erschüttert vom angstvollen Aufruhr des
                                           Krieges

horrida contremuere sub altis aetheris oris,   835
in dubioque fuere utrorum ad regna cadendum
omnibus humanis esset terraque marique,
sic, ubi non erimus, cum corporis atque animai
discidium fuerit, quibus e sumus uniter apti,
scilicet haud nobis quicquam, qui non erimus tum,   840
accidere omnino poterit sensumque movere,
non si terra mari miscebitur et mare caelo.
et si iam nostro sentit de corpore postquam
distractast animi natura animaeque potestas,
nil tamen est ad nos, qui comptu coniugioque   845
corporis atque animae consistimus uniter apti.
nec, si materiem nostram collegerit aetas
post obitum rursumque redegerit ut sita nunc est
atque iterum nobis fuerint data lumina vitae,
pertineat quicquam tamen ad nos id quoque factum,   850
interrupta semel cum sit repetentia nostri.
et nunc nil ad nos de nobis attinet, ante
qui fuimus, ⟨nil⟩ iam de illis nos adficit angor.
nam cum respicias inmensi temporis omne
praeteritum spatium, tum motus materiai   855
multimodi quam sint, facile hoc adcredere possis,
semina saepe in eodem, ut nunc sunt, ordine posta   857
haec eadem, quibus e nunc nos sumus, ante fuisse;   865
nec memori tamen id quimus reprehendere mente;   858

schauernd erbebte im Grund von des Äthers hohen
                                    Gestaden,
und im Zweifel es war, zu wessen Reiche zu fallen
allem, was Mensch, war bestimmt auf der Welt zu Wasser
                                    und Lande,
so wird, sind wir nicht mehr, wenn erfolgt zwischen Leib ist
                                    und Seele
Scheidung, aus denen beiden gefügt wir zur Einheit
                                    zusammen,
dann natürlich auch uns, die wir ja sein nicht mehr werden,
nichts überhaupt zu treffen und Sinne zu rühren vermögen,
nicht, wenn Erde mit Meer sich mischt und das Meer mit
                                    dem Himmel.
Und gesetzt, nachdem sie dem Körper in Stücken entwichen,
könnte der Seele Natur und des Lebens Gewalt noch
                                    empfinden,
nichts geht an es doch uns, die wir in Verkopplung und Ehe
zwischen Seele und Leib bestehen, zur Einheit verbunden.
Auch nicht, wenn unsern Stoff der Lauf der Zeiten
                                    versammelt
nach unserm Tod und erneut ihn fügt, wie er jetzt ist
                                    gelegen,
und ein zweites Mal uns das Licht des Lebens geschenkt wird,
ginge uns dies etwas an, selbst dann nicht, wenn solches
                                    geschehen,
da, unterbrochen einmal, das Gedächtnis an uns ist
                                    geschwunden.
Jetzt auch geht uns nichts an in Hinsicht auf uns, die wir
                                    vorher
waren, und nicht mehr quält über jene uns jetzt noch
                                    Beklemmung.
Blickst du nämlich zurück auf der unermeßlichen Zeiten
ganzen verflossenen Raum, dazu auf des Stoffes Bewegen,
wie vielfältig es ist, magst leicht zum Glauben du kommen,
daß die Körperchen oft in derselben Ordnung wie jetzt auch,
eben dieselben, aus denen wir jetzt sind, früher gewesen.
Aber wir können es doch mit erinnerndem Sinne nicht fassen,

inter enim iectast vitai pausa, vageque
deerrarunt passim motus ab sensibus omnes.   860
debet enim, misere si forte aegreque futurumst,
ipse quoque esse in eo tum tempore, cui male possit
accidere; id quoniam mors eximit, esseque probet
illum cui possint incommoda conciliari,   864
scire licet nobis nihil esse in morte timendum,   866
nec miserum fieri qui non est posse neque hilum
differre, an nullo fuerit iam tempore natus,
mortalem vitam mors cum inmortalis ademit.

  Proinde ubi se videas hominem indignarier ipsum,   870
post mortem fore ut aut putescat corpore posto
aut flammis interfiat malisve ferarum,
scire licet non sincerum sonere atque subesse
caecum aliquem cordi stimulum, quamvis neget ipse
credere se quemquam sibi sensum in morte futurum;   875
non, ut opinor, enim dat quod promittit et unde,
nec radicitus e vita se tollit et eicit,
sed facit esse sui quiddam super inscius ipse.
vivus enim sibi cum proponit quisque futurum,
corpus uti volucres lacerent in morte feraeque,   880
ipse sui miseret; neque enim se dividit illim
nec removet satis a proiecto corpore et illum
se fingit sensuque suo contaminat astans.
hinc indignatur se mortalem esse creatum
nec videt in vera nullum fore morte alium se,   885
qui possit vivus sibi se lugere peremptum

zwischen uns liegt dann doch des Lebens Pause und
schweifend
irrten herum überall die Bewegungen fern von Empfindung;
muß doch, wenn einem soll übel sein und traurig zumute,
selber auch sein zu der Zeit dann der, dem übel es könnte
werden. Da der Tod dies nimmt und so es verhindert,
daß der sei, dem Nachteile zu sich könnten gesellen,
ist uns zu wissen erlaubt, daß nichts ist im Tode zu fürchten,
und daß elend werden nicht kann, wer gar nicht mehr ist
dann,
und es kein Unterschied ist, ob niemals ward er geboren,
wenn der unsterbliche Tod hat das sterbliche Leben
genommen.
    Drum, wo du siehst, wie ein Mensch entrüstet sich selber
bejammert,
nach dem Tod steh' bevor, daß er faule, bestatte den Leib
man,
oder durch Flammen verzehrt werd' oder von Zähnen der
wilden
Tiere, vermagst du zu wissen: das klingt nicht rein, und es
schlummert
unter dem Herzen ein Stachel versteckt, mag selber er sagen,
keiner glaube doch dran, daß im Tode er hätte Empfindung.
Nicht, mein ich, hält er sich nämlich an das, was er kündet,
und auf Grund wovon er es tut, und reißt aus dem Leben
nicht sich ganz, läßt heimlich von sich vielmehr etwas
übrig.
Jeder nämlich, wenn er im Leben sich vorstellt, es drohe,
daß die Vögel den Leib zerfleischen und Tiere im Tode,
der bedauert sich selbst; denn er trennt von dort sich nicht
selber,
zieht nicht genug sich zurück vom hingestreckten Kadaver,
meint, das sei er, und befleckt ihn mit eigner Empfindung
beim Anblick.
Daher entrüstet er sich, daß sterblich er wurde geschaffen,
und sieht nicht, daß im wahren Tod kein anderes Ich ist,
das zu trauern imstand wär' lebend, daß es vernichtet,

stansque iacentem ⟨se⟩ lacerari urive dolere.
nam si in morte malumst malis morsuque ferarum
tractari, non invenio qui non sit acerbum
ignibus inpositum calidis torrescere flammis   890
aut in melle situm suffocari atque rigere
frigore, cum summo gelidi cubat aequore saxi,
urgerive superne obtritum pondere terrae.
›Iam iam non domus accipiet te laeta, neque uxor
optima nec dulces occurrent oscula nati   895
praeripere et tacita pectus dulcedine tangent.
non poteris factis florentibus esse tuisque
praesidium. misero misere‹ aiunt ›omnia ademit
una dies infesta tibi tot praemia vitae.‹
illud in his rebus non addunt ›nec tibi earum   900
iam desiderium rerum super insidet una.‹
quod bene si videant animo dictisque sequantur,
dissolvant animi magno se angore metuque.
›tu quidem ut es leto sopitus, sic eris aevi
quod superest cunctis privatus doloribus aegris;   905
at nos horrifico cinefactum te prope busto
insatiabiliter deflevimus, aeternumque
nulla dies nobis maerorem e pectore demet.‹
illud ab hoc igitur quaerendum est, quid sit amari
tanto opere, ad somnum si res redit atque quietem,   910
cur quisquam aeterno possit tabescere luctu.

Hoc etiam faciunt ubi discubuere tenentque
pocula saepe homines et inumbrant ora coronis,

und das stehend hat Schmerz, daß es liegend zerfleischt und
verbrannt wird.
Denn wenn im Tod ein Übel es ist, von Kiefer und Bissen
wilder Tiere zerrissen zu werden, kann ich nicht finden,
wie es bitter nicht sei, auf dem Stoß zu rösten in heißen
Flammen oder in Honig gelegt zu ersticken, vor Kälte
starr zu sein, wenn man liegt auf der Ebne des eisigen
Steines,
oder von oben gepreßt zu werden, versehrt von der Erdlast.
»Ach! Jetzt empfängt dich nicht mehr das festliche Haus,
nicht die gute
Gattin, es eilen herbei nicht die wonnigen Söhne, zu haschen
Küsse, und rühren nicht mehr das Herz mit heimlicher Süße.
Wirst nicht mehr sein ein Mann von prächtigen Taten und
deinen
Lieben ein Schutz. Ein einziger Tag hat«, sagen sie, »kläglich,
feind dir, dir Armen, so viele Preise des Lebens genommen!«
Das aber fügen sie nicht hinzu: »Es sitzt dir auch nicht mehr
nach diesen Dingen hernach zugleich die Sehnsucht im
Herzen!«
Sähen sie klar das im Geist und folgten dem auch in den
Worten,
machten sie frei sich von großer Furcht und Beklemmung des
Geistes.
»Du freilich wirst, wie im Tod du entschlummert, den Rest
auch der Zeiten
so dann sein erlöst von allen düsteren Schmerzen.
Wir aber haben dich, nah auf schaurigem Stoße veräschert,
unersättlich beweint, und nie wird ewige Trauer
irgendein Tag imstand uns sein aus dem Herzen zu nehmen!«
Diesen muß danach man also fragen, was Bitteres darin
so sehr wär, wenn zum Schlaf es kommt und friedlicher
Ruhe,
daß darob einer vermöchte, in ewiger Trauer zu siechen.
    Das auch tun die Menschen, sobald zu Tisch sie gelagert,
oft, in der Hand den Pokal und schattend das Antlitz mit
Kränzen,

ex animo ut dicant ›brevis hic est fructus homullis;
iam fuerit neque post umquam revocare licebit.‹   915
tamquam in morte mali cum primis hoc sit eorum,
quod sitis exurat miseros atque arida torrat,
aut aliae cuius desiderium insideat rei.
nec sibi enim quisquam tum se vitamque requirit,
cum pariter mens et corpus sopita quiescunt;   920
nam licet aeternum per nos sic esse soporem,
nec desiderium nostri nos adficit ullum.
et tamen haud quaquam nostros tunc illa per artus
longe ab sensiferis primordia motibus errant,
cum correptus homo ex somno se colligit ipse.   925
multo igitur mortem minus ad nos esse putandumst,
si minus esse potest quam quod nihil esse videmus;
maior enim turbae disiectus materiai
consequitur leto nec quisquam expergitus exstat,
frigida quam semel est vitai pausa secuta.   930

   Denique si vocem rerum natura repente
mittat et hoc alicui nostrum sic increpet ipsa
›quid tibi tanto operest, mortalis, quod nimis aegris
luctibus indulges? quid mortem congemis ac fles?
nam si grata fuit tibi vita ante acta priorque   935
et non omnia pertusum congesta quasi in vas
commoda perfluxere atque ingrata interiere,
cur non ut plenus vitae conviva recedis
aequo animoque capis securam, stulte, quietem?
sin ea quae fructus cumque es periere profusa   940

daß aus des Herzens Grund sie sagen: »Kurz ist uns
Menschlein
dieser Genuß. Vorbei ist er gleich, man ruft ihn zurück nie!«
Grad als ob ihnen im Tod von den Übeln das vornehmste
dies sei,
daß der Durst sie verbrennt, die Armen, und trocken sie
ausdörrt,
oder Verlangen nach sonst einer Sache bedrängte die Herzen.
Keiner nämlich verlangt nach sich und dem Leben noch
dann, wenn
Geist und Körper zugleich entschlummert liegen im Schlafe.
Ging' es nämlich nach uns, der Schlaf könnte ewig so dauern,
und niemals bedräng' eine Sehnsucht uns nach uns selber.
Und es irren dabei doch nicht durch unsere Glieder
dann die Körperchen weit von empfindungsträcht'ger
Bewegung,
wenn ein Mann aus dem Schlaf gerissen selber sich sammelt.
Also viel weniger noch, muß man denken, geht uns der Tod
an,
wenn etwas weniger sein kann als das was nichts, wie wir
sehen.
Weiter nämlich verstreut ist des wirren Stoffes
Versprengung,
die im Tode erfolgt, und keinen gibt's, der erweckt ward,
den einmal hat erreicht des Lebens eisiger Abbruch.

    Schließlich: wenn die Natur die Stimme plötzlich erhöbe,
selber einem von uns dies vorhielt' mit folgenden Worten:
»Was hast so sehr du Grund, o Sterblicher, daß du zu
düstren
Klagen huldigst? Was bejammerst den Tod und beweinst du?
Denn wenn das Leben dir lieb gewesen, das früher geführte,
und nicht alle Genüsse, in lecke Gefäße geschüttet
gleichsam, flossen hindurch und danklos wurden zunichte,
warum gehst du nicht fort als ein Gast des Lebens, gesättigt,
und ergreifst nicht, o Tor, mit Gleichmut sichere Ruhe?
Wenn aber, was du genossen, verschwendet ging dir
zugrunde

vitaque in offensost, cur amplius addere quaeris,
rursum quod pereat male et ingratum occidat omne,
non potius vitae finem facis atque laboris?
nam tibi praeterea quod machiner inveniamque,
quod placeat, nihil est: eadem sunt omnia semper.   945
si tibi non annis corpus iam marcet et artus
confecti languent, eadem tamen omnia restant,
omnia si perges vivendo vincere saecla,
atque etiam potius, si numquam sis moriturus.‹ –
quid respondemus, ⟨ni⟩si iustam intendere litem   950
naturam et veram verbis exponere causam?   951
grandior hic vero si iam seniorque queratur   955
atque obitum lamentetur miser amplius aequo,   952
non merito inclamet magis et voce increpet acri?
›aufer abhinc lacrimas, baratre, et compesce querellas!   954
omnia perfunctus vitai praemia marces;   956
sed quia semper aves quod abest, praesentia temnis,
inperfecta tibi elapsast ingrataque vita
et necopinanti mors ad caput adstitit ante
quam satur ac plenus possis discedere rerum.   960
nunc aliena tua tamen aetate omnia mitte
aequo animoque agedum validis concede: necessest.‹
iure, ut opinor, agat, iure increpet inciletque;
cedit enim rerum novitate extrusa vetustas
semper, et ex aliis aliud reparare necessest.   965

und das Leben dir leid, was willst du mehr noch hinzutun,
daß es schlecht wieder ganz vergehe und danklos versinke,
setzest nicht lieber ein Ende des Lebens und damit der Mühe?
Denn was ich drüber hinaus dir noch sollte erdenken und
finden,
daß es gefiele dir, gibt es nichts: es bleibt alles dasselbe.
Wenn von den Jahren nicht schon der Leib dir welkt und die
Glieder
dir ermatten, verbraucht, erwartet dich doch nur dasselbe,
selbst wenn hinfort du besiegst an Leben alle Geschlechter
oder lieber vielmehr, wenn nie du stürbest in Zukunft.«
Was können antworten wir, wenn nicht, daß billige Klage
führt die Natur und wahrhafte Gründe mit Worten
entwickelt?
Wenn aber älter er schon und betagter so sich beklagte
und seinen Tod erbärmlich bejammerte mehr, als es billig,
schrie sie mit Recht dann nicht lauter und schölte mit heftiger
Stimme?
»Weg mit den Tränen, du Schlund, und bezähme das
Heulen!
Alles, was köstlich im Leben, hast du gehabt und verwelkst
nun.
Aber weil stets du begehrst, was nicht da, was da ist,
mißachtest,
unvollendet ist dir und unhold das Leben entronnen,
und es stellte dir wider Erwarten der Tod sich zu Häupten,
ehe du satt und erfüllt von den Dingen zu scheiden
vermöchtest.
Jetzt aber laß, was fremd deinem Alter, doch alles von dir
und mit Gleichmut – wohlan! – den Kräftigen weich: es ist
nicht jetzt.«
Ja, mit Recht, mein ich, spräch’ sie, mit Recht so tadelt’ und
schölt’ sie.
Denn es weicht verdrängt von der Frische der Dinge das
Alter
immer, und notwendig ist’s, zu ergänzen eins aus dem
andern;

nec quisquam in barathrum nec Tartara deditur atra:
materies opus est, ut crescant postera saecla.
quae tamen omnia te vita perfuncta sequentur;
nec minus ergo ante haec quam tu cecidere cadentque.
sic alid ex alio numquam desistet oriri   970
vitaque mancipio nulli datur, omnibus usu.
respice item quam nil ad nos ante acta vetustas
temporis aeterni fuerit, quam nascimur ante.
hoc igitur speculum nobis natura futuri
temporis exponit post mortem denique nostram.   975
numquid ibi horribile apparet, num triste videtur
quicquam, non omni somno securius exstat?

    Atque ea nimirum, quaecumque Acherunte profundo
prodita sunt esse, in vita sunt omnia nobis.
nec miser inpendens magnum timet aere saxum   980
Tantalus, ut famast, cassa formidine torpens;
sed magis in vita divum metus urget inanis
mortalis, casumque timent quem cuique ferat fors.
nec Tityon volucres ineunt Acherunte iacentem
nec quod sub magno scrutentur pectore quicquam   985
perpetuam aetatem possunt reperire profecto.
quamlibet immani proiectu corporis exstet,
qui non sola novem dispessis iugera membris
optineat, sed qui terrai totius orbem,
non tamen aeternum poterit perferre dolorem   990
nec praebere cibum proprio de corpore semper.
sed Tityos nobis hic est, in amore iacentem
quem volucres lacerant atque exest anxius angor

niemand wird in die Tiefe gestürzt und des Tartarus
                                        Dunkel:
Stoff wird gebraucht, daß herauf sich die spätren
                                        Geschlechter entwickeln.
Alle jedoch werden sie, wenn das Leben gelebt ist, dir
                                        folgen.
So wie du sind sie vordem versunken und werden versinken;
so wird eins aus dem andren immer von neuem entstehen,
keiner erhält zum Besitz das Leben, alle zum Nießbrauch.
Denke desgleichen daran, wie nicht vergangenes Alter
ewiger Zeit je betraf uns damals, bevor wir geboren.
Dies stellt nun die Natur als Spiegel der kommenden Zeiten
uns vor Augen nach unserm Tod, wenn alles zu Ende.
Zeigt sich vielleicht etwas Schauriges dort, läßt sich Düsteres
                                        sehen
irgend etwas, sind nicht freier von Sorgen als jeglicher Schlaf
                                        wir?
    Und zweifellos ist das, was sein in des Acheruns Tiefe
soll, wie berichtet es wird, im Leben selber uns alles.
Nicht fürchtet elend den mächtigen Felsen, der in der Luft
                                        hängt,
Tantalus, wie das Gerücht, in leerem Schrecken erstarrend;
sondern im Leben vielmehr drückt eitle Furcht vor den
                                        Göttern
nieder, und jeder fürchtet den Fall, den verhängt ihm das
                                        Schicksal.
Geier nicht tauchen in Tityus ein, der im Acheruns daliegt;
nichts, was unter der Brust sie suchen, der mächtigen, können
ewig währende Zeit doch, scheint in der Tat mir, sie finden.
Mag er besitzen ein Maß der Erstreckung des Körpers, das
                                        riesig,
so, daß es nicht neun Joch nur bedeckt, wofern er die Glieder
ausspannt, sondern das Rund der ganzen Erde, so wird er
doch nicht ewigen Schmerz allezeit zu ertragen imstand sein
noch vom eigenen Leib beständig Speise zu reichen.
Sondern Tityus ist uns der, den in Banden der Liebe
liegend Geier zerfleischen, zernagt beklemmendes Fürchten

aut alia quavis scindunt cuppedine curae.
Sisyphus in vita quoque nobis ante oculos est,   995
qui petere a populo fasces saevasque secures
imbibit et semper victus tristisque recedit.
nam petere imperium, quod inanest nec datur umquam
atque in eo semper durum sufferre laborem,
hoc est adverso nixantem trudere monte   1000
saxum, quod tamen ⟨e⟩ summo iam vertice rusum
volvitur et plani raptim petit aequora campi.
deinde animi ingratam naturam pascere semper
atque explere bonis rebus satiareque numquam,
quod faciunt nobis annorum tempora, circum   1005
cum redeunt fetusque ferunt variosque lepores,
nec tamen explemur vitai fructibus umquam,
hoc, ut opinor, id est, aevo florente puellas
quod memorant laticem pertusum congerere in vas,
quod tamen expleri nulla ratione potestur.   1010
Cerberus et Furiae iam vero et lucis egestas,
Tartarus horrificos eructans faucibus aestus,
qui neque sunt usquam nec possunt esse profecto!
sed metus in vita poenarum pro male factis
est insignibus insignis, scelerisque luela,   1015
carcer et horribilis de saxo iactus deorsum,
verbera, carnifices, robur, pix, lammina, taedae;
quae tamen etsi absunt, at mens sibi conscia factis
praemetuens adhibet stimulos torretque flagellis,

oder ob andrer Begier, was es sei auch, Sorgen zerreißen.
Sisyphus steht nicht anders im Leben uns vor den Augen:
wer die Bündel vom Volk zu erbitten und furchtbare Beile
dürstet und stets besiegt und düsteren Sinnes davongeht.
Denn ein Amt zu erstreben, das leer ist und niemals verliehn
                                                    wird,
und noch dabei beständig lastende Mühen zu leiden,
das heißt, den Berg zu stoßen hinauf, mit Keuchen sich
                                            stemmend,
Steine, die doch von der höchsten Spitze schon sich des
                                                    Gipfels
rückwärts wälzen und blitzschnell die Fläche der Ebene
                                                suchen.
Dann: eine undankbare Natur der Seele zu nähren,
immer mit guten Dingen zu füllen und doch nie zu sätt'gen,
wie die Zeiten des Jahres mit uns es tun, wenn im Kreise
wieder sie kehren und Frucht uns bringen und mancherlei
                                                    Anmut,
und wir doch niemals von des Lebens Früchten gestillt sind,
das, mein ich, trifft dies, daß Mädchen im Alter der Blüte,
wie man erzählt, das Naß sich schöpfen in löchrige Krüge,
die eben doch niemals gefüllt zu werden vermögen.
Was ist Cerberus gar, die Furien, Armut des Lichtes,
schaudererregenden Dunst aus Schlünden der Tartarus
                                                speiend,
die doch nirgendwo sind und zu sein fürwahr nicht
                                            vermögen!
Nein! Im Leben ist's Furcht vor Strafen für böse Verbrechen,
gräßliche für die gräßlichen, und der Schandtat Entsühnung:
Kerker und schauriger Sturz vom Felsen tief in den
                                                Abgrund,
Geißel, Henker und Folter, Pech, glühnde Platten und
                                                Fackeln;
wenn dies auch noch nicht da, der Geist, seiner Taten bewußt
                                                    sich,
setzt in der Vorfurcht den Stachel sich ein, heizt ein sich mit
                                                    Geißeln,

nec videt interea qui terminus esse malorum   1020
possit nec quae sit poenarum denique finis,
atque eadem metuit magis haec ne in morte gravescant.
hic Acherusia fit stultorum denique vita.

   Hoc etiam tibi tute interdum dicere possis.
›lumina sis oculis etiam bonus Ancus reliquit,   1025
qui melior multis quam tu fuit, improbe, rebus.
inde alii multi reges rerumque potentes
occiderunt, magnis qui gentibus imperitarunt.
ille quoque ipse, viam qui quondam per mare magnum
stravit iterque dedit legionibus ire per altum   1030
ac pedibus salsas docuit super ire lacunas
et contempsit equis insultans murmura ponti,
lumine adempto animam moribundo corpore fudit.
Scipiadas, belli fulmen, Carthaginis horror,
ossa dedit terrae proinde ac famul infimus esset.   1035
adde repertores doctrinarum atque leporum,
adde Heliconiadum comites; quorum unus Homerus
sceptra potitus eadem aliis sopitus quietest.
denique Democritum postquam matura vetustas
admonuit memores motus languescere mentis,   1040
sponte sua leto caput obvius obtulit ipse.
ipse Epicurus obit decurso lumine vitae,
qui genus humanum ingenio superavit et omnis
restinxit, stellas exortus ut aetherius sol.
tu vero dubitabis et indignabere obire?   1045
mortua cui vita est prope iam vivo atque videnti,

sieht derweil gar nicht, wo der Grenzstein ist dieser Leiden,
sieht nicht, welches Ziel der Strafen am Ende gegeben,
und hat die Furcht, daß im Tod dieselben schwerer noch
werden.
Hier wird also zum Schluß das Leben der Toren zur Hölle.
Magst bisweilen auch dies dir selber zum Troste noch
sagen:
»Auch der rechtliche Ancus behielt nicht das Licht seiner
Augen,
der in vielem, du Wicht, als du doch besser gewesen.
Drauf gingen andere viel zugrunde der Herrscher, zugrunde
Mächtige dieser Welt, die gewaltigen Völkern befahlen.
Jener auch selbst, der einst durch das riesige Meer eine
Straße
breitete und eine Bahn den Legionen gab, über Tiefen
hin zu gehn, der zu Fuß über salzige Buchten zu schreiten
lehrte und höhnte mit stampfenden Rossen das Tosen des
Meeres,
hauchte, beraubt des Lichts, aus sterbendem Körper die Seele.
Scipios Sohn, der Blitz des Krieges, der Schrecken Karthagos,
gab sein Gebein der Erde, als ob er der niedrigste Diener.
Füge die Finder hinzu der Wissenschaften und Künste,
füg die Gesellen hinzu von Helikons Nymphen: Homerus,
deren Fürst, ist entschlummert in gleicher Ruhe wie andre.
Schließlich: als Demokrit das dem Tod zureifende Alter
mahnte, daß matt des Geistes erinnerungtragende
Schwingung
würde, hat selbst er dem Tod sein Haupt entgegengehalten.
Selbst Epikur verstarb, als die Bahn er des Lebens gelaufen,
der doch der Menschen Geschlecht überwand an Geist und
sie alle
überstrahlte, wie Sterne beim Aufgang die Sonne des
Himmels!
Du aber möchtest zaudern und willst dich entrüsten zu
sterben?
Dem das Leben fast schon wie der Tod, ob du lebst noch und
siehst noch,

qui somno partem maiorem conteris aevi
et vigilans stertis nec somnia cernere cessas
sollicitamque geris cassa formidine mentem
nec reperire potes tibi quid sit saepe mali, cum   1050
ebrius urgeris multis miser undique curis
atque animo incerto fluitans errore vagaris.‹
  Si possent homines, proinde ac sentire videntur
pondus inesse animo, quod se gravitate fatiget,
e quibus id fiat causis quoque noscere et unde   1055
tanta mali tamquam moles in pectore constet,
haud ita vitam agerent, ut nunc plerumque videmus
quid sibi quisque velit nescire et quaerere semper
commutare locum, quasi onus deponere possit.
exit saepe foras magnis ex aedibus ille,   1060
esse domi quem pertaesumst, subitoque ⟨revertit⟩,
quippe foris nihilo melius qui sentiat esse.
currit agens mannos ad villam praecipitanter,
auxilium tectis quasi ferre ardentibus instans:
oscitat extemplo, tetigit cum limina villae,   1065
aut abit in somnum gravis atque oblivia quaerit,
aut etiam properans urbem petit atque revisit.
hoc se quisque modo fugit – at quem scilicet, ut fit,
effugere haud potis est –, ingratis haeret et odit
propterea, morbi quia causam non tenet aeger;   1070

der du den größeren Teil des Lebens mit Schlafen vergeudest
und im Wachen schnarchst, nicht Träume zu sehen je
aufhörst,
und deinen Sinn in Aufregung hältst aus nichtigem
Schrecken,
oft zudem nicht zu finden vermagst, welch Übel dich
martert,
wenn du, elend, bedrückt wirst im Trunke von zahlreichen
Sorgen
überallher und im Geist umherschwimmst in planlosem
Irren!«
Wären die Menschen imstand, wie sichtlich Empfindung
sie haben,
daß ein Gewicht in der Seele, das sie durch Schwere ermüdet,
auch, aus welchen Gründen das rührt, zu erkennen und
woher
denn in der Brust eine solche Last des Übels bereitliegt,
würden sie nicht das Leben so führen, wie meistens wir sehen
jetzt, wie keiner weiß, was er will, und dauernd bestrebt ist,
auszuwechseln den Ort, als ob er die Last damit ablüd'.
Oft geht jener hinaus aus seinem prächtigen Hause,
den daheim zu bleiben es ekelt, und plötzlich kehrt um er,
da natürlich er merkt: es ist draußen um nichts ihm nur
besser.
Jagend die Rosse zum Haus auf dem Land stürmt Hals über
Kopf er:
als ob dem brennenden Dach zu Hilfe er eilte, so drängt er.
Gähnend sperrt er das Maul, kaum daß er berührt seine
Schwelle,
oder er sinkt in Schlaf bleischwer und sucht nach Vergessen,
oder er strebt auch mit Hast zur Stadt und naht sich ihr
wieder.
So flieht ein jeder das Selbst, dem doch zu entfliehen nicht
möglich,
wie natürlich und klar; er haftet und haßt's wider Willen,
deswegen, weil er, krank, nicht kennt den Grund seines
Leidens.

quam bene si videat, iam rebus quisque relictis
naturam primum studeat cognoscere rerum,
temporis aeterni quoniam, non unius horae,
ambigitur status, in quo sit mortalibus omnis
aetas, post mortem quae restat cumque, manenda.   1075

    Denique tanto opere in dubiis trepidare periclis
quae mala nos subigit vitai tanta cupido?
certe equidem finis vitae mortalibus adstat
nec devitari letum pote quin obeamus.
praeterea versamur ibidem atque insumus usque   1080
nec nova vivendo procuditur ulla voluptas.
sed dum abest quod avemus, id exsuperare videtur
cetera; post aliud, cum contigit illud, avemus
et sitis aequa tenet vitai semper hiantis.
posteraque in dubiost fortunam quam vehat aetas,   1085
quidve ferat nobis casus quive exitus instet
nec prorsum vitam ducendo demimus hilum
tempore de mortis nec delibare valemus,
quo minus esse diu possimus forte perempti.
proinde licet quot vis vivendo condere saecla,   1090
mors aeterna tamen nihilo minus illa manebit,
nec minus ille diu iam non erit, ex hodierno
lumine qui finem vitai fecit, et ille,
mensibus atque annis qui multis occidit ante.

Wenn er erkennte ihn recht, würde jeder das andere lassen
und sich bemühen zuerst, das Wesen der Dinge zu lernen,
da einer ewigen Zeit, nicht nur einer einzigen Stunde
Stand auf dem Spiele steht, in dem die Sterblichen alle
Zeit, die nach dem Tode verbleibt, verharren dann müssen.

    Schließlich: so sehr in Gefahr und ewigen Zweifeln zu
                       zittern,
welche so mächtige, schlimme Begier nach Leben denn zwingt
                      uns?
Sicher auf jeden Fall ist Menschen das Ende des Lebens,
und es läßt sich der Tod, ihn nicht zu erleiden, nicht meiden.
Weilen zudem im selben Kreis und befinden uns drin stets,
nicht wird neuer Genuß aus längerem Leben geschlagen.
Aber da fern das ist, was wir wünschen, scheint dieses das
                       andre
hoch zu besiegen; dann, fällt es zu, begehren wir andres,
und der gleiche Durst nach Leben quält gierend uns ständig.
Zweifelhaft ist's, welch Geschick das spätere Leben
                       heranführt,
was der Zufall uns bringt, und was für ein Ende bevorsteht.
Und nichts nehmen wir weg, wofern das Leben wir längen,
von des Todes Zeit und können davon nichts vermindern,
daß etwa wir weniger lang sein möchten vernichtet.
Magst drum Jahrhunderte, wie du willst, erleben und
                       heimsen,
um nichts weniger bleibt der Tod doch ewig an Zeit dir,
und nicht weniger lang wird der nicht sein, der ein Ende
setzte dem Leben beim heutigen Strahle der Sonne, als jener,
der vorher verstarb um viele Monde und Jahre.

Liber quartus

Avia Pieridum peragro loca nullius ante
trita solo. iuvat integros accedere fontis
atque haurire, iuvatque novos decerpere flores
insignemque meo capiti petere inde coronam,
unde prius nulli velarint tempora Musae;   5
primum quod magnis doceo de rebus et artis
religionum animum nodis exsolvere pergo,
deinde quod obscura de re tam lucida pango
carmina musaeo contingens cuncta lepore.
id quoque enim non ab nulla ratione videtur.   10
nam veluti pueris absinthia taetra medentes
cum dare conantur, prius oras pocula circum
contingunt mellis dulci flavoque liquore,
ut puerorum aetas inprovida ludificetur
labrorum tenus, interea perpotet amarum   15
absinthi laticem deceptaque non capiatur,
sed potius tali pacto recreata valescat,
sic ego nunc, quoniam haec ratio plerumque videtur
tristior esse quibus non est tractata retroque
volgus abhorret ab hac, volui tibi suaviloquenti   20
carmine Pierio rationem exponere nostram
et quasi musaeo dulci contingere melle,
si tibi forte animum tali ratione tenere
versibus in nostris possem, dum percipis omnem
naturam rerum ac persentis utilitatem.   25
     Atque animi quoniam docui natura quid esset
et quibus e rebus cum corpore compta vigeret
quove modo distracta rediret in ordia prima,

Viertes Buch

Wegloses Musengefild durchwandr' ich, das vorher von
keines
Fuße betreten. Wonne, unversehrten Quellen zu nahen
und zu schöpfen! Wonne auch, neue Blüten zu brechen
und von dort meinem Haupt einen strahlenden Kranz mir
zu holen,
woher niemandem noch die Schläfen umwanden die Musen;
erstlich, weil von großen Dingen ich lehr und von engen
Knoten der Furcht vor den Göttern das Herz zu entwinden
ich fortfahr,
dann aber weil ich von dunklen Dingen schmiede so lichte
Verse, mit musischer Anmut leicht ein jedes benetzend.
Nämlich auch das scheint mir zu sein nicht bar allen Sinnes;
denn so, wie wenn der Arzt den Kindern bitteren Wermut
einzuflößen versucht, er vorher den Becher am Rande
überstreicht mit des Honigs süßem, goldenem Seime,
daß das arglose Alter der Knaben zum besten gehalten
wird bis zur Lippe, indes aber austrinkt die bittre
Feuchte des Wermuts und, überlistet, doch nicht getäuscht
wird,
sondern mehr sich also erholt und wieder zu Kraft kommt,
so hab auch ich jetzt, da diese Lehre ja meistens ein wenig
herb scheint dem, der mit ihr nicht viel sich beschäftigt, und
vor ihr
bebt der Haufe zurück, dir gewollt in lieblich beredtem
Lied der pierischen Mädchen entwerfen ein Bild unsrer Lehre
und mit süßem musischem Honig leicht sie benetzen,
ob ich vielleicht deinen Sinn auf solche Weise vermöchte
bei meinen Versen zu halten, während du aufnimmst das
ganze
Wesen der Dinge und tief verspürest den Nutzen der Lehre.

Und da gelehrt ich ja nun, was ist das Wesen der Seele
Und woraus es gefügt sich regt im Bund mit dem Körper
oder wie es zerteilt in die Ursprungskörper zurückkehrt,

nunc agere incipiam tibi, quod vehementer ad has res
attinet, esse ea quae rerum simulacra vocamus;   30
quae quasi membranae summo de corpore rerum
dereptae volitant ultroque citroque per auras,
atque eadem nobis vigilantibus obvia mentes
terrificant atque in somnis, cum saepe figuras
contuimur miras simulacraque luce carentum,   35
quae nos horrifice languentis saepe sopore
excierunt; ne forte animas Acherunte reamur
effugere aut umbras inter vivos volitare
neve aliquid nostri post mortem posse relinqui,
cum corpus simul atque animi natura perempta   40
in sua discessum dederint primordia quaeque.
dico igitur rerum effigias tenuisque figuras
mittier ab rebus summo de corpore eorum.
id licet hinc quamvis hebeti cognoscere corde.

‖ Sed quoniam docui cunctarum exordia rerum   45
qualia sint et quam variis distantia formis
sponte sua volitent aeterno percita motu
quoque modo possit res ex his quaeque creari,
nunc agere incipiam tibi quod vehementer ad has res
attinet esse ea quae rerum simulacra vocamus,   50
quae quasi membranae vel cortex nominitandast,
quod speciem ac formam similem gerit eius imago,
cuiuscumque cluet de corpore fusa vagari. ‖

will ich dir jetzt zu behandeln beginnen, was dieses aufs
stärkste
anrührt: es gibt, was wir der Dingwelt Abbilder heißen,
die wie Häutchen, die ganz von der Oberfläche der Dinge
los sich gerissen, hierhin fliegen und dorthin im Luftraum
und uns im Wachen zugleich entgegentretend in Schrecken
setzen den Geist und im Schlafe, wenn oft wir schauen
Gestalten
seltsame und gar Abbilder derer, die missen das Licht hier,
die uns entsetzenerregend, wenn schlaff im Schlaf wir
versunken,
oft jagten auf; daß wir nicht etwa meinen, die Seelen
kämen vom Acheruns los und es gäb zwischen Lebenden
Schatten
oder etwas von uns könne nach dem Tode noch bleiben,
wenn der Körper zugleich und das Wesen der Seele
vernichtet
auseinander tritt jeweils in die Körper des Ursprungs.
Also ich sag, daß Bilder der Dinge und feine Gestalten
aus von den Dingen werden gesandt vom Rand ihres
Körpers.
Das kann aus folgendem man, auch mit stumpfem Herzen,
erkennen.

‖ Aber da nun ich gelehrt, wie aller Dinge beschaffen
Urkörper sind und wie sie verschieden mit wechselnden
Formen
fliegen umher von selbst, erregt von ewiger Unrast
und wie jegliches Ding aus ihnen vermag zu entstehen,
will dir zu sprechen jetzt ich beginnen, was dieses aufs
stärkste
anrührt: es gibt, was wir der Dingwelt Abbilder heißen,
die sind als eine Art zu benennen von Haut oder Rinde,
weil das Bild eine Form und Gestalt dem ähnlich genau
zeigt,
aus dessen Körper es sich ergießt und klärlich
umherschweift. ‖

Principio quoniam mittunt in rebus apertis
corpora res multae, partim diffusa solute,   55
robora ceu fumum mittunt ignesque vaporem,
et partim contexta magis condensaque, ut olim
cum teretis ponunt tunicas aestate cicadae,
et vituli cum membranas de corpore summo
nascentes mittunt, et item cum lubrica serpens   60
exuit in spinis vestem; nam saepe videmus
illorum spoliis vepres volitantibus auctas:
quae quoniam fiunt, tenuis quoque debet imago
ab rebus mitti summo de corpore rerum.
nam cur illa cadant magis ab rebusque recedant   65
quam quae tenvia sunt, hiscendist nulla potestas;
praesertim cum sint in summis corpora rebus
multa minuta, iaci quae possint ordine eodem
quo fuerint et formai servare figuram,
et multo citius, quanto minus indupediri   70
pauca queunt et ⟨quae⟩ sunt prima fronte locata.
nam certe iacere ac largiri multa videmus,
non solum ex alto penitusque, ut diximus ante,
verum de summis ipsum quoque saepe colorem.
et volgo faciunt id lutea russaque vela   75
et ferrugina, cum magnis intenta theatris
per malos volgata trabesque trementia flutant;
namque ibi consessum caveai subter et omnem
scaenai speciem, patrum matrumque levamen,
inficiunt coguntque suo fluitare colore.   80
et quanto circum mage sunt inclusa theatri
moenia, tam magis haec intus perfusa lepore
omnia conrident correpta luce diei.

Erstens, da in der sichtbaren Welt ja viele der Dinge
Körper entsenden, gelöst teils auseinander verströmend,
wie das Holz den Rauch entläßt und Feuer Gebrodel,
teils auch mehr verwoben und dicht, wie dann, wenn im
                              Sommer
von sich ihr rundes Hemd herunterstreift die Zikade,
wenn die Kälbchen die Haut von der Oberfläche des Körpers
lassen bei der Geburt, und auch, wenn die schlüpfrige
                              Schlange
ab ihr Kleid an den Dornen schält; kann oft man doch sehen
Dornengestrüpp bereichert um ihre flatternden Hüllen:
da dies geschieht, muß auch ein feines Bild von den Dingen
ausgesendet werden vom äußersten Borde der Dinge.
Denn warum mehr jenes abfallen soll und sich lösen
ab von den Dingen, als was fein, ist zu sagen nicht möglich;
da doch zumal an der Oberfläche der Dinge sich finden
winzige Körper viel, die in gleicher Ordnung geschleudert
werden, wie sie gewesen, und wahren können ihr Formbild,
und viel rascher noch, je weniger wenige werden
können verstrickt und solche, die vorn an der Stirn sich
                              befinden.
Denn wir sehen gewiß sie doch vieles schleudern und
                              schütten,
nicht aus dem Innern allein und der Tiefe, wie vorhin wir
                              sagten,
sondern oft von oben auch die Farbe doch selber.
Und das tuen gewöhnlich die gelben und rötlichen Segel
doch und die braunen, wenn sie, gespannt im großen Theater,
zwischen den Masten gebreitet und Balken, bebend
                              erschimmern;
denn dort tauchen sie ein die Sitze des Rundes darunter
und der Bühne Gesamtbild, der Väter und Mütter
                              Ergötzung,
und vermögen sie, ganz in ihrer Farbe zu schimmern.
Und je mehr ringsum sind geschlossen ein des Theaters
Mauern, um so mehr ist dies übergossen von Anmut
drinnen alles und lacht im geballten Lichte des Tages.

ergo lintea de summo cum corpore fucum
mittunt, effigias quoque debent mittere tenvis   85
res quaeque, ex summo quoniam iaculantur utraque.
sunt igitur iam formarum vestigia certa,
quae volgo volitant subtili praedita filo
nec singillatim possunt secreta videri.
praeterea omnis odor, fumus, vapor atque aliae res   90
consimiles ideo diffusae ⟨e⟩ rebus abundant,
ex alto quia dum veniunt intrinsecus ortae
scinduntur per iter flexum nec recta viarum
ostia sunt, qua contendant exire coortae.
at contra tenuis summi membrana coloris   95
cum iacitur, nihil est quod eam discerpere possit,
in promptu quoniam est in prima fronte locata.
postremo speculis in aqua splendoreque in omni
quaecumque apparent nobis simulacra, necessest,
quandoquidem simili specie sunt praedita rerum,   100
ex ⟨ea⟩ imaginibus missis consistere eorum.
nam cur illa cadant magis ab rebusque recedant
quam quae tenvia sunt, hiscendist nulla potestas.
sunt igitur tenues formae rerum his similesque
effigiae singillatim quas cernere nemo   105
cum possit, tamen adsiduo crebroque repulsu
reiectae reddunt speculorum ex aequore visum,
nec ratione alia servari posse videntur,
tanto opere ut similes reddantur cuique figurae.

  Nunc age quam tenui natura constet imago   110
percipe. et in primis, quoniam primordia tantum
sunt infra nostros sensus tantoque minora
quam quae primum oculi coeptant non posse tueri,
nunc tamen id quoque uti confirmem, exordia rerum
cunctarum quam sint suptilia percipe paucis.   115

Da die Linnen also von der Oberfläche des Körpers
Farbe senden, muß auch feine Gebilde versenden
jedes Ding, da beides vom äußersten Rande verstrahlt wird.
Schon haben jetzt wir also von Formen sichere Spuren,
die rings fliegen umher, begabt mit dünnem Gespinste,
und nicht einzeln getrennt gesehen zu werden vermögen.
Außerdem: jeder Geruch, Rauch, Dampf und andere Dinge
ähnlicher Art entströmen darum verschwommen den Dingen,
weil sie, drinnen entstanden, sobald aus der Tiefe sie steigen,
werden zerrissen drin auf dem krummen Weg und nicht
                              gerade
ist die Mündung der Bahnen, wo sie zu entkommen sich
                              mühen.
Wird dagegen das feine Gehäut der obersten Farbe
ausgestrahlt, gibt's nichts, was dies zu zerpflücken vermöchte,
da vor Augen es ja in vorderster Front sich befindet.
Die zuletzt, die in Spiegeln, im Wasser, auf jeglichem Glanze
uns erscheinen sofort, die Bilder, sie müssen notwendig,
da sie begabt ja sind mit Aussehn ähnlich den Dingen,
aus den Bildern bestehn, die von ihnen wurden entsendet.
Denn warum mehr jene abfallen sollen und scheiden
ab von den Dingen, als was fein, ist zu sagen nicht möglich.
Also besitzen sie zarte Gestalten der Dinge und Bilder,
ähnliche, die, obwohl zu sehen sie einzeln ist niemand
fähig, geworfen zurück in ständigem, häufigem Abprall,
wieder den Anblick doch von der Glätte geben des Spiegels,
und nicht in anderer Art offenbar erhalten sich können,
daß sie ähnlich so sehr einem jeden Gebilde entsprechen.
   Jetzt wohlan, und vernimm, von wie zartem Wesen die
                              Bilder
sind. Und zuvörderst, da ja so sehr die Körper des
                              Ursprungs
unterhalb unserer Wahrnehmung sind und um so vieles
                              kleiner
als die zuerst unser Auge beginnt nicht sehen zu können,
so vernimm, um jetzt doch auch dies zu erhärten, in Kürze,
wie von dünnester Art aller Dinge Atome beschaffen.

primum animalia sunt iam partim tantula, eorum ⟨ut⟩
tertia pars nulla possit ratione videri.
horum intestinum quodvis quale esse putandumst!
quid cordis globus aut oculi? quid membra? quid artus?
quantula sunt? quid praeterea primordia quaeque,   120
unde anima atque animi constet natura necessumst,
nonne vides quam sint subtilia quamque minuta?

    praeterea quaecumque suo de corpore odorem
expirant acrem, panaces, absinthia taetra
habrotonique graves et tristia centaurea,   125
quorum unum quidvis leviter si forte duobus
. . . .
quin potius noscas rerum simulacra vagari,   127
multa modis multis, nulla vi cassaque sensu?

    Sed ne forte putes ea demum sola vagari
quaecumque ab rebus rerum simulacra recedunt: 130
sunt etiam quae sponte sua gignuntur et ipsa
constituuntur in hoc caelo, qui dicitur aer,   132
quae multis formata modis sublime feruntur,   135
ut nubes facile interdum concrescere in alto   133
cernimus et mundi speciem violare serenam,   134
aera mulcentes motu. nam saepe Gigantum   136
ora volare videntur et umbram ducere late,
interdum magni montes avolsaque saxa
montibus anteire et solem succedere praeter,
inde alios trahere atque inducere belua nimbos.   140
nec speciem mutare suam liquentia cessant
et cuiusque modi formarum vertere in oras.

Erstens: sind doch schon teils die Wesen so winzig, daß
ihre
Drittel auf keine Weise gesehen zu werden vermöchten.
Irgendein innres Organ von ihnen, wie klein muß man's
achten!
Wie des Herzens Ball und die Augen? Wie Glieder? Wie
Teile?
Wie sind winzig sie wohl? Wie weiter die einzelnen Körper,
woraus Leben und Geist bestehen müssen notwendig:
siehst du nicht, wie fein sie sind und wie winzig an Größe?

 Außerdem: alles, was Duft aus seinem eigenen Leibe
aushaucht, scharfen, Heilkraut, weiter widriger Wermut,
Stabwurz mit schwerem Geruche, das bittere Güldenkraut
weiter,
wenn du eines davon nur leicht durch Zufall mit beiden
. . . .
warum willst du nicht lieber erkennen, daß Abbilder fliegen
vielfältig viele herum, von selbst und bar der Empfindung?

 Daß du aber nicht meinst, erst die nur schweiften im
Fluge,
die von den Dingen sich ab als deren Abbilder scheiden:
ihrer gibt es auch, die von selbst entstehen und selber
erst sich bilden hier in dem Himmel, wo Luft er noch
heißet,
die auf vielfache Weise geformt hoch oben sich tummeln,
wie wir Wolken bisweilen leicht in der Höhe sich ballen
und das heitre Gesicht der Welt vergewaltigen sehen,
kosend mit ihrer Bewegung die Luft. Sieht oft man
Giganten-
Fratzen doch fliegen und breit des Schattens Dunkel
umziehen,
manchmal mächtige Berge und losgerissen von Bergen
Felsen vor ihnen ziehn und vorbei an die Sonne zu rücken,
drauf ein Untier schleppen und anführen andere Schwaden.
Und sie hören nicht auf, verfließend den Anblick zu
wechseln
und sich zu wandeln in Risse von Formen jeglichen Aussehns.

Nunc ea quam facili et celeri ratione genantur
perpetuoque fluant ab rebus lapsaque cedant
....
semper enim summum quicquid de rebus abundat,   145
quod iaculentur. et hoc alias cum pervenit in res,
transit, ut in primis vestem; sed ubi aspera saxa
aut in materiam ligni pervenit, ibi iam
scinditur, ut nullum simulacrum reddere possit.
at cum splendida quae constant opposta fuerunt   150
densaque, ut in primis speculum est, nihil accidit horum,
nam neque uti vestem possunt transire neque autem
scindi; quam meminit levor praestare salutem.
quapropter fit ut hinc nobis simulacra redundent.
et quamvis subito quovis in tempore quamque   155
rem contra speculum ponas, apparet imago;
perpetuo fluere ut noscas e corpore summo
texturas rerum tenuis tenuisque figuras.
ergo multa brevi spatio simulacra genuntur,
ut merito celer his rebus dicatur origo.   160
et quasi multa brevi spatio summittere debet
lumina sol, ut perpetuo sint omnia plena,
sic ab rebus item simili ratione necessest
temporis in puncto rerum simulacra ferantur
multa modis multis in cunctas undique partis,   165
quandoquidem, speculum quocumque obvertimus oris,
res ibi respondent simili forma atque colore.
‖   Praeterea modo cum fuerit liquidissima caeli
tempestas, perquam subito fit turbida foede,

Jetzt, wie leicht und rasch ist der Vorgang ihrer
Entstehung,
wie von den Dingen sie ständig verströmen und fallend sich
scheiden
....
denn was je das oberste ist, fließt reichlich ab von den
Dingen,
daß sie es strahlen aus. Und dringt es in andere Dinge,
geht es hindurch, wie besonders durch Stoff; wenn dagegen
auf rauhen
Felsen es traf oder hölzerne Masse, wird dort es zerrissen
schon, daß nicht es vermag ein Bild zurück mehr zu werfen.
Wenn, was glänzender Art, jedoch in den Weg war getreten
und, wie vor allem der Spiegel ist, Dichtes, tritt davon nichts
ein;
denn nicht können sie wie durch ein Kleid hindurchgehn
noch wieder
werden zerrissen; dies Heil denkt Glattheit ihnen zu bieten.
Darum geschieht's, daß von dort uns Abbilder wogen
entgegen.
Und du magst noch so schnell zu beliebiger Zeit ein beliebges
Ding entgegenhalten dem Spiegel: sofort ist das Bild da;
daß man erkennt: es entströmen beständig dem Äußern des
Körpers
zarte Gespinste der Dinge und ebenso zarte Gebilde.
Also entstehen in kurzer Zeit der Abbilder viele,
daß man mit Recht eine schnelle Geburt den Erscheinungen
nachsagt.
Und wie vieles Licht in kurzer Zeit auch die Sonne
nachschicken muß, daß alles von ihm beständig erfüllt ist,
so auf ähnliche Art müssen gleich auch fast von den Dingen
in einem einzigen Nu der Dingwelt Abbilder eilen
viele in vielfacher Art überall nach allen den Seiten,
da ja zumal, wohin wir den Spiegel zum Gegenstand wenden,
drin die Dinge mit ähnlicher Form entsprechen und Farbe.
Außerdem: mag durchsichtig klar noch eben des Himmels
Zustand gewesen sein, im Nu wird er grauenhaft trübe,

undique uti tenebras omnis Acheruntis rearis   170
liquisse et magnas caeli complesse cavernas:
usque adeo taetra nimborum nocte coorta
inpendent atrae formidinis ora superne;
quorum quantula pars sit imago dicere nemost
qui possit, neque eam rationem reddere dictis. ‖   175

    Nunc age, quam celeri motu simulacra ferantur
et quae mobilitas ollis tranantibus auras
reddita sit, longo spatio ut brevis hora teratur,
in quem quaeque locum diverso numine tendunt,
svavidicis potius quam multis versibus edam;   180
parvus ut est cycni melior canor, ille gruum quam
clamor in aetheriis dispersus nubibus austri.

    principio persaepe levis res atque minutis
corporibus factas celeris licet esse videre.
in quo iam genere est solis lux et vapor eius,   185
propterea quia sunt e primis facta minutis,
quae quasi cuduntur perque aeris intervallum
non dubitant transire sequenti concita plaga;
suppeditatur enim confestim lumine lumen
et quasi protelo stimulatur fulgere fulgur.   190
quapropter simulacra pari ratione necesse est
immemorabile per spatium transcurrere posse
temporis in puncto, primum quod parvula causa
est procul a tergo quae provehat atque propellat,
quod super est, ubi tam volucri levitate ferantur,   195
deinde quod usque adeo textura praedita rara
mittuntur, facile ut quasvis penetrare queant res
et quasi permanare per aeris intervallum.

daß du denkst, alles Dunkel der Hölle hab' sie verlassen
überallher und erfüllte die mächtigen Höhlen des Himmels:
so sehr dräuen, sobald der Wolken grausiges Dunkel
sich geballt, von oben die Fratzen finsteren Schreckens;
der wievielte Teil ist ihr Abbild, ist niemand, der wüßt' es
auszusagen und gar im Wort davon Rechnung zu legen.
 Jetzt wohlan! In wie schneller Bewegung Abbilder eilen,
welche Geschwindigkeit, wenn sie die Lüfte durchströmen,
                                   denselben
wurde geschenkt, daß mit langer Bahn ein Stündlein verzehrt
                                         wird,
wo sie einzeln auch hin in verschiednem Drange sich wenden,
das will in Versen von Wohllaut ich lieber als vielen
                                      verkünden,
so wie der schwache Gesang des Schwanes besser ist als des
Kranichs Geschrei, das sich hoch verliert in den Wolken des
                                      Südwinds.
 Erstens: gar oft sind leichte Gebilde, gemacht aus sehr
                                       kleinen
Körpern, überaus rasch, wie jedem zu sehen erlaubt ist.
Dazu gehört nach der Art der Sonnen Licht und sein
                                       Brodeln,
darum, weil sie gemacht aus winzigen ersten Partikeln,
die sozusagen gepeitscht durch den Raum der Lüfte
                                       dazwischen
ohne zu schwanken eilen vom folgenden Schlage getrieben;
wird doch eilends ersetzt das Licht vom Lichte dahinter
und wie am Zugseil des Pflugs wird Glanz gespornt von
                                       dem Glanze.
Darum müssen die Abbilder auch nach gleichem Gesetze
durch unsagbaren Raum hindurchzueilen vermögen
in einem Punkt der Zeit, weil erstens die freilich geringe
Ursache weit im Rücken sie vorwärts fördert und antreibt,
übrigens doch zumal, da in flüchtiger Leichte sie eilen,
dann weil in so hohem Grad begabt mit lockrem Gespinste
sie verstrahlen, daß leicht in beliebige Dinge imstand sie
einzudringen und durch den Raum der Lüfte zu strömen.

praeterea si quae penitus corpuscula rerum
ex altoque foras mittuntur, solis uti lux   200
ac vapor, haec puncto cernuntur lapsa diei
per totum caeli spatium diffundere sese
perque volare mare ac terras caelumque rigare.
quid quae sunt igitur iam prima fronte parata,
cum iaciuntur et emissum res nulla moratur?   205
quone vides citius debere et longius ire
multiplexque loci spatium transcurrere eodem
tempore quo solis pervolgant lumina caelum?

    hoc etiam in primis specimen verum esse videtur,
quam celeri motu rerum simulacra ferantur,   210
quod simul ac primum sub diu splendor aquai
ponitur, extemplo caelo stellante serena
sidera respondent in aqua radiantia mundi.
iamne vides igitur quam puncto tempore imago
aetheris ex oris in terrarum accidat oras?   215

    Quare etiam atque etiam mira fateare necessest
. . . .
corpora quae feriant oculos visumque lacessant.
perpetuoque fluunt certis ab rebus odores;
frigus ut a fluviis, calor ab sole, aestus ab undis
aequoris, exesor moerorum litora circum;   220
nec variae cessant voces volitare per auras;
denique in os salsi venit umor saepe saporis,

Außerdem: wenn von drinnen heraus die Teilchen der
Dinge
und aus der Tiefe hervor verstrahlen, wie Licht unsrer Sonne
und sein Brodem, so sieht man an einem Punkte des Tages
über den ganzen Raum sie des Himmels sich fallend ergießen
und durch Länder und Meer hin fliegen, den Himmel
durchfluten.
Wie also die, die bereit schon sind in vorderster Linie,
werden geschleudert sie aus und hindert nichts ihren
Ausstoß?
Siehst du nicht, um wieviel schneller und weiter sie müssen
fliegen und vielfaches Maß durchlaufen der Strecke in
gleicher
Zeit, in der das Licht der Sonne den Himmel durchwandert?
    Dies auch scheint vor allem ein wahres Muster zu sein mir,
in wie schneller Bewegung der Dingwelt Abbilder eilen,
daß, kaum setzt man unter den Himmel des Wassers
beglänzte
Fläche, sogleich, wenn in heiterem Glanz der Himmel
erstrahlet,
auch die schimmernden Sterne des Alls im Wasser entsprechen.
Siehst du also nun wohl, wie schnell im Nu sich das Abbild
aus des Äthers Gefild in der Erden Gefilde herabstürzt?
    Drum mußt noch und noch du gestehen: mit wunderbarer
. . . .
Körper, die treffen die Augen und reizen den Sinn des
Gesichtes.
Und ohne Unterlaß fließt von bestimmten Dingen der Duft
ab;
wie die Kälte vom Fluß, von der Sonne die Hitze, von
Meeres
Wogen der Schaum, der Fresser der Mauern, rings am
Gestade;
und der Stimmen Gewirr säumt nicht, durch die Lüfte zu
schwirren;
schließlich kommt oft in den Mund die salzig schmeckende
Feuchte,

cum mare versamur propter, dilutaque contra
cum tuimur misceri absinthia, tangit amaror.
usque adeo omnibus ab rebus res quaeque fluenter   225
fertur et in cunctas dimittitur undique partis
nec mora nec requies interdatur ulla fluendi,
perpetuo quoniam sentimus et omnia semper
cernere, odorari licet et sentire sonare.

   praeterea quoniam manibus tractata figura   230
in tenebris quaedam cognoscitur esse eadem quae
cernitur in luce et claro candore, necessest
consimili causa tactum visumque moveri.
nunc igitur si quadratum temptamus et id nos
commovet [et] in tenebris, in luci quae poterit res   235
accidere ad speciem quadrata nisi eius imago?
esse in imaginibus quapropter causa videtur
cernundi neque posse sine his res ulla videri.

   Nunc ea quae dico rerum simulacra feruntur
undique et in cunctas iaciuntur didita partis;   240
verum nos oculis quia solis cernere quimus,
propterea fit uti, speciem quo vertimus, omnes
res ibi eam contra feriant forma atque colore.
et quantum quaeque ab nobis res absit, imago
efficit ut videamus et internoscere curat;   245
nam cum mittitur, extemplo protrudit agitque
aera qui inter se cumque est oculosque locatus,
isque ita per nostras acies perlabitur omnis
et quasi perterget pupillas atque ita transit.   249
propterea fit uti videamus quam procul absit   251

wenn wir nahe am Meer verweilen, wenn aber gelösten
Wermut wir mischen sehen, so faßt uns bittrer Geschmack an.
So sehr eilt von allen Dingen jedes im Flusse
fort und wird überall nach allen Seiten entsendet,
und nicht Säumen noch Rast ist gegeben dazwischen des
                                      Fließens,
da wir ständig alles ja spüren und alles ja immer
sehen, riechen und tönen hören wir dürfen und können.
    Außerdem: da manches Gebild, berührt mit den Händen,
als dasselbe erkannt wird im Dunkeln wie das, was man
                                      sonst so
sieht im Licht und strahlender Helle, muß zwingend auch
                                      werden
Tastsinn bewegt und Gesicht von einem ähnlichen Grunde.
Wenn also jetzt wir ein Viereck betastend suchen und
                                      anrührt
das uns im Finstern, was wird dann andres können im
                                      Lichte
viereckig kommen zu unserm Gesicht als eben sein Abbild?
Drum, so scheint sich zu zeigen, ruht in den Bildern des
                                      Sehens
Grund, und es kann kein Ding zur Erscheinung ohne sie
                                      kommen.
    Jetzt nun eilen, die wir erwähnt, die Abbilder ringsum
überallhin, und zerstiebt sind sie nach allen Seiten geworfen;
aber weil wir allein mit den Augen zu sehen vermögen,
darum geschieht's, daß dort, wohin wir wenden die Blicke,
jegliches Ding entgegen trifft mit Form sie und Farbe.
Und wieviel von uns ein jedes entfernt ist, bewirkt es,
daß wir es sehen, das Abbild, und sorgt, daß wir's
                                      unterscheiden;
denn wird es ausgesandt, so stößt und treibt vor sich her es
auch die Luft sogleich, die liegt zwischen ihm und den Augen,
und so gleitet sie ganz durch unserer Augen Gesichte,
streift die Pupillen entlang gleichsam und geht so vorüber.
Darum geschieht's, daß wir sehen, wie weit entfernt ist ein
                                      jedes

res quaeque. et quanto plus aeris ante agitatur   250
et nostros oculos perterget longior aura,   252
tam procul esse magis res quaeque remota videtur.
scilicet haec summe celeri ratione geruntur,
quale sit ut videamus et una quam procul absit.   255

    illud in his rebus minime mirabile habendumst,
cur, ea quae feriant oculos simulacra videri
singula cum nequeant, res ipsae perspiciantur.
ventus enim quoque paulatim cum verberat et cum
acre fluit frigus, non privam quamque solemus   261
particulam venti sentire et frigoris eius,   260
sed magis unorsum, fierique perinde videmus   262
corpore tum plagas in nostro tamquam aliquae res
verberet atque sui det sensum corporis extra.
praeterea lapidem digito cum tundimus, ipsum   265
tangimus extremum saxi summumque colorem,
nec sentimus eum tactu, verum magis ipsam
duritiem penitus saxi sentimus in alto.

    Nunc age, cur ultra speculum videatur imago
percipe; nam certe penitus semota videtur.   270
quod genus illa foris quae vere transpiciuntur,
ianua cum per se transpectum praebet apertum,
multa facitque foris ex aedibus ut videantur;
is quoque enim duplici geminoque fit aere visus.

Ding; und um wieviel mehr an Luft voraus wird getrieben
und ein um wieviel längerer Hauch durchstreift unser Auge,
soviel mehr in die Ferne gerückt wird jedes gesehen.
Freilich geschieht das natürlich auf höchst beflügelte Weise,
daß, wie beschaffen es ist, wir zugleich und sehen, wie fern
es.

Jenes darf hierbei keineswegs als merkwürdig gelten,
warum, obwohl man doch nicht die einzelnen Abbilder sehen
kann, die treffen das Auge, die Dinge man selber doch klar
sieht.
Auch wenn der Wind gemächlich peitscht und wenn beißende
Kälte
strömt, so pflegen wir nicht doch einzeln ein jegliches
Teilchen
dieses Windes für sich zu spüren und solcherlei Frostes,
sondern das Ganze vielmehr, und sehen, daß gleich doch auf
unsrem
Körper dann Schläge erfolgen, wie wenn ihn irgendein Ding
wohl
peitschte und gäbe von seinem Körper Empfindung von
außen.
Wenn wir zudem einen Stein mit dem Finger stoßen,
berühren
eben die Farbe doch wir an Rand und oberer Fläche,
spüren aber nicht sie bei Berührung, sondern die Härte
spüren wir selber vielmehr des Felsens innen im Tiefen.

Jetzt wohlan und vernimm, warum sich jenseits des
Spiegels
zeigt das Bild; denn gewiß sieht man's entrückt in der Tiefe.
So wie das, was in Wahrheit man draußen erblickt durch die
Tür, wenn
durch sich hindurch das Tor einen offenen Durchblick
gewähret,
macht, daß man vieles erblickt da draußen weit aus dem
Hause:
kommt mit verdoppelter Luft doch auch dieser Anblick
zustande.

primus enim citra postes tum cernitur aer,   275
inde fores ipsae dextra laevaque secuntur,
post extraria lux oculos perterget et aer
alter et illa foris quae vere transpiciuntur.
sic ubi se primum speculi proiecit imago,
dum venit ad nostras acies, protrudit agitque   280
aera qui inter se cumquest oculosque locatus,
et facit ut prius hunc omnem sentire queamus
quam speculum; sed ubi [in] speculum quoque sensimus
                                                    ipsum,
continuo a nobis in eum quae fertur imago
pervenit et nostros oculos reiecta revisit   285
atque alium prae se propellens aera volvit
et facit ut prius hunc quam se videamus, eoque
distare ab speculo tantum semota videtur.
quare etiam atque etiam minime mirarier par est
. . . .
illis quae reddunt speculorum ex aequore visum,   290
aeribus binis quoniam res confit utraque.

    Nunc ea quae nobis membrorum dextera pars est,
in speculis fit ut in laeva videatur eo quod
planitiem ad speculi veniens cum offendit imago,
non convertitur incolumis, sed recta retrorsum   295
sic eliditur, ut siquis, prius arida quam sit
creta persona, adlidat pilaeve trabive,
atque ea continuo rectam si fronte figuram   298
servet et elisam retro sese exprimat ipsa: 323
fiet ut, ante oculus fuerit qui dexter, ut idem
nunc sit laevus et e laevo sit mutua dexter.   325

    fit quoque de speculo in speculum ut tradatur imago,

Denn man sieht dann zuerst die Luft, die diesseits vom
Pfosten,
drauf folgt selber das Tor zur Rechten und Linken dahinter,
dann durchstreift die Augen das äußere Licht und die zweite
Luft und das, was draußen in Wahrheit jenseits erblickt man.
So, kaum daß sich des Spiegels Bild nach vorwärts geworfen,
stößt und treibt, bis es kommt zu unserm Gesichte, es vor sich
her die Luft, soweit zwischen ihm und den Augen sie lagert,
und bewirkt, daß zuerst wir sie verspüren im ganzen
vor dem Spiegel; indes kaum spüren den Spiegel wir selber,
trifft sogleich bei ihm an das Bild, das von uns aus zu jenem
geht, und kommt zurück zu unseren Augen im Rückprall;
dabei wälzt es die zweite Luft vorstoßend vor sich her
und bewirkt, daß wir sie vor ihm erblicken, und darum
scheint es sich ebensoviel vom Spiegel entrückt zu entfernen.
Darum ist noch und noch sich gar nicht zu wundern
entsprechend
. . . .
gleich wie das, was gewährt von des Spiegels Fläche den
Anblick,
da durch zwiefache Luft ja beide Geschehen bewirkt sind.
   Der nun, der uns der Teil zur Rechten ist unserer Glieder,
der erscheint im Spiegel zur Linken notwendig darum,
weil, wenn das Bild zur Ebne des Spiegels kommt und dort
anstößt,
es sich nicht heil verkehrt, und vielmehr das Vordre nach
rückwärts
wird getrieben heraus, so wie, wenn einer, bevor sie
trocken, die Maske aus Kreide an Pfeiler schlägt oder Balken
und wenn diese sogleich die rechte Gestalt an der Stirne
wahrt und sich rückwärts herausgetrieben selber dann
ausprägt:
dann geschieht's, daß das Aug, das vorher das rechte
gewesen,
jetzt das linke nun ist und im Tausch ein rechtes aus linkem.
   Auch daß vom Spiegel zum Spiegel ein Bild übergeben
wird, gibt es,

quinque etiam ⟨aut⟩ sex ut fieri simulacra suerint.
nam quaecumque retro parte interiore latebunt,
inde tamen, quamvis torte penitusque remota,
omnia per flexos aditus educta licebit   330
pluribus haec speculis videantur in aedibus esse.
usque adeo speculo in speculum translucet imago,
et cum laeva data est, fit rursum ut dextera fiat,
inde retro rursum redit et convertit eodem.

    quin etiam quaecumque latuscula sunt speculorum   335
adsimili lateris flexura praedita nostri,
dextera eapropter nobis simulacra remittunt,
aut quia de speculo in speculum transfertur imago,
inde ad nos elisa bis advolat, aut etiam quod
circum agitur, cum venit, imago propterea quod   340
flexa figura docet speculi convertier ad nos.

    indugredi porro pariter simulacra pedemque
ponere nobiscum credas gestumque imitari
propterea quia, de speculi qua parte recedas,
continuo nequeunt illinc simulacra reverti;   345
omnia quandoquidem cogit natura referri
ac resilire ab rebus ad aequos reddita flexus.   347

    Splendida porro oculi fugitant vitantque tueri.   ·   299
sol etiam caecat, contra si tendere pergas,
propterea quia vis magnast ipsius et alte

so, daß fünf und gar sechs gewöhnlich Bilder sich bilden.
Denn was weiter zurück im inneren Teile versteckt ist,
das wird alles von dort, wenn tief und winklig entrückt
auch,
doch durch gewundene Bahnen hindurch entlockt und
vermag so,
daß es im Haus ist, durch mehrere Spiegel gesehen zu
werden.
So sehr leuchtet das Bild hinüber von Spiegel zu Spiegel,
und wenn links es wurde gereicht, wird es wieder zum
rechten,
drauf kehrt wieder zurück es und dreht sich zur früheren
Lage.
Ja die Seiten alle der Spiegel, welche versehen
sind mit solcher Krümmung, daß ähnlich sie unserer Flanke,
senden die Bilder uns darum zurück in rechter Verteilung,
entweder weil vom Spiegel zum Spiegel das Bild überführt
wird
und in zwiefachem Abprall uns zufliegt, oder auch darum,
weil, wenn es kommt, es umlenkt, das Bild, wohl deswegen
weil des
Spiegels gekrümmte Gestalt es lehrt, sich uns zuzukehren.
Daß die Bilder weiter einher mit uns schreiten, den Fuß
gleich
setzen mit uns und Gebärden nachahmen, möchtest du
glauben
deswegen weil, von welchem Teile des Spiegels du weggehst,
nicht mehr die Bilder von dort sogleich zurückzukehren
vermögen;
da die Natur nun einmal erzwingt, daß alles zurückeilt
und von den Dingen zurückspringt, im gleichen Winkel
geworfen.
Strahlendes weiter flieht und vermeidet zu schauen das
Auge.
Blind macht Sonne sogar, wenn dagegen zu spannen du
fortfährst,
deswegen weil die Macht von ihr selbst ist gewaltig, von oben

aera per purum graviter simulacra feruntur
et feriunt oculos turbantia composituras.
praeterea splendor quicumque est acer adurit
saepe oculos ideo quod semina possidet ignis　　305
multa, dolorem oculis quae gignunt insinuando.
lurida praeterea fiunt quaecumque tuentur
arquati, quia luroris de corpore eorum
semina multa fluunt simulacris obvia rerum,
multaque sunt oculis in eorum denique mixta,　　310
quae contage sua palloribus omnia pingunt.

　　E tenebris autem quae sunt in luce tuemur
propterea quia, cum propior caliginis aer
ater init oculos prior et possedit apertos,
insequitur candens confestim lucidus aer,　　315
qui quasi purgat eos ac nigras discutit umbras
aeris illius; nam multis partibus hic est
mobilior multisque minutior et mage pollens.
qui simul atque vias oculorum luce replevit
atque patefecit, quas ante obsederat aer　　320
⟨ater⟩, continuo rerum simulacra secuntur,
quae sita sunt in luce, lacessuntque ut videamus.　　322
quod contra facere in tenebris e luce nequimus　　348
propterea quia posterior caliginis aer
crassior insequitur, qui cuncta foramina complet　　350
obsiditque vias oculorum, ne simulacra
possint ullarum rerum coniecta moveri.

　　Quadratasque procul turris cum cernimus urbis,
propterea fit uti videantur saepe rutundae,
angulus obtusus quia longe cernitur omnis,　　355
sive etiam potius non cernitur ac perit eius
plaga nec ad nostras acies perlabitur ictus,

schwer die Bilder herab durch reinen Äther sich stürzen
und die Augen treffen, verwirrend die Fügung der Körper.
Aller Glanz zudem, der heftig brennt, darum sengt uns
häufig das Auge, weil Feueratome er hat im Besitze,
viele, die Schmerz dem Auge bewirken, wenn ein sie sich
                                    bohren.
Gelblich-fahl außerdem wird alles, was Leute mit Gelbsucht
sehen, weil Samen der Fahlheit ab von dem Körper der
                                    Kranken
fließen in großer Zahl den Bildern der Dinge entgegen,
und noch viele sind endlich in ihren Augen vermischt auch,
die durch ihre Berührung mit Blässe jedwedes verfärben.
    Aus der Finsternis aber heraus sehn wir, was im Lichte,
deswegen, weil sogleich, wenn die dunkele Luft dieser
                                    Schwärze,
die uns näher, zuerst hat das Auge befallen und offen
nahm in Besitz, nun folgt der weißliche leuchtende
                                    Luftstrich,
der es gleichsam fegt und die finsteren Schatten von jener
Luft zerteilt; denn er ist um vielfache Male geschwinder,
ist um ein Vielfaches winziger, ist viel stärker als jene.
Kaum hat dieser mit Licht erfüllt die Bahnen der Augen
und sie offengelegt, die vorher die dunkele Luft noch
hatte belegt, so folgen sogleich die Bilder der Dinge,
die gelegen im Licht, und reizen, daß wir sie sehen.
Dazu sind wir dagegen im Dunkeln nicht in der Lage
aus dem Lichte heraus, weil später der Finsternis Luft dann
dicker hereinkommt, die alle die Öffnungen ausfüllt der
                                    Augen
und ihre Bahnen besetzt, daß Abbilder irgend von Dingen,
die sich geworfen auf sie, zu rühren sich gar nicht vermögen.
    Wenn quadratische Türme der Stadt von ferne wir sehen,
kommt es deswegen vor, daß rund sie häufig erscheinen,
weil sich von weitem ein jeder Winkel abgestumpft ansieht,
oder noch besser: gar nicht gesehn wird und ganz sich
                                    verloren
hat der Schlag und der Stoß nicht dringt zu unserer Sehkraft,

aera per multum quia dum simulacra feruntur,
cogit hebescere eum crebris offensibus aer.
hoc ubi suffugit sensum simul angulus omnis,   360
fit quasi ut ad turnum saxorum structa tuantur,
non tamen ut coram quae sunt vereque rutunda,
sed quasi adumbratim paulum simulata videntur.

    Umbra videtur item nobis in sole moveri
et vestigia nostra sequi gestumque imitari;   365
aera si credis privatum lumine posse
indugredi motus hominum gestumque sequentem;
nam nihil esse potest aliud nisi lumine cassus
aer id quod nos umbram perhibere suemus.
nimirum quia terra locis ex ordine certis   370
lumine privatur solis quacumque meantes
officimus, repletur item quod liquimus eius,
propterea fit uti videatur, quae fuit umbra
corporis, e regione eadem nos usque secuta.
semper enim nova se radiorum lumina fundunt   375
primaque dispereunt, quasi in ignem lana trahatur.
propterea facile et spoliatur lumine terra
et repletur item nigrasque sibi abluit umbras.

    Nec tamen hic oculos falli concedimus hilum.
nam quocumque loco sit lux atque umbra tueri   380
illorum est; eadem vero sint lumina necne,
umbraque quae fuit hic eadem nunc transeat illuc,

weil, wenn die Bilder hindurch durch mächtige Luftmassen
eilen,
stumpfer zu werden ihn zwingt die Luft in häufigem Anstoß.
Wenn jedes Eck darum zugleich den Sinnen entgangen,
dann geschieht's, daß man schaut wie gedrechselt die
Schichtung der Blöcke,
nicht wie das jedoch, was uns nah und wahrhaftig rund ist,
sondern es zeigt sich wie schattenhaft nachgebildet ein wenig.
   Gleich wie wir scheint auch der Schatten im Lichte der
Sonne
sich zu rühren, der Spur zu folgen, den Gesten zu gleichen;
wenn du glaubst, daß Luft, des Lichtes beraubt, ist imstande
hinzuschreiten, der Menschen Bewegung und Gesten
verfolgend;
denn nichts anderes kann es doch sein als des Lichtes entleerte
Luft, was Schatten gewöhnt wir sind in der Rede zu heißen.
Und kein Zweifel: weil an bestimmten Stellen der Boden
nach und nach wird beraubt des Lichtes der Sonne, wenn
gehend
wir es verstellen, erfüllt, was von ihm wir verlassen,
dagegen,
darum geschieht's, daß es scheint, als ob das, was gewesen des
Körpers
Schatten, uns weiter als selbiger immer vom Flecke gefolgt
wär'.
Immer nämlich ergießt sich neues Leuchten der Strahlen
und das erste vergeht, wie wenn Docht wird ins Feuer
gezogen.
Darum wird leicht des Lichtes beraubt zum einen der Boden
und erfüllt sich zum andern und reinigt die dunkelen
Schatten.
   Hier aber geben wir nicht im mindesten zu, daß das Auge
trügt. Denn wo Schatten und Licht ist jeweils, zu sehen ist
ihres
Amtes; ob es aber das selbige Licht oder nicht ist,
und der Schatten, der hier war, als selbiger dorthin jetzt
wandert,

an potius fiat paulo quod diximus ante,
hoc animi demum ratio discernere debet,
nec possunt oculi naturam noscere rerum;   385
proinde animi vitium hoc oculis adfingere noli.
qua vehimur navi, fertur, cum stare videtur;
quae manet in statione, ea praeter creditur ire.
et fugere ad puppim colles campique videntur,
quos agimus praeter navem velisque volamus.   390
sidera cessare aetheriis adfixa cavernis
cuncta videntur, et adsiduo sunt omnia motu,
quandoquidem longos obitus exorta revisunt,
cum permensa suo sunt caelum corpore claro.
solque pari ratione manere et luna videtur   395
in statione, ea quae ferri res indicat ipsa.
exstantisque procul medio de gurgite montis,
classibus inter quos liber patet exitus ingens,
insula coniunctis tamen ex his una videtur.
atria versari et circum cursare columnae   400
usque adeo fit uti pueris videantur, ubi ipsi
desierunt verti, vix ut iam credere possint
non supra sese ruere omnia tecta minari.
iamque rubrum tremulis iubar ignibus erigere alte
cum coeptat natura supraque extollere montes,   405
quos tibi tum supra sol montis esse videtur
comminus ipse suo contingens fervidus igni,
vix absunt nobis missus bis mille sagittae,
vix etiam cursus quingentos saepe veruti,

oder ob vielmehr geschieht, was sagten wenig wir vorher,
das muß schließlich und endlich das Denken der Seele
                                              entscheiden,
und es vermag nicht das Auge das Wesen der Dinge zu
                                              schauen;
drum so dichte nicht an des Geistes Mangel den Augen!
Fahren wir auf dem Schiff, so bewegt sich's, ob scheint es zu
                                              stehen;
das, was am Platze verbleibt, das glaubt man, zöge vorüber.
Und zum hinteren Deck scheint Flur und Hügel zu fliehen,
wo wir rudern entlang das Schiff und segelnd entschweben.
Ruhig scheinen die Sterne zu stehen an den Höhlen des
                                              Äthers
alle geheftet, und doch sind alle in steter Bewegung,
da nach dem Aufgange sie den fernen Untergang suchen
wieder, wenn sie den Himmel durchmessen mit leuchtendem
                                              Leibe.
Und aus gleichem Grund scheint Mond und Sonne zu bleiben
auf dem Posten, und doch zeigt schon der Befund, daß sie
                                              laufen.
Und die Berge, die fern sich erheben inmitten des Strudels,
durch die frei sich erstreckt für Flotten der riesige
                                              Durchgang:
eine einzige Insel erscheint es aus ihrer Verbindung.
Daß die Halle sich dreht und ringsum tanzen die Säulen,
das scheint so den Knaben gewiß, wenn selber zu drehn sie
aufgehört haben sich selbst, daß kaum mehr glauben sie
                                              können,
daß nicht oben das Dach ganz droht in die Tiefe zu stürzen.
Und wenn beginnt die Natur den roten Glanz zu errichten
hoch mit zitternder Glut und über die Berge zu heben,
sind die Berge, an deren Haupt dir die Sonne zu stehn
                                              scheint
nahe mit ihrem Feuer sie selbst im Glühen berührend,
kaum von uns entfernt zweitausend Weiten des Pfeiles,
oft gar kaum fünfhundert durchmessene Läufe des
                                              Wurfspeers,

inter eos solemque iacent immania ponti   410
aequora substrata aetheriis ingentibus oris,
interiectaque sunt terrarum milia multa,
quae variae retinent gentes et saecla ferarum.
at conlectus aquae digitum non altior unum,
qui lapides inter sistit per strata viarum,   415
despectum praebet sub terras impete tanto,
a terris quantum caeli patet altus hiatus,
nubila despicere et caeli ut videare videre
corpora mirando sub terras abdita caelo.
denique ubi in medio nobis ecus acer obhaesit   420
flumine et in rapidas amnis despeximus undas,
stantis equi corpus transversum ferre videtur
vis et in adversum flumen contrudere raptim,
et quocumque oculos traiecimus omnia ferri
et fluere adsimili nobis ratione videntur.   425
porticus aequali quamvis est denique ductu
stansque in perpetuum paribus suffulta columnis,
longa tamen parte ab summa cum tota videtur,
paulatim trahit angusti fastigia coni,
tecta solo iungens atque omnia dextera laevis,   430
donec in obscurum coni conduxit acumen.
in pelago nautis ex undis ortus in undis
sol fit uti videatur obire et condere lumen;
quippe ubi nil aliud nisi aquam caelumque tuentur;
ne leviter credas labefactari undique sensus.   435
at maris ignaris in portu clauda videntur
navigia aplustris fractis obnitier undis;
nam quaecumque supra rorem salis edita pars est
remorum, recta est, et recta superne guberna;

zwischen ihnen und Sonne sind riesige Flächen des Meeres
ausgebreitet unter den mächtigen Räumen des Äthers,
und es liegen dazwischen die vielen Meilen der Länder,
die ein buntes Gemeng von Völkern und Tieren besetzen.
Sammlung von Wasser jedoch, als einen Finger nicht tiefer,
die zwischen Steinen sich setzt inmitten des Pflasters der
Straßen,
bietet den Blick in die Erde hinunter von solcher Erstreckung,
wie von der Erde sich hoch erhebt das Gähnen des Himmels,
daß auf die Wolken herab du zu schauen scheinst und des
Himmels
Körper zu sehen im Boden verborgen in seltsamem Himmel.
Endlich wenn mitten im Fluß das mutige Roß uns gestockt
hat
und wir schauten herab in des Stromes reißende Wogen,
scheint des stehenden Rosses Leib eine Kraft zu entführen
seitwärts hinweg und gegen den Fluß es mächtig zu stoßen,
und wohin wir immer das Auge gewendet: es scheint uns
alles zu eilen dahin und zu fließen in ähnlicher Weise.
Schließlich die Halle: obgleich sie von regelmäßiger Führung
und beständig steht, unterstützt von gleichhohen Säulen,
sieht in der ganzen Länge man sie vom obersten Ende,
zieht allmählich entlang sie der Neigung sich engenden
Kegels,
Boden verbindend mit Dach und all das Rechte mit Linkem,
bis sie zusammen es führt in die dunkele Spitze des Kegels.
Auf dem Meere geschieht's, daß die Sonne den Schiffern im
Wasser,
aus dem Wasser erhoben, zu vergehn und zu bergen das Licht
scheint;
freilich, da sie ja nichts denn Wogen und Himmel erblicken;
daß du nicht leichthin glaubst, Empfindung sei wankend in
allem.
Aber wer fremd dem Meer, dem scheinen lahmend im Hafen
mit gebrochenem Heck die Schiffe den Wellen zu trotzen;
denn der Teil der Ruder, der über den salzigen Fluten
ist erhoben, ist gerade, und grade ist oben das Steuer;

quae demersa liquore obeunt, refracta videntur   440
omnia converti sursumque supina reverti
et reflexa prope in summo fluitare liquore.
raraque per caelum cum venti nubila portant
tempore nocturno, tum splendida signa videntur
labier adversum nimbos atque ire superne   445
longe aliam in partem ac vera ratione feruntur.
at si forte oculo manus uni subdita subter
pressit eum, quodam sensu fit uti videantur
omnia quae tuimur fieri tum bina tuendo,
bina lucernarum florentia lumina flammis   450
binaque per totas aedis geminare supellex
et duplicis hominum facies et corpora bina.
denique cum suavi devinxit membra sopore
somnus et in summa corpus iacet omne quiete,
tum vigilare tamen nobis et membra movere   455
nostra videmur, et in noctis caligine caeca
cernere censemus solem lumenque diurnum,
conclusoque loco caelum, mare flumina, montis
mutare et campos pedibus transire videmur,
et sonitus audire, severa silentia noctis   460
undique cum constent, et reddere dicta tacentes.
cetera de genere hoc mirande multa videmus,
quae violare fidem quasi sensibus omnia quaerunt,
nequiquam, quoniam pars horum maxima fallit
propter opinatus animi, quos addimus ipsi,   465
pro visis ut sint quae non sunt sensibus visa;
nam nihil aegrius est quam res secernere apertas
ab dubiis, animus quas ab se protinus addit.

was darunter im Naß ist versenkt, scheint alles gebrochen
um sich zu wenden und rückwärts sich nach oben zu kehren
und sich beugend zurück fast oben am Wasser zu wogen.
Und wenn lockere Wolken die Winde über den Himmel
tragen zur Nachtzeit, scheinen die strahlenden Sterne
dann den Wolken entgegen zu gleiten und oben zu ziehen
ganz in andere Richtung, als wirklich sie werden getragen.
Aber wenn einmal die Hand, dem einen Auge von unten
angelegt, es preßt, dann geschieht's durch bestimmtes
          Empfinden,
daß, was wir sehen, beim Sehn scheint zweies zu werden,
zwei die Lichter der Lampen, die glänzend in Flammen
          erblühen,
zwiefach im ganzen Haus sich zu doppeln alles Geräte,
doppelt der Menschen Gesicht und jeweils zwiefach die
          Körper.
Wenn in süßer Erstarrung schließlich die Glieder gefesselt
hat der Schlaf und der Leib liegt ganz in friedlicher
          Ruhe,
glauben wir doch zu wachen und unsere Glieder zu regen,
und in der Finsternis der Nacht, in der alles erblindet,
meinen die Sonne wir doch zu sehen und Tageserhellung,
und im verschlossenen Raum Meer, Himmel, Flüsse und
          Berge
wechseln wir da, scheint uns, und eilen zu Fuß durch die
          Fluren,
hören Geräusch, obwohl das strenge Schweigen der Nacht
          doch
überall herrscht, und ohne zu reden tauschen wir Worte.
Übriges solcher Art sehen wir in erstaunlicher Anzahl,
was zu verletzen den Wert den Sinnen alles bemüht sich,
ganz umsonst, da der größte Teil davon uns zur Täuschung
führt durch des Geistes Wahn, den hinzu ihm selber wir
          fügen,
daß für Gesehenes gilt, was von Sinnen nicht wurde gesehen;
nichts ist verdrießlicher ja, als Tatbestände zu scheiden
von dem Unsichern, das sogleich der Geist von sich zufügt.

Denique nil sciri siquis putat, id quoque nescit
an sciri possit, quoniam nil scire fatetur.   470
hunc igitur contra mittam contendere causam,
qui capite ipse sua in statuit vestigia sese.
et tamen hoc quoque uti concedam scire, at id ipsum
quaeram, cum in rebus veri nil viderit ante,
unde sciat quid sit scire et nescire vicissim,   475
notitiam veri quae res falsique crearit,
et dubium certo quae res differre probarit.
invenies primis ab sensibus esse creatam
notitiam veri neque sensus posse refelli.
nam maiore fide debet reperirier illud,   480
sponte sua veris quod possit vincere falsa.
quid maiore fide porro quam sensus haberi
debet? an ab sensu falso ratio orta valebit
dicere eos contra, quae tota ab sensibus orta est?
qui nisi sunt veri, ratio quoque falsa fit omnis.   485
an poterunt oculos aures reprehendere, an aures
tactus? an hunc porro tactum sapor arguet oris,
an confutabunt nares oculive revincent?
non, ut opinor, ita est. nam seorsum cuique potestas
divisast, sua vis cuiquest, ideoque necesse est   490
et quod molle sit et gelidum fervensve ⟨seorsum⟩
et seorsum varios rerum sentire colores

Wenn schließlich einer meint, nichts werde gewußt, weiß
er auch nicht,
ob sich das wissen läßt, da ja nichts er zu wissen bekannt hat.
Gegen den also geb auf ich, die Sache zu führen,
der mit dem Kopfe sich selbst gestellt in die eigene Fußspur!
Doch auch dies mag er wissen, um hier noch zu weichen:
doch eben
dieses frag ich, da vorher er Wahres nicht sah in den Dingen,
woher er weiß, was Wissen und Nichtwissen wechselnd
bedeutet,
was für ein Ding denn geschaffen hat Kenntnis von Wahrem
und Falschem
und was glaubhaft gemacht, daß vom Zweifel sich scheidet
Gewißheit.
Finden wirst du, daß zuerst von den Sinnen wurde
geschaffen
Kenntnis von Wahrem und daß man die Sinne nicht kann
widerlegen.
Denn von größerm Verlaß muß jenes doch sich erfinden,
das von selbst durch Wahres vermag zu besiegen das Falsche.
Wem muß weiter man größres Vertrauen als eben den Sinnen
zollen? Oder vermag etwa, von falscher Wahrnehmung
rührend,
Denken dagegen zu reden, das ganz von den Sinnen doch
abstammt?
Denn sind diese nicht wahr, wird falsch auch jegliches
Denken.
Oder wird Augen das Ohr zu verweisen vermögen, die
Ohren
Tastsinn? Oder wird wieder Geschmack den Tastsinn
beschuldgen,
oder wird ihn die Nase bestreiten, das Aug' überführen?
Nicht, mein ich, ist es so. Denn die Macht ist jedem besonders
abgeteilt, ein jedes hat eigene Kraft, und drum ist es nötig,
erstens, was weich ist und kalt oder heiß, gesondert zu
spüren
und gesondert für sich die bunten Farben der Dinge

et quaecumque coloribus sint coniuncta ⟨videre⟩.
seorsus item sapor oris habet vim, seorsus odores
nascuntur, seorsum sonitus. ideoque necesse est   495
non possint alios alii convincere sensus.
nec porro poterunt ipsi reprehendere sese,
aequa fides quoniam debebit semper haberi.
proinde quod in quoquest his visum tempore, verumst.
et si non poterit ratio dissolvere causam,   500
cur ea quae fuerint iuxtim quadrata, procul sint
visa rutunda, tamen praestat rationis egentem
reddere mendose causas utriusque figurae,
quam manibus manifesta suis emittere quoquam
et violare fidem primam et convellere tota   505
fundamenta quibus nixatur vita salusque.
non modo enim ratio ruat omnis, vita quoque ipsa
concidat extemplo, nisi credere sensibus ausis
praecipitisque locos vitare et cetera quae sint
in genere hoc fugienda, sequi contraria quae sint.   510
illa tibi est igitur verborum copia cassa
omnis, quae contra sensus instructa paratast.
denique ut in fabrica, si pravast regula prima,
normaque si fallax rectis regionibus exit,
et libella aliqua si ex parti claudicat hilum,   515
omnia mendose fieri atque obstipa necessu est,
prava, cubantia, prona, supina atque absona tecta,
iam ruere ut quaedam videantur velle, ruantque
prodita iudiciis fallacibus omnia primis,

und, was immer mit Farben unlöslich verbunden, zu sehen.
Ebenso hat der Geschmack für sich seine Kraft, werden
Düfte
für sich erzeugt, für sich die Geräusche. Und drum muß man
schließen,
daß sich die Sinne nicht untereinander zu zwingen vermögen.
Und sie werden auch selbst sich nicht zu verbessern imstand
sein,
da man gleiches Vertrauen immer doch muß ihnen zollen.
Was darum jeweils von diesen gesehen, muß wahr sein.
Und wenn zu lösen vermag das Denken die Ursache gar
nicht,
warum das, was nah quadratisch gewesen, von ferne
rund erscheint, ist's immer noch besser, Erklärung verfehlend,
fehlerhaft den Grund zu nennen für beide Gestalten,
als entgleiten zu lassen der Hand das Habhafte von dir
und zu verletzen den ersten Verlaß und die Grundlagen
alle
einzureißen, auf die sich stützt das Leben und Heilsein.
Nicht nur Vernunft doch käme zum Einsturz, das Leben
auch selber
bräche zusammen sogleich, wenn den Sinnen zu traun du
nicht wagtest
und zu meiden den steilen Grat und das übrige, das man
in dieser Art muß fliehn, zu befolgen, was diesem entgegen.
Eitel ist also und nichtig dir die Fülle der Worte
ganz, die gegen die Sinne gehäuft und gesammelt ist worden.
Endlich wie beim Bau, wenn verkehrt ist das Richtscheit des
Anfangs
und wenn trügend der Winkel die grade Richtung verlässet
und die Waage, wenn wenig auch nur, sich irgendwo schief
zeigt,
alles dann fehlerhaft wird und geneigt notwendig zur Seite,
rückwärts und vorwärts gebeugt, verkehrt, verkrüppelt und
hängend,
daß schon manches Haus zu stürzen droht und auch einstürzt
alles, verraten dem Sturz durch trügendes Urteil am Anfang,

sic igitur ratio tibi rerum prava necessest   520
falsaque sit, falsis quaecumque ab sensibus ortast.
   Nunc alii sensus quo pacto quisque suam rem
sentiat, haud quaquam ratio scruposa relicta est:
principio auditur sonus et vox omnis, in auris
insinuata suo pepulere ubi corpore sensum.   525
corpoream quoque enim ⟨vocem⟩ constare fatendumst
et sonitum, quoniam possunt inpellere sensus.
praeterea radit vox fauces saepe facitque
asperiora foras gradiens arteria clamor.
quippe per angustum turba maiore coorta   530
ire foras ubi coeperunt primordia vocum,
scilicet expletis quoque ianua raditur oris.
haud igitur dubiumst, quin voces verbaque constent
corporeis e principiis, ut laedere possint.
nec te fallit item quid corporis auferat et quid   535
detrahat ex hominum nervis ac viribus ipsis
perpetuus sermo nigrai noctis ad umbram
aurorae perductus ab exoriente nitore,
praesertim si cum summost clamore profusus.
ergo corpoream vocem constare necessest,   540
multa loquens quoniam amittit de corpore partem.   541
asperitas autem vocis fit ab asperitate   551
principiorum et item levor levore creatur;   552

so muß also dir auch Erkenntnis der Dinge notwendig
falsch und verkehrt sein, wofern sie von falschen Sinnen sich
leitet.
    Wie die anderen Sinne nun jetzt ein jeder empfindet
seinen Bereich, verbleibt mitnichten steinig die Deutung:
erstens: Ton hört man und jegliche Stimme, wenn, bahnend
sie sich den Weg ins Ohr, den Sinn mit dem Körper
getroffen.
Denn daß körperlich auch die Stimme besteht, muß man
sagen,
und auch der Ton, da zu treffen imstand sie die
Sinnesempfindung.
Außerdem kratzt oft die Stimme die Kehle, und Schreien,
steigt aus ihr es heraus, bewirkt, daß die Luftröhre rauher.
Freilich: wenn in der Enge mit größrem Getümmel
entstanden,
nun nach draußen zu gehen beginnen die Teilchen der
Stimme,
wird auch natürlich die Tür zum Munde verletzt, ist der
Hals voll.
Also besteht kein Zweifel, daß Stimmen und Worte
bestehen,
daß zu verletzen imstand sie sind, aus massigen Teilchen.
Und es entgeht dir doch auch nicht, was an Körper
davonträgt
und was ab von den Sehnen der Menschen und selbst von
der Kraft zieht
ununterbrochnes Gespräch, bis zum Dunkel der finsteren
Nacht hin,
kaum daß der Glanz sich erhob der Morgenröte, geleitet,
wenn es zumal mit lautem Geschrei und reichlich geführt
ward.
Also muß körperlich sein von Bestand auch die Stimme
notwendig,
da sie, wenn viel sie spricht, einen Teil verliert ihres Körpers.
Rauheit aber der Stimme entsteht durch rauhe Gestalten
ihrer Atome, wie Glattheit wird durch Glattheit geschaffen;

nec simili penetrant auris primordia forma,   542
cum tuba depresso graviter sub murmure mugit
et reboat raucum buxos cita barbara bombum,
et silva viridis nocti Musae ex Heliconis   545
cum liquidam tollunt lugubri voce querellam.

  Hasce igitur penitus voces cum corpore nostro
exprimimus rectoque foras emittimus ore,
mobilis articulat verborum daedala lingua,
formaturaque labrorum pro parte figurat.   550
hoc ubi non longum spatiumst unde illa profecta
perveniat vox quaeque, necessest verba quoque ipsa
plane exaudiri discernique articulatim;   555
servat enim formaturam servatque figuram.
at si interpositum spatium sit longius aequo,
aera per multum confundi verba necessest
et conturbari vocem, dum transvolat auras.
ergo fit, sonitum ut possis sentire, neque illam   560
internoscere, verborum sententia quae sit;
usque adeo confusa venit vox inque pedita.
praeterea verbum saepe unum perciet auris
omnibus in populo missum praeconis ab ore.
in multas igitur voces vox una repente   565
diffugit in privas quoniam se dividit auris
obsignans formam verbis clarumque sonorem.
at quae pars vocum non auris incidit ipsas,
praeterlata perit frustra diffusa per auras,

und nicht von ähnlicher Form durchdringen die Ohren
                                    Atome,
wenn die Tuba tief mit dumpfen Tönen erschallet,
rauhen Klang das barbarische Horn, geblasen, erwidert,
und wenn zur Nacht aus dem Hain des grünenden Helikon
                                    Musen
hell mit wehem Laut die flüssige Klage erheben.

    Wenn diese Stimmen wir tief heraus aus unserem Körper
pressen und geraden Wegs nach draußen dem Munde
                                    entsenden,
gliedert beweglich sie auf die wortegestaltende Zunge,
und zu ihrem Teil formt sie die Gestaltung der Lippen.
Wenn darum nicht weit ist der Raum, woher eine jede
Stimme von ihnen ergeht und anlangt, müssen die Worte
selbst auch deutlich vernehmen und klar unterscheiden sich
                                    lassen;
wahrt sie doch die Gestalt und wahrt sie doch ihre Bildung.
Ist aber zwischengeschoben ein Raum, der länger als billig,
müssen im Lauf durch mächtige Luft die Worte sich mischen
und sich verwirren der Laut, fliegt er hindurch durch die
                                    Lüfte.
Also geschieht's, daß den Klang du vermagst zu empfinden,
                                    indessen
nicht auseinanderzukennen, was ist die Meinung der Worte.
So verschwommen erreicht uns die Stimme, gehemmt in
                                    Verstrickung.
Außerdem regt häufig ein einziges Wort, von des Herolds
Lippen entsandt, das Ohr allen auf in des Volkes
                                    Versammlung.
Also teilt ein Laut in viele Laute sich plötzlich
flüchtig entzwei, da vielfach er trennt sich in einzelne
                                    Ohren,
drückend den Worten die Form und hellen, deutlichen Klang
                                    auf.
Aber der Stimmen Teil, der nicht in die Ohrmuscheln
                                    einfällt,
eilt vorbei und vergeht umsonst, verströmt in die Lüfte:

pars solidis adlisa locis reiecta sonorem   570
reddit et interdum frustratur imagine verbi.
quae bene cum videas, rationem reddere possis
tute tibi atque aliis, quo pacto per loca sola
saxa paris formas verborum ex ordine reddant,
palantis comites cum montis inter opacos   575
quaerimus et magna dispersos voce ciemus.
sex etiam aut septem loca vidi reddere vocis,
unam cum iaceres: ita colles collibus ipsi
verba repulsantes iterabant dicta referri.
haec loca capripedes Satyros Nymphasque tenere   580
finitimi fingunt, et Faunos esse locuntur,
quorum noctivago strepitu ludoque iocanti
adfirmant vulgo taciturna silentia rumpi
chordarumque sonos fieri dulcisque querellas,
tibia quas fundit digitis pulsata canentum,   585
et genus agricolum late sentiscere, quom Pan
pinea semiferi capitis velamina quassans
unco saepe labro calamos percurrit hiantis,
fistula silvestrem ne cesset fundere musam.
cetera de genere hoc monstra ac portenta locuntur,   590
ne loca deserta ab divis quoque forte putentur
sola tenere. ideo iactant miracula dictis
aut aliqua ratione alia ducuntur, ut omne
humanum genus est avidum nimis auricularum.

prallend an hartes Geländ gibt Klang ein Teil uns auch
                                          wieder,
rückwärts geschleudert, und täuscht mit des Wortes Bildern
                                          bisweilen.
Hast du gut das erkannt, vermagst Erklärung zu geben
du dir selbst wie den andren, warum an einsamen Orten
Felsen zurück nach der Reihe die gleichen Formen der Worte
geben, wenn wir das Gefolge, das streift durch die schattigen
                                          Berge,
suchen und sie, die verstreut, mit lauter Stimme herbeiholn.
Sechs oder sieben Stimmen sogar sah Orte ich geben,
hattest du eine geschickt: so warfen selber an Hügel
Hügel die Worte zurück, wiederholten's, daß Worte sich
                                          kehrten.
Dieses Gefild haben Satyrn und Nymphen in ihrem Besitze,
dichten die Nachbarn und reden zusammen, es seien die
                                          Faune,
von deren nächtlich-schweifendem Lärm und scherzendem
                                          Spiele,
wie sie behaupten, das lautlose Schweigen würde gebrochen
überall und Saitenklang ertöne und Klagen,
sanfte, die Flöten sängen, erregt von den Fingern der
                                          Spieler,
und es verspüre das Volk der Bauern weithin, wenn der
                                          Pan, die
fichtenen Kränze des halbwilden Hauptes mächtig
                                          erschütternd,
oft mit gebogner Lippe durchläuft die gähnenden Pfeifen,
daß nicht säume das Rohr, das ländliche Lied zu
                                          verströmen.
Reden von übrigen Ungetümen derart und Gespenstern,
daß man nicht etwa vermeint, sie bewohnten einsame
                                          Gründe,
selbst von den Göttern verlassen. Drum prahlen mit
                                          Wundern im Wort sie,
oder sie lassen aus anderem Grund auch sich leiten, wie jedes
menschliche Wesen zu gierig aus ist auf kleine Histörchen.

Quod superest, non est mirandum qua ratione,　　595
per loca quae nequeunt oculi res cernere apertas,
haec loca per voces veniant aurisque lacessant.
conloquium clausis foribus quoque saepe videmus;
nimirum, quia vox per flexa foramina rerum
incolumis transire potest, simulacra renutant;　　600
perscinduntur enim, nisi recta foramina tranant,
qualia sunt vitri, species qua travolat omnis.
praeterea partis in cunctas dividitur vox,
ex aliis aliae quoniam gignuntur, ubi una
dissiluit semel in multas exorta, quasi ignis　　605
saepe solet scintilla suos se spargere in ignis.
ergo replentur loca vocibus abdita retro
omnia quae circum fervunt sonituque cientur.
at simulacra viis derectis omnia tendunt
ut sunt missa semel; quapropter cernere nemo　　610
saepe supra potis est, at voces accipere extra.
et tamen ipsa quoque haec, dum transit clausa ⟨domorum⟩,
vox obtunditur atque auris confusa penetrat,
et sonitum potius quam verba audire videmur.

　　Hoc, qui sentimus sucum, lingua atque palatum　　615
plusculum habent in se rationis, plus operai.
principio sucum sentimus in ore, cibum cum
mandendo exprimimus, ceu plenam spongiam aquai
siquis forte manu premere ac siccare coëpit.
inde quod exprimimus per caulas omne palati　　620
diditur et rarae per flexa foramina linguae.
hoc ubi levia sunt manantis corpora suci,

Nicht ist im übrigen Grund, sich zu wundern, wie sich's
                                        erklärt, daß,
wo das Auge vermag hindurch nicht offen zu sehen,
da die Stimmen hindurch sich bewegen und reizen die Ohren.
Nehmen wir oft doch das Gastmahl wahr bei geschlossenen
                                        Türen.
Sichtlich, weil der Laut durch gewundene Gänge der Dinge
heil hindurchzugehen vermag, das Bild es verweigert;
reißt es entzwei doch, wenn nicht es durch grade Gänge
                                        hindurchströmt,
wie das Glas ist beschaffen, wo jeder Anblick hindurchfliegt.
Außerdem verteilt sich der Laut nach jeglicher Richtung,
da ja der eine dem andern erwächst, sobald auseinander
einmal der eine beim Ursprung zerflossen in viele, wie Feuers
Funken oft sich zu streuen noch pflegt in eigenes Feuer.
Also füllen mit Stimmen sich an auch rückwärts versteckte
Räume, die rings ertönen und alle mit Klängen erregt sind.
Aber die Abbilder eilen auf geraden Bahnen hin alle,
sind sie einmal entsandt; deswegen ist niemand imstande,
über den Wall zu schauen, doch außen die Stimmen zu
                                        hören.
Aber die Stimme wird selbst auch, während der Häuser
                                        Verschlüsse
sie durcheilt, verdumpft und dringt in die Ohren
                                        verschwommen,
und wir scheinen mehr einen Klang als Worte zu hören.
   Das, womit wir spüren Geschmack, wie Zunge so Gaumen,
hat in sich ein wenig mehr Plan, mehr drum auch Mühe.
Erstens: wir spüren den Saft im Munde, zerdrücken die
                                        Speise
wir beim Kauen, wie wenn einer den wassergefüllten
Schwamm mit der Hand etwa zu pressen beginnt und zu
                                        trocknen.
Darauf wird alles, was wir entlockt, in die Röhren des
                                        Gaumens
weit verteilt und gebogenen Gänge der lockeren Zunge.
Wenn darum sind glatt die Körper des strömenden Saftes,

suaviter attingunt et suaviter omnia tractant
umida linguai circum sudantia templa;
at contra pungunt sensum lacerantque coorta,   625
quanto quaeque magis sunt asperitate repleta.

  deinde voluptas est e suco fine palati;
cum vero deorsum per fauces praecipitavit,
nulla voluptas est, dum omnis in diditur artus;
nec refert quicquam quo victu corpus alatur,   630
dummodo quod capias concoctum didere possis
artubus et stomachi umidulum servare tenorem.

  nunc aliis alius qui sit cibus ut videamus,
expediam, quareve, aliis quod triste et amarumst,
hoc tamen esse aliis possit perdulce videri.   635
tantaque in his rebus distantia differitasque est,
ut quod aliis cibus est aliis fuat acre venenum;
est itaque ut serpens, hominis quae tacta salivis
disperit ac sese mandendo conficit ipsa.
praeterea nobis veratrum est acre venenum,   640
at capris adipes et cocturnicibus auget.
id quibus ut fiat rebus cognoscere possis,
principio meminisse decet quae diximus ante,
semina multimodis in rebus mixta teneri.
porro omnes quaecumque cibum capiunt animantes   645
ut sunt dissimiles extrinsecus et generatim

rühren sie mild alles an und mild behandeln sie alles
rings um das feuchte Gebiet der schwitzenden Zunge;
aber sie reizen, erzeugt, dagegen den Sinn und verwunden,
um wieviel mehr sie erfüllt jeweils sind mit rauher
Verhärtung.
  Weiter kommt der Genuß aus dem Saft nur grad bis zum
Gaumen;
wenn aber abwärts er sich hinab durch die Kehle gestürzt
hat,
gibt es keinen Genuß, dieweil er den Gliedern verteilt sich;
und es macht nichts aus, womit der Körper ernährt wird,
wenn du nur, was du verspeisest, verdaut den Gliedern
imstand bist
auszuteilen und fest des Magens Feuchte zu wahren.
  Wie nun anderen anderes Nahrung, damit wir es sehen,
will ich's erklären, und wie, was den einen herb ist und
bitter,
andren doch wieder vermag sehr süß im Geschmacke zu
scheinen.
Und hierbei ist so groß der Abstand, so mächtig die
Spannung,
daß, was den einen die Nahrung, den anderen beißendes
Gift ist;
und drum ist's wie beim Beispiel der Schlange, die, von des
Menschen
Speichel berührt, vergeht und kauend sich selber vernichtet.
Außerdem ist der Nieswurz uns ein beißendes Mittel,
bei den Ziegen jedoch und den Wachteln mästet den Wanst
er.
Damit erkennen du kannst, aus welchen Gründen das
möglich,
ziemt es zuerst zu erinnern an das sich, was vorher wir
sagten,
daß auf vielfache Weise vermischt in den Dingen sind
Samen.
Alle die Lebewesen zudem, die Nahrung einnehmen,
wie sie von außen verschieden und wie nach Arten geordnet

extima membrorum circumcaesura coercet,
proinde et seminibus constant variante figura.
semina cum porro distent, differre necessest
intervalla viasque, foramina quae perhibemus,   650
omnibus in membris et in ore ipsoque palato.
esse minora igitur quaedam maioraque debent,
esse triquetra aliis, aliis quadrata necessest,
multa rutunda, modis multis multangula quaedam.
namque figurarum ratio ut motusque reposcunt,   655
proinde foraminibus debent differre figurae,
et variare viae proinde ac textura coercet.
hoc ubi quod suave est aliis aliis fit amarum,
illi, cui suave est, levissima corpora debent
contractabiliter caulas intrare palati,   660
at contra quibus est eadem res intus acerba,
aspera nimirum penetrant hamataque fauces.
nunc facile est ex his rebus cognoscere quaeque.
quippe ubi cui febris bili superante coorta est
aut alia ratione aliquast vis excita morbi,   665
perturbatur ibi iam totum corpus, et omnes
commutantur ibi positurae principiorum;
fit prius ad sensum ⟨ut⟩ quae corpora conveniebant
nunc non conveniant et cetera sint magis apta,
quae penetrata queunt sensum progignere acerbum.   670
utraque enim sunt in mellis commixta sapore;
id quod iam supera tibi saepe ostendimus ante.

sie der äußerste Umriß der Glieder umschließt und
                                          umhüllet,
sind gleich auch aus Samen bestehend von wechselnden
                                          Formen.
Da sich jedoch unterscheiden die Samen, müssen verschieden
Zwischenräume und Bahnen sein, die Poren wir nennen,
überall in den Gliedern, im Mund und eben dem Gaumen.
Etliche müssen demnach sein größer und kleiner an
                                          Umfang,
dreieckig müssen den einen sie sein, quadratisch den andern,
viele rund, auf vielfache Weisen vieleckig manche.
Denn wie der Formen System und es die Bewegungen
                                          fordern,
müssen den Poren auch gleich sich unterscheiden die Formen
und variieren die Bahnen, so wie das Gewebe sie bändigt.
Wenn drum das, was süß ist den einen, den andern wird
                                          bitter,
müssen dem, dem es süß, die glattesten Körper des Gaumens
Röhren betreten, und zwar, daß man fühlt sie mit milder
                                          Berührung,
wem dagegen dieselben Dinge im Innern sind bitter,
dem durchdringen natürlich rauh und behakt sie die Kehle.
Jetzt ist es leicht, hieraus ein jedes verstehen zu lernen.
Nämlich wenn einem ein Fieber entstand bei herrschender
                                          Galle
oder auf andere Weise die Kraft einer Krankheit erregt ist,
da gerät in Verwirrung der Leib im ganzen und alle
Lagen der Ursprungskörper verändern da sich im
                                          Austausch;
dann geschieht's, daß jetzt die Körper, die früher zusammen
kamen zur Sinnesempfindung, es nicht tun, andre sind
                                          passend
mehr, die, gedrungen hinein, können bittres Empfinden
                                          erzeugen.
Beide sind nämlich vermischt zusammen im Honig-
                                          geschmacke;
das haben ja wir oft dir oben früher bewiesen.

   Nunc age, quo pacto naris adiectus odoris
tangat agam. primum res multas esse necessest
unde fluens volvat varius se fluctus odorum,   675
et fluere et mitti volgo spargique putandumst;
verum aliis alius [et] magis est animantibus aptus
dissimilis propter formas. ideoque per auras
mellis apes quamvis longe ducuntur odore
volturiique cadaveribus; tum fissa ferarum   680
ungula quo tulerit gressum promissa canum vis
ducit, et humanum longe praesentit odorem
Romulidarum arcis servator, candidus anser.
sic aliis alius nidor datus ad sua quemque
pabula ducit et a taetro resilire veneno   685
cogit, eoque modo servantur saecla ferarum.

   Hic odor ipse igitur, naris quicumque lacessit,
est alio ut possit permitti longius alter;
sed tamen haud quisquam tam longe fertur eorum
quam sonitus, quam vox, mitto iam dicere quam res   690
quae feriunt oculorum acies visumque lacessunt.
errabundus enim tarde venit ac perit ante
paulatim facilis distractus in aeris auras;
ex alto primum quia vix emittitur ex re;
nam penitus fluere atque recedere rebus odores   690
significat quod fracta magis redolere videntur

Jetzt nun wohlan, wie die Nase berührt der Anwurf des
                                               Duftes,
will ich behandeln. Zuerst sind zahlreiche Dinge notwendig,
aus denen strömend sich wälzt die bunte Flut der Gerüche,
und daß sie fliehen, entsandt überall und zerstäubt werden,
                                               leuchtet
ein; aber allem, was lebt, ist jeweils geeignet ein andrer
mehr, aufgrund der verschiedenen Formen. Drum werden
                                               die Bienen
noch so weit durch die Lüfte vom Dufte des Honigs geleitet,
Geier dagegen von Aas; und wohin des Wildes gespaltner
                                               Huf
seinen Schritt hat gelenkt, dort führt die entfesselte Meute
hin der Hunde, voraus riechen weit die menschliche
                                               Wittrung
sie, der Burg der Römer Erretter, die schneeigen Gänse.
So ist jedem ein anderer Duft gegeben und führt zu dem
                                               eignen
Futter ihn dahin, vor abscheulichem Gifte dagegen
zwingt er zu springen zurück. So rettet die Art sich der
                                               Tiere.
   Dieser Duft nun selbst, der immer die Nase mit Reiz
                                               trifft,
weiter kann er, der eine mehr als der andre, sich breiten;
keiner von ihnen jedoch vermag so weit sich zu dehnen
wie der Klang, wie der Laut, ich brauch nicht zu sagen: wie
                                               das, was
trifft die Schärfe des Auges und reizt den Sinn des Gesichtes.
Schweifend nämlich kommt säumig er an, geht vorher
                                               zugrunde,
mählich in lockerem Wesen zerstiebt in das Wehen der
                                               Lüfte;
erstens weil mühsam er nur aus der Tiefe den Dingen
                                               entsandt wird;
denn daß von innen heraus die Düfte strömen und weichen,
ist uns der Umstand ein Zeichen, daß alles, zerbrochen, zu
                                               riechen

omnia, quod contrita, quod igni conlabefacta.
deinde videre licet maioribus esse creatum
principiis quam vox, quoniam per saxea saepta
non penetrat, qua vox volgo sonitusque feruntur.   700
quare etiam quod olet non tam facile esse videbis
investigare in qua sit regione locatum;
refrigescit enim cunctando plaga per auras
nec calida ad sensum decurrunt nuntia rerum.
errant saepe canes itaque et vestigia quaerunt.   705
    Nec tamen hoc solis in odoribus atque saporum
in generest, sed item species rerum atque colores
non ita conveniunt ad sensus omnibus omnes,
ut non sint aliis quaedam magis acria visu.
quin etiam gallum, noctem explaudentibus alis   710
auroram clara consuetum voce vocare,
noenu queunt rapidi contra constare leones
inque tueri: ita continuo meminere fugai,
nimirum quia sunt gallorum in corpore quaedam
semina, quae cum sunt oculis immissa leonum,   715
pupillas interfodiunt acremque dolorem
praebent, ut nequeant contra durare feroces;
cum tamen haec nostras acies nil lacdere possint,
aut quia non penetrant, aut quod penetrantibus illis
exitus ex oculis liber datur, in remorando   720
laedere ne possint ex ulla lumina parte.
    Nunc age, quae moveant animum res accipe, et unde
quae veniunt veniant in mentem percipe paucis.

stärker scheint und zerrieben und mürbe gemacht durch das
Feuer.
Dann ist zu sehen erlaubt, daß geschaffen aus größren
Atomen
er als die Stimme, da nicht er sich ja durch steinerne Mauern
bohrt hindurch, wo Laut und Klang sich gewöhnlich bewegen.
Wirst auch sehen darum, daß nicht es so leicht ist zu spüren,
wo das saß, was riecht, nach welcher Richtung gewendet;
kühlt er doch ab, der Schlag, im Säumen beim Weg durch die
Lüfte,
und es kommen nicht warm bis zum Sinn die Boten der
Dinge.
Oft drum irren die Hunde und suchen verzweifelt die
Spuren.
   Aber das ist nicht allein bei den Düften und der
Geschmäcker
Arten so, sondern auch die Bilder der Dinge und Farben
passen nicht alle für alle so auf die Sinnesempfindung,
daß nicht anderen manches ist mehr beim Anblick
verletzend.
Können doch gar dem Hahn, der gewohnt ist, die Nacht aus
den Flügeln
schüttelnd, mit hellem Schrei die Morgenröte zu rufen,
fest entgegen um keinen Preis die reißenden Löwen
treten und schauen: so gedenken sie gleich des Entweichens,
offenbar, weil im Körper der Hähne sich finden gewisse
Samen, die, wenn hinein in das Auge des Löwen sie dringen,
ihm die Pupille zerstechen und peinliche Schmerzen
bewirken,
so sehr, daß sie dagegen können nicht dauern, die wilden;
während sie unsere Augen nicht zu verletzen vermögen,
entweder weil sie hinein nicht dringen oder der Ausgang,
dringen sie ein, aus dem Auge wird freigegeben, daß sehren
sie nicht können die Augen, verweilend an einem der Teile.
   Jetzt wohlan und vernimm, was die Seele bewegt, und
von wannen
das, was kommt, in den Geist eindringt, erfahr es in Kürze!

principio hoc dico, rerum simulacra vagari
multa modis multis in cunctas undique partis   725
tenvia, quae facile inter se iunguntur in auris,
obvia cum veniunt, ut aranea bratteaque auri.
quippe etenim multo magis haec sunt tenvia textu
quam quae percipiunt oculos visumque lacessunt,
corporis haec quoniam penetrant per rara cientque   730
tenvem animi naturam intus sensumque lacessunt.
Centauros itaque et Scyllarum membra videmus
Cerbereasque canum facies simulacraque eorum
quorum morte obita tellus amplectitur ossa,
omne genus quoniam passim simulacra feruntur,   735
partim sponte sua quae fiunt aere in ipso,
partim quae variis ab rebus cumque recedunt
et quae confiunt ex horum facta figuris.
nam certe ex vivo Centauri non fit imago,
nulla fuit quoniam talis natura animantis;   740
verum ubi equi atque hominis casu convenit imago,
haerescit facile extemplo, quod diximus ante,
propter subtilem naturem et tenvia texta.
cetera de genere hoc eadem ratione creantur.
quae cum mobiliter summa levitate feruntur,   745
ut prius ostendi, facile uno commovet ictu
quaelibet una animum nobis subtilis imago.
    Haec fieri, ut memoro, facile hinc cognoscere possis:
quatenus hoc simile est illi quod mente videmus   750
atque oculis, simili fieri ratione necesse est.
nunc igitur docui quoniam me forte leonum
cernere per simulacra, oculos quaecumque lacessunt,
scire licet mentem simili ratione moveri
per simulacra leonum ⟨et⟩ cetera quae videt aeque   755
nec minus atque oculi, nisi quod mage tenvia cernit.

Erstens sag ich das: es schwirren Bilder der Dinge
viele auf vielerlei Art überall in jegliche Richtung,
zarte, die leicht in der Luft sich untereinander verbinden,
wenn sie begegnen, wie Spinnengeweb und Blättchen aus
                                 Golde.
Denn natürlich sind diese noch feiner viel mehr im Gewebe
als alle die, die Gesicht und Augen füllen und reizen,
da durch das Lockre des Leibes ein sie dringen und drinnen
wecken des Geistes zarte Natur und Empfindung erregen.
Sehen Kentauren drum und Glieder wie solche der Skylla,
Cerberusfratzen von Hunden, dazu die Abbilder derer,
deren Gebeine der Boden umfängt nach Erleiden des Todes,
da ja Bilder von jeglicher Art überall sich bewegen,
teils die von sich aus erst entstehen in eben den Lüften,
teils die los von der bunten Fülle der Dinge sich lösen
und die wieder erzeugt aus deren Gestalten sich bilden.
Denn gewiß kommt nicht aus dem Leben ein Bild des
                                Kentauren,
da ja niemals es gab dergleichen Natur eines Wesens;
aber wenn zufällig Bild von Roß und Mensch sich begegnet,
hängt es leicht sogleich aneinander, wie vorher wir sagten,
wegen der feinen Natur und wegen der dünnen Gewebe.
Und das übrige dieser Art wird auf gleiche Weise geschaffen.
Wenn sie beweglich rasch mit höchster Leichte sich regen,
wie ich früher gezeigt, bewegt mit einzigem Schlage
leicht ein einziges feines Bild uns unsere Seele.
    Daß das geschieht, wie ich sag, kannst hieraus leicht du
                                erkennen:
da das eine dem andern ist ähnlich, was sehen mit Geiste
wir und Augen, muß auch es geschehen auf ähnliche Weise.
Weil ich nun also gelehrt, daß ich etwa durch der Löwen
Abbilder sehe, die je das Auge durch Reiz mir erregen,
ist's zu wissen erlaubt, daß der Geist auf ähnliche Weise
durch der Löwen Bilder bewegt wird – und was er noch
                                sieht sonst –
gleich und genau wie das Auge, nur daß er Zarteres
                                wahrnimmt.

nec ratione alia, cum somnus membra profudit,
mens animi vigilat, nisi quod simulacra lacessunt
haec eadem nostros animos quae cum vigilamus,
usque adeo, certe ut videamur cernere eum quem   760
relicta vita iam mors et terra potitast.
hoc ideo fieri cogit natura, quod omnes
corporis offecti sensus per membra quiescunt
nec possunt falsum veris convincere rebus.
praeterea meminisse iacet languetque sopore   765
nec dissentit eum mortis letique potitum
iam pridem, quem mens vivum se cernere credit.
quod super est, non est mirum simulacra moveri
bracchiaque in numerum iactare et cetera membra.
nam fit ut in somnis facere hoc videatur imago.   770
quippe ubi prima perit alioque est altera nata
inde statu, prior hic gestum mutasse videtur.
scilicet id fieri celeri ratione putandumst:
tanta est mobilitas et rerum copia tanta
tantaque sensibili quovis est tempore in uno   775
copia particularum, ut possit suppeditare.

   Multaque in his rebus quaeruntur multaque nobis
clarandumst, plane si res exponere avemus.
quaeritur in primis quare, quod cuique libido
venerit, extemplo mens cogitet eius id ipsum.   780
anne voluntatem nostram simulacra tuentur
et simul ac volumus nobis occurrit imago?

Und nur darum wacht, wenn der Schlaf die Glieder
                                     dahinstreckt,
noch der Sinn unsrer Seele, weil eben dieselben Gebilde
unsere Geister reizen, wie dann, wenn wir wachen,
so sehr, daß den wir gewiß zu sehen vermeinen, den längst
                                     schon
nach Verlassen des Lebens der Tod und die Erde besitzen.
Daß dies geschieht, Natur erzwingt es, weil alle des Körpers
Sinne versperrt im ganzen Leib in Ruhe verharren
und das Falsche vermögend nicht sind durch die Tat zu
                                     bestreiten.
Außerdem liegt das Erinnern darnieder und dämmert im
                                     Schlafe
und legt drum nicht Widerspruch ein, daß der sich des Todes
längst und des Nichtseins bemächtigt, den lebend zu sehen
                                     der Geist meint.
Übrigens ist zu verwundern es nicht, daß die Bilder sich
                                     regen
und in gleichem Maß bewegen Arme und Glieder.
Denn es scheinen im Traum auch dieses zu machen die
                                     Bilder.
Freilich: vergeht das erste und ist in anderer Stellung
drauf ein zweites entstanden, hat's, scheint es, geändert die
                                     Haltung.
Freilich geschieht das, so muß man glauben, auf schnellste
                                     Weise:
so groß ist die Raschheit, so groß die Fülle der Dinge
und so groß in jedem beliebigen spürbaren Zeitpunkt
diese Menge der Teilchen, daß imstand sie, stets zu ergänzen.
   Vieles wird hierbei gefragt, und vieles müssen wir klären,
wenn es uns drängt, ohne Rest die Dinge vor Augen zu
                                     stellen.
Frage muß sein im besondren, warum, was jedem zu denken
kommt die Begierde, sogleich sein Geist auch eben das denkt
                                     dann.
Schauen die Bilder etwa gehorsam auf unseren Willen,
und sobald wir es wollen, tritt da das Bild uns entgegen?

si mare, si terram cordist, si denique caelum,
conventus hominum, pompam, convivia, pugnas:
omnia sub verbone creat natura paratque?   785
cum praesertim aliis eadem in regione locoque
longe dissimilis animus res cogitet omnis.
quid porro, in numerum procedere cum simulacra
cernimus in somnis et mollia membra movere,
mollia mobiliter cum alternis bracchia mittunt   790
et repetunt ollis gestum pede convenienti?
scilicet arte madent simulacra et docta vagantur,
nocturno facere ut possint in tempore ludos.
an magis illud erit verum? quia tempore in uno,
cum sentimus, id est, cum vox emittitur una,   795
tempora multa latent, ratio quae comperit esse,
propterea fit uti quovis in tempore quaeque
praesto sint simulacra locis in quisque parata.
tantast mobilitas et rerum copia tanta.
hoc ubi prima perit alioque est altera nata   800
inde statu, prior hic gestum mutasse videtur.
et quia tenvia sunt, nisi quae contendit, acute
cernere non potis est animus; proinde omnia quae sunt
praeterea pereunt, nisi quae ex sese ipse paravit.
ipse parat sese porro speratque futurum   805
ut videat quod consequitur rem quamque, fit ergo.

Wenn das Meer uns, wenn Land am Herzen liegt, wenn der
                                                    Himmel,
schließlich der Menschen Verein, Gepränge, Mähler und
                                                    Schlachten:
schafft das alles Natur aufs Wort und stellt es bereit uns?
Da zumal der Geist im selben Ort und Gebiete
weit verschiedene Dinge in andren sich denkt doch in allem!
Weiter auch das, wenn im Traum wir vorwärts sehen die
                                                    Bilder
gehen im Schritt und weich im Takte die Glieder bewegen,
wenn sie wechselnd geschwind von sich weich strecken die
                                                    Arme
und mit dem Fuß die Gebärde erneuern, der jenen sich
                                                    angleicht?
Offenbar triefen von Kunst die Bilder und schweifen umher
                                                    klug,
daß sie zu nächtlicher Zeit imstand, ihre Spiele zu treiben.
Oder ist das mehr wahr? Weil beschlossen im einzigen
                                                    Zeitpunkt,
wenn wir empfinden, das heißt, wenn ein einziger Laut wird
                                                    entsendet,
mehrere Zeitpunkte sind, die das Denken erfährt als
                                                    vorhanden,
darum geschieht's, daß an jedem Punkt, wo du willst, eine
                                                    jede
Art von Bildern sich zeigt, an jedem Orte vorhanden.
So groß ist die Schnelle, so groß ist die Fülle der Dinge!
Ist drum das erste vergangen, ein zweites entstanden in
                                                    andrer
Stellung darauf, hat, scheint es, das erste Gebärden geändert.
Und da dünn sie sind, kann scharf nur das, was er
                                                    anstrebt,
sehen der Geist; was drum noch außerdem ist vorhanden,
geht zugrunde, wenn selber er nicht aus sich es bereitet.
Selber rüstet er weiter sich und hofft, es geschehe,
daß er erblickt, was jedem Ding nachfolgt, und so geschieht's
                                                    drum.

nonne vides oculos etiam, cum tenvia quae sunt
[praeterea pereunt, nisi quae ex se ipse paravit]
cernere coeperunt, contendere se atque parare,
nec sine eo fieri posse ut cernamus acute?   810
et tamen in rebus quoque apertis noscere possis,
si non advertas animum, proinde esse quasi omni
tempore semotum fuerit longeque remotum.
cur igitur mirumst, animus si cetera perdit
praeterquam quibus est in rebus deditus ipse?   815
deinde adopinamur de signis maxima parvis
ac nos in fraudem induimus frustraminis ipsi.

    Fit quoque ut interdum non suppeditetur imago
eiusdem generis, sed femina quae fuit ante,
in manibus vir uti factus videatur adesse   820
aut alia ex alia facies aetasque sequatur.
quod ne miremur sopor atque oblivia curant.   826

    Illud in his rebus vitium vehementer inesse   822
. . . .
effugere errorem vitareque praemetuenter,
lumina ne facias oculorum clara creata,
prospicere ut possimus, et ut proferre queamus   825
proceros passus, ideo fastigia posse   827
surarum ac feminum pedibus fundata plicari,
bracchia tum porro validis ex apta lacertis
esse manusque datas utraque ⟨ex⟩ parte ministras,   830

Siehst du nicht: auch das Auge, beginnt es, Dinge, die fein
                                                        sind,
[geht zugrunde, wenn selber er nicht aus sich es bereitet]
langsam zu sehen, strengt es sich an und stellt darauf ein sich,
und es kann ohne dies nicht geschehen, daß scharf wir's
                                                        bemerken.
Auch in der sichtbaren Welt jedoch kannst schon du
                                                        erkennen,
daß etwas, richtest du nicht das Augenmerk drauf, ist, als ob
                                                        es
alle die Zeit entfernt ist gewesen und weit aus dem Auge.
Warum ist seltsam also, wenn der Geist das übrige fortläßt,
außer in welchen Dingen er selbst hingebend versunken?
Dann vermuten hinzu wir das Größte nach winzigen
                                                        Winken
und umhüllen uns selbst in den Trug vergeblicher Täuschung.
    Auch geschieht es, daß nicht ein Bild zuweilen ersetzt wird
gleicher Art, sondern daß, was vorher ein Weib noch gewesen,
jetzt nah zum Greifen ein Mann geworden und da zu sein
                                                        scheinet
und Gesicht auf Gesicht und Alter folget auf Alter.
Daß wir uns nicht drob verwundern, dafür sorgt Schlaf und
                                                        Vergessen.
    Daß in diesen Dingen sich birgt jener Fehler, mit Nachdruck
müssen wir's sagen ....
müssen dem Irrtum entgehn und vorher sorglich ihn meiden,
daß du nicht sein läßt geschaffen die hellen Lichter der
                                                        Augen,
daß wir ausschauen können, und daß wir zu strecken
                                                        vermögen
schlanke Schritte, zu diesem Zweck sich vermögen die
                                                        Spitzen,
fest auf dem Fuß gegründet, von Waden und Schenkeln zu
                                                        beugen,
und du weiter meinst, die Arme sind drum an die starken
Muskeln gefügt und die Hand als Diener gegeben zu
                                                        beiden

ut facere ad vitam possemus quae foret usus.
cetera de genere hoc inter quaecumque pretantur,
omnia perversa praepostera sunt ratione,
nil ideo quoniam natumst in corpore ut uti
possemus, sed quod natumst id procreat usum.   835
nec fuit ante videre oculorum lumina nata,
nec dictis orare prius quam lingua creatast,
sed potius longe linguae praecessit origo
sermonem multoque creatae sunt prius aures
quam sonus est auditus, et omnia denique membra   840
ante fuere, ut opinor, eorum quam foret usus;
haud igitur potuere utendi crescere causa.
at contra conferre manu certamina pugnae
et lacerare artus foedareque membra cruore
ante fuit multo quam lucida tela volarent,   845
et volnus vitare prius natura coegit
quam daret obiectum parmai laeva per artem.
scilicet et fessum corpus mandare quieti
multo antiquius est quam lecti mollia strata,
et sedare sitim prius est quam pocula natum.   850
haec igitur possunt utendi cognita causa
credier, ex usu quae sunt vitaque reperta.
illa quidem seorsum sunt omnia, quae prius ipsa
nata dedere suae post notitiam utilitatis.
quo genere in primis sensus et membra videmus;   855
quare etiam atque etiam procul est ut credere possis
utilitatis ob officium potuisse creari.

Seiten, daß wir zu tuen imstand, was nötig zum Leben.
Alles was sonst noch von dieser Art sie suchen zu deuten,
ist verdreht, das danach vor dem vor, in verkehrter
                                                Erklärung,
da ja nichts darum geboren im Körper ist, daß verwenden
wir es könnten, vielmehr, was geboren, Verwendung
                                                ermöglicht.
Und nicht vor der Geburt der Lichter der Augen war Sehen,
nicht, mit Worten zu reden, bevor die Zunge geschaffen,
sondern der Ursprung der Zunge geht weit vorher dem
                                                Gespräche
und viel früher vielmehr sind geschaffen worden die Ohren,
als man hörte den Ton, kurz alle die Glieder sind vorher,
mein ich, gewesen, bevor ihr Gebrauch sich konnte
                                                entwickeln;
also konnten sie nicht des Gebrauchens wegen erwachsen.
Aber dagegen das Ringen der Schlacht mit der Faust zu
                                                beginnen
und zu zerfleischen den Leib und mit Blut zu beflecken die
                                                Glieder
gab es, um vieles bevor aufblitzend flogen Geschosse,
und es zwang die Natur, viel eher die Wunden zu meiden,
als die Linke mit Kunst hielt Feinden entgegen das
                                                Schildrund.
Freilich, und ehrwürdig alt ist mehr, den ermatteten Körper
betten zur Ruhe zu wollen als weiche Bedeckung des Bettes,
und zu löschen den Durst ist eher entstanden als Becher.
Das also, mag man glauben, ist um des Gebrauchens willen
worden entdeckt, was heraus aus Bedürfnis und Leben
                                                gefunden.
Jenes ist aber geschieden davon, was vorher von selber
wachsend, hernach hat enthüllt die Kenntnis des eigenen
                                                Nutzens.
Und von solcher Art sehen Sinne und Glieder zumal wir;
drum ist es noch und noch davon fern, daß glauben du
                                                könntest,
wegen der Leistung des Nutzens hätten entstehen sie können.

  Illud item non est mirandum, corporis ipsa
quod natura cibum quaerit cuiusque animantis.
quippe etenim fluere atque recedere corpora rebus   860
multa modis multis docui, sed plurima debent
ex animalibus; ⟨quae⟩ quia sunt exercita motu,
multa per os exhalantur, cum languida anhelant,   864
multaque per sudorem ex alto pressa feruntur.   863
his igitur rebus rarescit corpus et omnis   865
subruitur natura; dolor quam consequitur rem.
propterea capitur cibus, ut suffulciat artus
et recreet vires interdatus atque patentem
per membra ac venas ut amorem opturet edendi.
umor item discedit in omnia quae loca cumque   870
poscunt umorem; glomerataque multa vaporis
corpora, quae stomacho praebent incendia nostro,
dissupat adveniens liquor ac restinguit ut ignem,
urere ne possit calor amplius aridus artus.
sic igitur tibi anhela sitis de corpore nostro   875
abluitur, sic expletur ieiuna cupido.

  Nunc qui fiat uti passus proferre queamus,
cum volumus, quareque datum sit membra movere,
et quae res tantum hoc oneris protrudere nostri
corporis insuerit, dicam: tu percipe dicta.   880
dico animo nostro primum simulacra meandi
accidere atque animum pulsare, ut diximus ante.

Dabei ist nicht zu verwundern auch, daß das Wesen des
Körpers
selber die Speise sich sucht eines jeden lebenden Wesens.
Denn fürwahr, daß kommen und gehen Körper den Dingen
viele auf vielerlei Art, ist gezeigt, doch die meisten
notwendig
aus Lebendgen; da diese gequält ja sind mit Bewegung,
werden viele gehaucht aus dem Munde, wenn müde sie
keuchen,
viele, durch Schweiß aus der Tiefe gepreßt, gehn so schon
von hinnen.
Dadurch nun wird der Leib porös, sein ganzes Gefüge
untergraben, etwas, dem Schmerz nachfolgt auf dem
Fuße.
Drum nimmt Speise man ein, daß sie die Glieder erhalte,
zwischengefüllt, die Kräfte erneure und daß sie die
klaffende
Gier in Adern und Leib überall verstopfe des Essens.
Ebenso teilt sich die Feuchtigkeit aus an alle die Stellen,
welche die Feuchtigkeit fordern, und viele versammelte
Körper
heißen Dampfes, die Brand für unsern Magen bereiten,
sprengt das kommende Naß auseinander und löscht sie wie
Feuer,
daß die verdorrende Glut nicht weiter verbrenne die
Glieder.
So wird also der lechzende Durst aus unserem Körper
weggespült, so aufgefüllt das hungrige Gieren.
    Wie nun geschieht, daß den Schritt wir vorwärts zu setzen
vermögen,
dann, wenn wir wollen, wodurch es gegeben, die Glieder zu
regen,
und welch Ding das Unmaß der Last unsres Körpers zu
stoßen
vorwärts gewöhnt sich hat, sag jetzt ich: du höre die Worte.
Unseren Geist, sag ich, befallen Bilder des Gehens
und sie stoßen den Geist, wie vorher wir ausgeführt haben.

inde voluntas fit; neque enim facere incipit ullam
rem quisquam, ⟨quam⟩ mens providit quid velit ante.
id quod providet, illius rei constat imago.   885
ergo animus cum sese ita commovet ut velit ire
inque gredi, ferit extemplo quae in corpore toto
per membra atque artus animai dissita vis est;
et facilest factu, quoniam coniuncta tenetur.
inde ea proporro corpus ferit, atque ita tota   890
paulatim moles protruditur atque movetur.
praeterea tum rarescit quoque corpus et aer
– scilicet ut debet qui semper mobilis extat –
per patefacta venit penetratque foramina largus
et dispargitur ad partis ita quasque minutas   895
corporis. hic igitur rebus fit utrimque duabus,
corpus ut ac navis remis ventoque feratur.
nec tamen illud in his rebus mirabile constat,
tantula quod tantum corpus corpuscula possunt
contorquere et onus totum convertere nostrum;   900
quippe etenim ventus subtili corpore tenvis
trudit agens magnam magno molimine navem
et manus una regit quantovis impete euntem
atque gubernaclum contorquet quolibet unum,
multaque per trocleas et tympana pondere magno   905
commovet atque levi sustollit machina nisu.

Dann erst entsteht der Wille; denn keiner beginnt eine
                                                      Sache
auszuführen, bevor nicht der Sinn, was er will, es geplant
                                                       hat.
Das, was er planend erschaut, davon muß ein Bild auch
                                                   bestehen.
Wenn sich der Geist nun so bewegt, daß zu gehen begehrt er
und zu schreiten einher, sogleich trifft er dann, was im
                                                       ganzen
Körper durch Glieder und Leib an Kraft des Lebens
                                              verstreut ist;
und das ist leicht getan, da sie ja verbunden umfaßt wird.
Drauf schlägt sie den Leib nach vorwärts, und so wird die
                                                       ganze
Last allmählich nach vorn gestoßen und weiter getrieben.
Außerdem verdünnt sich der Leib dann auch, und die Luft
                                                      kommt
– wie sie freilich auch muß, die immer beweglichen
                                                Zustands –
durch die geöffneten Gänge herein, durchdringt sie in
                                                   Strömen
und verteilt sich so hin bis zu jeglichem kleinen
Teile des Leibes. Durch beides geschieht hier also verdoppelt,
daß der Leib wie das Schiff durch Ruder und Winde
                                              dahineilt.
Dabei jedoch ist dies durchaus nicht bestimmt zum
                                              Verwundern,
daß so winzige Körper imstand sind, so mächtige Massen
umzudrehen und unsere ganze Last zu regieren.
Stößt doch auch der Wind, aus feinem Stoffe gewoben,
vorwärts das mächtige Schiff mit mächtiger Masse, es
                                                treibend,
und eine einzige Hand lenkt es, wenn stürmisch es noch so
fährt, und beliebig wohin dreht es ein einziges Steuer;
vieles von großem Gewichte bewegt durch Winden und
                                                    Räder
und hebt es empor die Maschine mit leichtem Sichstemmen.

Nunc quibus ille modis somnus per membra quietem
inriget atque animi curas e pectore solvat,
suavidicis potius quam multis versibus edam;
parvus ut est cycni melior canor, ille gruum quam   910
clamor in aetheriis dispersus nubibus austri.
tu mihi da tenuis auris animumque sagacem,
ne fieri negites quae dicam posse retroque
vera repulsanti discedas pectore dicta,
tutemet in culpa cum sis neque cernere possis.   915
    principio somnus fit ubi est distracta per artus
vis animae partimque foras eiecta recessit
et partim contrusa magis concessit in altum;
dissolvuntur enim tum demum membra fluuntque.
nam dubium non est, animai quin opera sit   920
sensus hic in nobis, quam cum sopor impedit esse,
tum nobis animam perturbatam esse putandumst
eiectamque foras; non omnem; namque iaceret
aeterno corpus perfusum frigore leti.
quippe ubi nulla latens animai pars remaneret   925
in membris, cinere ut multa latet obrutus ignis,
unde reconflari sensus per membra repente
posset, ut ex igni caeco consurgere flamma?
    sed quibus haec rebus novitas confiat et unde
perturbari anima et corpus languescere possit,   930
expediam: tu fac ne ventis verba profundam.

Jetzt will ich nun, wie der Schlaf hindurch durch die
                              Glieder die Ruhe
strömen läßt und löst aus dem Herzen die Sorgen der Seele,
mehr in süßen von Wohllaut als vielen Versen verkünden;
wie der feine Gesang des Schwanes besser ist als der
Kraniche Schrei, der verfliegt in den luftigen Wolken des
                              Südwinds.
Du leih mir ein feines Gehör und findigen Spürsinn,
daß du nicht sagst, unmöglich sei das Gesagte, und
                              rückwärts
weichst mit einem Gemüt, das wahre Worte zurückstößt,
während du selbst bist in Schuld und nur zu sehen nicht
                              fähig.
    Erstens: Schlaf tritt ein, wenn die Kraft des Lebens
                              zerrissen
ist im Leib und teils herausgeschleudert zurückwich,
teils zusammengedrängt mehr zog sich hinein in die Tiefe;
lösen sich doch dann schließlich auf die Glieder, sind haltlos.
Denn es besteht kein Zweifel, daß dank der Leistung der
                              Seele
dieses Empfinden in uns entsteht, und hindert der Schlaf sie,
dann ist die Seele verstört, so muß man glauben, und fort
                              uns
aus dem Körper gejagt; nicht ganz; denn sonst würde liegen
tot der Leib, durchströmt von der ewigen Kälte des Todes.
Freilich: denn da kein Teil der Seele verborgen verbliebe
drin im Leib, wie Glut sich in dichter Asche versteckt birgt,
woher könnte dann neu das Empfinden plötzlich den
                              Gliedern
angefacht werden, wie Flammen entstehn aus verborgenem
                              Feuer?
    Aber wodurch diese plötzliche Neuerung kommt und aus
                              welchem
Grunde die Seele verwirrt werden kann und der Körper
                              erschlaffen,
will ich entwickeln: du laß mich das Wort in die Winde nicht
                              sprechen.

   principio externa corpus de parte necessum est,
aeriis quoniam vicinum tangitur auris,
tundier atque eius crebro pulsarier ictu,
proptereaque fere res omnes aut corio sunt   935
aut etiam conchis aut callo aut cortice tectae.
interiorem etiam partem spirantibus aer
verberat hic idem, cum ducitur atque reflatur.
quare utrimque secus cum corpus vapulet et cum
perveniant plagae per parva foramina nobis   940
corporis ad primas partis elementaque prima,
fit quasi paulatim nobis per membra ruina.
conturbantur enim positurae principiorum
corporis atque animi. fit uti pars inde animai
eiiciatur et introrsum pars abdita cedat,   945
pars etiam distracta per artus non queat esse
coniuncta inter se neque motu mutua fungi;
inter enim saepit coetus natura viasque.
ergo sensus abit mutatis motibus alte.
et quoniam non est quasi quod suffulciat artus,   950
debile fit corpus languescuntque omnia membra,
bracchia palpebraeque cadunt poplitesque cubanti
saepe tamen submittuntur virisque resolvunt.
deinde cibum sequitur somnus, quia, quae facit aer,
haec eadem cibus, in venas dum diditur omnis,   955
efficit. et multo sopor ille gravissimus exstat,
quem satur aut lassus capias, quia plurima tum se

Erstens ist auf der Seite nach draußen es sicherlich nötig,
da der Leib wird berührt, benachbart den Strömen der
Lüfte,
daß er geschlagen wird und getroffen von ständigen Stößen,
und darum sind bedeckt fast sämtliche Dinge: mit Häuten,
oder auch Schalen, mit Horn der Haut und wieder mit
Rinde.
Auch den inneren Teil versetzt beim Atmen dieselbe
Luft mit Schlägen, wenn ein sie gesogen und wieder
verströmt wird.
Drum wird auf beiden Seiten, wenn Schläge der Körper
erhält und
uns durch schmale Gänge die Stöße der Lüfte gelangen
hin zu den ersten Teilen des Leibes und Urelementen,
gleichsam ein Einsturz bewirkt allmählich in unseren
Gliedern.
Werden doch nämlich gestört der Ursprungskörper Gefüge
wie von Seele so Leibe. Und drum wird ein Teil drauf der
Seele
uns geschleudert heraus, ein Teil weicht einwärts verborgen,
wieder ein Teil, verstreut in den Gliedern, vermag nicht
verbunden
untereinander zu sein und seine Bewegung zu tauschen;
denn die Natur sperrt ab die Vereinigung wie auch die
Bahnen.
Also zieht tief sich Empfinden zurück, weil fremd ist die
Schwingung.
Und da nichts es ja gibt, was gleichsam stützte die Glieder,
wird der Leib geschwächt und ermatten alle die Glieder,
Arme und Lider sinken, im Liegen werden noch oftmals
locker die Kniee gebeugt und lösen sich oft noch die Kräfte.
Dann folgt Schlaf auf die Speise, weil das, was die Luft
ihnen zufügt,
eben dasselbe die Speise bewirkt, wenn in alles Geäder
sie sich verteilt. Und am tiefsten bei weitem ist jener
Schlummer,
den du müde und satt aufnimmst, weil dann sich die meisten

corpora conturbant magno contusa labore.
fit ratione eadem coniectus parte animai
altior atque foras eiectus largior eius,   960
et divisior inter se ac distractior intus.
    Et quo quisque fere studio devinctus adhaeret
aut quibus in rebus multum sumus ante morati
atque in ea ratione fuit contenta magis mens,
in somnis eadem plerumque videmur obire: 965
causidici causas agere et componere leges,
induperatores pugnare ac proelia obire,
nautae contractum cum ventis degere dvellum,
nos agere hoc autem et naturam quaerere rerum
semper et inventam patriis exponere chartis.   970
cetera sic studia atque artes plerumque videntur
in somnis animos hominum frustrata tenere.
et quicumque dies multos ex ordine ludis
adsiduas dederunt operas, plerumque videmus,
cum iam destiterunt ea sensibus usurpare,   975
relicuas tamen esse vias in mente patentis,
qua possint eadem rerum simulacra venire;
per multos itaque illa dies eadem obversantur
ante oculos, etiam vigilantes ut videantur
cernere saltantis et mollia membra moventis   980
et citharae liquidum carmen chordasque loquentis
auribus accipere et consessum cernere eundem
scenaique simul varios splendere decores.
usque adeo magni refert studium atque voluntas,
et quibus in rebus consverint esse operati   985
non homines solum sed vero animalia cuncta.

Körper verwirren zusammengeschlagen von schwierigem
                                              Ringen.
Ebenso wird dann zum Teil der Rückzug der Seele in
                                              gleicher
Weise tiefer, ihr Ausstrom um vieles breiter nach außen,
drinnen verteilter in sich und mehr auseinandergezogen.
      Und in welchem Bemühen ein jeder gebannt sich verstrickt
                                              hat
oder worin wir viel vorher in den Dingen verweilten
und in welchen Gedanken der Geist ist gespannt mehr
                                              gewesen,
scheinen wir auch dasselbe zumeist im Traum zu erfahren:
Sachwalter Sachen zu führen und auszudenken Gesetze,
Schlachten zu schlagen der Feldherr und Kämpfe mit Mut
                                              zu bestehen,
Schiffer aufzunehmen den Streit mit dem Sturm und zu
                                              führen,
wir aber dies hier zu tun, nach dem Wesen der Dinge zu
                                              forschen
immer, gefunden sie darzustellen im heimischen Schriftwerk.
So scheinen auch die übrigen Mühen und Künste die Seelen
meistens der Menschen im Schlafe narrend gefangen zu
                                              halten.
Und wer an vielen Tagen den Spielen hintereinander
ständige Mühe widmet, an dem können meist wir erkennen,
wenn auch längst er aufgehört hat, es mit Sinnen zu sehen,
daß die übrigen Bahnen im Geist doch offen noch stehen,
wo die gleichen Bilder der Dinge imstand sind zu kommen;
viele Tage hindurch schwebt drum auch eben dasselbe
vor den Augen, daß auch im Wachen ihnen es vorkommt,
als ob sie tanzen sie sehen und Glieder bewegen geschmeidig
und der Kithara klingendes Lied und schwatzende Saiten
mit ihrem Ohre vernehmen und gleiche Tribünen erblicken
und zugleich wie der bunte Schmuck der Bühne erschimmert.
Soviel macht die Leidenschaft aus und jeweils der Wille
und worin gewöhnlich sind tätig gewesen vor allem
nicht nur die Menschen, nein, ein jegliches lebendes Wesen.

quippe videbis equos fortis, cum membra iacebunt,
in somnis sudare tamen spirareque semper
et quasi de palma summas contendere viris
aut quasi carceribus patefactis + saepe quieti +   990
venantumque canes in molli saepe quiete   999
iactant crura tamen subito vocisque repente   991
mittunt et crebro redducunt naribus auras,
ut vestigia si teneant inventa ferarum,
expergefactique secuntur inania saepe
cervorum simulacra, fugae quasi dedita cernant,   995
donec discussis redeant erroribus ad se.
at consueta domi catulorum blanda propago
discutere et corpus de terra corripere instant,
[iactant crura tamen subito vocisque repente   1000
mittunt et crebro redducunt naribus auras
ut vestigia si teneant inventa ferarum
expergefactique secuntur inania saepe]
proinde quasi ignotas facies atque ora tuantur.
et quo quaeque magis sunt aspera seminiorum,   1005
tam magis in somnis eadem saevire necessust.
at variae fugiunt volucres pinnisque repente
sollicitant divum nocturno tempore lucos,
accipitres somno in leni si proelia, pugnas
edere sunt persectantes visaeque volantes.   1010
porro hominum mentes, magnis quae motibus edunt
magna, itidem saepe in somnis faciuntque geruntque:
reges expugnant, capiuntur, proelia miscent,
tollunt clamorem, quasi si iugulentur ibidem.
multi depugnant gemitusque doloribus edunt,   1015

Wirst das tapfere Roß du doch, wenn schlummern die
                                        Glieder,
schwitzen sehen im Schlaf und immer keuchen es dennoch
und, als ob es den Preis gält, spannen die äußersten Kräfte
und als wäre die Schranke geöffnet, ⟨mächtig sich schnellen⟩.
Und der Jagenden Hunde bewegen in sanfter lösender Ruhe
plötzlich die Schenkel doch und lassen die Stimmen
                                        erschallen
jäh und ziehen ein mit den Nasen häufig die Lüfte,
wie wenn sie hätten erhascht gefundene Spuren des Wildes,
und, erwacht, verfolgen sie oftmals nichtige Bilder
dann von Hirschen, als ob in die Flucht sie sich werfen sie
                                        sahen,
bis sich der Irrtum zerteilt und zu sich sie wiederum
                                        kommen.
Aber gewöhnt ans Haus der Hündchen schmeichelnde Sippe
müht sich zu schütteln den Leib und ihn vom Boden zu
                                        reißen,
[plötzlich die Schenkel doch und lassen die Stimmen
                                        erschallen
jäh und ziehen ein mit den Nasen häufig die Lüfte,
wie wenn sie hätten erhascht gefundene Spuren des Wildes
und, erwacht, verfolgen sie oftmals nichtige Bilder]
gleich als ob sie fremde Gesichter und Mienen erschauten.
Und je rauher jeweils ein jedes dieser Geschlechter,
um so mehr müssen sie notwendig wüten im Schlafe.
Aber die bunten Vögel flüchten, und jäh mit den Schwingen
regen sie auf den Hain der Götter zu nächtlicher Stunde,
wenn im sanften Schlaf die Falken Kämpfe, Gefechte,
folgend und fliegend, jäh dann ihnen schienen zu liefern.
Weiter der Menschen Geist, der bewirkt mit großer
                                        Bewegung
Großes, oft tut im Schlaf und treibt er eben dasselbe:
Könige nehmen ein, bekämpfen, werden gefangen,
schreien auf, als ob sie ebendort würden erdrosselt.
Viele kämpfen ums Ganze und stöhnen unter den
                                        Schmerzen,

et quasi pantherae morsu saevive leonis
mandantur, magnis clamoribus omnia complent.
multi de magnis per somnum rebus loquuntur,
indicioque sui facti persaepe fuere.
multi mortem obeunt. multi, de montibus altis   1020
ut qui praecipitent ad terram corpore toto,
exterruntur et ex somno quasi mentibus capti
vix ad se redeunt permoti corporis aestu.
flumen item sitiens aut fontem propter amoenum
adsidet et totum prope faucibus occupat amnem.   1025
puri saepe lacum propter si ac dolia curta
somno devincti credunt se extollere vestem,
totius umorem saccatum corporis fundunt,
cum Babylonica magnifico splendore rigantur.
tum quibus aetatis freta primitus insinuatur   1030
semen, ubi ipsa dies membris matura creavit,
conveniunt simulacra foris e corpore quoque
nuntia praeclari voltus pulchrique coloris,
qui ciet inritans loca turgida semine multo,
ut quasi transactis saepe omnibus rebus profundant   1035
fluminis ingentis fluctus vestemque cruentent.

    Sollicitatur id ⟨in⟩ nobis, quod diximus ante,
semen, adulta aetas cum primum roborat artus.
namque alias aliud res commovet atque lacessit;
ex homine humanum semen ciet una hominis vis.   1040
quod simul atque suis eiectum sedibus exit,
per membra atque artus decedit corpore toto

und wie wenn sie vom Biß des Panthers würden zerrissen
oder des grausamen Leus, erfüllen sie alles mit Schreien.
Viele auch reden im Schlaf gar oft von gewichtigen Dingen,
und so wurden sie oft Verräter der eigenen Taten.
Viele sterben den Tod. Wie die, welche hoch von den Bergen
stürzen zum Boden herab mit dem ganzen Gewichte des
                                        Körpers,
so werden viele geschreckt und wie geistesgestört kommen
                                        mühsam
aus dem Schlaf sie zu sich, von des Körpers Wallung
                                        erschüttert.
Dürstend sitzt einer am Fluß und nahe der lieblichen Quelle,
und den ganzen Strom fast schlürft er ein in die Kehle.
Wenn, auch reinliche, Leute am kurzen Faß und der Grube
tief im Schlafe gebannt die Kleidung glauben zu heben,
lassen ergießen sie sich die geseihte Feuchte des Körpers,
während – von prachtvollem Glanz – werden naß
                                        babylonische Decken.
Wem dann zum ersten Mal in die Tore des Lebens der
                                        Samen
eindringt, wenn eben die Zeit dem Körper, gereift, ihn
                                        erzeugt hat,
kommen von außen Bilder aus jedem Körper zusammen,
Boten der Herrlichkeit eines Gesichts und edeler Farbe,
welche die Stellen erregend reizt, die schwellen vom Samen,
daß sie, als wäre schon alles vorüber, oft sich ergießen
lassen des mächtigen Flusses Strom und die Decke
                                        bespritzen.
  Auf wird in uns er erregt, den eben wir nannten, der
                                        Samen,
kaum daß gereift heran das Alter festigt die Glieder.
Denn ein anderes Ding bringt andres in Aufruhr und reizt
                                        es;
menschlichen Samen lockt aus dem Menschen des Menschen
                                        Gewalt nur.
Hat er aus seinen Sitzen gelöst sie eben verlassen,
strömt er im ganzen Leib hinweg durch Glieder und Teile,

in loca conveniens nervorum certa cietque
continuo partis genitalis corporis ipsas.
inritata tument loca semine fitque voluntas   1045
eicere id quo se contendit dira cupido,
[incitat inritans loca turgida semine multo]
idque petit corpus, mens unde est saucia amore.
namque omnes plerumque cadunt in vulnus et illam
emicat in partem sanguis, unde icimur ictu,   1050
et si comminus est, hostem ruber occupat umor.
sic igitur Veneris qui telis accipit ictus,
sive puer membris muliebribus hunc iaculatur
seu mulier toto iactans e corpore amorem,
unde feritur, eo tendit gestitque coire   1055
et iacere umorem in corpus de corpore ductum;
namque voluptatem praesagit muta cupido.

Haec Venus est nobis: hinc autemst nomen Amoris,
hinc illaec primum Veneris dulcedinis in cor
stillavit gutta et successit frigida cura.   1060
nam si abest quod ames, praesto simulacra tamen sunt
illius et nomen dulce obversatur ad auris.
sed fugitare decet simulacra et pabula amoris
absterrere sibi atque alio convertere mentem
et iacere umorem conlectum in corpora quaeque   1065
nec retinere, semel conversum unius amore,
et servare sibi curam certumque dolorem;
ulcus enim vivescit et inveterascit alendo

sammelnd in Stellen sich, bestimmte, der Sehnen, und regt
dann
gleich die Zeugungsglieder auf nun selber des Körpers.
Angereizt schwellen an die Stellen vom Samen, und Wille
wallt, ihn zu schleudern, wohin sich streckt das jähe
Begehren,
[er reizt auf, erregend, die Stellen, die schwellen vom
Samen]
und er erstrebt den Leib, woher wund von Liebe der Geist
ist.
Stürzen doch alle sich meist in die Wunde und hoch in die
Richtung
spritzt das Blut dorthin auf, woher vom Schlag wir
getroffen,
und wenn im Nahkampf es ist, trifft rotes Naß auch den
Feind noch.
So nun auch, wer erhält die Treffer von Venus' Geschossen,
mag ein Bursche verschießen die Liebe auf weibliche Glieder
oder das Weib, aus ihrem ganzen Leibe sie schleudernd:
woher getroffen, dorthin auch strebt er, begehrt sich zu einen,
und in den Leib die Feuchte zu werfen, aus seinem geleitet.
Sinnenlust sagt nämlich voraus das stumme Begehren.

Das ist die Venus für uns: daher kommt der Name des
Amor,
fiel der Tropfen zuerst der Süße der Venus ins Herz uns,
und wieder daher zuerst beschlich uns schauriges Sorgen.
Denn ist fern, was du liebst, sind gegenwärtig die Bilder
doch von ihm, und süß klingt stets der Name im Ohre.
Scheuchen jedoch muß die Bilder man fort und, was nährt
diese Liebe,
weisen zurück von sich und anderswo wenden den Sinn hin
und die versammelte Feuchtigkeit werfen in andere Körper
und sie nicht halten, einmal durch Liebe zu einem gewonnen,
und sich Sorge damit und sichere Schmerzen bewahren;
lebt doch auf das Geschwür und frißt sich ein, wenn man
nährt es,

inque dies gliscit furor atque aerumna gravescit,
si non prima novis conturbes volnera plagis   1070
volgivagaque vagus Venere ante recentia cures
aut alio possis animi traducere motus.

   Nec Veneris fructu caret is qui vitat amorem,
sed potius quae sunt sine poena commoda sumit;
nam certe purast sanis magis inde voluptas   1075
quam miseris. etenim potiundi tempore in ipso
fluctuat incertis erroribus ardor amantum,
nec constat quid primum oculis manibusque fruantur.
quod petiere, premunt arte faciuntque dolorem
corporis et dentes inlidunt saepe labellis   1080
osculaque adfligunt, quia non est pura voluptas
et stimuli subsunt, qui instigant laedere id ipsum,
quodcumque est, rabies unde illaec germina surgunt.
sed leviter poenas frangit Venus inter amorem
blandaque refrenat morsus admixta voluptas.   1085
namque in eo spes est, unde est ardoris origo,
restingui quoque posse ab eodem corpore flammam.
quod fieri contra totum natura repugnat;
unaque res haec est, cuius quam plurima habemus,
tam magis ardescit dira cuppedine pectus.   1090
nam cibus atque umor membris adsumitur intus;
quae quoniam certas possunt obsidere partis,
hoc facile expletur laticum frugumque cupido;

täglich vermehrt sich der Wahn, und schwerer lastet das
Leiden,
wenn du mit neuem Schlag nicht die ersten Wunden
erschütterst
und durch schweifende Venus vorher sie frisch noch
behandelst
unstet oder nicht kannst die Regung des Herzens versetzen.

Und es entbehrt nicht der Venus Frucht, wer Liebe
vermeidet,
sondern er nimmt vielmehr den Vorteil, der frei ist von
Strafe;
denn gewiß ist reiner doch der Genuß den Gesunden
als den Siechen. Denn noch im Augenblick des Genusses
flutet der Liebenden Glut überall in unstetem Irren,
schwankt, was erst mit den Augen und Händen genießen sie
sollen.
Was sie gefaßt, das drücken sie fest und bewirken dem
Körper
Schmerzen und schlagen die Zähne oftmals hinein in die
Lippen,
pressen Küsse darauf, weil rein nicht ist das Vergnügen
und verborgen sind Stachel, die spornen, das zu verletzen,
was es auch ist, woher sich die Keime der Tollheit erheben.
Aber ein wenig schwächt in der Liebe doch Venus die Buße,
und die Lust, vermischt, beruhigt schmeichelnd die Stiche.
Denn es ist Hoffnung in ihr, daß, woher ist der Ursprung
des Feuers,
auch gelöscht werden kann vom gleichen Körper die
Flamme.
Daß es ganz anders ist, das erzwingt das Wesen der Dinge;
und es ist einzig dies Ding, bei dem, je mehr wir besitzen,
um so mehr in furchtbarer Gier erglühet das Herz uns.
Speise nämlich und Trank wird ein in die Glieder
genommen;
da ja diese bestimmtes Gebiet zu besetzen vermögen,
drum wird leicht erfüllt das Begehren nach Wasser und
Feldfrucht.

ex hominis vero facie pulchroque colore
nil datur in corpus praeter simulacra fruendum   1095
tenvia; quae vento spes raptast saepe misella.
ut bibere in somnis sitiens quom quaerit et umor
non datur, ardorem qui membris stinguere possit,
sed laticum simulacra petit frustraque laborat
in medioque sitit torrenti flumine potans,   1100
sic in amore Venus simulacris ludit amantis,
nec satiare queunt spectando corpora coram
nec manibus quicquam teneris abradere membris
possunt errantes incerti corpore toto.
denique cum membris conlatis flore fruuntur   1105
aetatis, iam cum praesagit gaudia corpus
atque in eost Venus ut muliebria conserat arva,
adfigunt avide corpus iunguntque salivas
oris et inspirant pressantes dentibus ora,
nequiquam, quoniam nihil inde abradere possunt   1110
nec penetrare et abire in corpus corpore toto;
nam facere interdum velle et certare videntur.
usque adeo cupide in Veneris compagibus haerent,
membra voluptatis dum vi labefacta liquescunt.
tandem ubi se erupit nervis conlecta cupido,   1115
parva fit ardoris violenti pausa parumper;
inde redit rabies eadem et furor ille revisit,
cum sibi quod cupiant ipsi contingere quaerunt

Von des Menschen Antlitz jedoch und lieblicher Farbe
wird in den Körper nichts denn ein feines Bild zum Genusse
eingegeben; vom Wind wird entführt oft die klägliche
Hoffnung!
Wie wenn durstig im Schlaf einer sucht zu trinken und
Wasser
nicht wird gegeben, das löschen könnte die Glut in den
Gliedern,
sondern er Bilder des Nasses erhascht und mühet sich
fruchtlos
und inmitten des tosenden Stromes er trinkend doch dürstet,
so narrt Venus mit Bildern die Liebenden auch in der Liebe,
und sie können nicht satt sich sehen selbst an den Körpern,
und mit den Händen vermögen sie nichts von den weichen
Gliedern
abzukratzen, am ganzen Leib hin unstet auch fahrend.
Wenn sie zum Schluß mit vereinigten Gliedern genießen des
Lebens
Blüte, wenn schon der Leib vorher ihnen ahnet die Freuden
und so weit ist die Venus, daß sät sie den weiblichen Acker,
pressen sie gierig den Leib aneinander und mischen des
Mundes
Speichel und atmen tief, einpressend die Zähne dem Munde,
fruchtlos, da sie ja nichts dort abzukratzen vermögen,
ein nicht zu dringen, zu tauchen den ganzen Leib in den Leib
ein;
scheinen sie dies doch bisweilen zu wollen und darum zu
eifern.
So hängen gierig sie eng in der Venus festem Gefüge,
während die Glieder gelöst von der Lüste Gewalten
zerschmelzen.
Endlich, sobald aus den Sehnen die ganze Begierde
hervorbrach,
folgt in der heftigen Glut ein Weilchen drauf etwas
Stillstand;
dann ist die Wut wieder da und gleiche Tollheit befällt sie,
während, soweit sie selber es möchten, zu erlangen sie suchen

nec reperire malum id possunt quae machina vincat:
usque adeo incerti tabescunt volnere caeco.   1120
    Adde quod absumunt viris pereuntque labore,
adde quod alterius sub nutu degitur aetas;
labitur interea res et Babylonica fiunt,
languent officia atque aegrotat fama vacillans;
linum tum et pulchra in pedibus Sicyonia rident,   1125
scilicet et grandes viridi cum luce zmaragdi
auro includuntur teriturque thalassina vestis
adsidue et Veneris sudorem exercita potat;
et bene parta patrum fiunt anademata, mitrae,
interdum in pallam atque Alidensia Ciaque vertunt;   1130
eximia veste et victu convivia, ludi,
pocula crebra, unguenta, coronae, serta parantur,
nequiquam, quoniam medio de fonte leporum
surgit amari aliquid, quod in ipsis floribus angat,
aut cum conscius ipse animus se forte remordet   1135
desidiose agere aetatem lustrisque perire,
aut quod in ambiguo verbum iaculata reliquit,
quod cupido adfixum cordi vivescit ut ignis,
aut nimium iactare oculos aliumve tueri
quod putat in voltuque videt vestigia risus.   1140
    Atque in amore mala haec proprio summeque secundo

und doch finden nicht können, welch Mittel besiegt dieses
Übel:
so sehr schwinden sie hin an heimlicher Wunde ganz ratlos.
  Nimm hinzu, daß sie Kräfte verschleißen, verkommen in
Mühsal,
nimm noch hinzu, daß das Leben man führt auf den Wink
eines andern;
doch inzwischen leidet die Habe für persische Decken,
matt liegt die Arbeit da, erschüttert kränkelt der Name;
da lachen Linnengewand und am Fuß sikyonische Schuhe,
freilich, und große Smaragde mit grünem Licht sind gefaßt
dann
ein mit Gold, und durch wird gerieben die purpurne Decke
ständig, und, viel geplagt, saugt ein sie vom Schweiße der
Venus;
wohlerworbenes Gut der Väter: zu Bändern und Mützen
wird es, verwandelt in Mäntel und Stoff sich von Keos und
Elis;
Mähler mit kostbaren Kleidern und Speisen, Würfel und
Becher
viele, Parfüms, Gewinde, Kränze, sie werden gerüstet:
fruchtlos; denn mitten heraus aus der Quelle der reizenden
Anmut
hebt ein Bitteres sich, das ängstigt zwischen den Blüten,
sei's, wenn die Seele selbst im Bewußtsein quälend sich
vorwirft,
daß sie das Leben verbringt in Trägheit und abstirbt im
Schmutze,
sei's daß ein Wort sie hinwarf und ließ es bleiben im
Zwielicht,
das, dem begierigen Herzen verhaftet, wie Feuerbrand
auflebt,
sei's daß zu sehr sie blitzt mit den Augen und andere
anblickt,
wie er glaubt, und im Blick er bemerkt die Spuren von
Lachen.
  Und in erfüllter und glücklicher Liebe sind solcherlei Übel

inveniuntur; in adverso vero atque inopi sunt,
prendere quae possis oculorum lumine operto,
innumerabilia; ut melius vigilare sit ante,
qua docui ratione, cavereque ne inliciaris.   1145
nam vitare, plagas in amoris ne iaciamur,
non ita difficile est quam captum retibus ipsis
exire et validos Veneris perrumpere nodos.
et tamen implicitus quoque possis inque peditus
effugere infestum, nisi tute tibi obvius obstes   1150
et praetermittas animi vitia omnia primum
aut quae corporis sunt eius, quam praepetis ac vis.
nam faciunt homines plerumque cupidine caeci
et tribuunt ea quae non sunt is commoda vere.
multimodis igitur pravas turpisque videmus   1155
esse in deliciis summoque in honore vigere.
atque alios alii inrident Veneremque suadent
ut placent, quoniam foedo adflictentur amore,
nec sua respiciunt miseri mala maxima saepe.
nigra melichrus est, inmunda et foetida acosmos,   1160
caesia Palladium, nervosa et lignea dorcas,
parvula pumilio, chariton mia, tota merum sal,
magna atque inmanis cataplexis plenaque honoris.
balba loqui non quit, traulizi, muta pudens est;
at flagrans, odiosa, loquacula Lampadium fit.   1165

schon zu finden; in widriger gar und entbehrender gibt es,
die du, bedecktest das Licht du der Augen, zu finden
vermöchtest,
deren ohne Zahl; daß es besser zu wachen ist vorher,
so wie gelehrt ich es hab, und nicht dich verlocken zu lassen.
Denn zu vermeiden, daß wir in die Netze der Liebe nicht
fallen,
das ist nicht so schwer, als selber den Netzen, gefangen,
nun zu entkommen und starke Knoten der Venus zu
sprengen.
Doch auch verflochten schon und verstrickt vermöchtest zu
fliehn du
noch vor dem Feinde, wenn du nur selbst nicht dir hindernd
im Weg bist
und die Mängel zunächst der Seele nicht merkst und
vorbeiläßt
oder die hat der Körper von ihr, die du willst und begehrest.
Denn so machen die Menschen es meistens, blind vom
Begehren:
teilen Vorzüge zu, die sie nicht haben in Wahrheit.
Und so sieht man denn auch vielfach die häßlichen,
krummen
dennoch zärtlich geliebt und in höchsten Ehren sich spreizen.
Und sie verlachen einander und geben den Rat, doch die
Venus
gnädig zu stimmen, da sie mit häßlicher Liebe sich plagten,
und sehen oft nicht an die eigenen Übel, die Armen!
Schwarze sind honigblond, die schmutzigen, stinkenden
sorglos,
grünäugig: Bild der Pallas, sehnig und hölzern: ein Rehlein,
etwas zu klein ist sie Zwerg, der Chariten eine und Witz
ganz,
groß und ungeheuer: Erscheinung und Stattlichkeit selber,
stotternd kann sie nicht sprechen: sie lispelt, die Stumme ist
züchtig,
ist exaltiert sie, geschwätzig und aufdringlich, wird sie das
Fünkchen.

ischnon eromenion tum fit, cum vivere non quit
prae macie; rhadine verost iam mortua tussi.
at tumida et mammosa Ceres est ipsa ab Iaccho,
simula Silena ac Saturast, labeosa philema.
cetera de genere hoc longum est si dicere coner.   1170
sed tamen esto iam quantovis oris honore,
cui Veneris membris vis omnibus exoriatur:
nempe aliae quoque sunt; nempe hac sine viximus ante;
nempe eadem facit, et scimus facere, omnia turpi,
et miseram taetris se suffit odoribus ipsa,   1175
quam famulae longe fugitant furtimque cachinnant.
at lacrimans exclusus amator limina saepe
floribus et sertis operit postisque superbos
unguit amaracino et foribus miser oscula figit;
quem si, iam ammissum, venientem offenderit aura   1180
una modo, causas abeundi quaerat honestas,
et meditata diu cadat alte sumpta querella,
stultitiaque ibi se damnet, tribuisse quod illi
plus videat quam mortali concedere par est.
nec Veneres nostras hoc fallit; quo magis ipsae   1185
omnia summo opere hos vitae postscaenia celant,
quos retinere volunt adstrictosque esse in amore,
nequiquam, quoniam tu animo tamen omnia possis
protrahere in lucem atque omnis inquirere risus,
et, si bello animost et non odiosa, vicissim   1190
praetermittere ⟨et⟩ humanis concedere rebus.
    Nec mulier semper ficto suspirat amore
quae complexa viri corpus cum corpore iungit
et tenet adsuctis umectans oscula labris;

Zierlicher Liebling wird dann sie, wenn leben vor Dürre
sie nicht kann; ein schmächtiges Kind, wenn sie tot schon vor
                                  Husten.
Üppig, mit voller Brust ist sie Ceres selber mit Bacchus,
plattnäsig ist sie Silenin und Satyr, vollippig »Küßchen«.
Übriges solcher Art, wollt' nennen ich's, wär es zu lang
                                  wohl.
Aber soll sie doch sein von noch so strahlendem Antlitz,
daß ihr der Venus Gewalt aus allen Gliedern hervorspräng:
wirklich, es gibt doch andre, wirklich, wir lebten doch
                                  vorher
ohne sie; wirklich sie tut – und wir wissen's – wie Häßliche
                                  Gleiches,
und sie räuchert sich selbst an mit eklen Gerüchen, die Arme,
vor der die Flucht weit ergreifen die Mägde und kichern im
                                  stillen.
Nassen Auges jedoch deckt oft mit Blumen und Kränzen,
ausgesperrt, ihre Schwellen der Liebhaber, salbet die stolzen
Pfosten mit Majoran und küßt – der Arme! – die Türen;
träf ihn, empfangen, schon beim Kommen nur eine der
                                  Wolken,
suchte er wohl sogleich einen anständ'gen Grund zu
                                  verschwinden,
hinfällig würde die Klage, die lange bedachte, die tiefe,
und der Torheit zieh er sich dann, weil er sähe, daß mehr er
ihr erteilt, als Sterblichen einzuräumen erlaubt ist.
Und das entgeht unsern Veneres nicht; drum halten sie selber
um so mehr vor denen versteckt diese Rückwand des Lebens
eifrig, die behalten sie wollen in Liebe gefesselt,
fruchtlos, da mit dem Geiste du ja doch alles vermöchtest
vorzuziehen ins Licht und aufzuspüren, was komisch,
und wenn von nettem Geist und nicht lästig sie ist, es auch
                                  wieder
nicht zu sehen und nachzugeben der menschlichen Schwäche.
    Und nicht immer seufzt das Weib in erheuchelter Liebe,
das, umfangend, des Mannes Körper mit Körper verbindet,
hält ihn mit angesaugten Lippen, die Küsse befeuchtend;

nam facit ex animo saepe et communia quaerens   1195
gaudia sollicitat spatium decurrere amoris.
nec ratione alia volucres armenta feraeque
et pecudes et equae maribus subsidere possent,
si non, ipsa quod illarum subat, ardet abundans
natura et Venerem salientum laeta retractat.   1200
nonne vides etiam quos mutua saepe voluptas
vinxit, ut in vinclis communibus excrucientur?
in triviis cum saepe canes discedere aventes   1203
diversi cupide summis ex viribus tendunt,   1210
quom interea validis Veneris compagibus haerent.   1204
quod facerent numquam, nisi mutua gaudia nossent,   1205
quae iacere in fraudem possent vinctosque tenere.
quare etiam atque etiam, ut dico, est communis voluptas.

    Et commiscendo quom semine forte virilem
femina vim vicit subita vi corripuitque,   1209
tum similes matrum materno semine fiunt,   1211
ut patribus patrio. sed quos utriusque figurae
esse vides, iuxtim miscentes vulta parentum,
corpore de patrio et materno sanguine crescunt,
semina cum Veneris stimulis excita per artus   1215
obvia conflixit conspirans mutuus ardor,
et neque utrum superavit eorum nec superatumst.
fit quoque ut interdum similes existere avorum
possint et referant proavorum saepe figuras
propterea quia multa modis primordia multis   1220
mixta suo celant in corpore saepe parentes,
quae patribus patres tradunt a stirpe profecta.
inde Venus varia producit sorte figuras

denn sie tut aus dem Herzen es oft, und gemeinsame Freuden
suchend, ist sie erregt, der Liebe Bahn zu durchmessen.
Und nicht anders mögen die Vögel, Großvieh und wilde
Tiere, Schafe und Stuten sich beugen den männlichen Tieren,
außer weil ihre Natur ist in Brunst, aufschäumend erglüht
dann
und die Venus der springenden Männchen üppig erwidert.
Siehst du nicht auch, wie die, welche Freuden untereinander
haben gefesselt, sich oft in gemeinsamen Banden zerquälen?
Wenn an der Kreuzung die Hunde begierig oft sich zu
trennen
nach verschiedner Richtung mit Macht sich hitzig bemühen,
wenn unterdes sie hangen im festen Gefüge der Venus?
Das würden tun sie nie, wenn für beide bekannt nicht
Genüsse,
die sie zu schleudern in Trug vermögen und halten gefesselt.
Drum ist noch und noch, wie ich sag, das Vergnügen
gemeinsam.
    Und dann, wenn es geschieht, daß im Mischen des Samens
die Frau hat
männliche Kraft besiegt mit plötzlicher Macht und ergriffen,
dann entstehen aus Samen der Mutter Gleiche den Müttern,
wie den Vätern aus dem des Vaters. Die beider Gestalten
sind, wie du siehst, vermischend eng die Mienen der Eltern,
wachsen herauf aus Samen zugleich von Vater und Mutter,
wenn die Samen, erregt in den Gliedern vom Sporne der
Venus,
wechselseitige Glut verschworen gejagt hat entgegen
und nicht eines gesiegt hat noch wieder wurde besiegt auch.
Auch geschieht's, daß Großvätern ähnlich werden sie
manchmal
können und oft der Urgroßväter Gesicht widerspiegeln,
deswegen, weil auf vielfache Weise der Urkörper viele
oftmals die Eltern vermischt in ihrem Leibe verbergen,
die der Vater dem Vater vererbt vom Ursprung des
Stammes.
Draus bringt Venus hervor mit wechselndem Lose Gestalten

maiorumque refert voltus vocesque comasque;
quandoquidem nihilo minus haec ⟨de⟩ semine certo   1225
fiunt quam facies et corpora membraque nobis.
et muliebre oritur patrio de semine saeclum
maternoque mares existunt corpore creti.
semper enim partus duplici de semine constat,
atque utri similest magis id quodcumque creatur,   1230
eius habet plus parte aequa; quod cernere possis,
sive virum suboles sivest muliebris origo.
    Nec divina satum genitalem numina cuiquam
absterrent, pater a gnatis ne dulcibus umquam
appelletur et ut sterili Venere exigat aevum;   1235
quod plerumque putant et multo sanguine maesti
conspergunt aras adolentque altaria donis,
ut gravidas reddant uxores semine largo.
nequiquam divum numen sortisque fatigant.
nam steriles nimium crasso sunt semine partim   1240
et liquido praeter iustum tenuique vicissim.
tenve locis quia non potis est adfigere adhaesum,
liquitur extemplo et revocatum cedit abortu.
crassius his porro quoniam concretius aequo
mittitur, aut non tam prolixo provolat ictu   1245
aut penetrare locos aeque nequit aut penetratum
aegre admiscetur muliebri semine semen.
nam multum harmoniae Veneris differre videntur;
atque alias alii complent magis ex aliisque
succipiunt aliae pondus magis inque gravescunt.   1250
et multae steriles Hymenaeis ante fuerunt
pluribus et nactae post sunt tamen unde puellos

und erneuert der Ahnen Mienen und Stimmen und Haare,
da von bestimmtem Samen auch dies entsteht ja nicht minder
als das ganze Gesicht, die Körper und unsere Glieder.
Auch von Vaterssamen erhebt sich der weibliche Nachwuchs
und der männliche kommt aus Mutters Körper erwachsen.
Immer ist nämlich Geburt gefügt aus doppeltem Samen,
und wem ähnlicher ist von beiden, was wurde geboren,
dem dankt mehr es als Gleiches; was klar erkennen du
                                                    dürftest,
ob es des Mannes Sproß oder sei's auch weiblicher Ursprung.
    Und der Zeugung Saat verweigert nicht göttliches Walten
jemandem, daß er genannt werd' niemals Vater von lieben
Söhnen und sein Leben verbringe mit fruchtloser Venus;
das nimmt meistens man an, und trauernd bespritzen Altäre
sie mit Strömen von Blut und räuchern am Tisch mit
                                                Geschenken,
daß sie mit reichem Samen schwanger machen die Frauen:
fruchtlos mühen sie ab der Götter Gewalt und Orakel.
Unfruchtbare sind teils von zu dickem Samen nämlich
und von über das Maß auch wieder klarem und dünnem.
Weil der dünne nicht fähig, den Stellen sein Haften zu
                                                bringen,
wird er zersetzt sogleich, weicht fehlend nach rückwärts
                                                gerufen.
Da der dickre dagegen entsandt wird fester als richtig
hin zu den Stellen, so fliegt in so weitem Wurf er entweder
vor nicht, oder er dringt nicht gleich an die Stellen ein oder,
eingedrungen, mischt schwer sich Samen mit weiblichem
                                                Samen.
Denn, wie sich zeigt, sind sehr verschieden der Venus
                                                Gefüge;
mehr erfüllt der eine wohl die, der andere jene
und von andren leiden die Last manche mehr und
                                                empfangen.
Viele sind unfruchtbar gewesen in mehreren Ehen
vorher und haben danach doch erlangt, von woher sie
                                                konnten

suscipere et partu possent ditescere dulci.
et quibus ante domi fecundae saepe nequissent
uxores parere, inventast illis quoque compar   1255
natura, ut possent gnatis munire senectam.
usque adeo magni refert, ut semina possint
seminibus commisceri genitaliter apta
crassaque conveniant liquidis et liquida crassis.
atque in eo refert quo victu vita colatur;   1260
namque aliis rebus concrescunt semina membris
atque aliis extenvantur tabentque vicissim.
et quibus ipsa modis tractetur blanda voluptas,
id quoque permagni refert; nam more ferarum
quadrupedumque magis ritu plerumque putantur   1265
concipere uxores, quia sic loca sumere possunt
pectoribus positis sublatis semina lumbis.
nec molles opus sunt motus uxoribus hilum.
nam mulier prohibet se concipere atque repugnat,
clunibus ipsa viri Venerem si laeta retractat   1270
atque exossato ciet omni pectore fluctus.
eicit enim sulcum recta regione viaque
vomeris atque locis avertit seminis ictum.
idque sua causa conserunt scorta moveri,
ne complerentur crebro gravidaeque iacerent,   1275
et simul ipsa viris Venus ut concinnior esset;
coniugibus quod nil nostris opus esse videtur.
    Nec divinitus interdum Venerisque sagittis
deteriore fit ut forma muliercula ametur.

Söhne empfangen und wurden reich an erfreuendem
                              Nachwuchs.
Und wem vorher daheim oft fruchtbare Frauen gebären
konnten nicht, auch für den hat sich oft ein geeignetes Wesen
noch gefunden, daß schützen er konnte sein Alter mit
                              Söhnen.
Soviel macht es aus, daß die Samen sich mit den Samen
mischen können, und zwar für der Zeugung Geschäfte
                              geeignet,
und die dicken mit flüß'gen sich einen und flüß'ge mit
                              dicken.
Dabei macht's etwas aus, womit das Leben erhältst du;
denn von den einen Dingen wachsen die Samen dem Körper,
und von andren werden sie schwach wiederum und
                              vergehen.
Und in welcher Form man übt die wonnige Freude,
ist von großem Gewicht desgleichen; nach Weise der Tiere
nämlich und Vierfüßler Art, so glaubt man, empfangen die
                              Frauen
meistens mehr, weil ein die Samen zu nehmen vermögen
so die Stellen, wenn liegt die Brust, erhoben der Leib ist.
Und für die Frauen bedarf's mitnichten weicher Bewegung.
Denn es verhindert die Frau das Empfangen und wehrt sich
                              dagegen,
wenn sie selbst mit dem Leib dem Manne freudig erwidert
und mit der ganzen weichen Brust die Wogen erreget.
Bringt die Furche sie doch aus grader Richtung, des Pfluges
Bahn, und wendet ab von den Stellen die Stöße des Samens.
Und so pflegen sich, selber zunutz, zu bewegen die Dirnen,
um nicht oft zu empfangen und häufig schwanger zu liegen,
und daß selber zugleich die Venus die Männer mehr
                              anspräch;
das scheint unseren Frauen in keiner Weise vonnöten.
    Und es geschieht nicht durch göttliche Kraft und die Pfeile
                              der Venus,
daß bisweilen geliebt wird ein Frauchen von minderer
                              Schönheit.

nam facit ipsa suis interdum femina factis   1280
morigerisque modis et munde corpore culto,
ut facile insvescat ⟨te⟩ secum degere vitam.
quod super est, consuetudo concinnat amorem;
nam leviter quamvis quod crebro tunditur ictu,
vincitur in longo spatio tamen atque labascit.   1285
nonne vides etiam guttas in saxa cadentis
umoris longo in spatio pertundere saxa?

Wirkt doch selber die Frau durch eigene Taten bisweilen,
fügsame, willige Art und sauber gepflegten Körper,
daß sie leicht dich gewöhnt, mit ihr zu verbringen ein Leben.
Übrigens ist es so, daß Gewohnheit schmiedet die Liebe;
denn was noch so leicht durch häufigen Stoß wird
                                    geschlagen,
wird auf die Dauer der Zeit doch besiegt und fängt an zu
                                    wanken.
Siehst du denn nicht, daß auch die Tropfen des Wassers, die
                                    fallen
auf den Fels, auf die Dauer der Zeit die Felsen durchbohren?

Liber quintus

Quis potis est dignum pollenti pectore carmen
condere pro rerum maiestate hisque repertis?
quisve valet verbis tantum, qui fingere laudes
pro meritis eius possit, qui talia nobis
pectore parta suo quaesitaque praemia liquit?   5
nemo, ut opinor, erit mortali corpore cretus.
nam si, ut ipsa petit maiestas cognita rerum,
dicendum est, deus ille fuit, deus, inclute Memmi,
qui princeps vitae rationem invenit eam quae
nunc appellatur sapientia, quique per artem   10
fluctibus e tantis vitam tantisque tenebris
in tam tranquillo et tam clara luce locavit.
confer enim divina aliorum antiqua reperta.
namque Ceres fertur fruges Liberque liquoris
vitigeni laticem mortalibus instituisse;   15
cum tamen his posset sine rebus vita manere,
ut fama est aliquas etiam nunc vivere gentis.
at bene non poterat sine puro pectore vivi;
quo magis hic merito nobis deus esse videtur,
ex quo nunc etiam per magnas didita gentis   20
dulcia permulcent animos solacia vitae.
Herculis antistare autem si facta putabis,
longius a vera multo ratione ferere.
quid Nemeaeus enim nobis nunc magnus hiatus
ille leonis obesset et horrens Arcadius sus,   25
tanto opere officerent nobis Stymphala colentes?   30
denique quid Cretae taurus Lernaeaque pestis   26

Fünftes Buch

Wer hat die Macht, mit starkem Herzen Verse zu stiften
würdig der Hoheit der Dinge und würdig ihrer Entdeckung?
Wer vermag soviel mit dem Wort, daß Rühmen er dichte
angemessen des Mannes Verdienst, der solcherlei Lohn uns
hinterließ, vom Sinn seines Herzens gesucht und errungen?
Niemand, denk ich, vermag's, der aus sterblichem Körper
          gebildet.
Denn wenn, wie selbst die erkannte Hoheit der Dinge
          gebietet,
sagen man muß: ein Gott war's, ein Gott, o ruhmreicher
          Memmius,
der als erster erfand die Lehre des Lebens, die jetzt man
Philosophie hat benannt, und welcher durch künstliches
          Sinnen
aus so gewaltigem Sturm das Leben und solcher Verfinstrung
in so helles Licht, so heitere Stille gestellt hat.
Nimm zum Vergleich doch anderer würdige göttliche Funde!
Soll doch Ceres die Frucht des Feldes und Bacchus des Saftes
Flüssigkeit aus dem Weinstock gestiftet den Sterblichen
          haben;
während doch ohne das alles das Leben zu dauern
          vermöchte,
wie auch jetzt es noch heißt, daß einzelne Völker so leben.
Ohne ein klares Herz jedoch war gutes Leben unmöglich.
Um so mehr scheint der ein Gott uns zu sein allen Rechtes,
dank dem jetzt sogar über weite Völker ergossen
süßer Trost für das Leben die Seelen sänftlich erquicket.
Herkules' Taten indes: wenn du meinst, sie nähmen den
          Kampf auf,
wirst viel weiter du nur vom rechten Sinn dich befinden.
Was vermöchte denn jetzt Nemeas gewaltiger Rachen
uns zu schaden des Leus und Arkadiens struppiger Eber,
könnten die Vögel so sehr, Stymphaliens Wärter, uns stören?
Schließlich Kretas Stier, ja selbst die Seuche von Lerna,

hydra venenatis posset vallata colubris?
quidve tripectora tergemini vis Geryonai
et Diomedis equi spirantes naribus ignem   29
Thracam Bistoniasque plagas atque Ismara propter?   31
aureaque Hesperidum servans fulgentia mala,
asper, acerba tuens, inmani corpore serpens
arboris amplexus stirpes quid denique obesset
propter Atlanteum litus pelagique severa,   35
quo neque noster adit quisquam nec barbarus audet?
cetera de genere hoc quae sunt portenta perempta,
si non victa forent, quid tandem viva nocerent?
nil, ut opinor: ita ad satiatem terra ferarum
nunc etiam scatit et trepido terrore repleta est   40
per nemora ac montes magnos silvasque profundas.
quae loca vitandi plerumque est nostra potestas.
at nisi purgatumst pectus, quae proelia nobis
atque pericula tumst ingratis insinuandum!
quantae tum scindunt hominem cuppedinis acres   45
sollicitum curae, quantique perinde timores!
quidve superbia, spurcitia ac petulantia? quantas
efficiunt clades! quid luxus desidiaeque?
haec igitur qui cuncta subegerit ex animoque
expulerit dictis, non armis, nonne decebit   50
hunc hominem numero divum dignarier esse?
cum bene praesertim multa ac divinitus ipsis

was vermöchte die Hydra, von giftigen Schlangen
                                        umwunden?
Oder was Kraft, dreibrüstig, des dreifachen Geryones uns
und Diomedes' Rosse, den Nüstern Feuer entschnaubend,
Thrakien nah, der Bistoner Striche und Ismaras Bergstock?
Er dazu, der bewacht die goldenen, funkelnden Äpfel
der Hesperiden, wild, der Drache von riesigem Körper,
drohend blickend, den Stamm umwindend, was schadet er
                                        schließlich
nah dem atlantischen Strand und nahe des Ozeans Strenge,
wo weder einer von uns hingeht noch Barbaren es wagen?
Scheusäler dieser Art, die sonst noch wurden vernichtet,
wären sie nicht besiegt, was könnten sie schließlich uns
                                        schaden?
Nichts, denk ich: denn auch jetzt noch wimmelt die Erde
                                        von wilden
Tieren doch zur Genüge, ist voll von bebendem Schrecken
hin durch die Haine, die mächtigen Berge und endlosen
                                        Wälder;
diese Stellen zu meiden ist meistens in unserer Macht doch!
Ist aber nicht gereinigt das Herz, was für Kämpfe sind dann
                                        uns
und für Gefahren ohn' unser Zutun und Willen doch zu
                                        bestehen!
Was für gewaltige, beißende Qualen dann der Begierden
fiebernd zerreißen den Menschen und was desgleichen für
                                        Ängste!
Hochmut, Wühlen im Schmutz und Frechheit, wie steht es
                                        mit ihnen?
Was für Zerstörung richten sie an! Was Prassen und
                                        Faulheit?
Der also dies hat bezwungen und aus unserm Herzen
hat vertrieben mit Worten, nicht Waffen, wird sich's nicht
                                        ziemen,
daß der Götter Zahl dieser Mann gewürdiget werde?
Da er zumal doch gewohnt, auch von den unsterblichen
                                        Göttern

immortalibus de divis dare dicta suerit
atque omnem rerum naturam pandere dictis.
  Cuius ego ingressus vestigia dum rationes   55
persequor ac doceo dictis, quo quaeque creata
foedere sint, in eo quam sit durare necessum
nec validas valeant aevi rescindere leges,
quo genere in primis animi natura reperta est
nativo primum consistere corpore creta   60
nec posse incolumem magnum durare per aevum,
sed simulacra solere in somnis fallere mentem,
cernere cum videamur eum quem vita reliquit:
quod superest, nunc huc rationis detulit ordo,
ut mihi mortali consistere corpore mundum   65
nativumque simul ratio reddunda sit esse;
et quibus ille modis congressus materiai
fundarit terram, caelum, mare, sidera, solem
lunaique globum; tum quae tellure animantes
extiterint, et quae nullo sint tempore natae;   70
quoque modo genus humanum variante loquella
coeperit inter se vesci per nomina rerum;
et quibus ille modis divom metus insinuarit
pectora, terrarum qui in orbi sancta tuetur
fana, lacus, lucos, aras simulacraque divom.   75
praeterea solis cursus lunaeque meatus
expediam qua vi flectat natura gubernans;
ne forte haec inter caelum terramque reamur
libera sponte sua cursus lustrare perennis,

selber göttlich und gut nicht spärliche Sätze zu sagen
und aller Dinge Natur und Wesen im Wort auszubreiten.
   Und dieweil, in die Spur dieses Mannes tretend, die
                                        Lehren
spürend ich nachzieh und mit Worten beweise, nach welchem
Bund ein jedes erschaffen, wie darin zu dauern es Zwang ist
und wie keines vermag, der Zeit feste Satzung zu brechen,
welcherlei Art vor anderm das Wesen der Seele erfunden,
daß sie besteht zunächst aus geborenem Körper erwachsen
und daß sie heil nicht vermag, durch den mächtigen Zeit-
                                        strom zu dauern,
sondern daß Schemen im Schlaf zu narren lieben die Sinne,
wenn wir den zu erblicken vermeinen, des Leben entwichen:
hat jetzt zuletzt die Ordnung der Lehre uns hierher
                                        getragen,
daß mir Rechenschaft obliegt, daß aus sterblichem Körper
und aus gebornem zugleich das All unsrer Welt sich gefügt
                                        hat;
und wie auf mancherlei Art des Stoffes Versammlung
                                        gegründet
Erde und Himmel, das Meer, die Gestirne, die Sonne, des
                                        Mondes
Kugel; dann welcher Art lebendige Wesen aus Erden
sind entstanden und welche dafür nie wurden geboren;
wie der Menschen Geschlecht begonnen, verschiedene Rede
untereinander zu pflegen mit Hilfe der Namen der Dinge;
und wie auf mancherlei Art die Furcht vor den Göttern sich
                                        einschlich
tief in die Herzen, die auf dem Erdkreis heilig behütet
Tempel und Tümpel, Haine, Altäre, die Bilder der Götter.
Neben dem allem den Lauf der Sonne, die Bahnen des
                                        Mondes
werd ich enthüllen, wie die Natur sie steuernd zum Kreis
                                        schlingt,
daß wir vielleicht nicht doch vermeinen, sie zögen in Ruhe
frei zwischen Himmel und Erde von selbst die ewigen
                                        Bahnen,

morigera ad fruges augendas atque animantis,   80
neve aliqua divom volvi ratione putemus.
nam bene qui didicere deos securum agere aevum,
si tamen interea mirantur qua ratione
quaeque geri possint, praesertim rebus in illis
quae supera caput aetheriis cernuntur in oris,   85
rursus in antiquas referuntur religiones
et dominos acris adsciscunt, omnia posse
quos miseri credunt, ignari quid queat esse,
quid nequeat, finita potestas denique cuique
quanam sit ratione atque alte terminus haerens.   90

   Quod superest, ne te in promissis plura moremur,
principio maria ac terras caelumque tuere;
quorum naturam triplicem, tria corpora, Memmi,
tris species tam dissimilis, tria talia texta,
una dies dabit exitio, multosque per annos   95
sustentata ruet moles et machina mundi.
nec me animi fallit quam res nova miraque menti
accidat exitium caeli terraeque futurum,
et quam difficile id mihi sit pervincere dictis;
ut fit ubi insolitam rem adportes auribus ante,   100
nec tamen hanc possis oculorum subdere visu
nec iacere indu manus, via qua munita fidei
proxima fert humanum in pectus templaque mentis.

gnädig zu Willen dem Wuchs von Früchten des Feldes und
                            Tieren,
noch des Glaubens sind, daß nach göttlichem Plan sie sich
                            drehen.
Denn wer richtig gelernt, daß die Götter mühelos leben:
wenn sie jedoch sich wundern inzwischen, wie denn ein jedes
möchte geschehen, zumal bei jenen Dingen besonders,
die man droben erblickt zu Häupten, in Äthers Gefilden,
gleiten sie wieder doch zurück in die alten Bedenken
und überantworten sich gestrengen Herren, an deren
Allmacht die Armen glauben, nicht wissend, was und was
                            nicht sein
kann und wie die Macht einem jeden schließlich begrenzt ist
und wie ein jedes besitzt seinen tief verhafteten Grenzstein.

    Zu guter Letzt, um dich mit Versprechen nicht länger zu
                            halten,
schau die Meere zunächst und die Länder, schaue den
                            Himmel!
Deren dreifache, Memmius, Natur, ihre Dreifalt von
                            Körpern,
drei so verschiedne Gebilde und dreierlei solche Gewebe:
ein Tag weiht sie dem Tod, und die Masse, gehalten durch
                            viele
Jahre hindurch, wird stürzen ein, die Maschine des Welt-
                            balls.
Dabei trügt es mich nicht, welch neue und seltsame Sache
mit dem kommenden Tod von Himmel und Erde den Geist
                            trifft,
und wie schwierig es ist für mich, das mit Worten zu wirken;
wie das geschieht, wo dem Ohr nicht gewohnte Dinge du
                            nahbringst,
sie aber nicht vermagst vor den Blick der Augen zu rücken
noch in die Hand sie zu geben, geebnet wo Bahnen des
                            Glaubens
führen am nächsten ins menschliche Herz und die Räume des
                            Geistes.

sed tamen effabor. dictis dabit ipsa fidem res
forsitan et graviter terrarum motibus ortis   105
omnia conquassari in parvo tempore cernes;
quod procul a nobis flectat fortuna gubernans,
et ratio potius quam res persuadeat ipsa
succidere horrisono posse omnia victa fragore.

    Qua prius adgrediar quam de re fundere fata   110
sanctius et multo certa ratione magis quam
Pythia quae tripode a Phoebi lauroque profatur,
multa tibi expediam doctis solacia dictis;
relligione refrenatus ne forte rearis
terras et solem et caelum, mare, sidera, lunam   115
corpore divino debere aeterna manere,
proptereaque putes ritu par esse Gigantum
pendere eos poenas inmani pro scelere omnis,
qui ratione sua disturbent moenia mundi
praeclarumque velint caeli restinguere solem   120
inmortalia mortali sermone notantes;
quae procul usque adeo divino a numine distent,
inque deum numero quae sint indigna videri,
notitiam potius praebere ut posse putentur
quid sit vitali motu sensuque remotum.   125
quippe etenim non est, cum quovis corpore ut esse
posse animi natura putetur consiliumque;
sicut in aethere non arbor, non aequore salso
nubes esse queunt neque pisces vivere in arvis
nec cruor in lignis neque saxis sucus inesse,   130
certum ac dispositumst ubi quicquid crescat et insit,
sic animi natura nequit sine corpore oriri

Dennoch will ich es sagen. Vielleicht wird Glauben den
                                        Worten
geben die Tatsache selbst und du sehen in Kürze, wie alles
schwer bis ins Mark wird erschüttert mit Beben der Erde;
das wende weit von uns ab das Schicksal, das steuert die
                                        Welt hier,
und überzeuge uns lieber das Denken als Tatsachen selber,
wie denn besiegt alles einstürzen kann mit gräßlichem
                                        Krachen!

    Eh' hierüber ich dir Verhängtes zu künden beginne
heiliger noch um vieles mehr und mit größrer Bestimmtheit,
als was Pythia mahnt von Phoebus' Dreifuß und Lorbeer,
will ich dir viel Trost mit weisen Worten enthüllen;
daß du, gezügelt von Scheu vor den Göttern, nicht etwa
                                        meinest,
Länder, Sonne, das Meer, der Himmel, der Mond und die
                                        Sterne
müßten mit göttlichem Körper immer und ewig bestehen,
und drum denkst, es müßten billig wie die Giganten
Sühne bezahlen die für ungeheueren Frevel,
die mit eigner Vernunft die Mauern des Weltalls erschüttern
und des Himmels Licht zum Erlöschen zu bringen begehren,
mit dem sterblichen Wort Unsterbliches nennend mit Tadel;
das hat so viel Abstand doch von göttlichem Walten
und ist wert doch nicht in der Götter Zahl zu erscheinen,
daß es vielmehr vermag, meint man, zu gewähren
                                        Erkenntnis,
was von des Lebens Bewegung entfernt ist und seiner
                                        Empfindung.
Ist es möglich doch nicht zu glauben, beliebigem Körper
könne der Seele Natur verbunden sein und Besinnung;
wie der Baum nicht vermag im Äther, im salzigen Meere
nicht die Wolke zu sein noch der Fisch zu leben im Felde,
Blut nicht dem Holz, dem Felsen Saft nicht innezuwohnen,
sicher und klar ist verfügt, wo jedes wachse und wohne,
so kann der Seele Natur nicht ohne den Körper entstehen

sola neque a nervis et sanguine longius esse.
quod si posset enim, multo prius ipsa animi vis
in capite aut umeris aut imis calcibus esse   135
posset et innasci quavis in parte soleret,
tandem in eodem homine atque in eodem vase manere.
quod quoniam nostro quoque constat corpore certum
dispositumque videtur ubi esse et crescere possit
seorsum anima atque animus, tanto magis infitiandum   140
totum posse extra corpus formamque animalem
putribus ⟨in⟩ glebis terrarum aut solis in igni
aut in aqua durare aut altis aetheris oris.
haud igitur constant divino praedita sensu,
quandoquidem nequeunt vitaliter esse animata.   145

   illud item non est ut possis credere, sedes
esse deum sanctas in mundi partibus ullis.
tenvis enim natura deum longeque remota
sensibus ab nostris animi vix mente videtur;
quae quoniam manuum tactum suffugit et ictum,   150
tactile nil nobis quod sit contingere debet;
tangere enim non quit quod tangi non licet ipsum.
quare etiam sedes quoque nostris sedibus esse
dissimiles debent tenues de corpore eorum;
quae tibi posterius largo sermone probabo.   155

   dicere porro hominum causa voluisse parare
praeclaram mundi naturam proptereaque
adlaudabile opus divum laudare decere
aeternumque putare atque inmortale futurum
nec fas esse, deum quod sit ratione vetusta   160
gentibus humanis fundatum perpetuo aevo,

für sich allein noch vom Blut und den Sehnen nur wenig
                                            entfernt sein.
Könnte sie nämlich das, viel eher wäre der Seele Gewalt
                                            dann
fähig, im Haupte zu sein, den Schultern oder dem Knöchel
unten, oder in sonst einem Teile gewohnt zu entstehen,
aber zu bleiben im selben Menschen dabei und Behältnis.
Da nun in unserem Leib auch klar und geschieden es
                                            feststeht
und geordnet sich zeigt, wo wachsen können und leben
Seele getrennt und Geist, muß um so mehr man bestreiten,
daß sie vermögen frei von belebter Gestalt und dem Körper
in den bröckligen Schollen der Erde, dem Feuer der Sonne
oder zu dauern im Naß und den hohen Bereichen des
                                            Äthers.
Also bestehen sie nicht mit göttlichen Sinnen beliehen,
da sie lebendig beseelt zu sein ja niemals vermögen.
    Ebenso kann man auf keinen Fall dies glauben, daß hehre
Sitze der Götter es gibt irgendwo in Teilen des Weltballs.
Weit ist nämlich entfernt von unseren Sinnen der Götter
zarte Natur, und kaum wird erkannt sie mit Sinnen der
                                            Seele;
da der Berührung, dem Schlag der Hände sie flüchtig
                                            entzieht sich,
darf anrühren sie nichts, was uns sich zeigt als berührbar;
kann doch berühren auch nicht, was selber sich nicht läßt
                                            berühren.
Darum muß auch ihr Sitz von unseren Sitzen verschieden
sein, das heißt geformt aus dem zarten Stoffe der Götter.
Das will später ich dir in breiter Rede beweisen.
    Sagen aber, sie hätten wollen zugunsten der Menschen
rüsten das treffliche Wesen der Welt und es zieme sich
                                            darum,
auch das rühmliche Werk der Götter in Worten zu loben,
daß unsterblich es sei, zu glauben, und ewig es daure,
und es sei nicht recht, was in alter Weisheit der Götter
für der Menschen Volk gegründet worden für ewig,

sollicitare suis ulla vi ex sedibus umquam
nec verbis vexare et ab imo evertere summa,
cetera de genere hoc adfingere et addere, Memmi,
desiperest. quid enim inmortalibus atque beatis   165
gratia nostra queat largirier emolumenti,
ut nostra quicquam causa gerere adgrediantur?
quidve novi potuit tanto post ante quietos
inlicere ut cuperent vitam mutare priorem?
nam gaudere novis rebus debere videtur   170
cui veteres obsunt; sed cui nihil accidit aegri
tempore in ante acto, cum pulchre degeret aevum,
quid potuit novitatis amorem accendere tali?
quidve mali fuerat nobis non esse creatis?
an, credo, in tenebris vita ac maerore iacebat,   175
donec diluxit rerum genitalis origo?
natus enim debet quicumque est velle manere
in vita, donec retinebit blanda voluptas;
qui numquam vero vitae gustavit amorem
nec fuit in numero, quid obest non esse creatum?   180
exemplum porro gignundis rebus et ipsa
notities hominum divis unde insita primum ⟨est⟩,
quid vellent facere ut scirent animoque viderent,
quove modost umquam vis cognita principiorum
quidque inter sese permutato ordine possent,   185
si non ipsa dedit speciem natura creandi?
namque ita multa modis multis primordia rerum
ex infinito iam tempore percita plagis

das aus seinem Grund mit Gewalt je lockern zu wollen,
noch mit Worten zu plagen, von unten das Höchste zu
stürzen:
übriges solcher Art hinzuzuerfinden ist, Memmius,
Wahnsinn! Was könnte denn auch unsterblichen, seligen
Göttern
unsere dürftige Gunst schon reichliche Vorteile schenken,
daß drum unseretwegen etwas sie zu wirken begönnen?
Welches Ereignis konnte so spät die früher so stillen
locken zu einem Wunsche, das vorige Leben zu ändern?
Denn offenbar muß der sich an neuen Dingen erfreuen,
dem die alten sind leid; wenn nichts in verflossenen Zeiten
Schlimmes ihn traf jedoch, als schön er verbrachte das Leben,
was hätte solchem vermocht die Lust zu entzünden zu
Neuem?
Oder wär' Unglück für uns, nicht geschaffen zu sein, es
gewesen?
Lag etwa, denk ich, das Leben in Dunkel und Trauer,
bis der Tag der Geburt der Dinge sich zeigte im Lichte?
Wer auch immer geboren, muß nämlich im Leben zu bleiben
wünschen, solange verlockende Lust ihn zurückhält im
Leben;
wer aber nie gar hat gekostet die Liebe zum Leben
noch dazu je gehört: nicht geschaffen zu sein, was
verschlägt's ihm?
Woher sind weiter Vorbild für Werden der Dinge und
Kenntnis
eben von Menschen zuerst den Göttern innegeworden,
daß sie wußten und sahen im Geist, was zu tun sie
begehrten?
Oder wie wurden erkannt der Ursprungskörperchen Kräfte,
und was untereinander vertauscht in der Ordnung sie
könnten,
wenn die Natur nicht selbst das Vorbild des Schaffens
gewährte?
So sind nämlich auf vielfache Art viele Samen der Dinge
seit unendlicher Zeit von ihren Schlägen getrieben

ponderibusque suis consverunt concita ferri
omnimodisque coire atque omnia pertemptare,   190
quaecumque inter se possent congressa creare,
ut non sit mirum, si in talis disposituras
deciderunt quoque et in talis venere meatus,
qualibus haec rerum geritur nunc summa novando.

   quod ⟨si⟩ iam rerum ignorem primordia quae sint,   195
hoc tamen ex ipsis caeli rationibus ausim
confirmare aliisque ex rebus reddere multis,
nequaquam nobis divinitus esse paratam
naturam rerum: tanta stat praedita culpa.
principio quantum caeli tegit impetus ingens,   200
inde avidam partem montes silvaeque ferarum
possedere, tenent rupes vastaeque paludes
et mare, quod late terrarum distinet oras.
inde duas porro prope partis fervidus ardor
adsiduusque geli casus mortalibus aufert.   205
quod superest arvi, tamen id natura sua vi
sentibus obducat, ni vis humana resistat
vitai causa valido consveta bidenti
ingemere et terram pressis proscindere aratris.
si non fecundas vertentes vomere glebas   210
terraique solum subigentes cimus ad ortus,
sponte sua nequeant liquidas existere in auras;
et tamen interdum magno quaesita labore
cum iam per terras frondent atque omnia florent,
aut nimiis torret fervoribus aetherius sol   215
aut subiti peremunt imbres gelidaeque pruinae
flabraque ventorum violento turbine vexant.
praeterea genus horriferum natura ferarum
humanae genti infestum terraque marique
cur alit atque auget? cur anni tempora morbos   220

und vom eignen Gewicht bewegt zu eilen gewohnet,
sich zu vereinen auf jegliche Art und alles zu proben,
was zu schaffen imstand unter sich sie wären verschlungen,
daß es nicht wunderbar ist, wenn in solche Fügung geraten
auch sie sind und auch in solche Bahnen gekommen,
in denen dieses All jetzt verläuft der Dinge sich neuernd.

Wüßte ich aber gar nicht, was sind Atome der Dinge,
würde ich doch allein aus dem Wesen des Himmels zu sagen
wagen und noch aus vielen anderen Dingen zu zeigen,
daß keineswegs auf göttliche Art uns wurde bereitet
unsere Welt: mit solcher Schuld steht da sie beladen.
Erstens: soviel sie bedeckt des Himmels mächtiger Ausgriff,
haben sie hier zum mächtigen Teile Gebirge und Wälder,
Heimat des Wildes, besetzt, haben Felsen, riesige Sümpfe
sie und inne das Meer, das breit die Gestade der Welt trennt.
Dort nimmt weiter zwei Drittel fast brodelndes Glühen
und den Sterblichen weg das ständige Fallen des Frostes.
Was vom Boden bleibt, umzög mit Gestrüpp die Natur doch
mit ihrer eigenen Kraft, widersetzte sich menschliche Kraft
                                  nicht,
über den kräftigen Karsten gewohnt zu stöhnen, des Lebens
wegen, und auf mit gepreßtem Pflug zu reißen die Erde.
Würden wir nicht, mit der Schar umwendend die trächtigen
                                  Schollen
und des Landes Grund unterjochend, sie locken zum
                                  Aufgang,
könnten von selber sie nicht in die lauteren Lüfte entsteigen;
und bisweilen doch noch, mit harter Arbeit erworben,
wenn schon alles ergrünt übers Land und alles erblüht ist,
dörrt mit unmäßiger Glut es aus die Sonne im Äther,
richten zugrund es eisiger Reif und plötzlicher Regen,
oder das Wehen der Stürme versehrt es in wütendem Wirbel.
Warum nähret zudem und läßt es gedeihen Natur, des
                                  Getieres
schreckenerregend Geschlecht zu Land und im Wasser, den
                                  Menschen
bittere Feinde? Warum bringen mit sich die Zeiten des Jahres

adportant? quare mors inmatura vagatur?
tum porro puer, ut saevis proiectus ab undis
navita, nudus humi iacet, infans, indigus omni
vitali auxilio, cum primum in luminis oras
nixibus ex alvo matris natura profudit,   225
vagituque locum lugubri complet, ut aecumst
cui tantum in vita restet transire malorum.
at variae crescunt pecudes, armenta feraeque
nec crepitacillis opus est nec cuiquam adhibendast
almae nutricis blanda atque infracta loquella   230
nec varias quaerunt vestes pro tempore caeli,
denique non armis opus est, non moenibus altis,
qui sua tutentur, quando omnibus omnia large
tellus ipsa parit naturaque daedala rerum.

  Principio quoniam terrai corpus et umor   235
aurarumque leves animae calidique vapores,
e quibus haec rerum consistere summa videtur,
omnia nativo ac mortali corpore constant,
debet eodem omnis mundi natura putari.
quippe etenim, quorum partis et membra videmus   240
corpore nativo ac mortalibus esse figuris,
haec eadem ferme mortalia cernimus esse
et nativa simul. quapropter maxima mundi
cum videam membra ac partis consumpta regigni,

Krankheit? Weshalb geht um überall der Tod, der zu früh
                                                kommt?
Weiter dann das Kind: wie der Schiffer, den rasende Wogen
warfen an Land, liegt nackt es am Boden, stumm und
                                                bedürftig
jeglicher Hilfe des Lebens, sobald in des Lichtes Bereiche
es aus der Mutter Leib die Natur mit Wehen geschleudert,
füllt mit traurigem Schrein die Gegend, wie billig für einen,
dem soviel an Leid im Leben bleibt zu durchstehen.
Aber das vielerlei Vieh wächst auf, die Herden und Tiere,
und es bedarf keiner Klapper, und keinem braucht man zu
                                                bieten
gütiger Ammen zärtliches, kindlich verhaltnes Geplauder,
und sie suchen nicht wechselndes Kleid nach Lage des
                                                Himmels,
endlich bedarf es für sie nicht der Waffen, nicht ragender
                                                Mauern,
um das Ihre zu schützen, da allen selber die Erde
alles reichlich erzeugt und Natur, der Meister in allem.

   Erstens: da ja der Leib der Erde und alles, was feucht ist,
sowie der spielende Hauch der Lüfte, die glühenden
                                                Dämpfe,
alles, woraus, wie man sieht, die Summe der Welt hier
                                                beschaffen,
aus einem Körper besteht, der entsteht durch Geburt und ist
                                                sterblich,
muß man glauben, daß auch aus demselben die ganze Natur
                                                ist.
Freilich: erkennen wir doch, daß dies, dessen Teile und
                                                Glieder
wir aus entstandenem Körper und sterblichen Bildungen
                                                sehen,
eben das auch in den meisten Fällen dem Tode verfallen
ist und entstanden zugleich. Da die mächtigsten Glieder der
                                                Welt so
und ihre Teile ich sehe verzehrt, dann wieder erstehen,

scire licet caeli quoque item terraeque fuisse   245
principiale aliquod tempus clademque futuram.
  Illud in his rebus ne corripuisse rearis
me mihi, quod terram atque ignem mortalia sumpsi
esse neque umorem dubitavi aurasque perire
atque eadem gigni rursusque augescere dixi,   250
principio pars terrai nonnulla, perusta
solibus assiduis, multa pulsata pedum vi
pulveris exhalat nebulam nubesque volantis,
quas validi toto dispergunt aere venti.
pars etiam glebarum ad diluviem revocatur   255
imbribus et ripas radentia flumina rodunt.
praeterea pro parte sua, quodcumque alit auget,
redditur; et quoniam dubio procul esse videtur
omniparens eadem rerum commune sepulcrum,
ergo terra tibi libatur et aucta recrescit.   260
  quod superest, umore novo mare, flumina, fontes
semper abundare et latices manare perennis
nil opus est verbis: magnus decursus aquarum
undique declarat. sed primum quicquid aquai
tollitur in summaque fit ut nihil umor abundet,   265
partim quod validi verrentes aequora venti
deminuunt radiisque retexens aetherius sol,
partim quod supter per terras diditur omnis;
percolatur enim virus retroque remanat

darf man darum erkennen, daß auch es für Himmel und
Erde
so die Zeit des Anfanges gab und das Unheil bevorsteht.
  Daß du nicht meinest, ich hätte mir dies hierbei nur
erschlichen
selber, wenn Erde und Feuer als sterblich ich glaubwürdig
annahm
und nicht schwankte, daß alles, was naß, und die Lüfte
zugrunde
gingen, und sagte, zugleich entstünden sie neu und
erwüchsen:
erstens: ein ziemlicher Teil der Erde, von ständiger Sonne
ausgedörrt und gestampft von vieler Füße Gewalten,
haucht aus Dünste von Staub und hoch auffliegende
Wolken,
welche der kräftige Wind überall in den Lüften zerstreuet,
wieder ein Teil der Schollen wird auch gebracht zum
Zergehen
durch die Regen, die streichenden Flüsse zernagen das Ufer.
Außerdem wird zum entsprechenden Teil, was sie nähret
und fördert,
wieder ersetzt; und da – kein Zweifel! – dieselbe zu sein
scheint
Allmutter und zugleich für alles gemeinsame Grabstatt,
wird dir also die Erde versehrt und ersetzt sich vergrößert.
  Übrigens, daß von neuem Naß das Meer und die Flüsse
überströmen und Quellen, und dauernd rieselt das Wasser,
das bedarf nicht der Worte: der mächtige Sturz der
Gewässer
überall zeigt es klar. Doch wird die Front je des Wassers
weggerissen, und so siegt nie das Wasser im ganzen,
teils, weil der kräftige Sturm es, die Spiegel fegend des
Meeres,
mindert, mit ihrem Strahl die Sonne des Äthers es auflöst;
teils, weil drunten verteilt es wird durch alles Gelände;
wird doch die Bracke geseiht und strömt doch wieder zurück
dann

materies umoris et ad caput amnibus omnis   270
convenit, inde super terras fluit agmine dulci
qua via secta semel liquido pede detulit undas.

   aera nunc igitur dicam, qui corpore toto
innumerabiliter privas mutatur in horas.
semper enim, quodcumque fluit de rebus, id omne   275
aeris in magnum fertur mare; qui nisi contra
corpora retribuat rebus recreetque fluentis,
omnia iam resoluta forent et in aera versa;
haud igitur cessat gigni de rebus et in res
reccidere, adsidue quoniam fluere omnia constat.   280

   largus item liquidi fons luminis, aetherius sol,
inrigat adsidue caelum candore recenti
suppeditatque novo confestim lumine lumen.
nam primum quicquid fulgoris disperit ei,
quocumque accidit. id licet hinc cognoscere possis,   285
quod simul ac primum nubes succedere soli
coepere et radios inter quasi rumpere lucis,
extemplo inferior pars horum disperit omnis
terraque inumbratur qua nimbi cumque feruntur;
ut noscas splendore novo res semper egere   290
et primum iactum fulgoris quemque perire
nec ratione alia res posse in sole videri,
perpetuo ni suppeditet lucis caput ipsum.
quin etiam nocturna tibi, terrestria quae sunt
lumina, pendentes lychni claraeque coruscis   295
fulguribus pingues multa caligine taedae
consimili properant ratione, ardore ministro,

aller Feuchtigkeit Stoff, zusammen den Strömen am Quelle
kommt er und fließt dann über das Land in erfrischenden
Zügen,
dort wo die Rinne herab die Wellen mit flüssigem Fuß trug.
    Jetzt will nun von der Luft ich sprechen, die zahllose
Male
Stunde für Stunde sich wandelt in ihrem ganzen Bestande.
Immer nämlich wird das, was fließt von den Dingen,
gerissen
ganz in der Lüfte gewaltiges Meer; wenn dieses dafür nicht
Körper den Dingen zurückgäb und auf die strömenden
frischte,
wäre schon alles entbunden und hätte in Luft sich
verwandelt;
also hört sie nicht auf, aus den Dingen zu werden und in sie
wieder zu fallen, da fest ja steht, daß ständig das All
strömt.
    Ebenso durchströmt beständig in frischem Erglänzen
üppiger Quell hellen Lichts den Himmel, die Sonne des
Äthers,
und sie füllet geschwind mit neuem Lichte das Licht auf.
Denn die Front jeweils des Glanzes geht ihm verloren,
wo dieses hin auch trifft; das kannst du hieraus erkennen,
daß, wenn kaum die Wolken sich unter die Sonne zu
schieben
fangen an und den Strahl des Lichts gleichsam zu zerreißen,
dann sogleich der untere Teil ihm gänzlich verschwindet
und sich umschattet das Land, wo jeweils ziehen die Wolken;
daß du erkennst: es bedarf des neuen Glanzes die Welt stets,
jeweils geht der vorderste Stoß des Leuchtens zugrunde,
und nicht anders vermag ein Ding in der Sonne zu scheinen,
gäbe nicht Nachschub ständig des Lichtes Quelle von selber.
Ja die nächtlichen Lichter sogar, die hier sind auf Erden,
hängende Lampen sind dir und strahlende Fackeln mit
hellem
Funkeln, triefend von Harz mit dunkelem Qualme,
eilends bestrebt auf ähnliche Weise, mit Hilfe des Glühens

suppeditare novum lumen, tremere ignibus instant,
instant, nec loca lux inter quasi rupta relinquit.
usque adeo properanter ab omnibus ignibus ei   300
exitium celeri celatur origine flammae.
sic igitur solem, lunam stellasque putandum
ex alio atque alio lucem iactare subortu
et primum quicquid flammarum perdere semper;
inviolabilia haec ne credas forte vigere.   305

    denique non lapides quoque vinci cernis ab aevo,
non altas turris ruere et putrescere saxa,
non delubra deum simulacraque fessa fatisci,
nec sanctum numen fati protollere finis
posse neque adversus naturae foedera niti?   310
denique non monimenta virum dilapsa videmus,
quae semper porro sibi cumque senescere credas,
non ruere avolsos silices a montibus altis
nec validas aevi vires perferre patique
finiti? neque enim caderent avolsa repente,   315
ex infinito quae tempore pertolerassent
omnia tormenta aetatis, privata fragore.

    Denique iam tuere hoc, circum supraque quod omnem
continet amplexu terram: si procreat ex se
omnia, quod quidam memorant, recipitque perempta,   320
totum nativo ac mortali corpore constat.

neues Licht zu ergänzen, sie drängen in Flammen zu zittern,
drängen, und nicht läßt Licht, unterbrochen, im Stiche die
                                                        Räume.
So sehr in eilendem Ausstrom von allen Flammen wird Tod
                                                        ihm
durch ein schnelles neues Entstehen des Scheines verheimlicht.
So mußt auch nun du denken, daß Sonne, der Mond und
                                                die Sterne
auch aus immer erneutem Ursprung sprühen die Helle
und jeweils die vorderen immer der Flammen verlieren;
daß du nicht etwa glaubst, daß unverletzt sie gediehen.
    Siehst du schließlich nicht auch, daß Steine dem Alter
                                                    erliegen,
nicht, daß der mächtige Turm einstürzt, die Felsen
                                                zerbröckeln,
nicht, daß Tempel und Bild der Götter ermattet zerspringen
und ihre heilige Macht zu verschieben die Grenze des
                                                    Schicksals
nicht vermag noch dem Bund der Natur entgegen zu streben?
Schließlich: sehen wir nicht Denkmäler der Männer
                                                zerfallen,
die für sich immer weiter fort so altern man wähnte,
nicht, daß vom hohen Gebirge gerissen die Felsblöcke
                                                stürzen
und die starken Kräfte der Zeit nicht ertragen und leiden,
einer begrenzten? Denn nicht risse los sich und stürzte sich
                                                plötzlich,
was von unendlicher Zeit an ertragen hätte zum Ende
alle die Qualen und Martern der Zeiten, befreit von
                                                Zerbrechen!
    Schließlich schau das an, was rings und droben die ganze
Erde hält in Umarmung: wenn aus sich heraus es
                                                hervorbringt
alles, wie manche verkünden, das Vernichtete wiederum
                                                aufnimmt,
dann besteht es doch ganz aus entstandnem und sterblichem
                                                Körper.

nam quodcumque alias ex se res auget alitque,
deminui debet, recreari, cum recipit res.
  praeterea si nulla fuit genitalis origo
terrarum et caeli semperque aeterna fuere,   325
cur supera bellum Thebanum et funera Troiae
non alias alii quoque res cecinere poetae?
quo tot facta virum totiens cecidere neque usquam
aeternis famae monimentis insita florent?
verum, ut opinor, habet novitatem summa recensque   330
naturast mundi neque pridem exordia cepit.
quare etiam quaedem nunc artes expoliuntur,
nunc etiam augescunt: nunc addita navigiis sunt
multa, modo organici melicos peperere sonores,
denique natura haec rerum ratioque repertast   335
nuper, et hanc primus cum primis ipse repertus
nunc ego sum in patrias qui possim vertere voces.
quod si forte fuisse antehac eadem omnia credis,
sed periisse hominum torrenti saecla vapore,
aut cecidisse urbis magno vexamine mundi,   340
aut ex imbribus adsiduis exisse rapaces
per terras amnes atque oppida coperuisse,
tanto quique magis victus fateare necessest
exitium quoque terrarum caelique futurum;
nam cum res tantis morbis tantisque periclis   345
temptarentur, ibi si tristior incubuisset
causa, darent late cladem magnasque ruinas.

Denn was aus sich vermehrt und ernährt immer andere
                                                    Dinge,
muß sich vermindern, erneuern, wenn Dinge es wiederum
                                                    aufnimmt.
    Außerdem: wenn niemals es gab für Himmel und Erde
einen Tag der Geburt und ewig sie immer bestanden,
warum besangen nicht über thebanischen Krieg und
                                                    Verderben
Trojas hinaus auch andere Dinge verschiedene Dichter?
Wo sind so zahlreiche Taten der Männer so oft hin
                                                    gesunken,
blühen nirgends gepflanzt in des Ruhmes ewiges Denkmal?
Nein, das All, wie mir scheint, hat Jugend, frisch ist das
                                                    Wesen
unserer Welt, hat nicht lange vorher den Anfang genommen.
Drum werden jetzt auch erst von den Künsten manche
                                                    verfeinert,
wachsen jetzt erst empor: hinzu hat gefügt man dem Schiffe
vieles, erst eben erzeugten die Künstler melodische Klänge,
schließlich ist diese Natur der Dinge und Lehre gefunden
worden erst jüngst, und ich erfand mich als erster mit ersten
jetzt, der in Heimatklang imstand ich bin, sie zu wenden.
Wenn du aber vielleicht, das Gleiche sei vorher gewesen,
denkst, doch der Menschen Geschlecht sei vergangen in
                                                    glühender Hitze,
Städte seien gestürzt durch große Leiden des Weltalls,
oder von dauerndem Regen getreten reißende Flüsse
über die Lande und hätten bedeckt mit Fluten die Städte,
mußt du jedenfalls um so mehr bezwungen gestehen,
auch für Länder und Himmel wird einst ein Ende bereit
                                                    sein.
Denn da die Dinge durch solche Krankheit und solche
                                                    Gefahren
heimgesucht wurden, so litten sie, bräche herein dort
                                                    bedrückend
strengerer Anlaß, weithin das Unheil und mächtigen
                                                    Einsturz.

nec ratione alia mortales esse videmur,
inter nos nisi quod morbis aegrescimus isdem
atque illi quos a vita natura removit.   350
   praeterea quaecumque manent aeterna necessust
aut, quia sunt solido cum corpore, respuere ictus
nec penetrare pati sibi quicquam quod queat artas
dissociare intus partis, ut materiai
corpora sunt, quorum naturam ostendimus ante,   355
aut ideo durare aetatem posse per omnem,
plagarum quia sunt expertia, sicut inane est,
quod manet intactum neque ab ictu fungitur hilum,
aut etiam quia, nulla loci si copia circum,
quo quasi res possint discedere dissoluique,   360
sicut summarum summa est aeterna, neque extra
qui locus est quo dissiliant neque corpora sunt quae
possint incidere et valida dissolvere plaga.
at neque, uti docui, solido cum corpore mundi
naturast, quoniam admixtumst in rebus inane,   365
nec tamen est ut inane, neque autem corpora desunt,
ex infinito quae possint forte coorta
corruere hanc rerum violento turbine summam
aut aliam quamvis cladem inportare pericli,
nec porro natura loci spatiumque profundi   370
deficit, exspargi quo possint moenia mundi,
aut alia quavis possunt vi pulsa perire.
haud igitur leti praeclusa ianua caelo
nec soli terraeque neque altis aequoris undis,
sed patet immani ac vasto respectat hiatu.   375

Und nicht aus anderem Grund zeigen wir uns dem Tode
                                        verfallen,
als weil wir miteinander erkranken an gleicher Erkrankung
eben wie jene auch, welche Natur aus dem Leben entfernte.
    Außerdem: alles was ewig bleibt, das muß ohne Zweifel
entweder, weil es mit festem Körper, die Schläge verwinden
und nichts ein in sich dringen lassen, was könnte die dichten
Teile darinnen entzwein, wie beschaffen des Stoffes Atome
sind, deren Wesen wir ja vorher dir haben gewiesen,
oder darum sein imstand, durch alle die Zeiten zu dauern,
weil von den Schlägen es nicht ist betroffen, so wie das
                                        Leere,
das unberührbar bleibt und nichts von Treffern erleidet,
oder auch weil, wenn rings nicht Fülle von Raum sich
                                        befindet,
wo die Dinge sich hin entfernen und auflösen können
– wie das ewige Ganze der Welten –, nicht außen sich findet
irgendein Raum, wohin entspringen sie könnten, noch
                                        Körper
sind, die hereinstürzen könnten und sprengen mit mächtigem
                                        Schlage.
Aber es ist nicht, wie ich gezeigt, von gediegenem Körper
unseres Weltalls Natur, da gemischt in den Dingen das
                                        Leere,
aber es ist auch nicht wie das Leere noch fehlen die Körper,
die aus unendlichem Raume, im Spiele des Zufalls
                                        erwachsen,
stürzen könnten das All hier der Dinge mit stürmischem
                                        Wirbel
oder auch andere Not der Gefahr ihm bringen beliebig,
weiter fehlt auch nicht des Raumes Natur und der Tiefe
Weite, wohin sich die Mauern der Welt zu verstreuen
                                        vermöchten,
oder sie können durch sonst eine Macht getroffen vergehen.
Also ist nicht verschlossen das Tor des Todes für Himmel,
Sonne, die Erde und nicht für die tiefen Wogen der Meere:
offen steht es und lauert mit wildem riesigen Rachen.

quare etiam nativa necessumst confiteare
haec eadem; neque enim, mortali corpore quae sunt,
ex infinito iam tempore adhuc potuissent
inmensi validas aevi contemnere vires.

  Denique tantopere inter se cum maxima mundi   380
pugnent membra, pio nequaquam concita bello,
nonne vides aliquam longi certaminis ollis
posse dari finem, vel cum sol et vapor omnis
omnibus epotis umoribus exsuperarint?
quod facere intendunt, neque adhuc conata patrantur: 385
tantum suppeditant amnes ultraque minantur
omnia diluviare ex alto gurgite ponti,
nequiquam, quoniam verrentes aequora venti
deminuunt radiisque retexens aetherius sol,
et siccare prius confidunt omnia posse   390
quam liquor incepti possit contingere finem.
tantum spirantes aequo certamine bellum
magnis ⟨inter se⟩ de rebus cernere certant,
cum semel interea fuerit superantior ignis
et semel, ut fama est, umor regnarit in arvis.   395
ignis enim superat et lambens multa perussit,
avia cum Phaethonta rapax vis solis equorum
aethere raptavit toto terrasque per omnis.
at pater omnipotens ira tum percitus acri
magnanimum Phaethonta repenti fulminis ictu   400
deturbavit equis in terram, Solque cadenti
obvius aeternam succepit lampada mundi
disiectosque redegit equos iunxitque trementis,
inde suum per iter recreavit cuncta gubernans,
scilicet ut veteres Graium cecinere poetae.   405

Darum kannst auch umhin du nicht, zu gestehen: dasselbe
hier ist entstanden; denn nicht, was aus sterblichem Körper
                                                    gewirkt ist,
wäre bis jetzt von unendlicher Zeit an imstande gewesen,
trotzig zu schneiden die mächtige Kraft unermeßlicher
                                                    Zeiten.
    Endlich, da so sehr miteinander kämpfen die großen
Glieder des Weltalls, erregt durchaus in unfrommem Kriege,
siehst du dann nicht, daß ihnen irgendein Ende des langen
Streites gesetzt werden kann, wenn die Sonne und alle die
                                                    Hitze
Oberhand haben, nachdem alles Wasser aus ist gesogen?
Das sind bestrebt sie zu tun, doch noch ist Versuch es
                                                    geblieben:
soviel ersetzen die Ströme und drohen darüber hinaus noch,
alles zu überschwemmen aus tiefem Strudel des Meeres,
ganz umsonst, da ja der Sturm, der über das Meer fegt,
es vermindert, mit Strahlen lösend die Sonne des Äthers,
und sie trauen sich zu, sie könnten alles verdorren,
ehe die Feuchte das Ziel ihrer Absicht zu fassen vermöchte.
So sehr schnauben sie Krieg in unentschiedenem Kampfe,
eifern im Streit unter sich, um gewaltige Dinge zu fechten,
wobei das Feuer einmal unterdessen die Oberhand hatte
und einmal nach der Sage die Nässe beherrschte die Fluren.
Hatte doch Feuer den Sieg und leckend verbrannte es vieles,
als ohne Bahn den Phaethon dahinriß des Sonnengespannes
reißende Macht überall durch den Äther und sämtliche
                                                    Länder.
Doch der allmächtige Vater, erregt von grimmigem Zorne,
schmetterte da den dreisten Phaethon mit plötzlichem
                                                    Blitzschlag
von dem Wagen zur Erde herab, dem Stürzenden nahte
Sol, nahm wieder auf die ewige Leuchte des Weltalls,
brachte zurück die verstreuten Rosse, die zitternden schirrt'
                                                    er,
drauf auf gewohntem Pfad hat erquickt er alles, sie lenkend,
freilich wie es die alten Dichter der Griechen gesungen.

quod procul a vera nimis est ratione repulsum.
ignis enim superare potest ubi materiai
ex infinito sunt corpora plura coorta;
inde cadunt vires aliqua ratione revictae,
aut pereunt res exustae torrentibus auris.   410
umor item quondam coepit superare coortus,
ut fama est, hominum multas quando obruit urbis;
inde ubi vis aliqua ratione aversa recessit,
ex infinito fuerat quae cumque coorta,
constiterunt imbres et flumina vim minuerunt.   415

    Sed quibus ille modis coniectus materiai
fundarit terram et caelum pontique profunda,
solis, lunai cursus, ex ordine ponam.
nam certe neque consilio primordia rerum
ordine se suo quaeque sagaci mente locarunt   420
nec quos quaeque darent motus pepigere profecto,
sed quia multa modis multis primordia rerum
ex infinito iam tempore percita plagis
ponderibusque suis consverunt concita ferri
omnimodisque coire atque omnia pertemptare,   425
quaecumque inter se possent congressa creare,
propterea fit uti magnum volgata per aevom
omne genus coetus et motus experiundo
tandem conveniant ea quae coniecta repente
magnarum rerum fiunt exordia saepe   430
terrai maris et caeli generisque animantum.
    hic neque tum solis rota cerni lumine largo
altivolans poterat nec magni sidera mundi

Das ist allzu weit von wahrer Lehre verstoßen.
Feuer kann dort nämlich siegen, wo seit unendlichen Zeiten
Körperchen seines Stoffes in Überzahl konnten entstehen.
Darauf sinken die Kräfte, von irgend etwas überwältigt,
oder es gehen die Dinge zugrund, verbrannt von der Dürre.
Ebenso siegte zu Anfang das Wasser, das einst sich
                                           gesammelt,
wie man erzählt, als vieler Menschen Städte begrub es;
als drauf irgendwie die Gewalt vertrieben zurückwich,
die aus unendlichem Raum wie immer vereinigt sich hatte,
machten die Regen Halt und schwächten die Flüsse die
                                           Strömung.

   Aber auf welche Weise besagter Zuwurf des Stoffes
Erde wie Himmel gegründet und Tiefen des Meeres, der
                                           Sonne
Bahnen, des Mondes, das will ich in Ordnung vor Augen
                                           jetzt stellen.
Denn es haben gewiß mit Vernunft nicht der Dinge Atome
jedes in Reih und Glied sich mit scharfem Spürsinn
                                           geordnet,
nicht, in der Tat, vereinbart, welche Bewegung sie machten,
sondern dieweil auf vielfache Art viele Samen der Dinge
seit unendlicher Zeit schon, von ihren Schlägen gestoßen
und vom eignen Gewicht bewegt, zu eilen gewohnt sind
und sich zu einen auf jegliche Art und alles zu prüfen,
was zu schaffen imstand unter sich sie wären vereinigt,
darum geschieht's, daß, die mächtige Zeit hindurch sich
                                           verbreitend,
jeder Art Verbindungen sie und Bewegung erproben
und am Ende so die sich vereinen, die plötzlich geschleudert,
häufig zum Anfang werden sodann gewaltiger Dinge,
dieser Erde, des Meeres und Himmels, des Stamms der
                                           Belebten.
   Hier konnte damals das Rad nicht der Sonne mit
                                           strömendem Lichte
hohen Fluges erblickt, nicht werden des mächtigen Weltballs

nec mare nec caelum nec denique terra neque aer
nec similis nostris rebus res ulla videri   435
sed nova tempestas quaedam molesque coorta   436
omnigenis e principiis, discordia quorum   440
intervalla, vias, conexus, pondera, plagas,
concursus, motus turbabat proelia miscens
propter dissimilis formas variasque figuras,
quod non omnia sic poterant coniuncta manere
nec motus inter sese dare convenientis.   445
diffugere inde loci partes coepere paresque   437
cum paribus iungi res et discludere mundum
membraque dividere et magnas disponere partes,   439
hoc est, a terris altum secernere caelum,   446
et sorsum mare uti secreto umore pateret,
seorsus item puri secretique aetheris ignes.
quippe etenim primum terrai corpora quaeque,
propterea quod erant gravia et perplexa, coibant   450
in medio atque imas capiebant omnia sedes;
quae quanto magis inter se perplexa coibant,
tam magis expressere ea quae mare, sidera, solem
lunamque efficerent et magni moenia mundi;
omnia enim magis haec e levibus atque rutundis   455
seminibus multoque minoribus sunt elementis
quam tellus. ideo per rara foramina terrae
partibus erumpens primus se sustulit aether
ignifer et multos secum levis abstulit ignis,
non alia longe ratione ac saepe videmus,   460
aurea cum primum gemmantis rore per herbas
matutina rubent radiati lumina solis
exhalantque lacus nebulam fluviique perennes

Sterne, nicht Himmel, nicht Meer, nicht schließlich Erde,
                                         nicht Lüfte
noch auch ein Ding gesehen, das unseren Dingen war ähnlich,
sondern anfänglicher Sturm und formlose Masse, entstanden
aus den Atomen aller Geschlechter, deren Verfeindung
Zwischenraum und Bahn, Verknüpfung, Gewichte und
                                         Pralle,
Treff und Bewegung verwirrte, beständige Schlachten sich
                                         liefernd
wegen verschiedener Form und der Buntheit ihrer Gestalten,
weil nicht alles vereint so konnte sich hinfort erhalten
und nicht untereinander machen die rechte Bewegung.
Dann begannen die Teile sich flüchtend zu scheiden und
                                         gleiche
Dinge mit gleichen sich zu verbinden, zu trennen die Welt
                                         hier,
abzuteilen die Glieder, die großen Teile zu ordnen,
heißt, von der Erde zu sondern des Himmels hohes Gewölbe
und daß das Meer für sich mit gesonderten Fluten sich öffne,
ebenso für sich gesondert und rein die Feuer des Äthers.
Denn es kamen zuerst der Erde Körperchen jeweils,
deswegen weil sie schwer und verflochten waren, zusammen
in der Mitte und nahmen alle die untersten Plätze;
und je mehr unter sich sie verflochten gingen zusammen,
preßten sie mehr das aus, was wirkte das Meer, die Gestirne,
Sonne und Mond und wirkte die Mauern des mächtigen
                                         Weltalls;
alles nämlich dieses ist mehr aus glatten und runden
Samen und aus viel kleineren Teilen des Aufbaus
                                         bestehend
als die Erde. Darum hat, durch lockere Gänge der Erde
Teilen entsteigend, zuerst sich feuriger Äther erhoben
und hat, selber leicht, mit sich viel Feuer genommen,
nicht auf andere Weise so sehr als es häufig wir sehen,
wenn das goldene Licht in vom Taue perlenden Gräsern
früh am Morgen glänzt wie Rubin der strahlenden Sonne,
Nebel atmet der See, die immer strömenden Flüsse,

ipsaque ut interdum tellus fumare videtur;
omnia quae sursum cum conciliantur, in alto   465
corpore concreto subtexunt nubila caelum.
sic igitur tum se levis ac diffusilis aether
corpore concreto circumdatus undique saepsit
et late diffusus in omnis undique partis
omnia sic avido complexu cetera saepsit.   470
hunc exordia sunt solis lunaeque secuta,
interutrasque globi quorum vertuntur in auris;
quae neque terra sibi adscivit nec maximus aether,
quod neque tam fuerunt gravia ut depressa sederent,
nec levia ut possent per summas labier oras.   475
et tamen interutrasque ita sunt, ut corpora viva
versent et partes ut mundi totius extent;
quod genus in nobis quaedam licet in statione
membra manere, tamen cum sint ea quae moveantur.
his igitur rebus retractis terra repente,   480
maxuma qua nunc se ponti plaga caerula tendit,
succidit et salso suffudit gurgite fossas.
inque dies quanto circum magis aetheris aestus
et radii solis cogebant undique terram
verberibus crebris extrema ad limina in artum   485
in medio ut propulsa suo condensa coiret,
tam magis expressus salsus de corpore sudor
augebat mare manando camposque natantis,
et tanto magis illa foras elapsa volabant
corpora multa vaporis et aeris altaque caeli   490
densabant procul a terris fulgentia templa.
sidebant campi, crescebant montibus altis

und wie selber bisweilen zu dampfen die Erde wir sehen;
wenn das alles oben sich sammelt, so sind in der Höhe
Wolken, die festen Körpers von unten den Himmel
                           umweben.
So hat damals also der leichte, verströmende Äther,
rings mit verdichtetem Körper ergossen, selber umhegt sich,
und, weithin verströmt überall in jegliche Richtung,
hat er das übrige alles umhegt in heißer Umarmung.
Ihm ist weiter gefolgt der Beginn des Monds und der
                           Sonne,
deren Bälle dazwischen im Kreis sich drehen im Luftraum;
sie hat weder Erde beansprucht noch mächtiger Äther,
weil so schwer sie nicht waren, daß niedergedrückt sie sich
                           setzten,
noch so leicht, daß gleiten sie konnten in höchsten Bereichen.
Aber sie liegen so dazwischen, daß lebendig die Körper
sie bewegen im Kreis und Teil sind des Ganzen der Welt
                           hier;
so wie manche an uns der Glieder dürfen in Ruhe
bleiben, während es die doch gibt, die sind in Bewegung.
Als nun dies zurück sich gezogen, ist plötzlich die Erde,
dort, wo jetzt das mächtige Blau des Meeres sich ausspannt,
eingebrochen und füllte mit salziger Flut die gesunkenen
                           Gräben,
und je mehr von Tag zu Tag rings Brodeln des Äthers
und überall die Strahlen der Sonne zusammen die Erde
zogen mit häufigem Schlag an den äußersten Schwellen zu
                           Festem,
so daß getrieben sie dicht in ihrer Mitte sich ballte,
um so mehr wurde salziger Schweiß gepreßt aus dem Körper
und vermehrte im Fließen das Meer und die schwimmenden
                           Weiten,
um so mehr auch glitten heraus jene Körper und flogen
zahlreich dahin, der Luft und des Dampfes, verdichteten
                           oben
weit von der Erden entfernt des Himmels glänzende Reiche.
Nieder setzten sich Fluren, es wuchsen des hohen Gebirges

ascensus; neque enim poterant subsidere saxa
nec pariter tantundem omnes succumbere partes.

Sic igitur terrae concreto corpore pondus   495
constitit atque omnis mundi quasi limus in imum
confluxit gravis et subsedit funditus ut faex;
inde mare, inde aer, inde aether ignifer ipse
corporibus liquidis sunt omnia pura relicta
et leviora aliis alia, et liquidissimus aether   500
atque levissimus aerias super influit auras
nec liquidum corpus turbantibus aeris auris
commiscet; sinit haec violentis omnia verti
turbinibus, sinit incertis turbare procellis,
ipse suos ignis certo fert impete labens.   505
nam modice fluere atque uno posse aethera nisu
significat Pontos, mare certo quod fluit aestu
unum labendi conservans usque tenorem.

Motibus astrorum nunc quae sit causa canamus!
principio magnus caeli si vertitur orbis,   510
ex utraque polum parti premere aera nobis
dicendum est extraque tenere et claudere utrimque;
inde alium supra fluere atque intendere eodem,
quo volvenda micant aeterni sidera mundi;
aut alium supter, contra qui subvehat orbem;   515
ut fluvios versare rotas atque haustra videmus.
est etiam quoque uti possit caelum omne manere
in statione, tamen cum lucida signa ferantur;
sive quod inclusi rapidi sunt aetheris aestus

Höhen empor; denn die Felsen konnten nicht nieder sich
                                                    senken
und nicht gleichmäßig, ebensoweit, alle Teile versinken.

  So hat also der Erde Gewicht mit verhärtetem Körper
auf sich gestellt, und des ganzen Weltalls Schlamm,
                                                    sozusagen,
rann ins Tiefste schwer und setzte am Grund sich wie Hefe;
drauf sind das Meer, drauf Luft, drauf selber der feurige
                                                    Äther
mit ihren flüssigen Körpern zurück worden alle gelassen
rein und leichter eins als das andere: am klarsten ist Äther
und am leichtesten: schwimmt drum über dem Wehen der
                                                    Lüfte;
nicht vermischt er den flüssigen Leib mit dem wühlenden
                                                    Wehen
drunten der Luft: er läßt dies alles sich drehen in wilden
Wirbeln, er läßt es brodeln mit stoßweis launischer
                                                    Windsbraut,
selbst trägt er seine Feuer, festen Laufes hingleitend.
Denn daß maßvoll fließen der Äther in einzigem Zuge
kann, das zeigt der Pontos, das Meer, das in sicherem Fluten
fließt, einen einzigen Zug des Gleitens immer bewahrend.

  Jetzt wollen wir, was der Grund für der Sterne Bewegung,
                                                    besingen!
Erstens: wenn sich das mächtige Rund des Himmels im Kreis
                                                    dreht,
sagen wir, daß den Pol auf beiden Seiten ein Luftstrom,
drängt und ihn außen hält und an beiden Enden ihn
                                                    einschließt;
dann, daß ein andrer darüber fließt und ebendort hinstrebt,
wie die Sterne sich drehend schimmern des ewigen Weltalls;
oder ein andrer darunter, der anderen Sinnes das Rund zieht,
wie wir sehen den Fluß das Schöpfrad im Kreise bewegen.
Denkbar ist auch, daß der Himmel im ganzen auf ruhigem
                                                    Posten
bleibt, sich aber dabei die lichten Zeichen bewegen;
sei's, daß drinnen versperrt sind reißende Wirbel des Äthers,

quaerentesque viam circumversantur et ignes   520
passim per caeli volvunt summania templa;
sive aliunde fluens alicunde extrinsecus aer
versat agens ignis; sive ipsi serpere possunt,
quo cuiusque cibus vocat atque invitat euntis,
flammea per caelum pascentis corpora passim.   525
nam quid in hoc mundo sit eorum ponere certum
difficile est; sed quid possit fiatque per omne
in variis mundis varia ratione creatis,
id doceo. plurisque sequor disponere causas,
motibus astrorum quae possint esse per omne;   530
e quibus una tamen sit et hic quoque causa necessest,
quae vegeat motum signis; sed quae sit earum
praecipere, haudquaquamst pedetemptim progredientis.

   Terraque ut in media mundi regione quiescat,
evanescere paulatim et decrescere pondus   535
convenit atque aliam naturam supter habere
ex ineunte aevo coniunctam atque uniter aptam
partibus aeriis mundi quibus insita vivit.
propterea non est oneri neque deprimit auras;
ut sua cuique homini nullo sunt pondere membra   540
nec caput est oneri collo nec denique totum
corporis in pedibus pondus sentimus inesse;
at quaecumque foris veniunt inpostaque nobis
pondera sunt laedunt, permulto saepe minora.
usque adeo magni refert, quid quaeque queat res.   545

daß sie suchen die Bahn und in Drehung setzen die Feuer
und überall sie wälzen im nächtlichen Reiche des Himmels;
sei's, daß woanders irgendwoher von außen ein Luftstrom
treibend die Feuer im Kreis dreht; sei's, daß sie selber
regen sich können, wohin eines jeden Speise sie hinruft,
einlädt im Gehen, den feurigen Leib weit weidend am
          Himmel.
Denn was gewiß ist davon in dieser Welt, zu behaupten,
ist nicht leicht; doch was möglich und wirklich geschieht im
          gesamten
in den verschiedenen Welten, erzeugt auf verschiedene
          Weise,
ist's, was ich lehre, und mehrere Gründe fahr fort ich zu
          klären,
die für der Sterne Bewegung sind möglich im Ganzen des
          Alles;
eine von ihnen muß freilich auch hier notwendig der Grund
          sein,
der den Zeichen Bewegung belebt; aber welcher von ihnen
zutrifft, zu lehren, ist Amt nicht eines, der vorsichtig
          vorrückt.
 Und damit in der Mitte der Welt die Erde sich halte,
stimmt es zusammen, daß ihr Gewicht sich allmählich
          verflüchtigt,
abnimmt und daß es besitzt eine andre Natur noch darunter,
seit der Zeiten Beginn verbunden und einig verhaftet
mit den luftigen Teilen der Welt, in denen sie lebt fest.
Darum ist nicht sie zur Last und drückt nicht nieder die
          Lüfte;
so, wie dem Menschen Gewicht nicht haben die eigenen
          Glieder,
Haupt nicht lastet auf Hals, wir schließlich nicht spüren,
daß das ganze Gewicht des Körpers ruht in den Füßen;
jedes Gewicht jedoch, das von außen kommt und von außen
auf uns gelegt wird, verletzt, und oft ein um vieles
          Geringres;
soviel macht es aus, wozu ein jedes imstand ist.

sic igitur tellus non est aliena repente
allata atque auris aliunde obiecta alienis,
sed pariter prima concepta ab origine mundi
certaque pars eius, quasi nobis membra videntur.

    praeterea grandi tonitru concussa repente   550
terra supra quae se sunt concutit omnia motu;
quod facere haut ulla posset ratione, nisi esset
partibus aeriis mundi caeloque revincta.
nam communibus inter se radicibus haerent
ex ineunte aevo coniuncta atque uniter apta.   555

    nonne vides etiam quam magno pondere nobis
sustineat corpus tenuissima vis animai
propterea quia tam coniuncta atque uniter apta est?

    denique iam saltu pernici tollere corpus
quid potis est nisi vis animae, quae membra gubernat?   560
iamne vides quantum tenuis natura valere
possit, ubi est coniuncta gravi cum corpore, ut aer
coniunctus terris et nobis est animi vis?

    Nec nimio solis maior rota nec minor ardor
esse potest, nostris quam sensibus esse videtur.   565
nam quibus e spatiis cumque ignes lumina possunt
adiicere et calidum membris adflare vaporem,
nil illi his intervallis de corpore libant
flammarum, nihil ad speciem est contractior ignis.   569
proinde, calor quoniam solis lumenque profusum   573
perveniunt nostros ad sensus et loca fulgent,   570

So nun ist auch nicht fremd die Erde herangebracht
                                        worden
plötzlich noch anderswo auf fremde Lüfte geworfen,
sondern schrittweis erzeugt vom ersten Entstehen der Welt
                                        mit
und ist ihr fester Teil, wie es uns die Glieder sind klärlich.
    Außerdem: erschüttert plötzlich von mächtigem Donner
schüttelt die Erde, was über ihr ist, in Bewegungen alles;
das vermöchte sie nicht zu tun irgendwie, wenn verknüpft sie
wär' nicht im Bund mit den luftigen Teilen der Welt und
                                        dem Himmel.
Denn sie hangen zusammen fest mit gemeinsamen Wurzeln,
seit der Zeiten Beginn verbunden und einig verhaftet.
    Siehst du nicht auch noch, wie mit seinem großen Gewichte
uns den Körper stützt der zarteste Stoff unsrer Seele,
deswegen, weil er verbunden so sehr ist und einig verhaftet?
    Endlich in hurtigem Sprung gar hoch den Körper zu
                                        schnellen,
was vermag's, wenn die Kraft nicht der Seele, die steuert die
                                        Glieder?
Siehst du nun jetzt, wieviel eine zarte Natur überwinden
kann, wenn mit schwerem Leib sie verbunden ist, so, wie die
                                        Lüfte
sind der Erde verbunden und uns der Seele Gewalt ist?
    Und es kann das Rad der Sonne nicht allzuviel größer
noch sein kleiner die Glut, als unsren Sinnen zu sein scheint.
Denn von welcher Entfernung auch immer die Feuer
                                        vermögen
Licht zu strahlen und wärmere Glut den Gliedern zu
                                        hauchen,
opfern sie nichts durch diesen Zwischenraum von der
                                        Flammen
Körper, das Feuer ist knapper um nichts darum für den
                                        Anblick.
Darum, da ja die Hitze der Sonne verströmt und ihr
                                        Leuchten
uns zu den Sinnen dringt und davon erstrahlen die Räume,

forma quoque hinc solis debet filumque videri,
nil adeo ut possis plus aut minus addere vere.
[perveniunt nostros ad sensus et loca fulgent]   574

    lunaque sive notho fertur loca lumine lustrans   575
sive suam proprio iactat de corpore lucem,
quidquid id est, nihilo fertur maiore figura
quam, nostris oculis qua cernimus, esse videtur.
nam prius omnia, quae longe semota tuemur
aera per multum, specie confusa videntur   580
quam minui filum. quapropter luna necesse est,
quandoquidem claram speciem certamque figuram
praebet, ut est oris extremis cumque notata
quantaque, tanta quoque hinc nobis videatur in alto.

    postremo quoscumque vides hinc aetheris ignes,   585
quandoquidem quoscumque in terris cernimus ⟨ignes⟩,
dum tremor ⟨et⟩ clarus dum cernitur ardor eorum,
perparvum quiddam interdum mutare videntur
alteram utram in partem filum, quo longius absunt,   589
scire licet perquam pauxillo posse minores   594
esse vel exigua maioris parte brevique.   595

    Illud item non est mirandum, qua ratione   590
tantulus ille queat tantum sol mittere lumen,
quod maria ac terras omnis caelumque rigando
compleat et calido perfundat cuncta vapore.   593
[quanta quoquest tanta hinc nobis videtur in alto]   596
nam licet hinc mundi patefactum totius unum
largifluum fontem scatere atque erumpere lumen,
ex omni mundo quia sic elementa vaporis
undique conveniunt et sic coniectus eorum   600
confluit, ex uno capite hic ut profluat ardor.

muß auch der Sonne Gestalt von hier und erscheinen die
                                                  Größe
so, daß du nichts mit Recht – sei's mehr oder wen'ger –
                                                  hinzufügst.
[uns zu den Sinnen dringt und davon erstrahlen die Räume]
    Auch der Mond, ob mit fremdem Lichte die Welt er
                                                  erleuchtend
zieht oder eigenes Licht aus seinem Körper herausstößt,
wie das auch sei: er zieht mit um nichts größrer Gestalt hin,
als die scheint, mit der wir mit Augen ziehen ihn sehen;
eher nämlich erscheint, was weit entfernt wir erschauen
durch viel Luft hindurch, im Aussehn alles uns unscharf,
als daß sich mindert die Größe. Deshalb muß der Mond
                                                  unausweichlich,
da er ein deutliches Bild und fest umrißne Gestalt ja
bietet, so, wie immer er ist im Rande gezeichnet
und wie groß, so groß auch uns erscheinen am Himmel.
    Endlich: was immer du siehst von hier an Feuern des
                                                  Äthers,
läßt sich wissen davon, weil die, die wir sehen auf Erden,
solange klar ihr Funkeln und klar ihr Leuchten erkannt
                                                  wird,
nur ganz wenig bisweilen, die Feuer, scheinen zu ändern
ihren Umfang nach einer der Seiten, je weiter entfernt sie,
daß auch sie nur sein um ein ganz kleines bißchen geringer
können oder um schmales und kurzes Teilchen auch größer.
    Ebensowenig ist das zu verwundern, nach welchen
                                                  Gesetzen
jene so winzige Sonne versenden so mächtiges Licht kann,
daß es die Meere erfüllt, den Himmel und alle die Lande
überströmend, und alles mit heißem Glühen durchflutet.
[und so groß, wie groß auch uns erscheinet am Himmel]
Denn es mag von hier der ganzen Welt sich eröffnen
einziger reicher Quell und sprudeln und stoßen das Licht aus,
weil aus der ganzen Welt sich so der Gluten Atome
überallher versammeln und so der Zuwurf zusammen
fließt, daß hier aus einzigem Born das Glühen hervorbricht.

nonne vides etiam quam late parvus aquai
prata riget fons interdum campisque redundet?
   est etiam quoque uti non magno solis ab igni
aera percipiat calidis fervoribus ardor,   605
opportunus ita est si forte et idoneus aer,
ut queat accendi parvis ardoribus ictus;
quod genus interdum segetes stipulamque videmus
accidere ex una scintilla incendia passim.

   forsitan et rosea sol alte lampade lucens   610
possideat multum caecis fervoribus ignem
circum se, nullo qui sit fulgore notatus,
aestifer ut tantum radiorum exaugeat ictum.

   Nec ratio solis simplex ⟨et⟩ recta patescit,
quo pacto aestivis e partibus aegocerotis   615
brumalis adeat flexus atque inde revertens
canceris ut vertat metas ad solstitialis,
lunaque mensibus id spatium videatur obire,
annua sol in quo consumit tempora cursu.
non, inquam, simplex his rebus reddita causast.   620
nam fieri vel cum primis id posse videtur,
Democriti quod sancta viri sententia ponit,
quanto quaeque magis sint terram sidera propter,
tanto posse minus cum caeli turbine ferri;
evanescere enim rapidas illius et acris   625
imminui super viris ideoque relinqui
paulatim solem cum posterioribus signis,
inferior multo quod sit quam fervida signa.
et magis hoc lunam: quanto demissior eius
cursus abest procul a caelo terrisque propinquat,   630

Siehst du nicht auch, wie weit bisweilen die Matten des
                                        Wassers
winziger Quell überströmt und über tritt auf die Fluren?
    Kann auch sein, daß von nicht so großem Feuer der Sonne
Brand die Luft erfaßt mit seinem hitzigen Glühen,
wenn sie vielleicht dem zugänglich ist und derart geeignet,
daß von geringer Glut sie getroffen vermag zu entbrennen;
derart, wie wir manchmal den Halm und sehen die Saaten
Feuersbrunst überall befallen aus einzigem Funken.
    Leicht könnte auch die Sonne, hoch oben mit rosiger Fackel
leuchtend, rings um sich mit heimlichem Glühen besitzen
Massen von Feuer, das nicht durch Glänzen kenntlich
                                        gemacht ist,
so, daß glutvoll es nur der Strahlen Stiche vergrößert.
    Und nicht einfach erschließt sich und gerade das Wesen
                                        der Sonne,
wie sie heraus aus dem sommerlichen Gebiet zu des
                                        Steinbocks
herbstlicher Wende gelangt und, wieder von dort aus sich
                                        kehrend,
wie sie sich wendet zur Marke der Sonnenwende des Krebses,
und man den Mond in Monaten sieht die Strecke begehen,
wo die Sonne verbraucht im Lauf die Zeit eines Jahres.
Nicht, sag ich, ist der Grund für dieses einfach gegeben;
denn vor andrem kann dies besonders, scheint es, geschehen,
was der heilige Schluß des Mannes, des Demokrit, aufstellt:
daß, je näher ein jeder Stern sich der Erde befindet,
um so wen'ger er schritthalten kann mit dem Wirbel des
                                        Himmels;
schwinde doch jenes reißende Kraft und nähme auch ihre
Schärfe darunter doch ab und darum bliebe zurück auch
mählich die Sonne, vereint mit den nach ihr kommenden
                                        Zeichen,
weil viel tiefer sie sei als der Sterne glühende Zeichen.
Mehr als sie noch der Mond: um wieviel tiefer gelassen
weit vom Himmel entfernt sein Lauf ist, der Erde sich
                                        nähert,

tanto posse minus cum signis tendere cursum.
flaccidiore etiam quanto iam turbine fertur
inferior quam sol, tanto magis omnia signa
hanc adipiscuntur circum praeterque feruntur.
propterea fit ut haec ad signum quodque reverti   635
mobilius videatur, ad hanc quia signa revisunt.

    fit quoque ut e mundi transversis partibus aer
alternis certo fluere alter tempore possit,
qui queat aestivis solem detrudere signis
brumalis usque ad flexus gelidumque rigorem,   640
et qui reiciat gelidis a frigoris umbris
aestiferas usque in partis et fervida signa.
et ratione pari lunam stellasque putandumst,
quae volvunt magnos in magnis orbibus annos,
aeribus posse alternis e partibus ire.   645
nonne vides etiam diversis nubila ventis
diversas ire in partis inferna supernis?
qui minus illa queant per magnos aetheris orbis
aestibus inter se diversis sidera ferri?

    At nox obruit ingenti caligine terras,   650
aut ubi de longo cursu sol ultima caeli
impulit atque suos efflavit languidus ignis
concussos itere et labefactos aere multo,
aut quia sub terras cursum convertere cogit
vis eadem, supra quae terras pertulit orbem.   655

    tempore item certo roseam Matuta per oras
aetheris auroram differt et lumina pandit,
aut quia sol idem, sub terras ille revertens,
anticipat caelum radiis accendere temptans,

um so weniger kann mit den Sternen er strengen den Lauf an.
Ja mit wie matterem Kreis er schon seine Bahnen dahineilt
tiefer als die Sonne, so holen alle die Sterne
rings um so mehr ihn ein und gleiten schneller vorüber.
Darum geschieht es, daß er zu jedem Zeichen zurückkehrt
schneller, wie es scheint, weil zu ihm die Sternbilder kommen.
   Möglich ist auch, daß Lüfte aus schräger Richtung des
                             Weltalls,
wechselnd zu fester Zeit, zu fließen – beide – vermögen,
eine, die weg von des Sommers Bildern treiben die Sonne
kann bis hin zur herbstlichen Kehre und kalten Erstarrung,
eine, die rückwärts sie treibt von den eisigen Schatten der
                             Kälte
bis zu dem glutvollen Teil und hin zu den hitzigen Zeichen.
Und genauso muß glauben man auch, daß der Mond und die
                             Sterne,
welche in mächtigen Kreisen vollenden mächtige Jahre,
durch die Lüfte vermögen aus wechselnder Richtung zu
                             ziehen.
Siehst du nicht auch, daß die Wolken vermöge verschiedener
                             Winde
auch in verschiedene Richtung ziehen, die tiefen und obren?
Warum sollten nicht auch auf den großen Kreisen des Äthers
jene Gestirne mit wechselnder Strömung dahinziehen
                             können?
   Nacht jedoch begräbt mit mächtigem Dunkel die Lande,
entweder, wenn nach langem Lauf die Sonne des Himmels
Grenze berührt und matt nun aus ihr Feuer gehaucht hat,
das erschüttert vom Weg und zerrüttet von reichlichem
                             Luftstrom,
oder weil unter die Erde den Lauf zu kehren gezwungen
sie hat dieselbe Gewalt, die über die Erde die Bahn trug.
   Ebenso treibt zu bestimmter Zeit Matuta das Frührot
durch des Äthers Reich auseinander und breitet das Licht aus,
entweder weil dieselbe Sonne zurück unter Land kehrt,
vorher den Himmel ergreift mit dem Strahl und sucht zu
                             entzünden,

aut quia conveniunt ignes et semina multa   660
confluere ardoris consverunt tempore certo,
quae faciunt solis nova semper lumina gigni.
quod genus Idaeis fama est e montibus altis
dispersos ignis orienti lumine cerni,
inde coire globum quasi in unum et conficere orbem.   665
nec tamen illud in his rebus mirabile debet
esse, quod haec ignis tam certo tempore possunt
semina confluere et solis reparare nitorem.
multa videmus enim, certo quae tempore fiunt
omnibus in rebus: florescunt tempore certo   670
arbusta et certo dimittunt tempore florem,
nec minus in certo dentes cadere imperat aetas
tempore et inpubem molli pubescere veste
et pariter mollem malis demittere barbam;
fulmina postremo, nix, imbres, nubila, venti   675
non nimis incertis fiunt in partibus anni.
namque ubi sic fuerunt causarum exordia prima
atque ita res mundi cecidere ab origine prima,
consequë quoque iam redeunt ex ordine certo.

Crescere itemque dies licet et tabescere noctes   680
et minui luces, cum sumant augmina noctes,
aut quia sol idem sub terras atque superne
imparibus currens anfractibus aetheris oras
partit et in partis non aequas dividit orbem
et quod ab alterutra detraxit parte, reponit   685
eius in adversa tanto plus parte relatus,
donec ad id signum caeli pervenit, ubi anni

oder weil Feuer zusammen sich ballt und zahlreiche Samen
sind der Gluten gewohnt, zu bestimmter Zeit sich zu
                                          sammeln,
die es bewirken, daß immer neu ersteht das Leuchten der
                                          Sonne.
So, wie die Sage berichtet, von Idas hohem Gebirge
sähe man Feuer verstreut, wenn des Tages Aufgang sich
                                          zeige,
darauf eine zur Masse es sich und bewirke das Kreisrund.
Das aber darf hierbei Verwundern gar nicht erregen,
daß zu so fester Zeit diese Samen des Feuers vermögen
dort zusammenzufließen und der Sonnen Glanz zu erneuern.
Sehen vieles wir doch, was geschieht zu sicherem
                                          Zeitpunkt
überall in den Dingen: es blühen zu sicherem Zeitpunkt
Bäume und legen zu fester Zeit wieder ab ihre Blüte,
und nicht weniger heißt den Zähnen zu sicherem Zeitpunkt
Altern zu fallen, mit weichem Flaume zu reifen dem Knaben
und auf den beiden Wangen den weichen Bart ihm zu
                                          senken;
endlich die Blitze, der Schnee, die Regen, Wolken und Winde
werden erzeugt in nicht zu schwankenden Teilen des Jahres.
Denn da einmal der erste Beginn der Ursachen fand sich
so, die Dinge der Welt so liefen seit frühestem Ursprung,
kehren in Folge sie jetzt auch wieder in sicherer Ordnung.
   Ebenso können auch wachsen die Tage und schwinden die
                                          Nächte
und sich mindern der Tag, während Zuwachs erhalten die
                                          Nächte,
entweder weil eine ständige Sonne mit ungleichen Bögen
über der Erde und drunter bewegt sich, des Äthers Bereiche
teilt und in nicht gleiche Teile zerlegt ihre Kreisbahn
und was vom einen Teil sie genommen, dann wieder
                                          hinzufügt
soviel mehr zu dem Teil gegenüber, wenn wieder zurück sie
läuft, bis sie zum Zeichen des Himmels gelangt, wo des
                                          Jahres

nodus nocturnas exaequat lucibus umbras;
nam medio cursu flatus aquilonis et austri
distinet aequato caelum discrimine metas   690
propter signiferi posituram totius orbis,
annua sol in quo consumit tempora serpens,
obliquo terras et caelum lumine lustrans,
ut ratio declarat eorum qui loca caeli
omnia dispositis signis ornata notarunt.   695
aut quia crassior est certis in partibus aer,
sub terris ideo tremulum iubar haesitat ignis
nec penetrare potest facile atque emergere ad ortus;
propterea noctes hiberno tempore longae
cessant, dum veniat radiatum insigne diei.   700
aut etiam, quia sic alternis partibus anni
tardius et citius consverunt confluere ignes,
qui faciunt solem certa desurgere parte,
propterea fit uti videantur dicere verum
. . . .

  Luna potest solis radiis percussa nitere   705
inque dies magis ⟨id⟩ lumen convertere nobis
ad speciem, quantum solis secedit ab orbi,
donique eum contra pleno bene lumine fulsit
atque oriens obitus eius super edita vidit;
inde minutatim retro quasi condere lumen   710
debet item, quanto propius iam solis ad ignem
labitur ex alia signorum parte per orbem;
ut faciunt, lunam qui fingunt esse pilai
consimilem cursusque viam sub sole tenere.

Knoten die Schatten der Nacht gleich macht der Helle des
Tages;
mitten nämlich im Lauf des Wehens von Nordwind und
Südwind
hält auseinander der Himmel im gleichen Abstand die Male
wegen der Stellung des ganzen bildertragenden Kreises,
in dem die Sonne verbraucht im Gleiten die Zeit eines
Jahres,
Länder und Himmel erleuchtend mit schräg verschobenem
Lichte,
wie der Männer Lehre es zeigt, die mit Ordnung der Bilder
all des Himmels Raum ausschmückten und haben bezeichnet.
Oder, weil dicker die Luft in bestimmten Teilen des Weltalls,
zögert der zitternde Glanz des Feuers unter der Erde,
kann nicht leicht sie durchdringen und tauchen empor zu dem
Aufgang;
darum zögern zur Winterszeit lang während Nächte,
bis endlich kommt, geschmückt mit Strahlen, die Zierde des
Tages.
Oder auch, weil so zu wechselnden Teilen des Jahres
träger und schneller gewohnt sind die Feuer
zusammenzufließen,
die machen, daß sich die Sonne erhebt zu sicherer Richtung,
darum geschieht es, daß die zu sagen scheinen die Wahrheit
. . . .

Glänzen kann der Mond, von den Strahlen der Sonne
getroffen,
und von Tag zu Tag mehr dies Licht zu unserm Gesichte
wenden, je mehr er ab von der Sonne Rad sich zurückzieht,
bis er ihr gegenüber mit vollem Leuchten erglänzt schon
und beim Aufgange sieht ihr Sinken, ist auf er gestiegen;
drauf muß allmählich zurück er bergend stecken sein
Leuchten
ebenso gleichsam, je näher dem Feuer der Sonne
er schon zieht aus anderer Richtung der Zeichen im Kreise.
So wie die tun, die vorstellen sich, daß der Mond einem Balle
ähnlich ist und die Bahn des Laufes hat unter der Sonne.

est etiam quare proprio cum lumine possit   715
volvier et varias splendoris reddere formas;
corpus enim licet esse aliud, quod fertur et una
labitur omnimodis occursans officiensque,
nec potis est cerni, quia cassum lumine fertur.
versarique potest, globus ut, si forte, pilai   720
dimidia ex parti candenti lumine tinctus,
versandoque globum variantis edere formas,
donique eam partem, quaecumque est ignibus aucta,
ad speciem vertit nobis oculosque patentis;
inde minutatim retro contorquet et aufert   725
luciferam partem glomeraminis atque pilai;
ut Babylonica Chaldaeum doctrina refutans
astrologorum artem contra convincere tendit,
proinde quasi id fieri nequeat quod pugnat uterque
aut minus hoc illo sit cur amplectier ausis.   730

   denique cur nequeat semper nova luna creari
ordine formarum certo certisque figuris
inque dies privos aborisci quaeque creata
atque alia illius reparari in parte locoque,
difficilest ratione docere et vincere verbis,   735
ordine cum ⟨possint⟩ tam certo multa creari.
it ver et Venus, et Veneris praenuntius ante
pennatus graditur, Zephyri vestigia propter
Flora quibus mater praespargens ante viai

Möglich ist auch, daß er mit eignem Lichte vermöchte
rings zu kreisen und wechselnde Formen des Glanzes zu
zeigen;
kann doch da sein ein anderer Körper, der läuft und
gemeinsam
gleitet, in jeglicher Art begegnend und hindernd am Scheinen,
nicht erblickt aber werden kann, da bloß er des Lichtes
dahineilt.
Auch daß er dreht sich, ist möglich, wie, wenn es zutrifft, die
Kugel
eines Balls, die getaucht zur Hälfte in schimmerndes
Leuchten,
und im Drehen der Kugel hervorbringt wechselnde Formen,
bis er den Teil, dem hinzu der Glanz des Feuers gegeben,
wendet zu unserm Gesicht und zu dem offenen Auge;
darauf dreht er allmählich zurück, und entführt er ihn
wieder,
diesen erleuchteten Teil der geballten Masse und Kugel;
wie babylonische Lehre es sagt der Chaldäer, bestreitend
unserer Sternkenner Kunst, und sich müht zu beweisen dagegen,
grade als ob das geschehen nicht könnte, was beide
verfechten,
und ein Grund sei, warum mehr eins als das andre du
möchtest.
Schließlich: warum sollte neu nicht immer der Mond in
bestimmter
Ordnung der Formen erzeugt werden können und festen
Gestalten,
und am einzelnen Tag ein jedes Geschaffne vergehen,
andres dafür sich an jenes Raum und Stelle ersetzen?
Das ist schwer mit Beweisen zu zeigen und Worten zu
zwingen,
da ja vieles erzeugt werden kann in so sicherer Ordnung.
Frühling und Venus kommen und vor ihnen schreitet der
Venus
flügeltragender Herold, und nahe den Spuren des Zephyrs
streut ihnen Flora, die Mutter, vorher das Ganze des Weges

cuncta coloribus egregiis et odoribus opplet.   740
inde loci sequitur calor aridus et comes una
pulverulenta Ceres ⟨et⟩ etesia flabra aquilonum.
inde autumnus adit, graditur simul Euhius Euan.
inde aliae tempestates ventique secuntur,
altitonans Volturnus et auster fulmine pollens.   745
tandem bruma nives adfert pigrumque rigorem
reddit; hiemps sequitur crepitans hanc dentibus algu.
quo minus est mirum, si certo tempore luna
gignitur et certo deletur tempore rursus,
cum fieri possint tam certo tempore multa.   750
    Solis item quoque defectus lunaeque latebras
pluribus e causis fieri tibi posse putandumst.
nam cur luna queat terram secludere solis
lumine et a terris altum caput obstruere ei,
obiciens caecum radiis ardentibus orbem,   755
tempore eodem aliut facere id non posse putetur
corpus, quod cassum labatur lumine semper?
solque suos etiam dimittere languidus ignis
tempore cur certo nequeat recreareque lumen,
cum loca praeteriit flammis infesta per auras,   760
quae faciunt ignis interstingui atque perire?
et cur terra queat lunam spoliare vicissim
lumine et oppressum solem super ipsa tenere,
menstrua dum rigidas coni perlabitur umbras,
tempore eodem aliud nequeat succurrere lunae   765
corpus vel supra solis perlabier orbem,
quod radios interrumpat lumenque profusum?

und erfüllt es mit auserlesenen Farben und Düften.
Nachher folgt auf dem Fuß trockne Glut und vereint als
                                        Begleiter
Ceres, die staubige Gottheit, und jährliches Wehen des
                                        Nordwinds;
drauf rückt an der Herbst, mit schreitet Euhius Euan.
Darauf schließen sich an ihnen andere Stürme und Winde,
hocherdonnernd Volturnus und blitzeträchtiger Südwind.
Endlich das Ende des Jahres bringt Schnee, und lähmende
                                        Starre
zeigt es; ihm folgt der Winter, mit Zähnen klappernd vor
                                        Kälte.
Um so weniger seltsam, wenn auch der Mond zu gewisser
Zeit wird erzeugt, zu gewisser Zeit dann wieder vernichtet,
da zu so sicherer Zeit ja vieles vermag zu entstehen.
   Ebenso sind auch der Sonne Vergehn und des Mondes
                                        Verdunklung,
mußt du glauben, aus mehr als einem Grunde dann möglich.
Denn warum sollte können der Mond abschließen die Erde
von dem Lichte der Sonne und hoch ihm das Haupt von der
                                        Erde
vortürmen, werfend das dunkele Rund vor die brennenden
                                        Strahlen,
aber man glauben zur selben Zeit, daß ein anderer Körper
nicht es vermag, der bar des Lichtes immer dahineilt?
Und warum sollte nicht auch die Sonne ermattet ihr Feuer
lassen können zu fester Zeit und das Licht dann erneuern,
wenn sie an Orten vorbeikam, den Flammen feindlich, im
                                        Luftraum,
die bewirken, daß Feuer erlöschen und gehen zugrunde?
Und warum sollte die Erde den Mond des Lichtes berauben
können dagegen und selber oben die Sonne verbergen,
während er monatlich läuft durch die starren Schatten des
                                        Kegels,
aber zur selben Zeit ein anderer Körper den Mond nicht
anlaufen oder oben die Scheibe der Sonne durchqueren,
der unterbricht die Strahlen und das Licht, das sie ausströmt?

et tamen ipsa suo si fulget luna nitore,
cur nequeat certa mundi languescere parte,
dum loca luminibus propriis inimica per exit?   770
[menstrua dum rigidas coni perlabitur umbras]

   Quod superest, quoniam magni per caerula mundi
qua fieri quicquid posset ratione resolvi,
solis uti varios cursus lunaeque meatus
noscere possemus quae vis et causa cieret,   775
quove modo ⟨possent⟩ offecto lumine obire
et neque opinantis tenebris obducere terras,
cum quasi conivent et aperto lumine rursum
omnia convisunt clara loca candida luce,
nunc redeo ad mundi novitatem et mollia terrae   780
arva, novo fetu quid primum in luminis oras
tollere et incertis crerint committere ventis.
   Principio genus herbarum viridemque nitorem
terra dedit circum collis, camposque per omnis
florida fulserunt viridanti prata colore,   785
arboribusque datumst variis exinde per auras
crescendi magnum inmissis certamen habenis.
ut pluma atque pili primum saetaeque creantur
quadripedum membris et corpore pennipotentum,
sic nova tum tellus herbas virgultaque primum   790
sustulit, inde loci mortalia saecla creavit
multa modis multis varia ratione coorta.
nam neque de caelo cecidisse animalia possunt
nec terrestria de salsis exisse lacunis.
linquitur ut merito maternum nomen adepta   795
terra sit, e terra quoniam sunt cuncta creata.
multaque nunc etiam existunt animalia terris,
imbribus et calido solis concreta vapore;

Aber auch wenn der Mond im eigenen Schimmer erstrahlte,
warum sollte er nicht in bestimmtem Weltteil ermatten,
während er Orte durchläuft, die dem eigenen Lichte sind
feindlich?
[während er monatlich läuft durch die starren Schatten des
Kegels]

Übrigens, da ich ja aufgelöst habe, wie jedes geschehen
kann hindurch durch des mächtigen Weltalls blaue Bereiche,
wie wir zu lernen vermögen der Sonne verschiedne Läufe,
was für Macht und Grund sie erregt, und die Bahnen des
Mondes,
auf welche Weise sie können verlöschten Lichtes vergehen
und nichtsahnende Lande mit Finsternis überziehen,
wenn sozusagen sie nicken und wieder mit offenem Auge
alle mit hellem Licht die strahlenden Orte dann sehen,
kehre ich jetzt zur Neuheit der Welt zurück und den weichen
Fluren der Erde, was frischen Wurfes zuerst sie beschlossen
aufzuheben ins Licht und den launischen Winden zu lassen.
So begann's: das Geschlecht der Gräser und grünes
Erschimmern
legte die Erde rings um die Hügel, und hin über alle
Fluren erglänzten die blumigen Wiesen in grünender Farbe,
und den Bäumen darauf, den unzähligen, wurde verliehen
großer Wettstreit, emporzuwachsen mit schüssigen Zügeln.
Wie die Federn zuerst und Haare und Borsten entstehen
auf den Gliedern der Tiere, dem Leib der Federbewehrten,
so hat damals zuerst die Gräser und Büsche der Boden
frisch erhoben, darauf der Menschen Geschlechter geschaffen
viele auf vielfache Art in bunter Vielfalt entstanden.
Denn vom Himmel herab können lebende Wesen gefallen
weder sein noch am Boden den salzigen Lachen entkrochen.
Bleibt, daß mit Recht den Namen »Mutter« die Erde erlangt
hat,
da nun alles einmal aus Erde wurde geschaffen.
Vieles entsteht ja noch jetzt an Lebendem neu aus der Erden,
sobald Regen und heißer Dampf der Sonne es bilden.

quo minus est mirum, si tum sunt plura coorta
et maiora, nova tellure atque aethere adulta.   800
principio genus alituum variaeque volucres
ova relinquebant exclusae tempore verno,
folliculos ut nunc teretis aestate cicadae
lincunt sponte sua victum vitamque petentes.
tum tibi terra dedit primum mortalia saecla.   805
multus enim calor atque umor superabat in arvis.
hoc ubi quaeque loci regio opportuna dabatur,
crescebant uteri terram radicibus apti;
quos ubi tempore maturo patefecerat aetas
infantum, fugiens umorem aurasque petessens,   810
convertebat ibi natura foramina terrae
et sucum venis cogebat fundere apertis
consimilem lactis, sicut nunc femina quaeque
cum peperit, dulci repletur lacte, quod omnis
impetus in mammas convertitur ille alimenti.   815
terra cibum pueris, vestem vapor, herba cubile
praebebat multa et molli lanugine abundans.
at novitas mundi nec frigora dura ciebat
nec nimios aestus nec magnis viribus auras.
omnia enim pariter crescunt et robora sumunt.   820

   Quare etiam atque etiam maternum nomen adepta
terra tenet merito, quoniam genus ipsa creavit
humanum atque animal prope certo tempore fudit
omne quod in magnis bacchatur montibus passim
aeriasque simul volucres variantibus formis.   825

Drum ist das Wunder kleiner, wenn einst sind mehr noch
                                      entstanden
und noch größre, als neu waren Erde und Äther, erwachsen.
Da hat der Vögel Geschlecht zuerst, der Befiederten Fülle,
seine Schalen verlassen, geschlüpft in der Wärme des
                                        Frühlings,
wie die rundliche Haut noch jetzt im Sommer Zikaden
selber mit Willen verlassen im Drang nach Nahrung und
                                        Leben.
Damals, glaub es, zuerst schuf Erde der Menschen
                                        Geschlechter.
Herrschte doch mächtige Hitze und Feuchte zugleich auf den
                                        Fluren:
wo drum irgendein Platz auf dem Land als geeignet sich
                                        auswies,
wuchs ein Mutterleib, die Wurzeln im Erdreich verhaftet;
war die Zeit gereift und hatte das Alter der Kinder
diese geöffnet, fliehend die Feuchte voll Drang nach den
                                        Lüften,
wendete eben dorthin die Natur die Poren der Erde
und zwang Saft aus dem Mund zu ergießen offener Adern,
gleichend der Milch, wie jetzt ja jede der Frauen sich
                                        anfüllt,
hat sie geboren, mit süßer Milch, weil jeglicher Kraftstrom
in die Brüste gewandt zusammen sich zieht ihrer Nahrung.
Erde gab Nahrung den Kindlein, Hitze das Kleid und das
                                        Lager
Rasen, satter und üppig versehen mit molligem Flaume.
Aber die Jugend der Welt erregte nicht eisige Kälte,
nicht auch maßlose Glut, nicht Stürme von mächtiger Stärke:
alles nämlich wächst zugleich und sammelt sich Kraft auf.
    Drum hat noch und noch die Erde empfangen den Namen
Mutter und trägt ihn mit Recht, da sie selber der Menschen
                                        Geschlechter
schuf und fast zugleich in bestimmter Zeit sie die Tiere
aus sich ergoß, ein jedes, das tollt in den mächtigen Bergen
allüberall, und zugleich die Vögel in wechselnden Formen.

sed quia finem aliquam pariendi debet habere,
destitit, ut mulier spatio defessa vetusto.
mutat enim mundi naturam totius aetas,
ex alioque alius status excipere omnia debet,
nec manet ulla sui similis res: omnia migrant,   830
omnia commutat natura et vertere cogit.
namque aliud putrescit et aevo debile languet,
porro aliud succrescit et ⟨e⟩ contemptibus exit.
sic igitur mundi naturam totius aetas
mutat, et ex alio terram status excipit alter: 835
quod potuit nequeat, possit quod non tulit ante.

   Multaque tum tellus etiam portenta creare
conatast mira facie membrisque coorta,
androgynem, interutrasque nec utrum, utrimque remotum,
orba pedum partim, manuum viduata vicissim,   840
muta sine ore etiam, sine voltu caeca reperta,
vinctaque membrorum per totum corpus adhaesu,
nec facere ut possent quicquam nec cedere quoquam
nec vitare malum nec sumere quod volet usus.
cetera de genere hoc monstra ac portenta creabat,   845
nequiquam, quoniam natura absterruit auctum
nec potuere cupitum aetatis tangere florem
nec reperire cibum nec iungi per Veneris res.
multa videmus enim rebus concurrere debere,
ut propagando possint procudere saecla: 850
pabula primum ut sint, genitalia deinde per artus
semina qua possint membris manare remissis,

Weil sie jedoch einmal zum Schluß kommen muß des
                                  Gebärens,
hörte sie auf, wie ein Weib, das erschöpft vom Alter des
                                  Lebens.
Wandelt doch die Zeit das Wesen der Welt hier im ganzen,
nacheinander muß Zustand nach Zustand aufnehmen alles,
keines bleibt ähnlich der Dinge sich selber: alles ist fließend,
alles tauscht die Natur und zwingt es, sich zu verwandeln.
Denn das eine verfault und siecht gebrechlich vom Alter,
weiter wächst ein andres, verläßt des Dunkels Verachtung.
Also wandelt die Zeit das Wesen der Welt hier im ganzen,
nacheinander nimmt Zustand auf nach Zustand die Erde:
dürfte versagen jetzt, was sie konnte, was einst nicht, sie
                                  tragen.
    Damals hat auch die Erde versucht, in Menge zu schaffen
Ungeheuer, gebildet von seltsamem Aussehn und Gliedern,
Zwitter, mittenin, weder Mann noch Weib und von
                                  beiden
weit entfernt, zum Teil der Füße beraubt, ohne Hände
andre, sich stumm ohne Mund, ohne Blick in Blindheit
                                  erfindend
und gefesselt am ganzen Leib durch Anwuchs der Glieder,
daß sie zu tun nichts noch irgendwohin zu weichen
                                  vermochten,
noch zu vermeiden Gefahr, noch zu nehmen, was ihnen
                                  Bedürfnis.
Und was sonst noch sie schuf an solchen Gebilden und
                                  Wundern,
ganz umsonst, da Natur den Wuchs den Wesen versagte,
nicht zu berühren imstand sie waren die Blüte des Alters,
die sie ersehnt, nicht Nahrung zu finden, zu einen sich
                                  liebend.
Viel muß, sehen wir doch, zusammenkommen den Dingen,
daß durch Vermehrung imstand sie, hervorzubringen den
                                  Nachwuchs;
Nahrung muß sein zuerst, dann wo die erzeugenden Samen
durch die Glieder aus lockerem Leib ergießen sich können,

feminaque ut maribus coniungi possit, habere,
mutua qui mutent inter se gaudia uterque.
Multaque tum interiisse animantum saecla necessest   855
nec potuisse propagando procudere prolem.
nam quaecumque vides vesci vitalibus auris,
aut dolus aut virtus aut denique mobilitas est
ex ineunte aevo genus id tutata reservans.
multaque sunt, nobis ex utilitate sua quae   860
commendata manent, tutelae tradita nostrae.
principio genus acre leonum saevaque saecla
tutatast virtus, volpes dolus et fuga cervos.
at levisomna canum fido cum pectore corda
et genus omne quod est veterino semine partum   865
lanigeraeque simul pecudes et bucera saecla
omnia sunt hominum tutelae tradita, Memmi;
nam cupide fugere feras pacemque secuta
sunt et larga suo sine pabula parta labore,
quae damus utilitatis eorum praemia causa.   870
at quis nil horum tribuit natura, nec ipsa
sponte sua possent ut vivere nec dare nobis
utilitatem aliquam, quare pateremur eorum
praesidio nostro pasci genus esseque tutum,
scilicet haec aliis praedae lucroque iacebant   875
indupedita suis fatalibus omnia vinclis,
donec ad interitum genus id natura redegit.
Sed neque Centauri fuerunt nec tempore in ullo
esse queunt duplici natura et corpore bino
ex alienigenis membris compacta, potestas   880
hinc illinc parvis ut non par semiferis sit.
id licet hinc quamvis hebeti cognoscere corde.

und daß Mann mit Weib vereinen sich kann, daß beide
besitzen
Mittel, mit denen jedes wechselnde Freude sich austauscht.
   Und kein Ausweg sonst: verdorben sind viel Geschlechter
damals und waren imstand nicht, Nachwuchs schaffend zu
mehren.
Denn was immer du siehst der Lebensluft sich erfreuen,
List hat sie oder Stärke und schließlich auch ihre Schnelle
von ihres Lebens Beginn an geschützt, die Art je erhaltend.
Vieles zudem, was uns aufgrund seines Nutzens ist näher
anempfohlen, bleibt am Leben, vertraut unsrer Obhut.
Erstens: der Löwen feurige Brut und grausame Rotten
schützte Stärke, die Füchse die List, ihr Flüchten die Hirsche.
Doch das schlafwache Herz der Hunde mit treuem Gemüte,
jedes Geschlecht, das aus lastenziehendem Stamme geboren,
wolletragendes Vieh zudem und der Stamm der Behörnten,
alles, o Memmius, ist vertraut der Obhut der Menschen.
Flohen sie doch mit Begier vor wildem Getier und erstrebten
Frieden, wurde doch reichlich Futter mühlos erworben,
das wir ihnen zum Lohn ihrer Nützlichkeit wegen gewähren.
Wem aber nichts die Natur zuteilte von diesem, daß weder
selber von sich aus imstand sie wären zu leben noch Nutzen
uns zu gewähren irgendwie, daß dulden wir möchten,
daß ihr Geschlecht sich erfreu' unsres Schutzes und sicher
befände,
die lagen freilich da zu Gewinst und Beute für andre,
alle verstrickt in die eignen Fesseln, ihnen Verhängnis,
bis diese Art die Natur zum Untergang schließlich geführt
hat.
   Doch Kentauren hat nie es gegeben; es kann auch nicht
geben
jemals Wesen von zwiefacher Art und doppeltem Körper,
die gefügt aus Gliedern von fremdem Stamm, daß gewachsen
hier und dort die Gewalt nicht den jungen Halbwesen sein
kann.
Das vermagst du hieraus zu lernen mit stumpfem Gemüt
noch:

principio circum tribus actis impiger annis
floret ecus, puer haudquaquam; nam saepe etiam nunc
ubera mammarum in somnis lactantia quaeret.   885
post ubi ecum validae vires aetate senecta
membraque deficiunt fugienti languida vita,
tum demum puerili aevo florente iuventas
occipit et molli vestit lanugine malas;
ne forte ex homine et veterino semine equorum   890
confieri credas Centauros posse neque esse,
aut rapidis canibus succinctas semimarinis
corporibus Scyllas et cetera de genere horum,
inter se quorum discordia membra videmus;
quae neque florescunt pariter nec robora sumunt   895
corporibus neque proiiciunt aetate senecta
nec simili Venere ardescunt nec moribus unis
conveniunt, neque sunt eadem iucunda per artus.
quippe videre licet pinguescere saepe cicuta
barbigeras pecudes, homini quae est acre venenum.   900
flamma quidem ⟨vero⟩ cum corpora fulva leonum
tam soleat torrere atque urere quam genus omne
visceris in terris quodcumque et sanguinis extet,
qui fieri potuit, triplici cum corpore ut una,
prima leo, postrema draco, media ipsa, Chimaera   905
ore foras acrem flaret de corpore flammam?
quare etiam tellure nova caeloque recenti
talia qui fingit potuisse animalia gigni,
nixus in hoc uno novitatis nomine inani,
multa licet simili ratione effutiat ore,   910
aurea tum dicat per terras flumina vulgo

erstens: sind drei Jahre herum, so steht in der Blüte
feurig das Roß, der Knabe durchaus nicht; denn häufig auch
                                                jetzt noch
wird er suchen im Schlaf der Brüste milchige Spitzen.
Später, sobald das Roß im Greisenalter die starken
Kräfte und Glieder, die müd vom fliehenden Leben,
                                                verlassen,
dann erst beginnt die Jugend, wenn aufblüht das Alter des
                                                Knaben
und umsäumt mit des Bartes weichem Flaume die Wangen.
Daß du nicht etwa denkst, aus Mensch und
                                        lastenbeschwertem
Stamme der Rosse könnten Kentauren entstehen und dauern,
oder mit reißenden Hunden umgürtet Wesen wie Skylla,
Zwitter an Leib für Land und Meer, und andre dergleichen,
deren Glieder wir untereinander nicht einträchtig sehen.
Blühen sie doch nicht zugleich und nehmen im Körper die
                                                Kräfte
auf nicht, noch werfen sie weg zugleich sie im schwindenden
                                                Alter,
ähnlich in Liebe entbrennen sie nicht, auf einerlei Weise
kommen sie nicht zusammen, nicht Gleiches ist wohlig dem
                                                Leibe.
Kann man sehen doch oft, wie feist wird häufig vom
                                                Schierling
unser bärtiges Vieh, der Menschen ein ätzendes Gift ist!
Da die Flammen zudem die gelben Leiber der Löwen
so zu rösten und brennen pflegt wie jegliche Art doch
Fleisch auf Erden und Blut, was immer geben es mag auch,
wie hätte sein es können, daß eins, mit dreifachem Körper,
Leu vorn, Drachen zuletzt, in der Mitte sie selber, Chimaira,
aus dem Schlunde vom Leib die beißende Flamme versandte?
Wer drum auch erdichtet, da neu die Erde, der Himmel
frisch, es hätte gezeugt werden können derlei Belebtes,
einzig gestützt auf diesen Begriff, den leeren, der Neuheit,
mag dann Unsinn noch viel auf ähnliche Weise herplappern!
Mag dann sagen, golden wären gewesen die Flüsse

fluxisse et gemmis florere arbusta suesse
aut hominem tanto membrorum esse impete natum,
trans maria alta pedum nisus ut ponere posset
et manibus totum circum se vertere caelum.   915
nam quod multa fuere in terris semina rerum
tempore quo primum tellus animalia fudit,
nil tamen est signi mixtas potuisse creari
inter se pecudes compactaque membra animantum,
propterea quia quae de terris nunc quoque abundant   920
herbarum genera ac fruges arbustaque laeta
non tamen inter se possunt complexa creari,
sed res quaeque suo ritu procedit, et omnes
foedere naturae certo discrimina servant.

   Et genus humanum multo fuit illud in arvis   925
durius, ut decuit, tellus quod dura creasset,
et maioribus et solidis magis ossibus intus
fundatum, validis aptum per viscera nervis,
nec facile ex aestu nec frigore quod caperetur
nec novitate cibi nec labi corporis ulla.   930
multaque per caelum solis volventia lustra
volgivago vitam tractabant more ferarum.
nec robustus erat curvi moderator aratri
quisquam, nec scibat ferro molirier arva
nec nova defodere in terram virgulta neque altis   935
arboribus veteres decidere falcibus ramos.
quod sol atque imbres dederant, quod terra crearat
sponte sua, satis id placabat pectora donum.
glandiferas inter curabant corpora quercus
plerumque; et quae nunc hiberno tempore cernis   940
arbita puniceo fieri matura colore,

damals, die Bäume gewöhnt, mit edlen Steinen zu blühen,
oder geboren der Mensch mit solcher Macht seiner Glieder,
daß der Füße Tritt durch Meerestiefen zu setzen
er vermochte, den ganzen Himmel mit Händen zu drehen.
Denn wenn auch Samen der Dinge viele waren auf Erden
damals, als zuerst die Erde Belebtes erzeugte,
gibt es doch Anzeichen nicht, daß vermischt hätten unter sich
                                    können
Tiere geboren werden, vermählt die Glieder von Wesen,
darum, weil auch was jetzt aus Erden in Fülle ergießt sich,
Arten von Kräutern, die Frucht des Feldes und üppige
                                    Büsche,
dennoch nicht unter sich gekreuzt zu entstehen vermöchten,
sondern ein jegliches Ding in eigner Weise hervortritt,
alle nach festem Gesetz die Grenzen des Wesens bewahren.
   Und das Menschengeschlecht war dort auf den Fluren um
                                    vieles
härter, wie sich's gehört, da hartes Land es geboren,
und auf mächtigern mehr und festeren Knochen gegründet,
innen, hindurch durch das Fleisch mit kräftigen Sehnen
                                  versehen,
und derart, daß leicht es sich weder von Hitze noch Kälte
schaden ließ noch wieder von Neuheit der Nahrung und
                                  Seuche.
Viele Jahrfünfte der Sonne am Himmel kamen und gingen,
während sie führten nach Art der schweifenden Tiere das
                                  Leben.
Und es war noch keiner ein starker Lenker des krummen
Pfluges, keiner verstand mit Eisen die Scholle zu wenden,
keiner ein neues Reis in die Erde zu graben und keiner
altes Geäst dem hohen Baum mit der Hippe zu schneiden.
Was ihnen Regen und Sonne geschenkt, was Erde getragen
selber, dieses Geschenk befriedigte reichlich die Herzen.
Unter früchtetragenden Eichen pflegten sie ihres
Leibes meist; und wenn jetzt in Winterszeiten du
                                  wahrnimmst,
wie der Arbutus reift mit purpurfarbenen Beeren:

plurima tum tellus etiam maiora ferebat.
multaque praeterea novitas tum florida mundi
pabula dura tulit, miseris mortalibus ampla.
at sedare sitim fluvii fontesque vocabant,   945
ut nunc montibus e magnis decursus aquai
clarus citat late sitientia saecla ferarum.
denique nota vagis silvestria templa tenebant
nympharum, quibus e scibant umore fluenta
lubrica proluvie larga lavere umida saxa,   950
umida saxa, super viridi stillantia musco,
et partim plano scatere atque erumpere campo.
necdum res igni scibant tractare neque uti
pellibus et spoliis corpus vestire ferarum,
sed nemora atque cavos montis silvasque colebant   955
et frutices inter condebant squalida membra,
verbera ventorum vitare imbrisque coacti.
nec commune bonum poterant spectare neque ullis
moribus inter se scibant nec legibus uti.
quod cuique obtulerat praedae fortuna, ferebat   960
sponte sua sibi quisque valere et vivere doctus.
et Venus in silvis iungebat corpora amantum;
conciliabat enim vel mutua quamque cupido
vel violenta viri vis atque impensa libido
vel pretium, glandes atque arbita vel pira lecta.   965
et manuum mira freti virtute pedumque
consectabantur silvestria saecla ferarum   967
missilibus saxis et magno pondere clavae.   975
multaque vincebant, vitabant pauca latebris.   968
saetigerisque pares subus silvestria membra
nuda dabant terrae, nocturno tempore capti,   970

damals hat zahllos sie getragen die Erde noch größer.
Viel noch zudem trug damals die blumige Frische des
                                        Erdballs
harte Nahrung, jedoch den armen Sterblichen Reichtum.
Doch zu löschen den Durst haben Quellen und Flüsse
                                        gerufen,
wie vom hohen Gebirg noch jetzt der Bergsturz des Wassers,
hell, weither erregt des Wildes durstende Scharen.
Endlich hatten sie inne die Waldestempel der Nymphen,
Schweifenden kund, aus denen sie wußten, daß Ströme des
                                        Nasses
schlüpfrig mit reichem Schwall die feuchten Felsen bespülten,
feuchte Felsen, herab betropfend die grünenden Moose;
wußten auch, daß aufs offene Feld sie sprudeln und quellen.
Konnten auch noch nicht die Dinge mit Feuer behandeln,
Felle verwenden nicht, noch sich kleiden in Rüstung des
                                        Raubwilds,
sondern Haine, hohles Gebirg und Wälder bewohnten,
unter Gesträuch verbargen sie die struppigen Glieder,
wenn sie das Peitschen der Winde und Regen zu meiden
                                        gezwungen.
Waren auch nicht imstand, das gemeinsame Gute zu schauen,
wußten Sitten auch nicht noch Gesetz unter sich zu
                                        verwenden.
Was einem jeden das Glück zur Beute geboten, das nahm er,
jeder selber für sich gelehrt zu siegen und leben!
Und in den Wäldern vereinigte Venus der Liebenden Leiber;
denn das Weib gewann entweder beider Begierde
oder der gierige Griff des Mannes, sein heißes Verlangen
oder Geschenke: Erdbeeren, Eicheln, erlesene Birnen.
Und auf Wunderkraft ihrer Hände und Füße vertrauend,
spürten sie auf und verfolgten die wilden Rudel der Tiere
mit der Steine Wurf, der Keule schwerem Gewichte.
Viele besiegten, nur wenige mieden sie im Verstecke;
gleich den borstentragenden Ebern legten die struppigen
                                        Glieder
nackt sie auf die Erde, erhascht von den nächtlichen Stunden,

circum se foliis ac frondibus involventes.
nec plangore diem magno solemque per agros
quaerebant pavidi palantes noctis in umbris,
sed taciti respectabant somnoque sepulti,   974
dum rosea face sol inferret lumina caelo;   976
a parvis quod enim consverant cernere semper
alterno tenebras et lucem tempore gigni,
non erat ut fieri posset mirarier umquam
nec diffidere, ne terras aeterna teneret   980
nox in perpetuum detracto lumine solis.
sed magis illud erat curae, quod saecla ferarum
infestam miseris faciebant saepe quietem;
eiectique domo fugiebant saxea tecta
spumigeri suis adventu validique leonis   985
atque intempesta cedebant nocte paventes
hospitibus saevis instrata cubilia fronde.

   Nec nimio tum plus quam nunc mortalia saecla
dulcia linquebant lamentis lumina vitae.
unus enim tum quisque magis deprensus eorum   990
pabula viva feris praebebat, dentibus haustus,
et nemora ac montis gemitu silvasque replebat,
viva videns vivo sepeliri viscera busto.
at quos effugium servarat corpore adeso,
posterius tremulas super ulcera taetra tenentes   995
palmas horriferis accibant vocibus Orcum,
donique eos vita privarant vermina saeva,
expertis opis, ignaros quid volnera vellent.

rings mit Blättern und Laub sich wärmend in bergender
Hülle.
Und sie suchten mit großem Geschrei nicht den Tag und die
Sonne
ängstlich schweifend umher in den Fluren im Dunkel der
Nächte,
sondern in Stille, im Schlaf begraben, warteten ab sie,
bis mit rosigem Glanz die Sonne den Himmel erleuchte.
Weil sie nämlich von klein an gewohnt zu sehen, wie immer
Licht in wechselnder Zeit entstand und Finsternis wieder,
konnte es geben nicht Raum, wo Verwundern wäre
entstanden,
noch mißtrauische Furcht, daß ewiges Dunkel umfinge
unsere Erde, wenn dauernd der Sonne Leuchten entzogen.
Sondern das vielmehr schuf Sorge, daß Stämme der Tiere
oft zur Gefahr den Elenden machten die Ruhe der Nächte.
Und verjagt von daheim entflohen sie felsigem Dache
bei dem Kommen des schäumenden Keilers und mächtigen
Löwen,
und sie räumten ein in tiefer Nacht voll Entsetzen
grausam tyrannischem Gast das mit Laub beschüttete Lager.
Nicht viel mehr jedoch als jetzt verließen der Menschen
Stämme damals das Licht, das süße, des Lebens mit
Jammern.
Jeder einzelne war es damals von ihnen, ergriffen,
mehr, der den Bestien lebenden Fraß bot, von Zähnen
zerrissen,
und das Gebirg mit Geschrei und Haine und Wälder erfüllte,
sah er, wie lebend sein Leib in lebendem Sarg ward bestattet.
Die jedoch, welche Flucht mit zerfressenem Körper
bewahrte,
riefen hernach, die zittrige Hand an die ekligen Schwären
haltend, selber herbei mit schauriger Stimme den Orcus,
bis sie endlich die grausamen Schmerzen des Lebens
beraubten,
ohne Hilfe, nicht kundig, was Wunden für Handeln
erfordern.

at non multa virum sub signis milia ducta
una dies dabat exitio, nec turbida ponti   1000
aequora lidebant navis ad saxa virosque.
sed temere incassum frustra mare saepe coortum
saevibat leviterque minas ponebat inanis,
nec poterat quemquam placidi pellacia ponti
subdola pellicere in fraudem ridentibus undis.   1005
improba navigii ratio tum caeca iacebat.
tum penuria deinde cibi languentia leto
membra dabat, contra nunc rerum copia mersat.
illi ⟨im⟩prudentes ipsi sibi saepe venenum
vergebant, nunc dant ⟨aliis⟩ sollertius ipsi.   1010
    Inde casas postquam ac pellis ignemque pararunt
et mulier coniuncta viro concessit in unum
· ·
cognita sunt, prolemque ex se videre creatam,
tum genus humanum primum mollescere coepit.
ignis enim curavit ut alsia corpora frigus   1015
non ita iam possent caeli sub tegmine ferre,
et Venus imminuit viris puerique parentum
blanditiis facile ingenium fregere superbum.
tunc et amicitiem coeperunt iungere aventes
finitimi inter se nec laedere nec violari,   1020
et pueros commendarunt muliebreque saeclum,
vocibus et gestu cum balbe significarent
imbecillorum esse aequum misererier omnis.
nec tamen omnimodis poterat concordia gigni.

Aber unter der Fahne hat viele Tausende Männer
nicht ein einziger Tag dem Tode geweiht, und die wilde
Weite des Meeres hat Schiff nicht und Männer an Felsen
                                        geworfen.
Ohne Plan und Sinn erhob vergebens das Meer sich
oft und wütete, leicht ließ es sinken die nichtige Drohung.
Keinen vermochte die falsche Verlockung des friedlichen
                                        Meeres
bös in Täuschung zu führen mit lachend heiteren Wogen.
Ruchlose Kunst des Schiffes lag noch versteckt und
                                        verborgen.
Damals lieferte aus dem Tode der Mangel an Nahrung
schwindende Glieder, jetzt erstickt sie die Fülle dagegen.
Führten zwar oftmals selber sich Gift zu, weil sie es noch
                                        nicht
kannten, jetzt geben selbst es die Menschen geschickter
                                        einander.
   Drauf nachdem sie Hütten, Felle und Feuer bereitet
und dem Manne die Frau vermählt freiwillig zu einem
⟨Bunde folgte und Heim und der Ehe heilige Bande⟩
wurden erkannt, sie sahen, wie Nachwuchs ihnen entstanden,
da hat das Menschengeschlecht zuerst zu erschlaffen
                                        begonnen.
Trug das Feuer doch Sorge, daß Kälte die frostigen Körper
schon nicht mehr unterm Dach des Himmels zu leiden
                                        vermochten,
Venus kürzte die Kraft, und die Knaben brachen der Eltern
trotzigen Sinn gar leicht mit ihrem zärtlichen Schmeicheln.
Damals fingen sie an, auch Freundschaft zu schließen,
                                        begierig,
weder einander – die Nachbarn – zu schaden, noch Schaden
                                        zu leiden,
und empfahlen einander die Kinder und Sippe der Frauen,
stammelnd indem mit Laut und Gebärde sie gaben sich
                                        Zeichen,
billig und recht sei es, daß sich alle der Schwachen erbarmten.
Freilich konnte nicht ganz überall noch Eintracht entstehen.

sed bona magnaque pars servabat foedera caste;   1025
aut genus humanum iam tum foret omne peremptum
nec potuisset adhuc perducere saecla propago.
  At varios linguae sonitus natura subegit
mittere et utilitas expressit nomina rerum,
non alia longe ratione atque ipsa videtur   1030
protrahere ad gestum pueros infantia linguae,
cum facit ut digito quae sint praesentia monstrent.
sentit enim vim quisque suam quod possit abuti.
cornua nata prius vitulo quam frontibus extent,
illis iratus petit atque infestus inurget.   1035
at catuli pantherarum scymnique leonum
unguibus ac pedibus iam tum morsuque repugnant,
vix etiam cum sunt dentes unguesque creati.
alituum porro genus alis omne videmus
fidere et a pennis tremulum petere auxiliatum.   1040
proinde putare aliquem tum nomina distribuisse
rebus et inde homines didicisse vocabula prima,
desiperest. nam cur hic posset cuncta notare
vocibus et varios sonitus emittere linguae,
tempore eodem alii facere id non quisse putentur?   1045
praeterea si non alii quoque vocibus usi
inter se fuerant, unde insita notities est
utilitatis et unde data est huic prima potestas,
quid vellet facere, ut sciret animoque videret?

Aber ein guter und größerer Teil hielt treulich das Bündnis:
sonst wär der Menschen Geschlecht schon damals gänzlich
verschwunden,
hätten die Nachkommen nicht Geschlechter fortpflanzen
können.
    Aber der Zunge verschiedene Töne zwang die Natur sie
zu entsenden. Und Brauchbarkeit formte die Namen der
Dinge.
Nicht viel anders als jetzt noch eben Ohnmacht der Zunge
auch die Kinder ersichtlich scheint zur Gebärde zu führen,
wenn sie bewirkt, daß mit Fingern auf Gegenstände sie
zeigen.
Spürt doch jeder die Kraft in sich, wozu sie zu brauchen:
eh' noch die Hörner dem Kalb, entstanden, der Stirne
entragen,
zornig greift es mit ihnen schon an und feindlich bedrängt es.
Aber die Jungen des Panthers, des Löwen kleine Gesellschaft
wehren mit Krallen schon sich dann und mit Füßen und
Bissen,
wenn ihnen kaum eben noch sind Zahn und Krallen
gewachsen.
Weiter das ganze Geschlecht der Vögel: sehen wir nicht es
Flügeln vertraun und von Schwingen zittrigen Beistand
erbitten?
Drum ist zu glauben, verteilt hätte jemand Namen den
Dingen
damals, gelernt hätten dann die Menschen die ersten
Vokabeln,
Wahnsinn. Warum hätte denn dieser vermocht, zu
bezeichnen
alles mit Worten, verschiedene Töne der Stimme zu senden,
andre zur selben Zeit hätten nicht es gekonnt, soll man
glauben?
Außerdem: wenn nicht andere auch die Worte gebrauchten
unter sich, woher ist ihm die Kenntnis des Nutzens
eingepflanzt worden, woher gegeben das erste Vermögen,
daß er wußte und sah im Geiste, was wollt' er beginnen?

cogere item pluris unus victosque domare   1050
non poterat, rerum ut perdiscere nomina vellent.
nec ratione docere ulla suadereque surdis,
quid sit opus facto, facilest; neque enim paterentur.
nec ratione ulla sibi ferrent amplius auris
vocis inauditos sonitus obtundere frustra.   1055
postremo quid in hac mirabile tantoperest re,
si genus humanum, cui vox et lingua vigeret,
pro vario sensu varia res voce notaret?
cum pecudes mutae, cum denique saecla ferarum
dissimilis soleant voces variasque ciere,   1060
cum metus aut dolor est et cum iam gaudia gliscunt.
quippe etenim licet id rebus cognoscere apertis:
inritata canum cum primum magna Molossum
mollia ricta fremunt duros nudantia dentes,
longe alio sonitu rabies restricta minatur   1065
et cum iam latrant et vocibus omnia complent;
at catulos blande cum lingua lambere temptant
aut ubi eos iactant pedibus morsuque petentes
suspensis teneros imitantur dentibus haustus,
longe alio pacto gannitu vocis adulant   1070
et cum deserti baubantur in aedibus aut cum
plorantes fugiunt summisso corpore plagas.
denique non hinnitus item differre videtur,
inter equas ubi equus florenti aetate iuvencus
pinnigeri saevit calcaribus ictus Amoris   1075
et fremitum patulis sub naribus edit ad arma

Mehrere konnte zudem nicht einer vereinen und zwingend
zähmen, daß sie bereit zu lernen waren die Namen,
und auf keinerlei Art ist es leicht, zu lehren und raten
Tauben, was zu tun; denn sie würden mitnichten es dulden.
Und auf keinerlei Art würden länger sinnlos sie lassen
unerhörtes Getön der Stimme die Ohren betäuben!
Schließlich: was ist so merkwürdig denn bei solcherlei
                                                  Vorgang,
wenn der Menschen Geschlecht, dem Stimme und Zunge
                                                  gedieh doch,
nach verschiedenem Sinn den Dingen verschiedenen Laut
                                                  gab?
Da doch stummes Vieh, da schließlich Stämme der Tiere
ungleiche Stimmen gewohnt zu erheben sind und verschiedne,
je ob Furcht oder Schmerz sie quält oder Freude
                                                  hervorbricht.
Kannst erkennen doch leicht du es: es liegt ja zutage:
wenn die gewaltigen Rachen, gereizt, der molossischen
                                                  Hunde,
weich an den Lefzen, grollen, entblößend die harten Gebisse,
droht die gefesselte Wut bei weitem mit anderem Tone,
als wenn bellen sie schon und alles mit Lauten erfüllen;
und wenn die Jungen sie sanft mit der Zunge zu lecken
                                                  versuchen
oder sie schleudern mit Füßen und, mit Bissen bedrängend,
Schnappen nur zart mit erhobenem Zahn vorspiegeln zum
                                                  Spiele,
schmeicheln sie weit anders mit leichtem Belfern der Stimme,
und wenn verlassen im Haus sie heulen oder auch wenn sie
jaulend entfliehen dem Schlag, am Boden geduckt ihren
                                                  Körper.
Schließlich sieht man nicht, daß das Wiehern sich auch
                                                  unterscheidet,
wenn unter Stuten das Roß, das junge in blühendem Alter,
rast, getroffen vom Sporn des schwingenbewehrten Cupido,
wenn es schnaubt aus geöffneten Nüstern begierig zum
                                                  Kampfe

et cum sic alias concussis artibus hinnit?
postremo genus alituum variaeque volucres,
accipitres atque ossifragae mergique marinis
fluctibus in salso victum vitamque petentes,   1080
longe alias alio iaciunt in tempore voces
et quom de victu certant praedaque repugnant;
et partim mutant cum tempestatibus una
raucisonos cantus, cornicum ut saecla vetusta
corvorumque greges ubi aquam dicuntur et imbris   1085
poscere et interdum ventos aurasque vocare.
ergo si varii sensus animalia cogunt,
muta tamen cum sint, varias emittere voces,
quanto mortalis magis aecumst tum potuisse
dissimilis alia atque alia res voce notare!   1090

Illud in his rebus tacitus ne forte requiras:
fulmen detulit in terram mortalibus ignem
primitus; inde omnis flammarum diditur ardor.
multa videmus enim caelestibus incita flammis
fulgere, cum caeli donavit plaga vapore.   1095
et ramosa tamen cum ventis pulsa vacillans
aestuat in ramos incumbens arboris arbor,
exprimitur validis extritus viribus ignis
et micat interdum flammai fervidus ardor,
mutua dum inter se rami stirpesque teruntur.   1100
quorum utrumque dedisse potest mortalibus ignem.

und wenn es so nur wiehert woanders mit zitternden
Gliedern?
Schließlich der Vögel Geschlecht, die bunten geflügelten
Wesen,
Habichte, Seeadler auch, die Taucher dazu, auf den Fluten
suchend des Meeres Nahrung und Leben im salzigen Wasser,
stoßen aus zu anderer Zeit weit andere Stimmen,
als wenn um Nahrung sie streiten und setzen zur Wehr sich
um Beute;
und ein Teil verändert im engen Bund mit dem Wetter
seinen rauhen Gesang, wie der Krähen betagte Geschlechter
und die Schwärme der Raben, wenn sie, wie man sagt, sich
erheischen
Wasser und Regen, zuweilen die Stürme beschwören und
Lüfte.
Wenn so verschiedne Empfindung die Tiere also dazuführt,
stumm obgleich sie doch sind, verschiedene Laute zu äußern,
wieviel mehr entspricht es, daß damals die Menschen
vermochten
ungleiche Dinge mit immer anderem Laut zu bezeichnen!
    Daß du nicht dies vielleicht hierbei im stillen vermissest:
Blitz hat herab auf die Erde gebracht den Menschen das
Feuer
anfangs; von dort hat alle die Glut der Flammen verteilt
sich.
Vieles sehen wir nämlich entfacht von himmlischen Flammen
glänzen, wenn ihnen der Schlag des Himmels Hitze
geschenkt hat.
Aber auch wenn der verästelte Baum, von den Winden
gestoßen,
schwankend wogt und dabei sich wirft auf die Zweige des
andern,
wird mit gewaltiger Kraft heraus das Feuer gerieben
und gepreßt und aufschnellt der Flammen glühende Hitze
manchmal, wenn Zweige und Stämme sich haben gewetzt
aneinander.
Beides davon kann den Menschen gegeben haben das Feuer.

inde cibum coquere ac flammae mollire vapore
sol docuit, quoniam mitescere multa videbant
verberibus radiorum atque aestu victa per agros.
  Inque dies magis hi victum vitamque priorem   1105
commutare novis monstrabant rebus et igni,
ingenio qui praestabant et corde vigebant.
condere coeperunt urbis arcemque locare
praesidium reges ipsi sibi perfugiumque,
et pecus atque agros divisere atque dedere   1110
pro facie cuiusque et viribus ingenioque.
nam facies multum valuit viresque vigebant.
posterius res inventast aurumque repertum,
quod facile et validis et pulchris dempsit honorem;
divitioris enim sectam plerumque secuntur   1115
quamlubet et fortes et pulchro corpore creti.
quod siquis vera vitam ratione gubernet,
divitiae grandes homini sunt vivere parce
aequo animo; neque enim est umquam penuria parvi.
at claros hominis voluerunt se atque potentes,   1120
ut fundamento stabili fortuna maneret
et placidam possent opulenti degere vitam,
nequiquam, quoniam ad summum succedere honorem
certantes iter infestum fecere viai,
et tamen e summo, quasi fulmen, deicit ictos   1125
invidia interdum contemptim in Tartara taetra,
invidia quoniam, ceu fulmine, summa vaporant   1131

Darnach hat Speise zu kochen, mit Hitze der Flamme zu
dämpfen,
sie die Sonne gelehrt, da vieles sie reifwerden sahen,
von dem Stechen der Strahlen besiegt auf dem Feld und der
Hitze.
Und von Tag zu Tag mehr haben Nahrung und früheres
Leben
die zu verändern gezeigt durch neuere Mittel und Feuer,
die hervor an Begabung ragten und hatten Beherztheit.
Städte begannen zu gründen und auf eine Burg zu errichten
selber für sich die Kön'ge, für sich eine Schutzwehr und
Zuflucht,
und verteilten das Vieh und den Acker und gaben es ihnen
nach dem schönen Gesicht eines jeden, nach Kraft und
Begabung.
Denn das Aussehen stand sehr hoch und die Kräfte in
Ansehn.
Erst hernach ward Vermögen erfunden, entdeckt auch das
Gold erst,
das den Starken und Schönen hat leicht die Ehre genommen;
denn es schließen sich an zumeist des Reich'ren Gefolge
auch die noch so Tapfren und schönen Leibes Erwachsnen.
Will aber einer mit wahrer Vernunft das Leben regieren,
ist dem Menschen ein großer Schatz, mit ruhigem Mute
sparsam zu leben; denn nie herrscht jemals Not an
Bescheidnem.
Aber berühmt hat der Mensch sich gewollt und an Macht
überlegen,
daß auf festem Grund das Geschick sich dauernd erhalte
und sie reich ein friedliches Leben zu führen vermöchten,
ganz umsonst, weil im Eifer, zur höchsten Ehre zu rücken,
feindlich gemacht sie einander haben die Bahn ihres Weges
und doch, so, wie der Blitz, von dem Gipfel sie schleudert
getroffen
Neid bisweilen in Schmach hinab in gräßliche Hölle,
da vom Neid nun einmal, wie vom Blitze, die Gipfel
erglimmen

plerumque et quae sunt aliis magis edita cumque;   1132
ut satius multo iam sit parere quietum   1127
quam regere imperio res velle et regna tenere.
proinde sine incassum defessi sanguine sudent,
angustum per iter luctantes ambitionis;   1130
quandoquidem sapiunt alieno ex ore petuntque   1133
res ex auditis potius quam sensibus ipsis,
nec magis id nunc est neque erit mox quam fuit ante.   1135

  Ergo regibus occisis subversa iacebat
pristina maiestas soliorum et sceptra superba,
et capitis summi praeclarum insigne cruentum
sub pedibus vulgi magnum lugebat honorem;
nam cupide conculcatur nimis ante metutum.   1140
res itaque ad summam faecem turbasque redibat,
imperium sibi cum ac summatum quisque petebat.
inde magistratum partim docuere creare
iuraque constituere, ut vellent legibus uti.
nam genus humanum, defessum vi colere aevom,   1145
ex inimicitiis languebat; quo magis ipsum
sponte sua cecidit sub leges artaque iura.
acrius ex ira quod enim se quisque parabat
ulcisci quam nunc concessumst legibus aequis,
hanc ob rem est homines pertaesum vi colere aevom.   1150
inde metus maculat poenarum praemia vitae.
circumretit enim vis atque iniuria quemque
atque, unde exortast, ad eum plerumque revertit,
nec facilest placidam ac pacatam degere vitam

meist und alles, was höher erhoben herausragt vor andrem.
So, daß um vieles besser es ist, sich ruhig zu fügen,
als mit Befehl bestimmen zu wollen und Macht zu besitzen.
Darum lasse sie sinnlos Blut ausschwitzen, ermattet,
mühsam im Kampfe sich windend auf engem Pfade der
                                                                    Ehrsucht,
da sie ja weise nur sind nach fremdem Munde und vorziehn,
Dinge dem Hören nach zu erstreben statt eigner
                                                                    Empfindung,
und das ist jetzt nicht mehr und in Zukunft, als früher es
                                                                    war, so.
      Also lagen gestürzt nach der Könige Tode der Throne
altehrwürdige Hoheit und übermütige Szepter,
und des erhabensten Hauptes strahlende Zier: besudelt
unter den Füßen der Masse betrauerte mächtige Pracht sie.
Denn zerstampft wird mit Gier, was vorher allzu gefürchtet.
Und so sank die Macht an schlimmste Hefe und Masse,
dadurch daß jeder für sich die Herrschaft und Führung
                                                                    erstrebte.
Drauf hat man teilweis gelehrt, sich Vorgesetzte zu schaffen
und das Recht zu setzen, daß üben Gesetze man wollte.
Denn der Menschen Geschlecht, nach Faustrecht müde zu
                                                                    leben,
war an Feindschaften krank; um so mehr ist es selber
                                                                    gefallen
freiwillig unter Gesetze von sich aus und schränkende
                                                                    Rechte.
Weil nämlich jeder aus Zorn sich schärfer gerüstet, zu
                                                                    nehmen
Rache, als frei es jetzt ist gestellt nach gleichen Gesetzen,
darum hat Ekel die Menschen gepackt, nach Faustrecht zu
                                                                    leben.
Seither befleckt die Furcht vor Strafen die Preise des Lebens.
Denn es verstrickt einen jeden Gewalt und Verletzung des
                                                                    andern
und, woher sie rühren, zu dem kehren meistens zurück sie,
und nicht leicht ist's, ein sanftes, befriedetes Leben zu führen,

qui violat factis communia foedera pacis.   1155
etsi fallit enim divum genus humanumque,
perpetuo tamen id fore clam diffidere debet;
quippe ubi se multi per somnia saepe loquentes
aut morbo delirantes protraxe ferantur
et celata ⟨ipsi⟩ in medium et peccata dedisse.   1160
   Nunc quae causa deum per magnas numina gentis
pervulgarit et ararum compleverit urbis
suscipiendaque curarit sollemnia sacra,
quae nunc in magnis florent sacra rebus locisque,
unde etiam nunc est mortalibus insitus horror,   1165
qui delubra deum nova toto suscitat orbi
terrarum et festis cogit celebrare diebus,
non ita difficilest rationem reddere verbis.
quippe etenim iam tum divom mortalia saecla
egregias animo facies vigilante videbant   1170
et magis in somnis mirando corporis auctu.
his igitur sensum tribuebant propterea quod
membra movere videbantur vocesque superbas
mittere pro facie praeclara et viribus amplis.
aeternamque dabant vitam, quia semper eorum   1175
subpeditabatur facies et forma manebat,
et tamen omnino quod tantis viribus auctos
non temere ulla vi convinci posse putabant.
fortunisque ideo longe praestare putabant,

dem, der durch Taten verletzt die gemeinsamen Bünde des
Friedens.
Mag er nämlich auch täuschen der Götter Geschlecht und die
Menschen,
muß er, daß ewig versteckt es bleibe, doch ängstlich
bezweifeln;
wo doch viele sich oftmals, wie man berichtet, in Träumen
redend, im Krankheitswahn phantasierend, haben verraten,
selber Verheimlichtes preisgegeben haben und Frevel.
Jetzt nun: welcher Grund das Walten der Götter
verbreitet
über die großen Völker, Städte gefüllt mit Altären
und auf sich zu nehmen gesorgt hat feierlich Opfer,
das jetzt blüht noch bei großer Macht und an mächtigen
Plätzen,
woher auch jetzt noch den Menschen ein der Schauder
gepflanzt ward,
der immer neue Tempel erweckt der Götter im ganzen
Erdkreis und sie zwingt, an festlichen Tagen zu feiern,
dafür ist's nicht zu schwer, in Worten Erklärung zu geben.
Freilich, sahen doch damals schon der Menschen Geschlechter
wachenden Geistes der Götter herrliches Antlitz und mehr
noch,
wenn sie lagen im Schlaf, von erstaunlichem Wachstum des
Körpers.
Denen nun sprachen Empfindung sie zu, darum, weil die
Glieder
sie zu bewegen schienen und auszustoßen erhabne
Worte, entsprechend dem herrlichen Antlitz, den mächtigen
Kräften.
Und sie gaben ewiges Leben ihnen, weil immer
neu das Antlitz wurde ergänzt und immer die Form blieb,
und dann auch überhaupt, weil mit solchen Kräften Begabte
nicht leichthin, wie sie meinten, durch Macht besiegt werden
könnten.
Und sie meinten, sie stünden weit voran durch Glück ihrer
Lage,

quod mortis timor haud quemquam vexaret eorum,   1180
et simul in somnis quia multa et mira videbant
efficere et nullum capere ipsos inde laborem.
praeterea caeli rationes ordine certo
et varia annorum cernebant tempora verti
nec poterant quibus id fieret cognoscere causis.   1185
ergo perfugium sibi habebant omnia divis
tradere et illorum nutu facere omnia flecti.
in caeloque deum sedes et templa locarunt,
per caelum volvi quia nox et luna videtur,
luna, dies et nox et noctis signa severa   1190
noctivagaeque faces caeli flammaeque volantes,
nubila, sol, imbres, nix, venti, fulmina, grando
et rapidi fremitus et murmura magna minarum.
　O genus infelix humanum, talia divis
cum tribuit facta atque iras adiunxit acerbas!   1195
quantos tum gemitus ipsi sibi, quantaque nobis
volnera, quas lacrimas peperere minoribus nostris!
nec pietas ullast velatum saepe videri
vertier ad lapidem atque omnis accedere ad aras
nec procumbere humi prostratum et pandere palmas   1200
ante deum delubra nec aras sanguine multo
spargere quadrupedum nec votis nectere vota,
sed mage pacata posse omnia mente tueri.

weil die Furcht vor dem Tode nicht einen quälte von ihnen,
und zugleich, weil im Traum man sie vieles Erstaunliche
wirken
sah und doch keine Mühe sich selber daraus hinzuziehn.
Außerdem sahen sie klar des Himmels Plan in bestimmter
Ordnung und wechseln im Kreis die verschiedenen Zeiten des
Jahres,
konnten erkennen indes, aus welchem Grund es geschieht,
nicht.
Also nahmen sie sich die Zuflucht, alles den Göttern
zuzuweisen, von ihrem Wink alles kreisen zu lassen.
Und in den Himmel verlegten sie Wohnsitz und Tempel der
Götter,
weil am Himmel dreht, wie man sieht, die Nacht und der
Mond sich,
Mond und Tag und Nacht und die strengen Zeichen der
Nächte,
nächtlich schweifende Fackeln des Himmels und fliegende
Flammen,
Wolken, Sonne, die Regen, Schnee, Wind, Blitze und Hagel
und schnell rollendes Dröhnen und mächtiges Grollen des
Drohens.
O des unsel'gen Geschlechts der Menschen, da solches den
Göttern
zugeteilt es an Taten und bitteres Zürnen noch beigab!
Was für Klagen hat selbst es sich, was für Wunden
geschaffen
uns, was für Tränen denen verursacht, die später als wir sind!
Und es ist nicht frommer Sinn, verhüllt gesehen zu werden,
wie man sich kehrt zu dem Stein, und allen Altären zu
nahen,
nicht, sich zu Boden zu werfen gestreckt und die Hände zu
breiten
vor den Tempeln der Götter, nicht, Altäre mit vielem
Blute von Tieren zu sprengen, Gebet an Gebete zu reihen,
sondern vielmehr mit befriedetem Sinn alles schauen zu
können.

nam cum suspicimus magnis caelestia mundi
templa super stellisque micantibus aethera fixum   1205
et venit in mentem solis lunaeque viarum,
tunc aliis oppressa malis in pectora cura
illa quoque expergefactum caput erigere infit,
ne quae forte deum nobis inmensa potestas
sit, vario motu quae candida sidera verset;   1210
temptat enim dubiam mentem rationis egestas,
ecquaenam fuerit mundi genitalis origo,
et simul ecquae sit finis, quoad moenia mundi
et taciti motus hunc possint ferre laborem,
an divinitus aeterna donata salute   1215
perpetuo possint aevi labentia tractu
inmensi validas aevi contemnere viris.
praeterea cui non animus formidine divum
contrahitur, cui non correpunt membra pavore,
fulminis horribili cum plaga torrida tellus   1220
contremit et magnum percurrunt murmura caelum?
non populi gentesque tremunt, regesque superbi
corripiunt divum percussi membra timore,
ne quod ob admissum foede dictumve superbe
poenarum grave sit solvendi tempus adactum?   1225
summa etiam cum vis violenti per mare venti
induperatorem classis super aequora verrit

Denn wenn blicken wir auf zu den Himmelsbereichen des
großen
Weltalls nach oben, dem Äther, mit funkelnden Sternen
beschlagen,
und es kommt in den Sinn der Sonne Bahn und des Mondes,
dann beginnt in das Herz, die von anderen Leiden verdrängt
war,
auch wieder jene Sorge das Haupt erwacht zu erheben,
daß nicht doch es gibt für uns eine göttliche Allmacht,
die mit verschiedner Bewegung die schimmernden Sterne im
Kreis dreht;
führt in Versuchung den zweifelnden Sinn doch die Armut
an Einsicht,
ob es gegeben einmal einen Tag der Geburt für das Weltall
und zugleich, ob ein Ende es gibt, bis zu dem es vermöchten,
Mühen zu tragen, die Mauern der Welt und die stille
Bewegung,
oder, mit ewigem Heil auf göttliche Weise begnadet,
sie sind imstand, im ständigen Zuge der Zeit sich bewegend,
trotzig zu schneiden der mächtigen Zeit unermeßliche Kräfte.
Außerdem: wem zieht sich das Herz nicht in Schauern
zusammen
vor den Göttern, wem fahren die Glieder vor Angst nicht
zusammen,
wenn vom schrecklichen Schlag des Blitzes die trockene Erde
bebt und dröhnender Donner den mächtigen Himmel
hindurchläuft?
Zittern nicht Völker und Stämme und ziehen ein nicht die
stolzen
Könige gar ihre Glieder, erschüttert in Furcht vor den
Göttern,
daß nicht etwa wegen schändlicher Tat oder herrischen
Wortes
nahe gerückt ist die lastende Zeit der Zahlung der Sühne?
Auch wenn die höchste Gewalt auf dem Meer des stürmischen
Windes
über die Flut hinfegt den Imperator der Flotte

cum validis pariter legionibus atque elephantis,
non divom pacem votis adit ac prece quaesit
ventorum pavidus paces animasque secundas,   1230
nequiquam, quoniam violento turbine saepe
correptus nihilo fertur minus ad vada leti?
usque adeo res humanas vis abdita quaedam
opterit et pulchros fascis saevasque secures
proculcare ac ludibrio sibi habere videtur.   1235
denique sub pedibus tellus cum tota vacillat
concussaeque cadunt urbes dubiaeque minantur,
quid mirum, si se temnunt mortalia saecla
atque potestatis magnas mirasque relinquunt
in rebus viris divum, quae cuncta gubernent?   1240
   Quod superest, aes atque aurum ferrumque repertumst
et simul argenti pondus plumbique potestas,
ignis ubi ingentis silvas ardore cremarat
montibus in magnis, seu caelo fulmine misso,
sive quod inter se bellum silvestre gerentes   1245
hostibus intulerant ignem formidinis ergo,
sive quod inducti terrae bonitate volebant
pandere agros pinguis et pascua reddere rura,
sive feras interficere et ditescere praeda;
nam fovea atque igni prius est venarier ortum   1250
quam saepire plagis saltum canibusque ciere.
quicquid id est, quacumque e causa flammeus ardor

mit den starken Legionen zugleich und samt Elefanten,
naht er nicht mit Gelübden dem Frieden der Götter und
                              sucht nicht
angstvoll Vergleich im Gebet mit den Winden und günstiges
                              Wehen,
ganz umsonst, da gepackt ja vom stürmischen Wirbel er
                              oftmals
um nichts weniger wird zu des Todes Furten gerissen?
So sehr tritt die menschlichen Dinge geheime Gewalt oft
nieder und scheint die schönen Bündel und grausamen Beile
unter die Füße zu stampfen und sich zum Spielball zu
                              machen.
Schließlich, wenn unter dem Fuß die gesamte Erde ins
                              Schwanken
kommt und, zerrüttet, die Städte zerfallen und zweifelnd es
                              drohen,
ist's dann erstaunlich, daß sich der Menschen Geschlechter
                              verachten
und in den Dingen gewaltige Mächte und seltsame Kräfte
übriglassen zurück von Göttern, die alles regieren?
    Übrigens: Erz und Gold und Eisen wurde gefunden
und des Silbers Schwere zugleich und des Bleies Befugnis,
als verbrannt hatte Feuer in Flammen mächtige Wälder
hoch in den Bergen, sei's daß vom Himmel der Blitz war
                              geschlagen,
sei's daß barbarischen Krieg sie führend untereinander,
Feuer den Feinden ins Land sie gebracht hatten, Schreck zu
                              erregen,
sei's daß, verlockt von der Güte des Bodens, die Absicht sie
                              hatten,
fruchtbare Fluren auszubreiten und Weiden zu schaffen,
sei's, wilde Tiere zu töten und reich sich an Beute zu machen;
denn mit Grube und Feuer zu jagen ist früher entstanden,
als mit Netzen den Wald zu umstellen und Hunden zu
                              hetzen.
Was es auch war, aus welchem Grund die flammenden
                              Gluten

horribili sonitu silvas exederat altis
a radicibus et terram percoxerat igni,
manabat venis ferventibus in loca terrae   1255
concava conveniens argenti rivus et auri,
aeris item et plumbi. quae cum concreta videbant
posterius claro in terra splendere colore,
tollebant nitido capti levique lepore,
et simili formata videbant esse figura   1260
atque lacunarum fuerant vestigia cuique.
tum penetrabat eos posse haec liquefacta calore
quamlibet in formam et faciem decurrere rerum
et prorsum quamvis in acuta ac tenvia posse
mucronum duci fastigia procudendo,   1265
ut sibi tela parent, silvasque ut caedere possint
materiemque dolare ac levia radere tigna
et terebrare etiam ac pertundere perque forare.
nec minus argento facere haec auroque parabant
quam validi primum violentis viribus aeris,   1270
nequiquam, quoniam cedebat victa potestas,
nec poterant pariter durum sufferre laborem.
tum fuit in pretio magis ⟨aes⟩ aurumque iacebat
propter inutilitatem hebeti mucrone retusum;
nunc iacet aes, aurum in summum successit honorem.   1275
sic volvenda aetas commutat tempora rerum.
quod fuit in pretio, fit nullo denique honore;
porro aliut succedit et ⟨e⟩ contemptibus exit
inque dies magis appetitur floretque repertum
laudibus et miro est mortalis inter honore.   1280
    Nunc tibi quo pacto ferri natura reperta

aus mit schrecklichem Prasseln den Wald gezehrt in den
tiefsten
Wurzeln hatten und ausgeglüht die Erde mit Feuer:
damals floß aus glühenden Adern, sich sammelnd in hohle
Stellen des Bodens, von Gold ein schmales Gerinnsel und
Silber,
ebenso Erz und Blei. Wenn dieses erstarrt sie gesehen
später in heller Farbe am Boden gleißend erstrahlen,
hoben sie auf es, entzückt von glatter und schimmernder
Schönheit,
und sie sahen dabei, daß geformt es war nach dem gleichen
Aussehen, wie einer jeden der Lachen gewesen der Eindruck.
Da durchdrang es sie, daß dieses, durch Hitze verflüssigt,
könnte sich wandeln in jede beliebige Form und Erscheinung
und durchaus in noch so scharfe wie spitzige Enden
ausgezogen von Dolchen zu werden vermöchte durch
Hämmern,
so daß Waffen bereiten, daß Wälder fällen sie könnten,
Holz zu behauen und glatt die Balken zu schaben
vermöchten,
sie zu durchbohren sogar, zu durchstoßen und Löcher zu
schlagen.
Und sie schickten sich an, es zu tun mit Silber und Golde
wie den unbändigen Kräften zuerst des kräftigen Erzes.
Ganz umsonst, da besiegt ja nachgab ihre Befugnis
und nicht genauso vermochten die harte Müh' sie zu tragen.
Da stand höher im Wert das Erz, und Gold war verachtet
ob seiner Unbrauchbarkeit, mit stumpfer Schneide zerstoßen;
Jetzt ist verachtet das Erz und das Gold gerückt an die
Spitze.
So verändert die rollende Zeit der Dinge Epochen.
Was im Preis stand hoch, verliert am Ende die Ehre;
weiter rückt anderes nach und steigt aus seiner Verachtung,
täglich wird mehr es begehrt und, gefunden, blüht es in
hohem
Lob, steht unter den Menschen in staunenswerter Verehrung.
  Jetzt: auf welche Weise des Eisens Natur ist gefunden

sit facilest ipsi per te cognoscere, Memmi.
arma antiqua manus, ungues dentesque fuerunt
et lapides et item silvarum fragmina rami,
et flamma atque ignes, postquam sunt cognita primum.   1285
posterius ferri vis est aerisque reperta.
et prior aeris erat quam ferri cognitus usus,
quo facilis magis est natura et copia maior.
aere solum terrae tractabant aereque belli
miscebant fluctus et vulnera vasta serebant   1290
et pecus atque agros adimebant: nam facile ollis
omnia cedebant armatis nuda et inerma.
inde minutatim processit ferreus ensis
versaque in obprobrium species est falcis ahenae,
et ferro coepere solum proscindere terrae   1295
exaequataque sunt creperi certamina belli.

Et prius est armatum in equi conscendere costas
et moderarier hunc frenis dextraque vigere
quam biiugo curru belli temptare pericla.
et biiugos prius est quam bis coniungere binos   1300
et quam falciferos armatum escendere currus.
inde boves lucas turrito corpore, taetras,
anguimanus, belli docuerunt volnera Poeni
sufferre et magnas Martis turbare catervas.
sic alid ex alio peperit discordia tristis,   1305
horribile humanis quod gentibus esset in armis,
inque dies belli terroribus addidit augmen.

Temptarunt etiam tauros in moenere belli
expertique sues saevos sunt mittere in hostis.

worden, kannst du dir leicht, o Memmius, selber erdenken.
Altertümliche Waffe war Hand, die Nägel und Zähne,
Steine zudem und Äste zugleich, Bruchstücke des Waldes,
und auch Feuer und Brand, nachdem man sie hatte erkannt
                                             kaum.
Später ward dann des Eisens Kraft und des Erzes gefunden.
Früher jedoch war des Erzes Gebrauch bekannt als des
                                             Eisens,
um wieviel handlicher seine Natur und größer der Vorrat.
Mit dem Erze bestellten den Grund der Erde, mit Erze
rührten sie auf des Krieges Fluten, schlugen sie weite
Wunden, nahmen sie Vieh und Äcker; denn leicht ist vor
                                             ihnen,
die sie bewaffnet, alles gewichen, was wehrlos und bloß war.
Dann sind allmählich hervorgetreten die Schwerter aus Eisen,
und die Gestalt der erzenen Hippe verfiel der Beschimpfung,
und mit Eisen begannen den Grund sie der Erde zu brechen,
gleich ist dann worden gemacht das Ringen des
                                 schwankenden Krieges.
    Und es ist früher, bewaffnet die Flanken des Pferds zu
                                             besteigen,
es mit Zügeln zu lenken und mit der Rechten zu fechten,
als mit dem Zweigespann des Krieges Gefahr zu versuchen,
und es ist früher, ein Zweispann als zweimal zwei zu
                                             verbinden
und als bewaffnet zu steigen auf sicheltragende Wagen.
Darnach hat Elefanten, den Turm auf dem Leib, abscheulich,
schlangenhändig, gelehrt der Punier, Wunden des Krieges
auszuhalten und Mars' gewaltige Haufen zu stören.
So hat eins nach dem andern erzeugt die finstere Zwietracht,
was den menschlichen Völkern ein Schrecken wäre im
                                             Kampfe,
und hat täglich Vermehrung gebracht den Greueln des
                                             Krieges.
    Auch den Stier haben sie im Werk des Krieges erprobt
                                             dann
und die rasenden Eber versucht, in die Feinde zu schicken.

et validos partim prae se misere leones   1310
cum doctoribus armatis saevisque magistris,
qui moderarier his possent vinclisque tenere,
nequiquam, quoniam permixta caede calentes
turbabant saevi nullo discrimine turmas,
terrificas capitum quatientis undique cristas;   1315
nec poterant equites fremitu perterrita equorum
pectora mulcere et frenis convertere in hostis.
inritata leae iaciebant corpora saltu
undique et adversum venientibus ora petebant
et nec opinantis a tergo deripiebant   1320
deplexaeque dabant in terram volnere victos,
morsibus adfixae validis atque unguibus uncis.
iactabantque suos tauri pedibusque terebant
et latera ac ventres hauribant subter equorum
cornibus et terram minitanti mente ruebant.   1325
et validis socios caedebant dentibus apri,
tela infracta suo tinguentes sanguine saevi,
‖ in se fracta suo tinguentes sanguine tela ‖
permixtasque dabant equitum peditumque ruinas.
nam transversa feros exibant dentis adactus   1330
iumenta aut pedibus ventos erecta petebant,
nequiquam, quoniam ab nervis succisa videres
concidere atque gravi terram consternere casu.
si quos ante domi domitos satis esse putabant,

Teils haben vor sich her sie geschickt die kräftigen Löwen
mit den bewaffneten Lehrern und ihren grausamen
                                                Meistern,
die sie zu bändigen wüßten und fest mit Ketten zu halten,
ganz umsonst, da sie, vom blutigen Knäuel in Hitze
rasend, in Unordnung brachten Geschwader, ohne zu
                                                scheiden,
allerwärts schüttelnd die schreckenerregenden Mähnen der
                                                Häupter;
und es vermochten die Reiter es nicht, die vom Brüllen
                                                entsetzten
Herzen der Rosse zu dämpfen, mit Zügeln zum Feinde zu
                                                wenden.
Löwinnen schossen dahin im Sprung überall die gereizten
Leiber und fuhren dem ins Gesicht, der ihnen von vorn kam,
und sie rissen vom Rücken her sie, die Nichtsahnenden,
                                                nieder,
und verknotet warfen zu Boden besiegt sie von Wunden
jene, mit kräftigem Bisse verhaftet und hakigen Krallen.
Hoch aber warfen die Stiere die eigenen Leute, zerstampften
sie mit dem Huf und rissen den Pferden von unten die
                                                Flanken
auf mit dem Horn und die Bäuche und wühlten drohend den
                                                Boden.
Und mit den kräftigen Hauern zerfleischten die Eber die
                                                Bündner,
rasend, mit ihrem Blut die zerbrochenen Spieße benetzend,
‖ Speere mit ihrem Blut, in ihnen zerbrochen, benetzend ‖
und erregten den Sturz, vermischt, von Reitern und
                                                Streitern.
Denn es versuchte das Tier, dem wilden Ansatz des Zahnes
quer zu entgehen und bäumend mit Füßen den Wind zu
                                                erfassen,
ganz umsonst, da, gefällt an den Sehnen, man sehen sie
                                                konnte
niederbrechen und schwer im Sturze den Boden bedecken.
Wenn man vorher daheim sie genügend glaubte gebändigt,

effervescere cernebant in rebus agundis   1335
volneribus, clamore, fuga, terrore, tumultu,
nec poterant ullam partem redducere eorum;
diffugiebat enim varium genus omne ferarum;
ut nunc saepe boves lucae ferro male mactae
diffugiunt, fera facta suis cum multa dedere.   1340
‖ sic fuit ut facerent. sed vix adducor, ut ante
non quierint animo praesentire atque videre,
quam commune malum fieret foedumque, futurum.
et magis id possis factum contendere in omni
[in variis mundis varia ratione creatis]   1345
quam certo atque uno terrarum quolibet orbi.
sed facere id non tam vincendi spe voluerunt,
quam dare quod gemerent hostes, ipsique perire,
qui numero diffidebant armisque vacabant. ‖

  Nexilis ante fuit vestis quam textile tegmen.   1350
textile post ferrumst, quia ferro tela paratur,
nec ratione alia possunt tam levia gigni
insilia ac fusi, radii scapique sonantes.
et facere ante viros lanam natura coegit
quam muliebre genus – nam longe praestat in arte   1355
et sollertius est multo genus omne virile –,
agricolae donec vitio vertere severi,
ut muliebribus id manibus concedere vellent

sah man sie wild entbrennen im wirklichen Handeln der
                                  Schlacht durch
Wunden, Geschrei, Entfliehen, entsetzliche Panik,
                                  Verwirrung,
und sie vermochten auch nicht, zurück einen Teil nur zu
                                  führen;
floh doch das sämtliche bunte Geschlecht auseinander der
                                  Bestien;
wie Elefanten noch jetzt auseinander oft fliehen, vom Eisen
übel zerzaust, hatten Greuel sie viel den Ihren verursacht.
|| So geschah's, daß sie's taten. Doch kaum möcht' ich
                                  meinen, daß vorher
nicht sie im Geiste zu sehen und ahnen vermögend gewesen,
was für ein gräßliches Unheil für alle das würde in Zukunft.
Und man möchte verfechten, im All sei solches geschehen
[in den vielfachen Welten, in vielfacher Weise erschaffen]
mehr als auf einem bestimmten und einz'gen beliebigen
                                  Erdkreis.
Aber sie wollten das tun nicht so sehr in der Hoffnung auf
                                  Siegen,
als dem Feind zufügen, was leid ihm, dann selber verenden,
sie, die auf Zahl nicht bauen konnten und Waffen nicht
                                  hatten. ||
   Eher gab es geknüpftes Gewand als gewebte Bedeckung.
Kommt doch Gewebtes nach Eisen, da Webstuhl aus Eisen
                                  geschaffen
und nicht auf andere Art so glatte Spulen und Spindeln
konnten entstehen, und nicht die Schiffchen und klirrenden
                                  Kämme.
Eher zwang die Natur die Männer, Wolle zu spinnen,
als der Frauen Geschlecht – ist weit überlegen in Künsten
und um vieles geschickter der Männer ganzes Geschlecht
                                  doch –,
bis es die strengen Besteller des Felds als Verweichlichung
                                  ansahn,
so daß den Händen der Frauen sie dies überlassen gern
                                  wollten

|| atque ipsi pariter durum sufferre laborem ||
atque opere in dura durarent membra manusque.   1360
  At specimen sationis et insitionis origo
ipsa fuit rerum primum natura creatrix,
arboribus quoniam bacae glandesque caducae
tempestiva dabant pullorum examina subter;
unde etiam libitumst stirpes committere ramis   1365
et nova defodere in terram virgulta per agros.
inde aliam atque aliam culturam dulcis agelli
temptabant fructusque feros mansuescere terra
cernebant indulgendo blandeque colendo.
inque dies magis in montem succedere silvas   1370
cogebant infraque locum concedere cultis,
prata, lacus, rivos, segetes vinetaque laeta
collibus et campis ut haberent, atque olearum
caerula distinguens inter plaga currere posset
per tumulos et convallis camposque profusa;   1375
ut nunc esse vides vario distincta lepore
omnia, quae pomis intersita dulcibus ornant
arbustisque tenent felicibus opsita circum.
  At liquidas avium voces imitarier ore
ante fuit multo quam levia carmina cantu   1380
concelebrare homines possent aurisque iuvare.
et zephyri cava per calamorum sibila primum
agrestis docuere cavas inflare cicutas.
inde minutatim dulcis didicere querellas,

‖ und sie selber zugleich die harten Mühen ertragen ‖
und im harten Werk abhärteten Glieder und Hände.

    Aber Vorbild der Saat und Ursprung des Pfropfens der
                          Bäume
selber war es Natur zuerst, die Mutter der Dinge,
da den Bäumen die Beeren ja und fallende Nüsse
Schwärme von Schößen zu ihrer Zeit darunter erweckten;
dann hat bekommen man Lust auch, den Sproß zu vertrauen
                          dem Ast an
und in den Boden zu graben junges Gezweig auf dem Felde.
Darnach versuchten sie andre um andre Pflege des lieben
Gütleins und sahen, daß milder im Boden dann wurden die
                          wilden
Früchte, wenn man ihn hegte und seiner liebevoll pflegte.
Und von Tag zu Tag mehr ins Gebirge zu rücken erzwangen
sie von den Wäldern und Raum am Fuße den Fluren zu
                          lassen,
daß sie Wiesen und Seen, Bach, Saaten und strotzenden
                          Weinberg
hätten auf Hügel und Flur, und damit der Ölbäume blauer
Streifen, klar unterscheidend, dazwischen zu laufen
                          vermöchte,
über die Höhen und Täler und Fluren weithin ergossen;
wie jetzt alles verziert ist in mannigfaltiger Anmut,
wie du siehst, was dazwischen bepflanzt sie schmücken mit
                          süßen
Früchten und halten ringsum besetzt mit fruchtbaren
                          Bäumen.

    Nachzuahmen jedoch die flüssigen Stimmen der Vögel
mit dem Munde war früher, als Menschen schmelzende
                          Lieder
üben gekonnt mit Gesang und so die Ohren erfreuen.
Und zuerst hat das Pfeifen des Zephyrs im Hohlen des
                          Rohres
anzublasen gelehrt die noch Rohen die hohle Cicuta.
Drauf haben mählich gelernt sie die süßen Weisen der
                          Klage,

tibia quas fundit digitis pulsata canentum,   1385
avia per nemora ac silvas saltusque reperta,
per loca pastorum deserta atque otia dia.
sic unum quicquid paulatim protrahit aetas
in medium ratioque in luminis eruit oras.

  Haec animos ollis mulcebant atque iuvabant   1390
cum satiate cibi; nam tum sunt omnia cordi.
saepe itaque inter se prostrati in gramine molli
propter aquae rivum sub ramis arboris altae
non magnis opibus iucunde corpora habebant,
praesertim cum tempestas ridebat et anni   1395
tempora pingebant viridantis floribus herbas.
tum ioca, tum sermo, tum dulces esse cachinni
consuerant; agrestis enim tum musa vigebat.
tum caput atque umeros plexis redimire coronis
floribus et foliis lascivia laeta monebat   1400
atque extra numerum procedere membra moventes
duriter et duro terram pede pellere matrem;
unde oriebantur risus dulcesque cachinni,
omnia quod nova tum magis haec et mira vigebant.
et vigilantibus hinc aderant solacia somno,   1405
ducere multimodis voces et flectere cantus
et supera calamos unco percurrere labro,
unde etiam vigiles nunc haec accepta tuentur.

welche die Flöte verströmt, gespielt von den Fingern der
                                        Sänger,
mitten im pfadlosen Hain, den Wäldern und Bergen
                                        erfunden,
auf der Hirten verlassener Flur, in göttlicher Muße.
So zieht mählich hervor ein jedes das Fließen der Zeiten
allen zunutz, und Verstand bringt es in die Reiche des
                                        Lichtes.
  Das hat jenen die Herzen erwärmt und Behagen
                                        verbreitet,
wenn sie gesättigt von Speise; denn dann ist alles
                                        willkommen.
Oft haben untereinander, gestreckt auf das Polster des
                                        Rasens,
so sie nahe am Bach im Schatten des ragenden Baumes
ohne viel Aufwand erquicklich es wohl sein lassen dem
                                        Körper,
dann zumal, wenn lachte das Wetter, die Zeiten des Jahres
reich mit Blüten malten das Grün der schimmernden Matten.
Da gab's Scherze gewöhnlich, Gespräch, da süßes Gelächter.
Da war nämlich die ländliche Muse kräftig im Schwange.
Da pflegte Haupt und Schultern mit Kränzen, aus Blüten
                                        und Blättern
schön geflochten, zu schmücken, die heitere Lust zu
                                        ermahnen,
aufzutreten in schwankendem Takte, voll Steifheit die
                                        Glieder
rührend, und Mutter Erde mit hartem Fuße zu stampfen;
davon erhoben sich heiteres Scherzen und wohliges Lachen,
weil damals alles, neu und wunderbar, mächtiger wirkte.
Und den Wachenden wuchs hieraus gegen Schlaf eine
                                        Tröstung,
vielfach die Stimme zu wandeln, Gesänge mit Kunst zu
                                        gestalten
und mit gebogener Lippe hin über die Flöten zu laufen;
weswegen heut auch noch der Wächter das wahrt
                                        überkommen.

et numerum servare genus didicere, neque hilo
maiorem interea capiunt dulcedinis fructum   1410
quam silvestre genus capiebat terrigenarum.
nam quod adest praesto, nisi quid cognovimus ante
svavius, in primis placet et pollere videtur,
posteriorque fere melior res illa reperta
perdit et immutat sensus ad pristina quaeque.   1415
sic odium coepit glandis, sic illa relicta
strata cubilia herbis et frondibus aucta.
pellis item cecidit vestis contempta ferinae;
quam reor invidia tali tunc esse repertam,
ut letum insidiis qui gessit primus obiret,   1420
et tamen inter eos distractam sanguine multo
disperiisse neque in fructum convertere quisse.
tunc igitur pelles, nunc aurum et purpura curis
exercent hominum vitam belloque fatigant;
quo magis in nobis, ut opinor, culpa resedit.   1425
frigus enim nudos sine pellibus excruciabat
terrigenas; at nos nil laedit veste carere
purpurea atque auro signisque ingentibus apta,
dum plebeia tamen sit, quae defendere possit.
ergo hominum genus incassum frustraque laborat   1430
semper et ⟨in⟩ curis consumit inanibus aevom
nimirum quia non cognovit quae sit habendi
finis et omnino quoad crescat vera voluptas;

Und sie lernten, ein Taktgeschlecht zu bewahren, doch
dennoch
ernten inzwischen sie nicht etwa reichere Früchte der Wonne,
als das wilde Geschlecht sie gewann der Erdeentsproßnen.
Denn was Gegenwart ist, wenn vorher wir nicht etwas
Süß'res
kannten, gefällt vor allem und scheint am stärksten zu
wirken,
und die spätre und bessere Sache, die dann ward erfunden,
richtet zugrund und verändert den Sinn jeweils für das
Alte.
So ist Verdruß erwacht an den Eicheln, so sind verlassen
worden mit Gras bedeckte und Laub gepolsterte Lager.
Ebenso sank auch im Wert das Kleid aus den Fellen des
Wildes;
damals erregte das, meine ich, solchen Neid, als man fand es,
daß durch Anschläge fand den Tod, wer zuerst es getragen,
und ist doch, unter ihnen zerrissen in blutigem Raufen,
ganz zugrunde gegangen und konnte zu Frucht sich nicht
wenden.
Damals war es der Pelz, jetzt Gold und Purpur, die rastlos
hetzen in Sorgen das Leben der Menschen, mit Krieg es
zermürben;
um so mehr hat auf uns sich die Schuld, wie ich meine,
geladen.
Kälte hat nämlich gequält die Erdeentsprossnen, entkleidet
ohne die Felle; doch uns verletzt es nicht, zu entbehren
Kleider aus Purpur, mit Gold und mächtigen Bildern
besetzte,
wenn nur ein einfaches da ist, das schützen kann vor der
Kälte.
Also müht sich der Menschen Geschlecht vergebens und
fruchtlos
immer und zehrt sein Leben auf in nichtigen Sorgen,
weil es nämlich nicht weiß, was Ziel und Maß des Besitzes,
und durchaus nicht, wie weit die wahrhafte Freude noch
zunimmt;

idque minutatim vitam provexit in altum
et belli magnos commovit funditus aestus.   1435

At vigiles mundi magnum versatile templum
sol et luna suo lustrantes lumine circum
perdocuere homines annorum tempora verti
et certa ratione geri rem atque ordine certo.

Iam validis saepti degebant turribus aevom,   1440
et divisa colebatur discretaque tellus;
tum mare velivolis florebat navibus altum,
auxilia ac socios iam pacto foedere habebant,
carminibus cum res gestas coepere poetae
tradere; nec multo prius sunt elementa reperta.   1445
propterea quid sit prius actum respicere aetas
nostra nequit, nisi qua ratio vestigia monstrat.

Navigia atque agri culturas, moenia, leges,
arma, vias, vestes ⟨et⟩ cetera de genere horum,
praemia, delicias quoque vitae funditus omnis,   1450
carmina, picturas et daedala signa polita
usus et impigrae simul experientia mentis
paulatim docuit pedetemptim progredientis.
Sic unum quicquid paulatim protrahit aetas
in medium ratioque in luminis erigit oras;   1155
namque alid ex alio clarescere corde videbant,
artibus ad summum donec venere cacumen.

und das hat mählich geführt das Leben hinaus auf die hohe
See, tief aufgewühlt des Krieges gewaltiges Branden.
    Aber die Wächter der Welt, den großen sich drehenden
                               Tempel
rings mit ihrem Lichte beleuchtend, der Mond und die
                               Sonne,
haben die Menschen gelehrt den Kreislauf der Zeiten des
                               Jahres
und, daß nach sicherem Plan er und sicherer Ordnung
                               vollzieht sich.
    Schon verbrachten mit starken Türmen umhegt sie das
                               Leben
und verteilt und wohl unterschieden bebaute das Land man;
damals prangte das Meer in segelbefiederten Schiffen,
Hilfen und Bündner hatten sie schon in festem Verhältnis.
Da begannen im Lied die Dichter weiterzugeben
Taten, und nicht viel eher sind Buchstaben worden erfunden.
Darum kann unsere Zeit, was früher geschehen, nicht sehen,
außer dort, wo das Denken Spuren davon uns noch
                               aufweist.
    Schiffe, Bestellung der Felder, Mauern der Städte,
                               Gesetze,
Waffen, Straßen, Bekleidung, das übrige, was dieser Art ist,
Lohn und Wonnen auch des Lebens alle von Grund auf,
Lieder, Gemälde und kunstvolle, wohlgeglättete Bilder
hat der Bedarf und zugleich die Erfahrung des rastlosen
                               Geistes
mählich gelehrt die Menschen, die vorsichtig Fortschritte
                               machten.
So zieht mählich hervor ein jedes das Fließen der Zeiten
allen zunutz, und Verstand bringt es in die Reiche des
                               Lichtes.
Denn sie sahen im Geiste sich eins aus dem andern erhellen,
bis in den Künsten sie kamen zum höchsten Punkt der
                               Vollendung.

Liber sextus

Primae frugiparos fetus mortalibus aegris
dididerunt quondam praeclaro nomine Athenae
et recreaverunt vitam legesque rogarunt,
et primae dederunt solacia dulcia vitae,
cum genuere virum tali cum corde repertum,   5
omnia veridico qui quondam ex ore profudit;
cuius et extincti propter divina reperta
divolgata vetus iam ad caelum gloria fertur.
nam cum vidit hic ad victum quae flagitat usus
omnia iam ferme mortalibus esse parata   10
et, proquam possent, vitam consistere tutam,
divitiis homines et honore et laude potentis
affluere atque bona gnatorum excellere fama,
nec minus esse domi cuiquam tamen anxia corda,
atque animi ingratis vitam vexare ⟨sine ulla⟩   15
pausa atque infestis cogi saevire querellis,
intellegit ibi vitium vas efficere ipsum
omniaque illius vitio corrumpier intus,
quae conlata foris et commoda cumque venirent;
partim quod fluxum pertusumque esse videbat,   20
ut nulla posset ratione explerier umquam;
partim quod taetro quasi conspurcare sapore
omnia cernebat, quaecumque receperat, intus.
veridicis igitur purgavit pectora dictis
et finem statuit cuppedinis atque timoris   25

Sechstes Buch

Früchtetragende Saat hat zuerst den leidenden Menschen
ehmals verteilt Athen, die Stadt mit dem strahlenden
                              Namen,
und das Leben erquickt und als erste Gesetze gestiftet;
spendete auch zuerst dem Leben freundliche Tröstung,
als es erzeugte den Mann, der von solchem Verstande erfand
                              sich,
der aus wahrheitsagendem Mund einst alles verkündet;
sein, des Erloschenen, Ruhm dringt ob der göttlichen Funde
drum auch schon seit alter Zeit verbreitet gen Himmel.
Denn da dieser gesehn, was zum Leben fordert die
                              Notdurft,
daß dies alles fast schon den Sterblichen wäre gerüstet,
und, soweit das gelingt, ihr Leben sicher bestünde,
daß an Reichtum, Ruhm und Ehre die Menschen gewaltig
Überfluß hätten, dazu sich erhöhten durch Ruhm ihrer
                              Söhne,
dennoch aber daheim gar manchem bebten die Herzen
und dem Willen zum Trotz das Leben ununterbrochen
quälten, gedrängt aber würden, zu wüten in wilden
                              Beschwerden,
klar erkannte er da: das Gefäß wirkt selbst die Verderbnis,
und durch seine Verderbnis wird drinnen alles zuschanden,
was von draußen in Fülle und Gutes auch immer hereinkäm,
teils, weil er sah, daß es rissig war und durchstoßen von
                              Löchern,
derart, daß nie man je es auszufüllen vermöchte,
teils, weil er wahrnahm, daß mit abscheulichem Beigeschmack
                              alles,
was es auch immer empfangen, es drinnen gleichsam
                              besudelt.
Reinigte also die Herzen mit wahrheitsagenden Worten,
setzte das Maß und die Grenze fest für Begierden und
                              Ängste,

exposuitque bonum summum, quo tendimus omnes,
quid foret, atque viam monstravit, tramite parvo
qua possemus ad id recto contendere cursu,
quidve mali foret in rebus mortalibus passim,
quod fieret naturali varieque volaret   30
seu casu seu vi, quod sic natura parasset,
et quibus e portis occurri cuique deceret,
et genus humanum frustra plerumque probavit
volvere curarum tristis in pectore fluctus.
nam veluti pueri trepidant atque omnia caecis   35
in tenebris metuunt, sic nos in luce timemus
interdum, nihilo quae sunt metuenda magis quam
quae pueri in tenebris pavitant finguntque futura.
hunc igitur terrorem animi tenebrasque necessest
non radii solis nec lucida tela diei   40
discutiant, sed naturae species ratioque.
quo magis inceptum pergam pertexere dictis.

   Et quoniam docui mundi mortalia templa
esse ⟨et⟩ nativo consistere corpore caelum,
et quaecumque in eo fiunt fierique necessest   45
pleraque dissolvi, quae restant percipe porro,
quandoquidem semel insignem conscendere currum
. . . .
† ventorum exirtant placentur omnia rursum †
. . . .
. . . .
quae fuerint, sint placato conversa furore;
cetera quae fieri in terris caeloque tuentur   50

zeigte das höchste Gut, was es sei, wohin streben wir alle,
zeigte zuletzt den Weg, wie wir auf kürzestem Pfade
hin in gradem Lauf ihm zuzueilen vermöchten,
oder was Böses es gibt im menschlichen Dasein in Menge,
was von Natur geschieht und mannigfach in der Luft liegt,
sei's aus Zufall, sei's aus Zwang, weil so der Naturlauf,
und aus welchem Tor man am schicklichsten jedem begegne,
und hat bewiesen, daß meist der Menschen Geschlechter
                                                    vergebens
wälzen im Herzen umher der Leidenschaft düstere Fluten.
Denn wie die Kinder zittern vor Schrecken und alles im
                                                    blinden
Dunkel fürchten, sind wir bei Tage vor Dingen in Ängsten
manchmal, die man nicht mehr zu fürchten brauchte als das,
                                                    was
Kinder im Dunkel bebend erwarten und wähnen als
                                                    kommend.
Diesen Schrecken also, dies Dunkel der Seele, muß füglich
nicht der Sonne Strahl noch die hellen Geschosse des Tages
schlagen entzwei, vielmehr Naturbetrachtung und Lehre.
Drum fahr ich fort um so mehr, das Beginnen mit Worten zu
                                                    weben.
    Und da gelehrt ich nun habe, daß sterblich die Räume des
                                                    Weltballs
sind, aus erschaffenem Körper der Himmel besteht, und
                                                    zugleich, was
immer in ihm entsteht und immer wieder geschehn muß,
meistens gelöst, so nimm jetzt auf des weitern, was übrig,
da ich ja nun einmal zu besteigen den strahlenden Wagen
⟨wagte der Musen: wie die Schläge des Blitzes und Donnern⟩
dann, wenn das Wüten der Winde voll Kampfwut gegen die
                                                    Wolken
⟨rast, entstehen, wie dann wieder alles friedlich sich
                                                    ausgleicht
und zur Ruhe sich legt und was am Himmelsgewölbe⟩
eben gestürmt, verwandelt jetzt ist nach befriedetem Wüten;
und dann das übrige, was auf Erden die Sterblichen schauen

mortales, pavidis cum pendent mentibus saepe
et faciunt animos humilis formidine divom
depressosque premunt ad terram propterea quod
ignorantia causarum conferre deorum
cogit ad imperium res et concedere regnum   55
quorum operum causas nulla ratione videre
possunt ac fieri divino numine rentur.
nam bene qui didicere deos securum agere aevom,
si tamen interea mirantur qua ratione
quaeque geri possint, praesertim rebus in illis   60
quae supera caput aetheriis cernuntur in oris,
rursus in antiquas referuntur religionis
et dominos acris adsciscunt, omnia posse
quos miseri credunt, ignari quid queat esse,
quid nequeat, finita potestas denique cuique   65
quanam sit ratione atque alte terminus haerens;
quo magis errantes caeca ratione feruntur.
quae nisi respuis ex animo longeque remittis
dis indigna putare alienaque pacis eorum,
delibata deum per te tibi numina sancta   70
saepe oberunt; non quo violari summa deum vis
possit, ut ex ira poenas petere inbibat acris,
sed quia tute tibi placida cum pace quietos
constitues magnos irarum volvere fluctus,
nec delubra deum placido cum pectore adibis,   75
nec de corpore quae sancto simulacra feruntur
in mentes hominum divinae nuntia formae,

und am Himmel, wenn oft sie bangen in furchtsamem
                                        Geiste,
und den Mut demütig senken im Schreck vor den Göttern
und ihn tief zur Erden beugen deswegen, weil die
fehlende Kenntnis der Ursachen zwingt, die Welt mit der
                                        Götter
Macht zu verknüpfen und Kraft über Werke ihnen zu
                                        gönnen,
deren Ursachen sie mit keiner Vernunft zu erschauen
fähig sind und drum meinen, sie kämen aus göttlichem
                                        Willen.
Denn auch die klar erkannt, daß die Götter mühelos leben:
wenn sie hernach inzwischen sich wundern, wie denn ein
                                        jedes
möchte geschehn, zumal bei jenen Dingen besonders,
die man droben erblickt überm Haupt in des Äthers
                                        Gefilden,
gleiten erneut sie doch zurück in die alten Bedenken
und überantworten sich gestrengen Herren, an deren
Allmacht die Armen glauben, nicht wissend, was und was
                                        nicht sein
kann, und wie die Macht einem jeden schließlich begrenzt ist
und ein jedes besitzt seinen tief verhafteten Grenzstein;
mehr noch gehen sie so in blindem Wahn in die Irre.
Wenn du dies aus dem Sinn nicht weist und weit nicht
                                        vermeidest,
ihrer für unwürdig und für fremd ihres Friedens zu halten,
werden, von dir versehrt, die heiligen Willen der Götter
oft dir schaden; nicht, daß verletzt die Allmacht der Götter
werden könnte, im Zorn daß sie bittere Buße zu fordern
dürstete, sondern weil in heiligem Frieden Gelass'ne
du dir selbst vorstellst, als stürmten sie mächtig im Zorne,
du nicht betrittst die Tempel der Götter mit ruhigem Herzen
noch, die vom heiligen Leib in die Seelen der Menschen als
                                        Boten
göttlicher Form eindringen, die Bilder der Götter,
                                        vermöchtest

suscipere haec animi tranquilla pace valebis.
inde videre licet, qualis iam vita sequatur.
quam quidem ut a nobis ratio verissima longe   80
reiciat, quamquam sunt a me multa profecta,
multa tamen restant et sunt ornanda politis
versibus: est ratio ⟨terrae⟩ caelique tenenda,
sunt tempestates et fulmina clara canenda,
quid faciant et qua de causa cumque ferantur;   85
ne trepides caeli divisis partibus amens,
unde volans ignis pervenerit aut in utram se
verterit hinc partim, quo pacto per loca saepta
insinuarit, et hinc dominatus ut extulerit se.
quorum operum causas nulla ratione videre   90
possunt ac fieri divino numine rentur.
tu mihi supremae praescripta ad candida calcis
currenti spatium praemonstra, callida Musa
Calliope, requies hominum divomque voluptas,
te duce ut insigni capiam cum laude coronam.   95

   Principio tonitru quatiuntur caerula caeli
propterea quia concurrunt sublime volantes
aetheriae nubes contra pugnantibus ventis;
nec fit enim sonitus caeli de parte serena,
verum ubicumque magis denso sunt agmine nubes,   100
tam magis hinc magno fremitus fit murmure saepe.
praeterea neque tam condenso corpore nubes
esse queunt quam sunt lapides ac tigna, neque autem
tam tenui quam sunt nebulae fumique volantes;

aufzunehmen in nicht erschüttertem Frieden der Seele.
Daraus magst du ersehen, welch bitteres Leben dann
                                    nachkommt!
Daß die festeste Lehre von uns ein solches zurück weit
banne: obwohl hierzu von mir schon vieles gefördert,
bleibt doch vieles noch übrig und ist zu schmücken mit
                                    glatten
Versen: Wesen des Himmels und Anblick sind zu bemeistern,
Unwetter sind und leuchtende Blitze im Lied zu besingen,
was ihr Tun und aus welchem Grund auch immer sie eilen;
daß du von Sinnen nicht bangst ob der Teilung der
                                    Himmelsgevierte,
wo der fliegende Strahl herkam und in welchen der Teile
er sich wandte von hier, wie hindurch in ummauerte Orte
er sich einschlich, nachdem er geherrscht, wie von dort er sich
                                    forthub.
Ursachen all dieser Werke vermögen sie gar nicht zu sehen,
und so glauben sie drum, sie geschähen durch göttliches
                                    Walten.
Du zeige mir, der ich jetzt zum letzten der kreidigen Male
eile, die Bahn voraus, du alles durchdringende Muse
Kalliope, du Labsal der Menschen und Wonne der Götter,
daß dir folgend den Kranz ich mit strahlendem Ruhme
                                    gewinne!

   Um zu beginnen: von Donner erbebt die Bläue des
                                    Himmels
deswegen, weil in der Höhe fliegende Wolken zusammen-
prallen des Äthers, wenn miteinander die Winde im Streit
                                    sind;
denn der Himmel ertönt ja nicht aus heiterm Bereiche,
nein, wo mit dichterem Zug die Wolken immer sich drängen,
dort entsteht um so öfter Gedröhn mit mächtigem Rollen.
Können die Wolken zudem doch so dichten Körper besitzen
nicht zwar wie ein Stein und Balken aus Holz, aber auch
                                    nicht
einen so fein, wie Nebel es sind und fliegende Dämpfe;

nam cadere aut bruto deberent pondere pressae   105
ut lapides aut ut fumus constare nequirent
nec cohibere nives gelidas et grandinis imbris.

dant etiam sonitum patuli super aequora mundi,
carbasus ut quondam magnis intenta theatris
dat crepitum malos inter iactata trabesque,   110
interdum perscissa furit petulantibus auris
et fragilis ⟨sonitus⟩ chartarum commeditatur;
id quoque enim genus in tonitru cognoscere possis,
aut ubi suspensam vestem chartasque volantis
verberibus venti versant planguntque per auras.   115
fit quoque enim interdum ⟨ut⟩ non tam concurrere nubes
frontibus adversis possint quam de latere ire
diverso motu radentes corpora tractim,
aridus unde auris terget sonus ille diuque
ducitur, exierunt donec regionibus artis.   120

hoc etiam pacto tonitru concussa videntur
omnia saepe gravi tremere et divolsa repente
maxima dissiluisse capacis moenia mundi,
cum subito validi venti conlecta procella
nubibus intorsit sese, conclusaque ibidem   125
turbine versanti magis ac magis undique nubem
cogit uti fiat spisso cava corpore circum,
post ubi comminuit vis eius et impetus acer,
tum perterricrepo sonitu dat scissa fragorem.

nieder vom plumpen Gewichte gedrückt dann müßten sie
nämlich
fallen wie Stein oder könnten wie Rauch nicht in sich
bestehen
noch den frostigen Schnee behalten und Güsse von Hagel.
Donner erregen sie auch in den Breiten der gähnenden
Welt hin,
wie zuweilen das Segel, gespannt im weiten Theater,
donnernd flattert, gepeitscht inmitten der Masten und
Balken,
manchmal wütend rast von den dreisten Lüften zerschlissen
und den Klang des Papieres wiedergibt des gerißnen;
denn auch solcherlei Weise vermagst du im Donner zu hören,
oder wie wenn der Wind mit Stößen das hängende Kleid
peitscht
oder flatternd Papier und hin durch die Lüfte sie schleudert.
Denn es kommt manchmal auch vor, daß die Wolken nicht
stoßen zusammen
Stirn gegen Stirn, als mehr von der Flanke sich nähern und
langsam
in verschiedner Richtung den Leib aneinander sich reiben,
woher der trockene Ton das Ohr durchdringt und sich lange
hinzieht, bis sie heraus sich gezwängt aus der drängenden
Enge.
Auch auf folgende Art sieht man erschüttert von schwerem
Donner oftmals erbeben alles, und scheinen, zerrissen,
plötzlich zu springen entzwei der umfassenden Welt weite
Mauern,
wenn im Nu des kräftigen Sturms gesammelte Böe
sich in die Wolken gebohrt, und dort, in ihnen gefangen,
mehr und mehr in drehendem Wirbel die Masse der Wolke
allerwärts zwingt, sich zu höhlen mit rings verdichtetem
Körper,
wenn hernach ihre Kraft, ihre wilde Gewalt sie geschwächt
hat,
dann, mit schrecklichem Krach zerrissen, schmetternd sie
losbricht.

nec mirum, cum plena animae vensicula parva   130
saepe ita dat magnum sonitum displosa repente.

est etiam ratio, cum venti nubila perflant,
ut sonitus faciant; etenim ramosa videmus
nubila saepe modis multis atque aspera ferri;
scilicet ut, crebram silvam cum flamina cauri   135
perflant, dant sonitum frondes ramique fragorem.
fit quoque ut interdum validi vis incita venti
perscindat nubem perfringens impete recto;
nam quid possit ibi flatus, manifesta docet res,
hic ubi lenior est, in terra cum tamen alta   140
arbusta evolvens radicibus haurit ab imis.
sunt etiam fluctus per nubila, qui quasi murmur
dant in frangendo graviter; quod item fit in altis
fluminibus magnoque mari, cum frangitur aestus.

fit quoque, ubi e nubi in nubem vis incidit ardens   145
fulminis; haec multo si forte umore recepit
ignem, continuo magno clamore trucidat;
ut calidis candens ferrum e fornacibus olim
stridit, ubi in gelidum propere demersimus imbrem.
aridior porro si nubes accipit ignem,   150
uritur ingenti sonitu succensa repente;
lauricomos ut si per montis flamma vagetur

Und was Wunder, da oft ein kleines Bläschen, von Gasen
voll, so mächtig ertönt, wenn plötzlich es platzt auseinander.
   Denkbar ist auch, daß sie, wenn die Winde die Wolken
                            durchwehen,
geben Geräusche von sich; denn verästelt sehen wir oft ja
Wolken auf vielfache Art und gerauht am Rande
                            dahinziehn;
so natürlich, wie Laub, wenn das Wehen des Nordwinds den
                            dichten
Wald durchzieht, dann rauscht und die Zweige brechend
                            ertönen.
Kommt auch vor, daß zuweilen erregte Gewalt eines starken
Sturmes die Wolke zerreißt, in geradem Angriff sie
                            brechend;
denn was der Sturm dort oben vermag, das lehrt uns das
                            Auge,
wenn er hier auf der Erde, wo schwächer er ist, doch die
                            hohen
Bäume herausdreht tief an den Wurzeln und reißt aus dem
                            Boden.
Und auch Wogen gibt's in den Wolken, die dumpf dann ihr
                            Donnern
lassen ertönen, wenn brechen sie sich; wie genau es in tiefen
Strömen, dem mächtigen Meere geschieht, wenn sich bricht
                            ihre Brandung.
Auch erfolgt er dann, wenn von Wolke zu Wolke gesprungen
glühend des Blitzes Macht; wenn mit vielem Wasser
                            empfangen
sie hat die Glut, vernichtet sogleich sie mit großem Gezisch
                            sie.
Wie das glühende Eisen, aus heißem Ofen gezogen,
zischt dann, sobald wir rasch in die kalten Güsse getaucht es.
Hat eine dürrere Wolke jedoch das Feuer erhalten,
wird sie, verbrannt unter riesigem Prasseln, plötzlich
                            entzündet;
wie wenn die Flammen springen durch lorbeerbelaubtes
                            Gebirge

turbine ventorum comburens impete magno;
nec res ulla magis quam Phoebi Delphica laurus
terribili sonitu flamma crepitante crematur.   155
denique saepe geli multus fragor atque ruina
grandinis in magnis sonitum dat nubibus alte;
ventus enim cum confercit, franguntur in artum
concreti montes nimborum et grandine mixti.

  Fulgit item, nubes ignis cum semina multa   160
excussere suo concursu, ceu lapidem si
percutiat lapis aut ferrum; nam tum quoque lumen
exilit et claras scintillas dissipat ignis.
sed tonitrum fit uti post auribus accipiamus,
fulgere quam cernant oculi, quia semper ad auris   165
tardius adveniunt, quam visum quae moveant, res.
id licet hinc etiam cognoscere: caedere si quem
ancipiti videas ferro procul arboris auctum,
ante fit ut cernas ictum quam plaga per auris
det sonitum; sic fulgorem quoque cernimus ante   170
quam tonitrum accipimus, pariter qui mittitur igni
e simili causa, concursu natus eodem.

  Hoc etiam pacto volucri loca lumine tingunt
nubes et tremulo tempestas impete fulgit.
ventus ubi invasit nubem et versatus ibidem   175
fecit ut ante cavam docui spissescere nubem,

schnell im Wirbel des Sturms und in mächtigem Drang es
                                    verbrennen;
gibt's doch kein ander Ding, das als Phoebus' delphischer
                                    Lorbeer
mehr in schrecklichem Lärm mit knisternder Flamme
                                    verbrannt wird.
Schließlich macht oft das häufige Knirschen des Frostes und
                                    Stürzen
körnigen Hagels Geräusch in den großen Wolken da droben;
drängt der Wind sie nämlich zusammen, werden zerbrochen,
eng erstarrt und Hagel enthaltend, die Berge von Wolken.
    Ebenso blitzt es, wenn Wolken zahlreiche Funken von
                                    Feuer
aus sich schlagen bei ihrem Prall, wie wenn Stein oder Eisen
schlägt den Stein; denn hervor auch dann ja springt aus dem
                                    Steine
Licht, und das Feuer versprüht überall die glänzenden
                                    Funken.
Aber daß wir mit dem Ohr den Donner später vernehmen,
als mit den Augen wir blitzen es sehen, geschieht, weil sich
                                    Dinge
langsamer nahn, die das Ohr, als die, welche reizen das
                                    Auge.
Das darf hieraus auch man erkennen: wenn fällen von ferne
einen mit doppelter Axt du siehst die Höhe des Baumes,
siehst du früher den Hieb, als daß der Schlag durch die
                                    Ohren
tönt; so sehen wir auch den Blitz, bevor wir den Donner
hören, der mit dem Feuer zugleich aus den Wolken gesandt
                                    wird
aus einem ähnlichen Grund, beim selben Treffen entstanden.
    Auch auf folgende Art benetzen mit flüchtigem Leuchten
Wolken den Raum, und blitzt das Wetter in zuckendem
                                    Schlage.
Hat der Wind die Wolken befallen und ebendort wirbelnd,
wie ich gezeigt, es bewirkt, daß gehöhlt sich die Wolke
                                    verdichtet,

mobilitate sua fervescit; ut omnia motu
percalefacta vides ardescere, plumbea vero
glans etiam longo cursu volvenda liquescit.
ergo fervidus hic nubem cum perscidit atram   180
dissipat ardoris quasi per vim expressa repente
semina, quae faciunt nictantia fulgura flammae.
inde sonus sequitur, qui tardius adficit auris
quam quae perveniunt oculorum ad lumina nostra.
scilicet hoc densis fit nubibus et simul alte   185
extructis aliis alias super impete miro.
ne tibi sit frudi quod nos inferne videmus
quam sint lata magis quam sursum extructa quid extent.
contemplator enim, cum montibus adsimulata
nubila portabunt venti transversa per auras,   190
aut ubi per magnos montis cumulata videbis
insuper esse aliis alia atque urguere superne
in statione locata sepultis undique ventis.
tum poteris magnas moles cognoscere eorum
speluncasque velut saxis pendentibus structas   195
cernere, quas venti cum tempestate coorta
complerunt, magno indignantur murmure clausi
nubibus in caveisque ferarum more minantur;
nunc hinc nunc illinc fremitus per nubila mittunt
quaerentesque viam circumversantur et ignis   200
semina convolvunt ⟨e⟩ nubibus atque ita cogunt

kommt er durch Raschheit in Glut; wie du alles, erhitzt durch
                           Bewegung,
aufglühen siehst, gar aber die bleiernen Schleudergeschosse
werden im langen Laufe flüssig, sich wirbelnd bewegend.
Wenn dieser glühend nun die finstere Wolke zerrissen,
sprüht er Samen der Glut, die durch die Gewalt ihm
                           entrissen
plötzlich, welche bewirken den Glanz der zuckenden
                           Flamme.
Darauf folgt noch der Ton, der die Ohren langsamer
                           heimsucht
als die Samen, die dringen hindurch zum Licht unsrer Augen.
Freilich geschieht das, wenn dicht die Wolken und hoch sind
                           errichtet
über den einen die andren zugleich von erstaunlichem
                           Ausmaß.
Daß es dich nicht etwa täuscht, daß wir aus der Tiefe
                           erkennen
mehr, wie breit etwas ist, als wie es nach oben errichtet.
Schau dir den Anblick doch an, wenn die Winde Gebirgen
                           vergleichbar
Wolken einmal dir quer vorbei durch die Lüfte hin tragen,
oder wenn einmal du siehst, wie geschichtet im hohen
                           Gebirge
über den einen andere sind und lasten von oben,
ruhend am selben Platz, wenn der Wind überall ist
                           erstorben.
Dann wirst imstand du sein, zu erkennen die mächtige Masse
und ihre Höhlungen sehn, wie mit hangenden Felsen
                           erbauet.
Wenn nun diese die Winde, nachdem ein Wetter erhob sich,
angefüllt haben, empören sie sich mit gewaltigem Rauschen,
in die Wolken gesperrt, und drohen wie Tiere im Käfig;
stoßen bald hier, bald dort ihr Brüllen aus in den Wolken,
wirbeln, den Ausgang suchend, herum und reißen im Kreise
Samen des Feuers mit sich aus den Wolken, sammeln so
                           viele,

multa rotantque cavis flammam fornacibus intus,
donec divolsa fulserunt nube corusci.

    Hac etiam fit uti de causa mobilis ille
devolet in terram liquidi color aureus ignis,   205
semina quod nubes ipsas permulta necessust
ignis habere; etenim cum sunt umore sine ullo,
flammeus ⟨est⟩ plerumque colos et splendidus ollis.
quippe etenim solis de lumine multa necessest
concipere, ut merito rubeant ignesque profundant.   210
hasque igitur cum ventus agens contrusit in unum
compressitque locum cogens, expressa profundunt
semina, quae faciunt flammae fulgere colores.
fulgit item, cum rarescunt quoque nubila caeli;
nam cum ventus eas leviter diducit euntis   215
dissolvitque, cadant ingratis illa necessest
semina quae faciunt fulgorem; tum sine taetro
terrore et sonitu fulgit nulloque tumultu.

    Quod superest, ⟨quali⟩ natura praedita constent
fulmina, declarant ictorum et inusta vaporis   220
signa notaeque gravis halantes sulpuris auras;
ignis enim sunt haec, non venti signa neque imbris.
praeterea saepe accendunt quoque tecta domorum
et celeri flamma dominantur in aedibus ipsis.
hunc tibi subtilem cum primis ignibus ignem   225
constituit natura minutis mobilibusque
corporibus, cui nil omnino obsistere possit.
transit enim validum fulmen per saepta domorum

lassen die Flamme dann kreisen im hohlen Ofen darinnen,
bis sie, nachdem die Wolke zerfetzt ist, aufblitzen zuckend.
 Auch aus diesem Grunde geschieht's, daß der goldne
                                     behende
Schein der flüssigen Glut herab sich stürzt auf die Erde,
weil die Wolken auch selbst sehr viele Samen besitzen
müssen des Feuers; denn dann, wenn entbehren sie jeglicher
                                     Feuchte,
haben sie meist eine flammende, hell erglänzende Farbe.
Müssen sie viele doch ein vom Lichte der Sonne sich fangen,
so daß mit Recht sie sich röten und Feuerstrahlen
                                     verströmen.
Wenn diese nun der Wind, sie jagend, zusammen in einen
Raum gestoßen und drängend geballt hat, strömen erpreßte
Samen sie aus, die Flammenfarben lassen erglänzen.
Ebenso blitzt es auch, wenn die Wolken des Himmels sich
                                     lösen;
denn wenn der Wind sie beim Ziehen leicht und flockig
                                     zerteilet
und sie zersetzt, müssen wider Willen herausfallen jene
Samen, die wirken den Blitz; dann blitzt es ohne den
                                     grausen
Schrecken, ohne Getön und ohne jeglichen Aufruhr.
 Aber mit welcher Natur begabt sind die Blitze und dauern,
zeigen übrigens klar des Getroffenen Zeichen von Glühen,
welches sich einbrennt, und Male, die schwere Düfte von
                                     Schwefel
atmen; denn Zeichen der Glut sind das, nicht von Wind noch
                                     von Regen.
Außerdem zünden sie häufig auch an der Häuser
                                     Bedachung,
und mit geschwinder Flamme regieren sie drinnen im Hause.
Dieses Feuer hat dir unter allen Feuern besonders
fein die Natur gefügt aus winzigen, raschen Atomen,
so, daß nichts überhaupt ihm entgegenzutreten vermöchte.
Geht doch der machtvolle Blitz hindurch durch der Häuser
                                     Gehege,

clamor ut ac voces, transit per saxa, per aera
et liquidum puncto facit aes in tempore et aurum,   230
curat item vasis integris vina repente
diffugiant, quia nimirum facile omnia circum
conlaxat rareque facit lateramina vasis
adveniens calor eius et insinuatus in ipsum
mobiliter solvens differt primordia vini.   235
quod solis vapor aetatem non posse videtur
efficere usque adeo pollens fervore corusco:
tanto mobilior vis et dominantior haec est.

Nunc ea quo pacto gignantur et impete tanto
fiant, ut possint ictu discludere turris,   240
disturbare domos, avellere tigna trabesque
et monimenta virum commoliri atque ciere,
exanimare homines, pecudes prosternere passim,
cetera de genere hoc qua vi facere omnia possint,
expediam, neque ⟨te⟩ in promissis plura morabor.   245

Fulmina gignier e crassis alteque putandumst
nubibus extructis; nam caelo nulla sereno
nec leviter densis mittuntur nubibus umquam.
nam dubio procul hoc fieri manifesta docet res;
quod tunc per totum concrescunt aera nubes,   250
undique uti tenebras omnis Acherunta reamur
liquisse et magnas caeli complesse cavernas.
usque adeo taetra nimborum nocte coorta
inpendent atrae formidinis ora superne,

so wie Geschrei und Stimmen, geht durch Felsen, durch Erz
                                                    durch
und macht flüssig im Augenblicke das Gold und die Bronze,
ebenso wirkt er, daß Wein aus heilen Gefäßen verduftet
plötzlich, weil offenbar ringsum mit Leichtigkeit alles
lockert und den Gefäßen verdünnt die tönerne Masse
eben sein nahender Brand, in sie er sich einbohrt geschwinde
und des Weines Urkörper löst und auf und davonführt.
Das vermag, wie man sieht, ein ganzes Leben lang Hitze
nicht zu bewirken der Sonne, so stark doch mit funkelndem
                                                    Feuer:
soviel beweglicher ist darum diese Gewalt und verstärkter.
    Jetzt nun, wie sie entstehen und wie zu so großer Macht
                                                    sie
wachsen, daß mit dem Schlag sie die Türme zu sprengen
                                                    vermögen,
Häuser zertrümmern können, entreißen Balken und Pfosten,
Denkmäler auch der Männer erschüttern und rücken vom
                                                    Platze,
Menschen entseelen, das Vieh zu Boden überall strecken,
übriges derart, mit welcher Kraft sie zu tun alles fähig,
will ich entwickeln und dich nicht mehr mit Versprechen
                                                    vertagen.
    Blitze entstehen, muß annehmen man, aus dickem
                                                    Gewölke
und in die Höhe gebautem; denn niemals bei heiterem
                                                    Himmel
werden die Blitze versandt und leicht nur verdichteten
                                                    Wolken.
Denn daß so das geschieht ohne Zweifel, belehrt uns
                                                    Erfahrung;
daß nämlich dann sich ballen im ganzen Luftraum die
                                                    Wolken,
daß du denkst, alles Dunkel der Hölle hab' sie verlassen
überallher und erfüllt die mächtigen Höhlen des Himmels:
so sehr dräuen, sobald der Wolken grausiges Dunkel
sich geballt, von oben die Fratzen finsteren Schreckens,

cum commoliri tempestas fulmina coeptat.   255
praeterea persaepe niger quoque per mare nimbus,
ut picis e caelo demissum flumen, in undas
sic cadit effertus tenebris procul et trahit atram
fulminibus gravidam tempestatem atque procellis,
ignibus ac ventis cum primis ipse repletus,   260
in terra quoque ut horrescant ac tecta requirant.
sic igitur supera nostrum caput esse putandumst
tempestatem altam; neque enim caligine tanta
obruerent terras, nisi inaedificata superne
multa forent multis exempto nubila sole;   265
nec tanto possent venientes opprimere imbri,
flumina abundare ut facerent camposque natare,
si non extructis foret alte nubibus aether.
hic igitur ventis atque ignibus omnia plena
sunt; ideo passim fremitus et fulgura fiunt.   270
quippe etenim supra docui permulta vaporis
semina habere cavas nubes et multa necessest
concipere ex solis radiis ardoreque eorum.
hoc ubi ventus eas idem qui cogit in unum
forte locum quemvis, expressit multa vaporis   275
semina seque simul cum eo commiscuit igni,
insinuatus ibi vertex versatur in arto
et calidis acuit fulmen fornacibus intus;
nam duplici ratione accenditur, ipse sua cum
mobilitate calescit et e contagibus ignis.   280
inde ubi percaluit venti vis ⟨et⟩ gravis ignis

wenn das Wetter beginnt, die Blitze spielen zu lassen.
Außerdem auch sehr oft stürzt schwarzes Gewölk auf dem
                                           Meere,
wie ein Strom von Pech vom Himmel, herab auf die Wogen
so in der Ferne, gefüllt mit Dunkel, und hat im Gefolge
mit sich ein finsteres Unwetter, schwanger von Blitzen und
                                          Böen,
selber vor allem prall gesättigt mit Feuern und Winden,
daß auf dem Land man in Angst erschauert und aufsucht die
                                          Mauern.
So muß also man glauben, daß auch über unserem Haupte
schwebt ein hohes Wetter; nicht könnten sie nämlich mit
                                          solcher
Schwärze das Land überschütten, wenn nicht aufgebaut
                                          wäre
droben vieles Gewölk über vielem, die Sonne entführend,
könnten mit solchem Guß beim Kommen nicht überfallen,
daß übertreten den Fluß sie lassen und schwimmen die
                                          Felder,
wenn der Äther nicht wäre von hoch geschichteten Wolken.
Alles ist so nun voll von Winden und voll von den Feuern;
darum kommt überall es auch zu Donnern und Blitzen.
Freilich, hab ich gezeigt doch oben, daß sehr viele Samen
Feuer das hohle Gewölke besitzt und viele notwendig
auf aus den Strahlen der Sonne sich nimmt und deren
                                          Erhitzung.
Wenn drum derselbe Wind etwa, der zusammen an einen
Ort sie beliebig treibt, heraus viele Samen des Feuers
hat gepreßt und gemischt sich zugleich mit selbigem Feuer,
bohrt sich der Wirbel dort ein und dreht sich im Kreis in der
                                          Enge
und spitzt zu den Blitz im glühenden Ofen darinnen;
denn auf doppelte Art entzündet er sich: wird er heiß doch
selber durch eigne Geschwindheit und aus der Berührung mit
                                          Feuer.
Ist dann des Windes Gewalt erglüht und des Feuers
                                          gewicht'ger

impetus incessit, maturum tum quasi fulmen
perscindit subito nubem, ferturque coruscis
omnia luminibus lustrans loca percitus ardor.
quem gravis insequitur sonitus, displosa repente   285
opprimere ut caeli videantur templa superne.
inde tremor terras graviter pertemptat et altum
murmura percurrunt caelum; nam tota fere tum
tempestas concussa tremit fremitusque moventur.
quo de concussu sequitur gravis imber et uber,   290
omnis uti videatur in imbrem vertier aether
atque ita praecipitans ad diluviem revocare;
tantus discidio nubis ventique procella
mittitur, ardenti sonitus cum provolat ictu.

    est etiam cum vis extrinsecus incita venti   295
incidit in calidam maturo fulmine nubem;
quam cum perscidit, extemplo cadit igneus ille
vertex, quem patrio vocitamus nomine fulmen.
hoc fit idem in partis alias, quocumque tulit vis.

    fit quoque ut interdum venti vis missa sine igni   300
igniscat tamen in spatio longoque meatu,
dum venit amittens in cursu corpora quaedam
grandia, quae nequeunt pariter penetrare per auras,
atque alia ex ipso conradens aere portat
parvula, quae faciunt ignem commixta volando;   305

Angriff erfolgt, ist reif gleichsam der Blitz und zerreißt
dann
plötzlich die Wolke, und, alle die Räume mit zuckenden
Lichtern
hell erleuchtend, fliegt der mächtig schießende Strahl hin.
Diesem folgt das schwere Getön, daß plötzlich geborsten
einzufallen des Himmels Bereiche scheinen von oben.
Darnach ergreift ein Beben gewaltig die Lande, und Donnern
läuft durch den ganzen Himmel hindurch, und es zittert das
ganze
Wetter beinah erschüttert, erregt wird überall Dröhnen.
Nach dem Erbeben der Erde erfolgt ein schwerer, üppiger
Regen,
daß zu verwandeln sich scheint der sämtliche Äther in Regen
und so sich stürzend herab zur Auflösung wieder zu führen;
so stark wird er verströmt bei der Wolke Bruch, bei des
Sturmes
Böe, wenn mit seinem glühenden Schlag das Tosen
hervorspringt.
    Manchmal bricht auch von außen des Windes erregte
Gewalt ein
in eine Wolke, die heiß ist geworden mit reifendem Blitze;
hat sie dann diese zerrissen, so stürzt jener feurige Wirbel
alsbald herab sich, den Blitz wir mit heimischem Namen
benennen.
Das geschieht auch in anderer Richtung, wo der Stoß
hintrug.
    Auch geschieht's, daß zuweilen des Windes Gewalt, ohne
Feuer
anfangs, entbrennt doch im Laufe der Bahn und der langen
Bewegung,
während sie stürmt, indem im Lauf ihr Teile entgleiten,
große, die nicht gleichschnell durch die Lüfte zu dringen
vermögen,
und aus eben der Luft abfegend andre sie mitführt,
kleine, die mischen sich während des Flugs und bewirken das
Feuer.

non alia longe ratione ac plumbea saepe
fervida fit glans in cursu, cum multa rigoris
corpora dimittens ignem concepit in auris.
  fit quoque ut ipsius plagae vis excitet ignem,
frigida cum venti pepulit vis missa sine igni,   310
nimirum quia, cum vehementi perculit ictu,
confluere ex ipso possunt elementa vaporis
et simul ex illa quae tum res excipit ictum;
ut, lapidem ferro cum caedimus, evolat ignis,
nec, quod frigida vis ferrist, hoc setius illi   315
semina concurrunt calidi fulgoris ad ictum.
sic igitur quoque res accendi fulmine debet,
opportuna fuit si forte et idonea flammis.
nec temere omnino plane vis frigida venti
esse potest, ea quae tanta vi missa supernest,   320
quin, prius in cursu ⟨si⟩ non accenditur igni,
at tepefacta tamen veniat commixta calore.
  Mobilitas autem fit fulminis et gravis ictus,
et celeri ferme percurrunt fulmina lapsu,
nubibus ipsa quod omnino prius incita se vis   325
colligit et magnum conamen sumit eundi,
inde ubi non potuit nubes capere inpetis auctum,
exprimitur vis atque ideo volat impete miro,
ut validis quae de tormentis missa feruntur.
adde quod e parvis et levibus est elementis,   330

Gar nicht anders so sehr, als oft die bleierne Kugel
glühend wird im Lauf, wenn viele sie Körper der Starre
von sich ließ und auf in den Lüften hat Feuer genommen.
　Auch geschieht's, daß die Wucht des Schlages Feuer erregt
schon,
wenn traf kalte Gewalt des Windes, entsandt ohne Feuer,
weil, kein Wunder, aus ihm, wenn mit heftigem Schlag er
gestoßen,
selbst zusammenzufließen vermögen Atome der Hitze
und aus jener Sache zugleich, die auffängt den Schlag dann;
wie, wenn mit Eisen den Stein wir schlagen, Feuer
hervorspringt,
und, weil kalt des Eisens Gewalt ist, nicht minder ihm darum
Samen glühenden Glanzes zum Schlage zusammen sich
finden.
So muß auch also ein Ding sich vom Blitze entzünden,
wenn es gelegen vielleicht und geeignet gewesen den
Flammen.
Und überhaupt kann nicht einfach des Windes Gewalt ohne
Gründe
kalt sein, sie, die mit solcher Wucht ward von oben gesendet,
ohne daß sie, wenn sie nicht sich früher im Laufen
entzündet,
wenigstens doch erwärmt ankommt mit Hitze vermenget.
　Raschheit aber des Blitzes entsteht und wuchtiger
Einschlag,
und in geschwindem Fall durchmessen alles die Blitze,
weil in den Wolken gewöhnlich sich selber vorher erregte
Wucht versammelt und mächtigen Anlauf sich nimmt für das
Gehen,
dann erst, wenn fassen die Wolke nicht konnte des
Schwunges Vermehrung,
ausgepreßt wird die Wucht und drum mit erstaunlichem
Schwung fliegt,
wie was von starker Schleudermaschine geschossen dahineilt.
Nimm hinzu, daß aus kleinen und glatten Körpern besteht
er,

nec facilest tali naturae opsistere quicquam;
inter enim fugit ac penetrat per rara viarum.
non igitur multis offensibus in remorando
haesitat. hanc ob rem celeri volat impete labens.
deinde, quod omnino natura pondera deorsum   335
omnia nituntur, cum plagast addita vero,
mobilitas duplicatur et impetus ille gravescit,
ut vehementius et citius quaecumque morantur
obvia discutiat plagis itinerque sequatur.
denique quod longo venit impete, sumere debet   340
mobilitatem etiam atque etiam, quae crescit eundo
et validas auget viris et roborat ictum;
nam facit ut quae sint illius semina cumque
e regione locum quasi in unum cuncta ferantur,
omnia coniciens in eum volventia cursum.   345
forsitan ex ipso veniens trahat aere quaedam
corpora, quae plagis incendunt mobilitatem.
incolumisque venit per res atque integra transit
multa, foraminibus liquidus quia transviat ignis;
multaque perfigit, cum corpora fulminis ipsa   350
corporibus rerum inciderunt, qua texta tenentur.
dissolvit porro facile aes aurumque repente
confervefacit, e parvis quia facta minute
corporibus vis est et levibus ex elementis,
quae facile insinuantur et insinuata repente   355
dissolvunt nodos omnis et vincla relaxant.

und einer solchen Natur sich nichts kann leicht widersetzen;
flieht er dazwischen doch durch und dringt durch offene
Bahnen.
So ist er also nicht durch vieles Anstoßen säumend
aufgehalten. Darum fliegt gleitend im hastigen Sturm er.
Weiter, weil überhaupt von Natur sich alle Gewichte
senken nach unten, wenn gar ein Schlag noch im Rücken
hinzukommt,
doppelt die Schnelligkeit wird und jenes Ungestüm
zunimmt,
so daß heftiger noch und schneller er alles, was hindernd
tritt in den Weg, zerteilt mit Schlägen und weiter der Bahn
folgt.
Schließlich muß, weil er in langem Angriff kommt, er hinzu
noch
Schnelligkeit nehmen fort und fort, die gehend sich steigert,
mächtige Kräfte noch mehrt und kernig mehr noch den
Schlag macht;
denn sie bewirkt, daß was ihm an Samen alles zu eigen,
alle zu einem Punkt gleichsam sich vorwärts bewegen,
werfend auf diese Bahn sie alle, die drehen sich in ihm.
Leicht, daß er auch, wenn er kommt, aus der Luft allein
schon bestimmte
Körper entführt, die mit ihren Schlägen die Raschheit
befeuern.
Heil aber kommt er durch Dinge, und unversehrt läßt er
vieles,
geht er hindurch, weil flüssig das Feuer durch Poren
hindurchläuft;
vieles durchbohrt er, wenn gerade die Körper des Blitzes
gefallen
sind auf die Körper der Dinge dort, wo verwebt sie gehalten.
Auflöst weiter er leicht das Erz, und plötzlich zerschmilzt er
Gold, weil seine Gewalt aus kleinen Körpern des Ursprungs
fein ist gefügt und dazu aus glatten Bauelementen,
welche sich leicht einbohren und, haben ein sich gebohrt sie,
plötzlich alle Verknotungen lösen und lockern die Bünde.

Autumnoque magis stellis fulgentibus apta
concutitur caeli domus undique totaque tellus,
et cum tempora se veris florentia pandunt.
frigore enim desunt ignes, ventique calore   360
deficiunt neque sunt tam denso corpore nubes.
interutrasque igitur cum caeli tempora constant,
tum variae causae concurrunt fulminis omnes.
nam fretus ipse anni permiscet frigus ⟨et⟩ aestum,
quorum utrumque opus est fabricanda ad fulmina nobis, 365
ut discordia ⟨sit⟩ rerum magnoque tumultu
ignibus et ventis furibundus fluctuet aer.
prima caloris enim pars est postrema rigoris.
tempus id est vernum; quare pugnare necessest
dissimilis inter se ⟨res⟩ turbareque mixtas.   370
et calor extremus primo cum frigore mixtus
volvitur, autumni quod fertur nomine tempus.
hic quoque confligunt hiemes aestatibus acres.
propterea ⟨freta⟩ sunt haec anni nominitanda,
nec mirumst, in eo si tempore plurima fiunt   375
fulmina tempestasque cietur turbida caelo,
ancipiti quoniam bello turbatur utrimque,
hinc flammis, illinc ventis umoreque mixto.

Und im Herbst wird, besät mit funkelnden Sternen, des
Himmels
Haus erschüttert überall mehr und alle die Lande,
und wenn die blühende Zeit des Frühlings breitend sich
öffnet.
Fehlt in der Kälte des Winters doch Feuer, im Glühen des
Sommers
schwinden die Winde, und sind nicht so dichten Körpers die
Wolken.
Wenn sich die Zeiten des Himmels nun zwischen beiden
befinden,
dann kommen alle verschiedenen Gründe des Blitzes
zusammen
Eben des Jahres Sund mischt nämlich Kälte und Hitze,
deren es beider bedarf uns stets zum Schmieden der Blitze,
daß herrsche Zwietracht der Dinge sowie, in mächtigem
Aufruhr
rasend, flute die Luft, aufwogend in Feuern und Winden.
Ist doch der früheste Teil der Hitze der letzte der Kälte.
Das ist die Frühlingszeit; drum müssen die Dinge sich
streiten,
untereinander verschieden, und stiften vermischt da
Verwirrung.
Und die Grenze der Hitze bewegt sich, vermischt mit der
ersten
Kälte, die Zeit des Jahres, die Herbst mit Namen genannt
wird.
Hier auch stoßen zusammen die scharfen Winter mit
Sommern.
Deswegen muß man dies die Sunde des Jahres benennen,
und es ist nicht zum Erstaunen, wenn derzeit am häufigsten
Blitze
kommen auf und ein stürmisches Wetter am Himmel erregt
wird,
da ja beiderseits wird getobt in schwankendem Kriege,
hier mit Flammen und dort mit Winden, vermischt mit der
Feuchte.

   Hoc est igniferi naturam fulminis ipsam
perspicere et qua vi faciat rem quamque videre,   380
non Tyrrhena retro volventem carmina frustra
indicia occultae divum perquirere mentis,
unde volans ignis pervenerit aut in utram se
verterit hinc partim, quo pacto per loca saepta
insinuarit, et hinc dominatus ut extulerit se,   385
quidve nocere queat de caelo fulminis ictus.
quod si Juppiter atque alii fulgentia divi
terrifico quatiunt sonitu caelestia templa
et iaciunt ignem quo cuiquest cumque voluntas,
cur quibus incautum scelus aversabile cumquest   390
non faciunt icti flammas ut fulguris halent
pectore perfixo, documen mortalibus acre,
et potius nulla sibi turpi conscius in re
volvitur in flammis innoxius inque peditur
turbine caelesti subito correptus et igni?   395
cur etiam loca sola petunt frustraque laborant?
an tum bracchia consvescunt firmantque lacertos?
in terraque patris cur telum perpetiuntur
obtundi? cur ipse sinit neque parcit in hostis?
denique cur numquam caelo iacit undique puro   400
Juppiter in terras fulmen sonitusque profundit?
an simul ac nubes successere, ipse in eas tum
descendit, prope ut hinc teli determinet ictus?
in mare qua porro mittit ratione? quid undas

    Das bedeutet es, die Natur des feurigen Blitzes
selbst zu durchschauen, und wie er ein jedes bewirkt, zu
                                              erkennen,
nicht die tuskischen Sprüche nach rückwärts zu rollen und
                                              fruchtlos
Zeichen verborgenen Sinnes aufzustöbern der Götter,
wo der fliegende Strahl herkam und in welchen der Teile
er sich wandte von hier, wie hindurch in umfriedete Räume
er sich einschlich, nachdem er geherrscht, wie von dort er sich
                                              forthub,
und was zu schaden vermag der Schlag des Blitzes vom
                                              Himmel.
Wenn aber Jupiter selbst und andere Götter des Himmels
strahlende Reiche mit schrecklichem Donner erschüttern und
                                              Glut sie
dorthin schleudern, wohin einem jeden ist jeweils der Wille,
warum bewirken sie nicht, daß die, die abscheulicher Untat
sich nicht scheuen, getroffen die Flammen des Schwefels
                                              veratmen
aus durchbohrter Brust, den Sterblichen bitteres Zeugnis,
und wälzt lieber sich der, dem kein schimpflich Handeln
                                              bewußt ist,
unschuldig in den Flammen und ist in ihnen gefesselt,
plötzlich gepackt vom himmlischen Wirbel und seinem Feuer?
Warum greifen sie Einöden an und mühen sich fruchtlos?
Üben sie etwa den Arm dann und wollen stärken die
                                              Muskeln?
Warum lassen sie zu, daß die Waffe des Vaters im Boden
stumpf wird? Warum läßt selbst er es zu, spart sie nicht
                                              gegen Feinde?
Schließlich: warum wirft nie aus überall heiterem Himmel
Jupiter auf die Lande den Blitz, läßt Donnern ertönen?
Steigt er etwa, sobald die Wolken darunter gezogen, dann
                                              auf sie
selber herab, um nahe von hier die Geschosse zu lenken?
Was ist der Grund, daß ins Meer er sie sendet? Warum
                                              beschuldigt

arguit et liquidam molem camposque natantis?   405
praeterea si vult caveamus fulminis ictum,
cur dubitat facere ut possimus cernere missum?
si nec opinantis autem volt opprimere igni,
cur tonat ex illa parte, ut vitare queamus,
cur tenebras ante et fremitus et murmura concit?   410
et simul in multas partis qui credere possis
mittere? an hoc ausis numquam contendere factum,
ut fierent ictus uno sub tempore plures?
at saepest numero factum fierique necessest,
ut pluere in multis regionibus et cadere imbris,   415
fulmina sic uno fieri sub tempore multa.
postremo cur sancta deum delubra suasque
discutit infesto praeclaras fulmine sedes
et bene facta deum frangit simulacra suisque
demit imaginibus violento volnere honorem?   420
altaque cur plerumque petit loca plurimaque eius
montibus in summis vestigia cernimus ignis?

Quod superest, facilest ex his cognoscere rebus,
presteras Graii quos ab re nominitarunt,
in mare qua missi veniant ratione superne.   425
nam fit ut interdum tamquam demissa columna
in mare de caelo descendat, quam freta circum
fervescunt graviter spirantibus incita flabris,
et quaecumque in eo tum sint deprensa tumultu
navigia in summum veniant vexata periclum.   430
hoc fit ubi interdum non quit vis incita venti
rumpere quam coepit nubem, sed deprimit, ut sit
in mare de caelo tamquam demissa columna,
paulatim, quasi quid pugno bracchique superne

er die Wogen, die flüssige Masse, die schwimmenden Felder?
Außerdem: wenn er will, daß wir hüten vorm Schlag uns
                                        des Blitzes,
warum zögert er dann, uns sehen zu lassen den Abschuß?
Wenn er uns unverhofft mit Feuer will überfallen,
warum donnert dann von dort, daß ihn meiden wir können,
warum erregt er Dunkel vorher und Dröhnen und Rollen?
Und wie solltest glauben du mögen, daß zugleich er in viele
Richtungen blitzt? Oder wagst du zu sagen, nie sei
                                        geschehen,
daß in einzigem Zeitpunkt erfolgten mehrere Schläge?
Aber es ist oft geschehen und muß geschehen notwendig,
daß, wie es regnet in vielen Gebieten und stürzen die Güsse,
so im einzigen Zeitpunkte zahlreiche Blitze doch zucken.
Schließlich: warum schlägt er die heiligen Tempel der Götter
und mit feindlichem Blitz entzwei seine herrlichen Sitze,
bricht die kunstvoll gefertigten Bilder der Götter in Stücke
und nimmt eigenem Abbild den Glanz durch gewaltsame
                                        Wunde?
Und warum greift meistens die Höhen er an und erkennen
meist wir die Spuren dieses Feuers auf Spitzen von Bergen?

   Übrigens ist es leicht, aus diesen Dingen zu lernen,
auf welche Weise sich sie, die Presteres haben die Griechen
nach der Sache benannt, aufs Meer von oben sich stürzen.
Denn es geschieht, daß zuweilen herab eine Art von
                                        gesenkter
Säule vom Himmel aufs Meer steigt, rings um welche die
                                        Fluten
hoch aufschäumen, erregt von den mächtig fauchenden Böen,
und was immer an Schiffen in diesem Aufruhr gepackt wird,
dann, bös zugerichtet, gerät in die schlimmsten Gefahren.
Das geschieht, wenn bisweilen des Windes erregte Gewalt
                                        nicht,
die sie begonnen, die Wolke zerreißen kann, sondern nieder-
drückt, daß entsteht die aufs Meer vom Himmel gelassene
                                        Säule,
mählich, wie wenn etwas mit der Faust von oben und Armes

coniectu trudatur et extendatur in undas;   435
quam cum discidit, hinc prorumpitur in mare venti
vis et fervorem mirum concinnat in undis.
versabundus enim turbo descendit et illam
deducit pariter lento cum corpore nubem;
quam simul ac gravidam detrusit ad aequora ponti,   440
ille in aquam subito totum se inmittit et omne
excitat ingenti sonitu mare fervere cogens.
fit quoque ut involvat venti se nubibus ipse
vertex, conradens ex aere semina nubis,
et quasi demissum caelo prestera imitetur;   445
hic ubi se in terras demisit dissoluitque,
turbinis inmanem vim provomit atque procellae.
sed quia fit raro omnino montisque necessest
officere in terris, apparet crebrius idem
prospectu maris in magno caeloque patenti.   450

    Nubila concrescunt, ubi corpora multa volando
hoc super in caeli spatio coiere repente
asperiora, modis quae possint indupedita
exiguis tamen inter se compressa teneri.
haec faciunt primum parvas consistere nubes;   455
inde ea comprendunt inter se conque gregantur
et coniungendo crescunt ventisque feruntur
usque adeo donec tempestas saeva coortast.

Schwung auf die Wogen gestoßen wird und gespannt in die
Länge;
hat sie diese zerrissen, so brechen des Windes Gewalten
los auf das Meer und stiften erstaunliche Wut auf den
Wogen.
Steigt doch ein kreisender Wirbel herab und zieht mit sich
nieder
jene Wolke zugleich mit ihrem biegsamen Körper.
Kaum hat herab er die schwangre gedrückt auf die Fläche
des Meeres,
fährt jener plötzlich ganz ins Wasser und wiegelt das ganze
Meer auf mit ungeheurem Getöse, zu schäumen es zwingend.
Auch geschieht es, daß selber mit Wolken der Wirbel des
Windes
ein sich hüllt, aus der Luft die Samen der Wolke sich
scharrend,
und gleichsam den vom Himmel gesenkten Prester nur
nachahmt.
Sobald dieser gesenkt sich hat auf das Land und gelöst sich,
speit er ungeheuere Wucht von Wirbel und Sturm aus.
Doch da überhaupt er selten sich zeigt und sich hindernd
entgegen-
stellen die Berge an Land, ist häufiger seine Erscheinung
in des Meeres mächtiger Sicht und dem offenen Himmel.
    Wolken wachsen zusammen, sobald viel Körper im
Fliegen
droben in dieser Spanne des Himmels plötzlich zusammenkommen, ein wenig gerauht, die, verstrickt nur auf lockere
Weise,
doch aneinander, zusammengepreßt, sich zu halten
vermögen.
Diese bewirken zunächst, daß schmächtige Wölkchen
entstehen,
drauf ergreifen einander und scharen sich diese zusammen,
wachsen durch die Verbindung und werden von Winden
getragen,
so lange, bis zum Schluß sich ein wildes Wetter gebraut hat.

fit quoque uti montis vicina cacumina caelo
quam sint quoque magis, tanto magis edita fument   460
assidue fulvae nubis caligine crassa
propterea quia, cum consistunt nubila primum,
ante videre oculi quam possint tenvia, venti
portantes cogunt ad summa cacumina montis;
hic demum fit uti turba maiore coorta   465
et condensa queant apparere et simul ipso
vertice de montis videantur surgere in aethram.
nam lo⟨ca⟩ declarat sursum ventosa patere
res ipsa et sensus, montis cum ascendimus altos.

    praeterea permulta mari quoque tollere toto   470
corpora naturam declarant litore vestes
suspensae, cum concipiunt umoris adhaesum.
quo magis ad nubis augendas multa videntur
posse quoque e salso consurgere momine ponti;
nam ratio consanguineast umoribus omnis.   475
praeterea fluviis ex omnibus et simul ipsa
surgere de terra nebulas aestumque videmus,
quae velut halitus hinc ita sursum expressa feruntur
suffunduntque sua caelum caligine et altas
sufficiunt nubis paulatim conveniundo.   480
urget enim quoque signiferi super aetheris aestus
et quasi densendo subtexit caerula nimbis.

    fit quoque ut hunc veniant in caelum extrinsecus illa
corpora quae faciunt nubis nimbosque volantis;
innumerabilem enim numerum summamque profundi   485

Auch geschieht's, daß je näher die Spitzen des Berges dem
Himmel
sind benachbart, um so mehr in der Höhe sie dampfen
ständig im feisten Schwarz einer dunkelfarbenen Wolke,
deswegen weil, wenn zuerst sich die Wolken zu bilden
beginnen,
ehe das Auge sie noch, die feinen, zu sehen vermöchte,
tragend der Wind sie treibt an die höchsten Spitzen der
Berge;
hier erst geschieht's, daß sie, mit größrem Getümmel sich
formend
und sich verdichtend, hervorzutreten vermögen, zu heben
selber zugleich sich scheinen vom Scheitel des Berges zur
Klarheit.
Daß die Region da droben windreich nämlich sich weitet,
zeigt Befund und Erfahrung, wenn hohes Gebirg wir
erklimmen.
  Daß aus dem ganzen Meere zudem unzählige Körper
hebt empor die Natur, zeigt klar das Gewand, das am
Strande
aufgehängt ist, wenn es aufnimmt der Feuchtigkeit Ansog.
Um so mehr können auch offenbar zur Mehrung der Wolken
sich aus der salzigen Dünung des Meeres viele erheben;
sind doch brüderlich gleich dem Feuchten alle Gesetze.
Außerdem sehen wir auch, daß aus allen Flüssen und selber
auch aus der Erde zugleich sich heben Nebel und Dünste,
die wie ein Atem, von dort erpreßt, so streben nach oben,
mit ihrem Dunkel den Himmel unten erfüllen und hohe
Wolken, mählich von unten zusammenkommend, ihm bilden.
Lastet darüber doch auch des bestirnten Äthers bewegter
Strom und umwebt, sie gleichsam verdichtend, die Bläue
mit Wolken.
  Auch geschieht's, daß in diesen Himmel von außen sich
nahen
jene Körper, die Wolken bewirken und fliegende Wetter;
denn daß zahllos die Zahl und das Ganze der Tiefe
unendlich,

esse infinitam docui, quantaque volarent
corpora mobilitate ostendi quamque repente
inmemorabile per spatium transire solerent.
haud igitur mirumst, si parvo tempore saepe
tam magnis nimbis tempestas atque tenebrae   490
coperiant maria ac terras inpensa superne,
undique quandoquidem per caulas aetheris omnis
et quasi per magni circum spiracula mundi
exitus introitusque elementis redditus extat.

Nunc age, quo pacto pluvius concrescat in altis   495
nubibus umor et in terras demissus ut imber
decidat, expediam. primum iam semina aquai
multa simul vincam consurgere nubibus ipsis
omnibus ex rebus pariterque ita crescere utrumque,
et nubis et aquam quaecumque in nubibus extat,   500
ut pariter nobis corpus cum sanguine crescit,
sudor item atque umor quicumque est denique membris.
concipiunt etiam multum quoque saepe marinum
umorem, veluti pendentia vellera lanae,
cum supera magnum mare venti nubila portant.   505
consimili ratione ex omnibus amnibus umor
tollitur in nubis. quo cum bene semina aquarum
multa modis multis convenere undique adaucta,
confertae nubes ⟨umorem⟩ mittere certant
dupliciter; nam vis venti contrudit et ipsa   510
copia nimborum turba maiore coacta
urget et e supero premit ac facit effluere imbris.

habe ich ja gelehrt, und mit welcher Geschwindheit die
Körper
fliegen, gezeigt und zugleich, wie schnell und plötzlich sie
pflegen
einen Raum zu durcheilen, den auszudenken unmöglich.
Nicht ist es also zum Wundern, wenn oft in kürzesten Zeiten
mit so gewaltigen Gipfeln das Wetter und seine Verfinstrung
Meer und Lande bedeckt, von oben hangend mit Drohen,
da überall ja her durch alle die Lücken des Äthers
und gleichsam die Atemlöcher des mächtigen Weltalls
Ausgang und Eingang, verstattet, den Ursprungskörpern
bereitsteht.
Jetzt wohlan, so will ich entwickeln, nach welchem
Gesetze
in den getürmten Wolken sich ballt die himmlische Feuchte,
wie sich herabstürzt Regen aufs Land. Zuerst schon,
behaupten
werd ich, erheben sich Samen des Wassers selbst mit den
Wolken
viele zugleich aus allem, und beides wächst so gemeinsam,
Wolke und Wasser, soviel auch immer es gibt in den Wolken,
wie der Leib uns wächst im gleichen Schritt mit dem Blute,
ebenso Schweiß und schließlich was sonst noch an Feuchtem
den Gliedern.
Aufnehmen häufig sie auch die Meeresfeuchte in Fülle,
so, wie häufig das Vlies der Wolle, das da hangt zum
Trocknen,
wenn übers mächtige Meer dahintragen Winde die Wolken.
Und in ähnlicher Art erhebt sich aus allen den Strömen
Feuchtigkeit in die Wolken. Wenn dort viel Samen des
Wassers
recht auf vielerlei Art sich einen, vermehrt überallher,
eifern die Wolken prall, die Feuchtigkeit aus sich zu lassen,
doppelt: des Windes Gewalt drängt nämlich zusammen, und
selber
lastet die Fülle der Wolken, in größerem Sturme gesammelt,
drückt aus der Höhe herab und läßt verströmen die Regen.

praeterea cum rarescunt quoque nubila ventis
aut dissolvuntur, solis super icta calore,
mittunt umorem pluvium stillantque, quasi igni   515
cera super calido tabescens multa liquescat.
sed vemens imber fit, ubi vementer utraque
nubila vi cumulata premuntur et impete venti.
at retinere diu pluviae longumque morari
consuerunt, ubi multa cientur semina aquarum   520
atque aliis aliae nubes nimbique rigantes
insuper atque omni vulgo de parte feruntur,
terraque cum fumans umorem tota redhalat.
hic ubi sol radiis tempestatem inter opacam
adversa fulsit nimborum aspargine contra,   525
tum color in nigris existit nubibus arqui.

Cetera quae sursum crescunt sursumque creantur,
et quae concrescunt in nubibus, omnia, prorsum
omnia, nix, venti, grando gelidaeque pruinae
et vis magna geli, magnum duramen aquarum,   530
et mora quae fluvios passim refrenat aventis,
perfacilest tamen haec reperire animoque videre
omnia quo pacto fiant quareve creantur,
cum bene cognoris elementis reddita quae sint.

Nunc age, quae ratio terrai motibus extet,   535
percipe. et in primis terram fac ut esse rearis
subter item ut supera vent⟨os⟩is undique plenam
speluncis multosque lacus multasque lacunas
in gremio gerere et rupes deruptaque saxa;
multaque sub tergo terrai flumina tecta   540

Auch außerdem, wenn die Wolken verflüchtigen sich
                           durch die Winde
oder sich auflösen, noch von der Hitze der Sonne getroffen,
strömen die Feuchte des Regens sie aus und tropfen, wie
                           mächtig
Wachs über heißem Feuer zerschmilzt und flüssig
                           herabtropft.
Heftig wird aber der Regen, wenn heftig von beiden
                           Mächten
Wolken werden bedrückt: gehäuft und vom Angriff des
                           Windes.
An sich zu halten jedoch pflegen lange und lange zu weilen
Regenwolken, wo viele erregt werden Samen des Wassers
und die Wolken und netzenden Dünste, die einen auf
                           andren
hoch getürmt, dahinziehn verbreitet in jeglicher Richtung
und wenn dampfend ganz die Erde nur Feuchtigkeit atmet.
Wenn hier die Sonne mit ihrem Strahl im dunkelen Wetter
aufglänzt, dem Sprühen der Wolken, das wider sie stehet,
                           entgegen,
da tritt auf in den schwarzen Wolken die Farbe des Bogens.
  Alles was sonst noch oben wächst, noch oben erzeugt wird,
und was noch in den Wolken sich bildet, alles, geradewegs
alles, der Schnee, der Wind, der Hagel und eisiger Reif noch,
Frostes gewaltige Macht, die große Verhärtung des Wassers
und das Säumen, das überall zügelt die gierigen Ströme,
ist sehr leicht zu finden und vorzustellen im Geiste,
wie dies alles entsteht und warum ein jedes erzeugt wird,
wenn du klar hast erkannt, was den Ursprungskörpern
                           verstattet.
  Jetzt nun wohlan, so vernimm, welcher Grund für das
                           Beben der Erde
gilt, und vor allem stelle dir vor, daß die Erde wie oben,
so auch unten sich zeigt erfüllt von windigen Höhlen,
und daß sie zahlreiche Seen und zahlreiche Schlünde in ihrem
Schoße verbirgt und Felsengeklüft und schüssige Klippen;
zahlreiche Flüsse wälzen, glaub es, bedeckt ihre Fluten

volvere vi fluctus summersaque saxa putandumst.
undique enim similem esse sui res postulat ipsa.
his igitur rebus subiunctis suppositisque
terra superne tremit magnis concussa ruinis,
subter ubi ingentis speluncas subruit aetas;   545
quippe cadunt toti montes magnoque repente
concussu late disserpunt inde tremores.
et merito, quoniam plaustris concussa tremescunt
tecta viam propter non magno pondere tota,
nec minus exultant, scruposum ubi cumque viai   550
ferratos utrimque rotarum succutit orbes.
fit quoque, ubi in magnas aquae vastasque lacunas
gleba vetustate e terra provolvitur ingens,
ut iactetur aquae fluctu quoque terra vacillans;
ut vas inter⟨dum⟩ non quit constare, nisi umor   555
destitit in dubio fluctu iactarier intus.

   praeterea ventus cum per loca subcava terrae
collectus parte ex una procumbit et urget
obnixus magnis speluncas viribus altas,
incumbit tellus quo venti prona premit vis.   560
tum supera terram quae sunt extructa domorum
ad caelumque magis quanto sunt edita quaeque,
inclinata minent in eandem prodita partem
protractaeque trabes impendent ire paratae.
et metuunt magni naturam credere mundi   565
exitiale aliquod tempus clademque manere,
cum videant tantam terrarum incumbere molem!
quod nisi respirent venti, ⟨vis⟩ nulla refrenet
res neque ab exitio possit reprehendere euntis;

mächtig unter dem Rücken der Erde und Blöcke am Grunde.
Denn daß durchaus sie sich ähnlich sei, erfordert die Sache.
Hat diese Dinge mit ihr man verbunden und legt sie ihr
unter,
zittert oben die Erde von mächtigem Einsturz erschüttert,
sobald unten die Zeit einriß die riesigen Höhlen;
fallen doch ganze Gebirge herab, und plötzlich von starken
Stößen schwingt von dort weithin auseinander Erbeben.
Und mit Recht, da ja, vom Wagen erschüttert, die Häuser
nahe der Straße erzittern im ganzen von kleinem Gewichte
und nicht weniger hüpfen empor, wenn die holprige Straße
beiderseits die beschlagenen Felgen der Räder emporschlägt.
Auch geschieht es, wenn mächtige Schollen in große und
weite
Schlünde voll Wasser, vom Alter zermürbt, von der Erde
sich wälzen,
daß von des Wassers Flut auch die Erde geschleudert wird
schwankend;
wie zuweilen ein Topf nicht zu stehen vermag, hat nicht
drinnen
aufgehört das Naß, sich in schwankem Fluten zu regen.
  Außerdem: wenn der Wind in den unterirdischen Höhlen
sammelnd von einer Seite sich vorstürzt und, ein sich dann
stemmend,
drängend mit großer Macht die tiefen Höhlen durchwütet,
neigt sich die Erde, wohin des Windes schüssige Macht
drückt.
Was dann über der Erde an hohen Bauten der Häuser
ist und je höher empor ein jedes gehoben zum Himmel,
hängt in der Luft es sich neigend, derselben Richtung
verschrieben,
Träger, gezogen hervor, hangen über, gewärtig zu stürzen.
Und da scheut man sich noch zu glauben, es würde erwarten
einmal das Wesen der Welt die Zeit des Todes und Unheil,
wo man doch sieht, wie nachgibt der Welt so mächtige Masse!
Wehten aber zurück nicht die Winde, so bändigte keine
Macht die Dinge und könnte vom Tod sie holen im Falle;

nunc quia respirant alternis inque gravescunt   570
et quasi collecti redeunt ceduntque repulsi,
saepius hanc ob rem minitatur terra ruinas
quam facit; inclinatur enim retroque recellit
et recipit prolapsa suas in pondera sedes.
hac igitur ratione vacillant omnia tecta,   575
summa magis mediis, media imis, ima perhilum.

   est haec eiusdem quoque magni causa tremoris,
ventus ubi atque animae subito vis maxima quaedam
aut extrinsecus aut ipsa tellure coorta
in loca se cava terrai coniecit ibique   580
speluncas inter magnas fremit ante tumultu
versabunda⟨que⟩ portatur, post incita cum vis
exagitata foras erumpitur et simul altam
diffindens terram magnum concinnat hiatum.
in Syria Sidone quod accidit et fuit Aegi   585
in Peloponneso, quas exitus hic animai
disturbat urbes et terrae motus obortus.
multaque praeterea ceciderunt moenia magnis
motibus in terris et multae per mare pessum
subsedere suis pariter cum civibus urbes.   590
quod nisi prorumpit, tamen impetus ipse animai
et fera vis venti per crebra foramina terrae
dispertitur ut horror et incutit inde tremorem;
frigus uti nostros penitus cum venit in artus,
concutit invitos cogens tremere atque movere.   595
ancipiti trepidant igitur terrore per urbis,

weil aber jetzt sie wechselnd zurückwehn und zunehmen
wieder
und wie gesammelt zurückkehren, dann wieder weichen,
geschlagen,
drum droht an die Erde den Einsturz öfter, als daß sie
wirklich ihn tut; denn sie neigt sich und schnellt zurück sich
dann wieder
und nimmt auf die verrutschten Gewichte in ihre Gefüge.
Aus diesem Grund also bewegen sich sämtliche Häuser,
Spitzen mehr als die Mitten, die Mitte als Tiefstes, der
Grund kaum.
  Dieses auch ist ein Grund für dasselbe mächtige Beben,
wenn sich ein Wind und plötzlich die größte Gewalt einer
Böe,
entweder außerhalb oder selber im Boden entstanden,
warf in der Erde gehöhlte Bereiche und dort in den großen
Grotten tosend vorher rast in wütendem Aufruhr,
wirbelnd dahinfährt, wenn dann die erregte Gewalt, bis zum
höchsten
aufgepeitscht, nach außen hervorbricht und – spaltend die
tiefe
Erde – zugleich bewirkt ein mächtig gähnendes Klaffen.
Das ist geschehen in Sidon in Syrien, das auch in Aegion
auf der Peloponnes. Diese Städte hat eben der Ausbruch
dieses Gases zerstört und das folgende Beben der Erde.
Und es sanken noch viele dahin der Mauern durch große
Beben auf Erden, und nieder senkten zum Grund sich des
Meeres
viele der Städte zugleich mitsamt ihren ganzen Bewohnern.
Bricht es hervor aber nicht, verteilt sich doch eben des Gases
Wucht und die wütende Macht des Windes durch häufige
Poren
unserer Erde wie Schauer und bringt ihr davon Erzittern;
wie wenn Kälte ist tief in unsere Glieder gedrungen,
diese sie schüttelt und zwingt, wider Willen zu beben und
zittern.
Und so zittert man nun in den Städten in bangem Entsetzen,

tecta superne timent, metuunt inferne cavernas
terrai ne dissolvat natura repente,
neu distracta suum late dispandat hiatum
idque suis confusa velit complere ruinis.   600
proinde licet quamvis caelum terramque reantur
incorrupta fore aeternae mandata saluti:
et tamen interdum praesens vis ipsa pericli
subdit et hunc stimulum quadam de parte timoris,
ne pedibus raptim tellus subtracta feratur   605
in barathrum rerumque sequatur prodita summa
funditus et fiat mundi confusa ruina.

    Principio mare mirantur non reddere maius
naturam, quo sit tantus decursus aquarum,
omnia quo veniant ex omni flumina parte.   610
adde vagos imbris tempestatesque volantes,
omnia quae maria ac terras sparguntque rigantque;
adde suos fontis: tamen ad maris omnia summam
guttai vix instar erunt unius adaugmen;
quo minus est mirum mare non augescere magnum.   615

    praeterea magnam sol partem detrahit aestu.
quippe videmus enim vestis umore madentis
exsiccare suis radiis ardentibus solem;
at pelage multa et late substrata videmus.
proinde licet quamvis ex uno quoque loco sol   620
umoris parvam delibet ab aequore partem,
largiter in tanto spatio tamen auferet undis.

    tum porro venti quoque magnam tollere partem
umoris possunt verrentes aequora, ventis

fürchtet, daß oben die Stadt, ist besorgt, daß unten die
                             Höhlen
plötzlich der Erde Natur aus ihren Fügungen auflöst
und, zerrissen, weitauf ihren Rachen spannt auseinander
und ihn begehrt, verschmelzend, mit ihren Trümmern zu
                             füllen.
Darum mögen sie noch so sehr glauben, Himmel und Erde
würden gediegen in Obhut gegeben ewigem Heile:
bisweilen setzt doch die wirkende Kraft der Gefahr, die vor
                             Augen,
selber noch diesen Stachel ins Herz aus Tiefen der Ängste,
reißend könnte, den Füßen entzogen, die Erde sich stürzen
tief in den Abgrund, preisgegeben ihr folgen der Dinge
Summe von Grund auf, und kommen der Welt chaotischer
                             Einsturz.
     Erstlich verwundern sie sich, daß das Meer nicht größer an
                             Umfang
macht die Natur, in das fließt ein solcher Ablauf der Wasser,
in das sich alle die Flüsse ergießen aus jeglicher Richtung.
Füge die ziehenden Regen hinzu, die fliegenden Wetter,
alles, was Meere wie Lande benetzt und reichlich bewässert;
füge die eigenen Quellen zu: gegen die Summe des Meeres
ist doch alles ein Zuwachs kaum wie ein einziger Tropfen;
wenig ist drum es erstaunlich, daß zunimmt das riesige Meer
                             nicht.
     Außerdem entzieht einen Großteil die Sonne durch Hitze.
Sehen wir doch, wie Gewänder, die triefend feucht sind von
                             Nässe,
aus mit ihren brennenden Strahlen trocknet die Sonne;
Meere jedoch sehen viele wir breit darunter gelagert.
Mag drum auch von jedem einzelnen Orte die Sonne
nur einen winzigen Teil des Wassers lecken vom Spiegel,
wird sie bei solchem Gebiet doch reichlich berauben die
                             Wogen.
     Weiter vermag auch der Wind einen großen Teil seiner
                             Feuchte
wegzunehmen, wenn fegt er die Weiten, da oft wir ja sehen,

una nocte vias quoniam persaepe videmus   625
siccari mollisque luti concrescere crustas.
praeterea docui multum quoque tollere nubes
umorem magno conceptum ex aequore ponti
et passim toto terrarum spargere in orbi,
cum pluit in terris et venti nubila portant.   630
  postremo quoniam raro cum corpore tellus
est et coniunctast, oras maris undique cingens,
debet, ut in mare de terris venit umor aquai,
in terras itidem manare ex aequore salso;
percolatur enim virus retroque remanat   635
materies umoris et ad caput amnibus omnis
confluit, inde super terras redit agmine dulci
qua via secta semel liquido pede detulit undas.
  Nunc ratio quae sit, per fauces montis ut Aetnae
expirent ignes interdum turbine tanto,   640
expediam: neque enim mediocri clade coorta
flammea tempestas Siculum dominata per agros
finitimis ad se convertit gentibus ora,
fumida cum caeli scintillare omnia templa
cernentes pavida complebant pectora cura,   645
quid moliretur rerum natura novarum.
  hisce tibi in rebus latest alteque videndum
et longe cunctas in partis dispiciendum,
ut reminiscaris summam rerum esse profundam
et videas caelum summai totius unum   650

wie die Straßen vom Wind in einer Nacht schon getrocknet
werden und starr die Kruste gerinnt des schmiegsamen
Lehmes.
Außerdem hab ich gezeigt, daß viel auch heben die Wolken
Feuchte sich auf, vom weiten Spiegel des Meeres sie
nehmend,
und sie wieder versprühen im ganzen Kreise der Lande,
wenn es auf Erden regnet und Winde bringen die Wolken.
   Schließlich, da ja mit lockerem Körper die Erde begabt ist
und mit dem Meere verbunden, die Küsten überall säumend,
muß, wie vom Land ins Meer des Wassers Feuchte
hineinströmt,
ebenso rinnen ins Land sie vom salzigen Spiegel des Meeres;
wird doch die Bracke geseiht, und strömt doch wieder zurück
dann
aller Feuchtigkeit Stoff, fließt zusammen am Quelle der
Ströme
und kehrt dann zurück durch das Land in erfrischenden
Zügen,
dort wo die Rinne herab die Wellen mit flüssigem Fuß trug.
   Was nun die Gründe sind, daß zuweilen den Schlünden
des Ätna
Feuer fauchend entströmen mit solchem mächtigem Wirbel,
will ich entwickeln jetzt: mit fürwahr nicht mäßigem Unheil
hat ja das flammende Wetter geherrscht auf der Sikuler
Fluren
und hat auf sich gelenkt das Aug' der benachbarten Stämme,
als sie voll Rauch alle Himmelsviertel Funken versprühen
sahen und sich mit banger Besorgnis die Herzen erfüllten,
was im Schilde denn führe Natur an neuerndem Umsturz.
   Bei diesen Dingen mußt schauen du in die Breite und Tiefe
und mußt prüfend nach allen Richtungen weithin dich
umsehn,
daß du besinnst dich, daß unendlich tief das All ist der
Dinge,
und daß du siehst, ein wie winziger Teil ein einziger
Himmel

quam sit parvula pars et quam multesima constet
nec tota pars, homo terrai quota totius unus.
quod bene propositum si plane contueare
ac videas plane, mirari multa relinquas.
numquis enim nostrum miratur, siquis in artus   655
accepit calido febrim fervore coortam
aut alium quemvis morbi per membra dolorem?
opturgescit enim subito pes, arripit acer
saepe dolor dentes, oculos invadit in ipsos,
existit sacer ignis et urit corpore serpens   660
quamcumque arripuit partim, repitque per artus,
nimirum quia sunt multarum semina rerum
et satis haec tellus morbi caelumque mali fert,
unde queat vis immensi procrescere morbi.
sic igitur toti caelo terraeque putandumst   665
ex infinito satis omnia suppeditare,
unde repente queat tellus concussa moveri
perque mare ac terras rapidus percurrere turbo,
ignis abundare Aetnaeus, flammescere caelum;
id quoque enim fit et ardescunt caelestia templa   670
et tempestates pluviae graviore coortu
sunt, ubi forte ita se tetulerunt semina aquarum.
›at nimis est ingens incendi turbidus ardor!‹
scilicet et fluvius qui visus maximus ei

ist von der ganzen Summe, welch kleinen Bruchteil er bildet,
nicht der sovielte Teil, wie ein Mensch vom Ganzen der
Erde.
Wenn du dir dies vor das Aug' gut stellst und deutlich
erschaust es,
deutlich es siehst, wirst ablassen du, über viel dich zu
wundern.
Wundert denn etwa sich jemand von uns, wenn einer das
Fieber
in die Glieder bekam, mit heißem Glühen sich zeigend,
oder auch andren beliebigen Schmerz einer Krankheit im
Leibe?
Schwillt doch unerwartet der Fuß an, ergreift doch ein
scharfer
Schmerz oft den Zahn, befällt oftmals gar selber die Augen,
auftritt das heilige Feuer und brennt, im Körper sich
schlängelnd,
aus den Teil, den ergreift es, und kriecht entlang durch die
Glieder,
offenbar weil zugegen die Samen von zahlreichen Dingen
und diese Erde genug an Krankheit, der Himmel an Leid
führt,
woher vermag die Gewalt unermeßlicher Krankheit zu
keimen.
So muß also man denken, daß Himmel und Erde im Ganzen
aus dem Unendlichen alles genugsam steht zu Gebote,
woher plötzlich erschüttert die Erde vermag sich zu regen
und durch Länder und Meer der reißende Wirbel zu laufen,
Ätnafeuer zu quellen, in Flammen der Himmel zu stehen;
denn auch das geschieht, und es flammen des Himmels
Bezirke,
und des Regens Unwetter sind von schwererem Ausbruch,
wenn sich des Wassers Samen einmal derartig gesammelt.
»Doch ist allzu unheimlich das wirbelnde Glühen des
Brandes!«
Freilich: scheint auch der Fluß, der als größter gesehn ward
von jenem,

qui non ante aliquem maiorem vidit, et ingens   675
arbor homoque videtur, et omnia de genere omni
maxima quae vidit quisque, haec ingentia fingit,
cum tamen omnia cum caelo terraque marique
nil sint ad summam summai totius omnem.

    nunc tamen illa modis quibus inritata repente   680
flamma foras vastis Aetnae fornacibus efflet,
expediam. primum totius subcava montis
est natura, fere silicum suffulta cavernis.
omnibus est porro in speluncis ventus et aer.
ventus enim fit, ubi est agitando percitus aer.   685
hic ubi percaluit calefecitque omnia circum
saxa furens, qua contingit, terramque, et ab ollis
excussit calidum flammis velocibus ignem,
tollit se ac rectis ita faucibus eicit alte.
fert itaque ardorem longe longeque favillam   690
differt et crassa volvit caligine fumum
extruditque simul mirando pondere saxa;
ne dubites quin haec animai turbida sit vis.

    praeterea magna ex parti mare montis ad eius
radices frangit fluctus aestumque resorbet.   695
ex hoc usque mari speluncae montis ad altas
perveniunt subter fauces. hac ire fatendumst
et penetrare animam penitus res cogit aperta
atque efflare foras ideoque extollere flammam
saxaque subiectare et arenae tollere nimbos.   700

der nie größeren sah vorher, und genauso unheimlich
doch auch der Baum und der Mensch; und alles jeden
                                        Geschlechtes,
das als größtes man sah, stellt man sich vor als unheimlich,
während doch alles samt Himmel, Erde und Meeren
                                        zusammen
ist ein Nichts im Vergleich mit der ganzen Summe des Alles.
    Jetzt, auf welche Weise gereizt, nun plötzlich die Flamme
aus den unendlichen Essen des Ätna nach draußen
                                        hinausschlägt,
will ich entwickeln. Zunächst ist unten hohl des gesamten
Berges Natur, gewöhnlich gestützt durch Bogen von Lava.
Weiter befindet sich Wind und Luft in jeder der Höhlen.
Denn zu Wind wird sie dann, wenn die Luft durch Treiben
                                        erregt wird.
Hat er erwärmt sich und ringsum erhitzt in rasendem Toben
alles Gestein, wohin er rührt, und die Erde, und jenem
hitziges Feuer entschlagen, hitzig mit hurtigen Flammen,
hebt er sich auf und wirft sich hoch heraus aus dem Schlunde.
Weit trägt darum die Glut er und weit verstreut er die
                                        Asche,
wälzt mit sich den Rauch mit seiner stickigen Schwärze
und stößt aus zugleich von erstaunlicher Masse die Felsen;
daß du nicht zweifelst, daß dies die wirblige Macht ist des
                                        Gases.
    Außerdem bricht das Meer zum großen Teile am Fuße
dieses Berges die Fluten und schlürft zurück dann die
                                        Brandung.
Unterirdisch vom Meer gehen Höhlen bis hin zu den hohen
Schlünden hinauf. Daß auf diesem Weg ein Wehen
                                        hindurchstreicht,
mußt du bekennen; daß tief es eindringt, läßt schließen der
                                        offne
Tatbestand, und daß es herausbläst, drum Flammen
                                        heraushebt,
Blöcke von unten heraufschleudert, Wolken von Sand in die
                                        Luft treibt.

in summo sunt vertice enim crateres, ut ipsi
nominitant, nos quod fauces perhibemus et ora.

Sunt aliquot quoque res quarum unam dicere causam
non satis est, verum pluris, unde una tamen sit;
corpus ut exanimum siquod procul ipse iacere   705
conspicias hominis, fit ut omnis dicere causas
conveniat leti, dicatur ut illius una;
nam neque eum ferro nec frigore vincere possis
interiisse neque a morbo neque forte veneno,
verum aliquid genere esse ex hoc quod contigit ei   710
scimus; item in multis hoc rebus dicere habemus.

Nilus in aestatem crescit campisque redundat
unicus in terris, Aegypti totius amnis.
is rigat Aegyptum medium per saepe calorem,
aut quia sunt aestate aquilones ostia contra,   715
anni tempore eo qui etesiae esse feruntur,
et contra fluvium flantes remorantur et undas
cogentes sursus replent coguntque manere.
nam dubio procul haec adverso flabra feruntur
flumine, quae gelidis ab stellis axis aguntur;   720
ille ex aestifera parti venit amnis ab austro,
inter nigra virum percocto saecla colore
exoriens penitus media ab regione diei.
est quoque uti possit magnus congestus harenae
fluctibus adversis oppilare ostia contra,   725
cum mare permotum ventis ruit intus harenam;

Auf der Höhe des Scheitels sind nämlich Krater, wie selber
jenes sie nennen, was wir bezeichnen mit Schlünden und
                                        Mündern.
    Zahlreiche Dinge gibt es, für die nur eine Begründung
nicht ist genug, sondern mehrere so, daß eine sei gültig.
Wie wenn entseelt du selber von ferne den Leib eines
                                        Menschen
liegen siehst, es am besten dann ist, die Gründe zu sagen
alle für Tod allgemein, daß der eine für jenen genannt wird;
denn beweisen, daß er durch Schwert oder Kälte gestorben,
könntest du nicht, oder Krankheit, vielleicht auch durch
                                        Gifte,
aber daß etwas von dieser Art es ist, was ihm zustieß,
wissen wir; und wir können das so bei vielem versichern.
    An schwillt der Nil zum Sommer hin und tritt auf die
                                        Felder,
er nur allein auf der Erde, der Strom des ganzen Ägypten.
Dieser bewässert Ägypten nun oftmals mitten im Sommer,
entweder weil im Sommer der Nord steht gegen die
                                        Mündung,
der zu dieser Zeit des Jahres der Jahrwind genannt wird,
wehend gegen den Strom ihn aufhält und, aufwärts die
                                        Wellen
treibend, diesen anfüllt und zwingt, auf der Stelle zu
                                        bleiben.
Denn gewiß streicht dieses Wehen dem Strome entgegen,
das von den kalten Gestirnen des Poles herab wird
                                        getrieben;
kommt doch dieser Strom aus dem heißen Striche von Süden,
unter dem schwarzen Geschlecht der Männer von dunkel-
                                        gebrannter
Farbe entspringend, tief herauf von der Mitte des Tages.
Möglich ist auch, daß sich aufbauen kann eine mächtige
                                        Schwelle
gegen die Strömung von Sand und gegenüber der Mündung,
wenn vom Winde bewegt das Meer nach drinnen den Sand
                                        wühlt;

quo fit uti pacto liber minus exitus amni
et proclivis item fiat minus impetus undis.
fit quoque uti pluviae forsan magis ad caput ei
tempore eo fiant, quod etesia flabra aquilonum   730
nubila coniciunt in eas tunc omnia partis.
scilicet ad mediam regionem eiecta diei
cum convenerunt, ibi ad altos denique montis
contrusae nubes coguntur vique premuntur.
forsitan Aethiopum penitus de montibus altis   735
crescat, ubi in campos albas descendere ningues
tabificis subigit radiis sol omnia lustrans.

   Nunc age, Averna tibi quae sint loca cumque lacusque
expediam quali natura praedita constent.
principio, quod Averna vocantur nomine, id ab re   740
inpositumst, quia sunt avibus contraria cunctis,
e regione ea quod loca cum venere volantes
remigii oblitae pennarum vela remittunt
praecipitesque cadunt molli cervice profusae
in terram, si forte ita fert natura locorum,   745
aut in aquam, si forte lacus substratus Averni.
is locus est Cumas apud, acri sulpure montes
oppleti calidis ubi fumant fontibus aucti;
est et Athenaeis in moenibus, arcis in ipso
vertice, Palladis ad templum Tritonidis almae,   750
quo numquam pennis appellunt corpora raucae
cornices, non cum fumant altaria donis.
usque adeo fugitant non iras Palladis acris

dadurch geschieht es, daß weniger frei dem Strome der
                                              Ausgang,
weniger leicht wird der Schwung darum den Wellen des
                                              Wassers.
Möglich ist auch, daß vielleicht ihm Regen mehr an der
                                              Quelle
fallen zu dieser Zeit, weil der Nordwinde jährliches Wehen
dann die Wolken alle zu diesen Gegenden hintreibt.
Freilich, denn wenn zur Mitte des Tages hinaus sie getrieben
kommen zusammen, werden dort an den ragenden Bergen
schließlich gesammelt die Wolken gedrängt, gepreßt sie
                                              gewaltsam.
Leicht mag tief von der Äthiopen Gebirg er auch schwellen,
wenn herab zu den Fluren zwingt zu steigen den weißen
Schnee die Sonne mit schmelzenden Strahlen, die alles
                                              beleuchtet.
  Jetzt nun wohlan, was avernische Gegenden sind und
                                              Gewässer,
das will jetzt ich entwickeln: mit welcher Natur sie beliehen.
Erstlich, wenn sie mit Namen avernisch heißen, ist ihnen
bei von der Sache gelegt er, weil allen Vögeln sie feindlich,
da sie, wenn gradwegs im Flug sie zu diesen Gegenden
                                              kommen,
ihres Ruderwerkes vergessend, streichen die Segel
und kopfüber stürzen, mit schlaffem Nacken geglitten,
hin auf die Erde, wenn so die Natur der Gegend es fordert,
oder ins Wasser, wenn unten gebreitet der See des Avernus.
Dieser Ort ist bei Cumae, wo Berge, mit bissigem Schwefel
angefüllt, aufdampfen, mit heißen Quellen gesegnet;
auch in den Mauern Athens ist einer direkt auf dem Hügel
selber der Burg, beim Tempel der Pallas, der holden
                                              Tritonis,
wohin niemals mit Schwingen treiben den Körper die
                                              heis'ren
Krähen, nicht einmal dann, wenn raucht von Geschenken der
                                              Altar.
So sehr meiden sie – nicht der Pallas heftiges Zürnen

pervigili causa, Graium ut cecinere poetae,
sed natura loci opera efficit ipsa suapte.   755
in Syria quoque fertur item locus esse videri,
quadripedes quoque quo simul ac vestigia primum
intulerint, graviter vis cogat concidere ipsa,
manibus ut si sint divis mactata repente.
omnia quae naturali ratione geruntur,   760
et quibus e fiant causis apparet origo;
ianua ne pote eis Orci regionibus esse
credatur, post hinc animas Acheruntis in oras
ducere forte deos manis inferne reamur,
naribus alipedes ut cervi saepe putantur   765
ducere de latebris serpentia saecla ferarum.
quod procul a vera quam sit ratione repulsum
percipe; nam de re nunc ipsa dicere conor.

   principio hoc dico, quod dixi saepe quoque ante,
in terra cuiusque modi rerum esse figuras;   770
multa, cibo quae sunt, vitalia, multaque, morbos
incutere et mortem quae possint adcelerare.
et magis esse aliis alias animantibus aptas
res ad vitai rationem ostendimus ante
propter dissimilem naturam dissimilisque   775
texturas inter sese primasque figuras.
multa meant inimica per auris, multa per ipsas
insinuant naris infesta atque aspera tactu,
nec sunt multa parum tactu vitanda neque autem
aspectu fugienda saporeque tristia quae sint.   780

   deinde videre licet quam multae sint homini res
acriter infenso sensu spurcaeque gravesque;

wegen des Wachseins, wie es die Dichter der Griechen
                                              besangen,
sondern des Ortes Natur bewirkt es durch eigne Bemühung.
Auch in Syrien ist, heißt es, eine Gegend zu sehen,
wo selbst Vierfüßler schwer, sobald ihre Tritte geführt sie
in sie hinein, diese Macht eben zwingt, zusammenzubrechen,
wie wenn sie plötzlich den Göttern des Todes wären
                                              geschlachtet.
Alles dieses geschieht auf ganz natürliche Weise,
und es liegt offen der Ursprung, aus welchem Grund es
                                              geschehen;
daß man nicht etwa glaubt, in diesem Gebiet sei des Orcus
Tor, noch wir meinen etwa, daß von dort in des Acheruns
                                              Reiche
Götter des Todes unten von hinnen die Seelen entführen,
wie man meint, mit dem Atem der Nüstern vermöchten die
                                              Hirsche
oft zu entziehn dem Versteck, die beschwingten, der
                                              Kriechenden Arten.
Wie weit ab das ist von der wahren Erklärung verschlagen,
hör es; versuch ich doch jetzt, die Sache selber zu sagen.
    Erstens sage ich das, was ich oft gesagt auch schon vorher,
daß in der Erde sich finden jederart Formen der Dinge;
viele, die dienen zur Speise, das Leben fördernd, und viele,
welche einflößen Krankheit und Tod beschleunigen können.
Und daß die einen Dinge für Lebewesen geeignet
mehr als die andren sind zum Leben, haben gezeigt wir
vorher, wegen verschiedner Natur und untereinander
weit verschiedner Gewebe, verschiedner erster Gebilde.
Vieles geht so feindlich durchs Ohr, gerad durch die Nase
dringt ein vieles, das widrig ist und rauh zu berühren,
und es ist wahrlich nicht wenig, was ist in Berührung zu
                                              meiden,
was im Anblick zu fliehen, was bitter ist im Geschmacke.
    Dann ist zu sehen erlaubt, wie zahlreiche Dinge dem
                                              Menschen
sind von heftiger Schmerzesempfindung, ekel und drückend;

arboribus primum certis gravis umbra tributa
usque adeo, capitis faciant ut saepe dolores,
siquis eas subter iacuit prostratus in herbis.   785
est etiam magnis Heliconis montibus arbos
floris odore hominem taetro consveta necare.
scilicet haec ideo terris ex omnia surgunt,
multa modis multis multarum semina rerum
quod permixta gerit tellus discretaque tradit.   790
nocturnumque recens extinctum lumen ubi acri
nidore offendit nares, consopit ibidem,
concidere et spumas qui morbo mittere svevit.
castoreoque gravi mulier sopita recumbit
et manibus nitidum teneris opus effluit ei,   795
tempore eo si odoratast quo menstrua solvit.
multaque praeterea languentia membra per artus
solvunt atque animam labefactant sedibus intus.
denique si calidis etiam cunctere lavabris
plenior et fueris, solio ferventis aquai   800
quam facile in medio fit uti des saepe ruinas!
carbonumque gravis vis atque odor insinuatur
quam facile in cerebrum, nisi aquam praecepimus ante.
at cum membra domans percepit fervida febris,
tum fit odor vini plagae mactabilis instar.   805
    nonne vides etiam terra quoque sulpur in ipsa
gignier et taetro concrescere odore bitumen,

Bäumen zuerst ist, bestimmten, ein drückender Schatten
verliehen
so sehr, daß oftmals sie bewirkten die Schmerzen des Kopfes,
wenn man gestreckt ins Gras hat unter ihnen gelegen.
Und in des Helikon hohem Gebirge befindet ein Baum sich,
der mit dem eklen Geruche der Blüte pflegt Menschen zu
töten.
Dieses alles erhebt sich natürlich darum aus der Erde,
weil auf vielfache Art führt Samen in sich vieler Dinge
viele die Erde vermischt und weiter sie gibt unterschieden.
Und sobald das nächtliche Licht, das soeben erloschen,
traf die Nase mit scharfem Duft, auf der Stelle betäubt es
den dann, der pflegt zu fallen und Schaum zu verlieren in
Krankheit.
Und zurück sinkt betäubt die Frau von des Bibergeils
schwerem
Duft, und es gleitet aus zarten Händen die zierliche Arbeit,
wenn sie gerochen ihn hat zu der Zeit, hat den Tag sie des
Monats.
Vieles zudem löst noch im Körper ermattet die Glieder
auf und lockert die Seele in ihren Sitzen darinnen.
Schließlich: auch wenn du lange verweilst im dampfenden
Bade
und etwas voller bist, wie leicht dann geschieht's, daß du
stürzest
öfters am Boden dahin inmitten des brodelnden Wassers!
Und der Kohlen schwere Gewalt und ihr Dünsten: wie leicht
dringt
ein es ins Hirn, wenn zuvor wir nicht Wasser dagegen
genommen!
Wenn aber glühendes Fieber erfaßt hat bezwingend die
Glieder,
dann hat des Weines Geruch die Wirkung des tödlichen
Schlages.
  Siehst du nicht auch, daß Schwefel entsteht im Erdbereich
selber
und daß Erdpech zu Krusten erstarrt mit eklem Geruche,

denique ubi argenti venas aurique secuntur,
terrai penitus scrutantes abdita ferro,
qualis expiret Scaptensula subter odores?   810
quidve mali fit ut exhalent aurata metalla?
quas hominum reddunt facies qualisque colores!
nonne vides audisve, perire in tempore parvo
quam soleant et quam vitai copia desit,
quos opere in tali cohibet vis magna necessis?   815
hos igitur tellus omnis exaestuat aestus
expiratque foras in apertum promptaque caeli.

   sic et Averna loca alitibus summittere debent
mortiferam vim, de terra quae surgit in auras,
ut spatium caeli quadam de parte venenet.   820
quo simul ac primum pennis delata sit ales,
impediatur ibi caeco correpta veneno,
ut cadat e regione loci, qua derigit aestus.
quo cum conruit, hic eadem vis illius aestus
reliquias vitae membris ex omnibus aufert.   825
quippe etenim primo quasi quendam conciet aestum,
posterius fit uti, cum iam cecidere veneni
in fontis ipsos, ibi sit quoque vita vomenda
propterea quod magna mali fit copia circum.

   fit quoque ut interdum vis haec atque aestus Averni   830
aera, qui inter avis cumquest terramque locatus,
discutiat, prope uti locus hic linquatur inanis.

endlich wo Menschen Adern von Gold und Silber verfolgen,
tief mit dem Eisengerät durchstöbernd der Erde Verstecke,
was für Dünste dann unten am Grund Scaptensula
                                          aushaucht?
Oder welch übeles Gift ausdünstet die Mine, die Gold
                                          führt?
Wie richten zu sie der Menschen Gesichter, wie ihre Farbe!
Siehst oder hörest du nicht, wie gewöhnlich sie sterben in
                                          kurzer
Zeit und ihnen mangelt die nötige Fülle des Lebens,
sie, die bei solchem Werk der Zwang der gewaltigen Not
                                          hält?
Also dünstet so diese sämtlichen Dünste der Boden
aus und stößt sie heraus ins Freie und Offne des Himmels.
    So müssen auch den Vögeln avernische Plätze, verborgen,
schicken die tödliche Kraft, die steigt aus dem Land in die
                                          Lüfte,
so, daß des Himmels Bereich zu bestimmtem Teil sie
                                          vergiftet.
Kaum daß dahin durch die Schwingen getragen wurde der
                                          Vogel,
dürfte er werden verstrickt dort, gepackt vom heimlichen
                                          Gifte,
so daß er stürzt an jenem Punkt, wohin sich richten die
                                          Dünste.
Ist er dort abgestürzt, entführt die Reste des Lebens
eben die gleiche Gewalt des Dunstes aus allen den Gliedern.
Denn zuerst erregt sie gleichsam Taumel nur eben,
später geschieht's, wenn sie schon in die Quellen selber des
                                          Giftes
fielen hinein, daß dort sie das Leben noch aushauchen
                                          müssen,
deswegen weil ringsum die Fülle des Giftes wird mächtig.
    Manchmal kommt es auch vor, daß diese Gewalt und die
                                          Dünste
des Avernus die Luft, die zwischen Vögeln und Erde
liegt, vertreibt, daß leer wird gelassen fast diese Stelle.

cuius ubi e regione loci venere volantes,
claudicat extemplo pinnarum nisus inanis
et conamen utrimque alarum proditur omne.   835
hic ubi nixari nequeunt insistereque alis,
scilicet in terram delabi pondere cogit
natura, et vacuum prope iam per inane iacentes
dispergunt animas per caulas corporis omnis.

Frigidior porro in puteis aestate fit umor,   840
rarescit quia terra calore et semina siqua
forte vaporis habet propere dimittit in auras.
quo magis est igitur tellus effeta calore,
fit quoque frigidior qui in terrast abditus umor.
frigore cum premitur porro omnis terra coitque   845
et quasi concrescit, fit scilicet ut coeundo
exprimat in puteos si quem gerit ipsa calorem.

esse apud Hammonis fanum fons luce diurna
frigidus et calidus nocturno tempore fertur.
hunc homines fontem nimis admirantur et acri   850
sole putant subter terras fervescere partim,
nox ubi terribili terras caligine texit.
quod nimis a verast longe ratione remotum.
quippe ubi sol nudum contractans corpus aquai
non quierit calidum supera de reddere parte,   855
cum superum lumen tanto fervore fruatur,
qui queat hic supter tam crasso corpore terram
percoquere umorem et calido satiare vapore?
praesertim cum vix possit per saepta domorum
insinuare suum radiis ardentibus aestum.   860

Kaum, daß sie nun im Fluge gerade darüber gekommen,
schwankend wird da sogleich der Flügel Schlagen, vereitelt,
jeder Versuch der Schwingen zu beiden Seiten wird nutzlos.
Wenn sie sich hier nicht zu stemmen vermögen und halten
                                        auf Flügeln,
zwingt sie natürlich herab die Natur zur Erde zu gleiten
durch ihr Gewicht, und im nun fast leeren Raume verendend,
lassen entströmen die Seele sie allen Poren des Körpers.

   Kälter jedoch wird Wasser im Brunnen mitten im Sommer,
weil von der Hitze die Erde sich lockert und, was sie an
                                        Samen
etwa besitzt des Dampfes, eilig entläßt in die Lüfte.
Je minder fruchtbar nun ist die Erde an Hitze, wird um so
kälter auch die Feuchte, die steckt verborgen im Erdreich.
Wenn aber weiter alles Land von der Kälte bedrückt wird,
schrumpft und erstarrt, geschieht es natürlich, daß in den
                                        Brunnen
sie beim Schrumpfen preßt, wenn etwas an Hitze sie
                                        mitführt.

   Nahe bei Ammons Tempel, so sagt man, befindet ein
                                        Quell sich,
kalt beim Lichte des Tages und warm zu nächtlicher Stunde.
Diesen Quell bewundern die Menschen zu sehr, und von
                                        scharfer
Sonne, so meint ein Teil, werd' heiß er unter der Erde,
kaum daß die Nacht mit schrecklichem Dunkel die Erde
                                        bedeckt hat.
Das ist allzu weit entfernt von der wahren Erklärung.
Freilich: wenn nackt die Sonne berührend den Körper des
                                        Wassers
heiß nicht hat machen können ihn auf der oberen Seite,
wo doch über der Erde das Licht sich erfreut solcher Hitze,
wie sollte jene dann unter der Erde mit ihrer so dichten
Masse das Wasser wärmen und sättigen können mit Hitze?
Da doch zumal sie mit Mühe vermag nur, durch Schranken
                                        der Häuser
einzuflößen ihr Glühen mit ihren brennenden Strahlen.

quae ratiost igitur? nimirum terra magis quod
rara tenet circum fontem quam cetera tellus
multaque sunt ignis prope semina corpus aquai.
hoc ubi roriferis terram nox obruit undis,
extemplo penitus frigescit terra coitque.   865
hac ratione fit ut, tamquam compressa manu sit,
exprimat in fontem quae semina cumque habet ignis,
quae calidum faciunt laticis tactum atque vaporem.
inde ubi sol radiis terram dimovit obortus
et rarefecit calido miscente vapore,   870
rursus in antiquas redeunt primordia sedes
ignis et in terram cedit calor omnis aquai.
frigidus hanc ob rem fit fons in luce diurna.
praeterea solis radiis iactatur aquai
umor et in lucem tremulo rarescit ab aestu;   875
propterea fit uti quae semina cumque habet ignis
dimittat; quasi saepe gelum, quod continet in se,
mittit et exsolvit glaciem nodosque relaxat.

   Frigidus est etiam fons, supra quem sita saepe
stuppa iacit flammam concepto protinus igni,   880
taedaque consimili ratione accensa per undas
conlucet, quocumque natans impellitur auris.
nimirum quia sunt in aqua permulta vaporis

Was ist also der Grund? Offenbar, daß schütter der Boden
mehr um den Brunnen rings ist als aller übriger Boden
und daß viele sind Samen des Feuers am Körper des
                                                Wassers.
Wenn drum die Nacht mit tauigen Wellen das Land
                                        überschüttet,
kalt wird die Erde sogleich bis zur Tiefe und zieht sich
                                                zusammen.
Auf diese Weise geschieht's, als ob mit der Hand sie gepreßt
                                        würd',
daß in den Quell sie preßt, was führt sie an Samen des
                                                Feuers,
welche sodann machen heiß des Sprudels Anrührn und
                                                Dämpfe.
Wenn die Sonne darauf zerteilt mit den Strahlen die Erde
bei ihrem Aufgang und lockert, indem mit ihr mischt sich die
                                                Hitze,
gehen die Ursprungsteilchen zurück des Feuers zum alten
Sitz, und so weicht alle Hitze des Wassers zurück in die
                                                Erde.
Kalt wird darum der Quell deswegen beim Lichte des Tages.
Außerdem wird vom Strahle der Sonne zerrüttet des
                                                Wassers
Naß und mit steigendem Tag wird es lockrer vom
                                        flimmernden Sieden;
darum geschieht's, daß verströmt es die Samen alle des
                                                Feuers,
die es besitzt; wie wenn es den Frost, den in sich verbirgt es,
oft entläßt und auflöst das Eis und lockert die Knoten.
    Gibt es doch auch einen kalten Quell, über welchem
                                        gelegen
Werg oft Flammen sprüht, sobald es Feuer gefangen,
und auf ähnliche Art werden Fackeln entzündet und
                                        leuchten
auf den Wellen, wohin von den Lüften sie schwimmend
                                        getrieben.
Zweifellos, weil im Wasser es gibt sehr viele der Hitze

semina de terraque necessest funditus ipsa
ignis corpora per totum consurgere fontem   885
et simul exspirare foras exireque in auras,
non ita multa tamen, calidus queat ut fieri fons;
praeterea dispersa foras erumpere cogit
vis per aquam subito sursumque ea conciliari.
quod genus endo marist Aradi fons, dulcis aquai   890
qui scatit et salsas circum se dimovet undas;
et multis aliis praebet regionibus aequor
utilitatem opportunam sitientibus nautis,
quod dulcis inter salsas intervomit undas.
sic igitur per eum possunt erumpere fontem   895
et scatere illa foras in stuppam semina quae cum
conveniunt aut in taedai corpore adhaerent,
ardescunt facile extemplo, quia multa quoque in se
semina habent ignis stuppae taedaeque tenentes.
nonne vides etiam, nocturna ad lumina linum   900
nuper ubi extinctum admoveas, accendier ante
quam tetigit flammam, taedamque pari ratione?
multaque praeterea prius ipso tacta vapore
eminus ardescunt quam comminus imbuat ignis.
hoc igitur fieri quoque in illo fonte putandumst.   905

   Quod superest, agere incipiam quo foedere fiat
naturae, lapis hic ut ferrum ducere possit,
quem Magneta vocant patrio de nomine Grai,
Magnetum quia sit patriis in finibus ortus.
hunc homines lapidem mirantur; quippe catenam   910

Samen, und aus der Erde sich selbst, aus der Tiefe,
                                    notwendig
Körper des Feuers empor in der ganzen Quelle erheben,
mit ihr zugleich nach draußen sprudeln und nahen den
                                    Lüften,
freilich nicht gar so viel, daß heiß der Quell werden könnte;
außerdem zwingt sie die Kraft, zerstreut nach außen zu
                                    brechen
plötzlich durch das Wasser und oberhalb sich zu vereinen.
Grad wie im Meer sich findet ein Quell in Aradus' Gegend,
der von Süßwasser sprudelt und wegstößt die salzige Flut
                                    rings;
und es bietet dar noch an vielen anderen Plätzen
solchen Nutzen das Meer, willkommen dürstenden Schiffern,
weil es inmitten der salzigen Wogen süße mit ausspeit.
So können nun durch jenen Quell hervorbrechen jene
Samen und sprudeln heraus. Wenn dann im Werg sie
                                    zusammen
kommen oder sich fest am Körper setzen der Fackel,
zünden sogleich sie leicht, weil zahlreiche Samen des Feuers
in sich die Fäden aus Werg auch und Fackeln haben und
                                    bergen.
Siehst du denn nicht auch, wenn Docht du an nächtliche
                                    Lampe
hältst, der eben verloschen erst ist, er sich eher entzündet,
eh er die Flamme berührt, und die Fackel auf ähnliche
                                    Weise?
Vieles außerdem zündet schon, berührt von der bloßen
Hitze, von weitem, ehe von nahem das Feuer es ansteckt.
Das vollzieht sich also, muß man denken, auch in dem
                                    Quelle.
    Übrigens strebe zu sagen ich nun, nach welchem Gesetze
der Natur der Stein imstand ist zu fesseln das Eisen,
den die Griechen Magnet mit Heimatsnamen benennen,
weil im Heimatgebiet der Magneten er wurde gefunden.
Diesen Stein bewundern die Menschen; freilich, macht oft
                                    doch

saepe ex anellis reddit pendentibus ex se.
quinque etenim licet interdum pluresque videre
ordine demissos levibus iactarier auris,
unus ubi ex uno dependet subter adhaerens
ex alioque alius lapidis vim vinclaque noscit;   915
usque adeo permananter vis pervalet eius.
hoc genus in rebus firmandumst multa prius quam
ipsius rei rationem reddere possis,
et nimium longis ambagibus est adeundum;
quo magis attentas auris animumque reposco.   920

  Principio omnibus ab rebus, quascumque videmus,
perpetuo fluere ac mitti spargique necessest
corpora quae feriant oculos visumque lacessant;
perpetuoque fluunt certis ab rebus odores,
frigus ut a fluviis, calor ab sole, aestus ab undis   925
aequoris, exesor moerorum, litora propter;
nec varii cessant sonitus manare per auras;
denique in os salsi venit umor saepe saporis,
cum mare versamur propter, dilutaque contra   929
cum tuimur misceri absinthia, tangit amaror.   934
usque adeo omnibus ab rebus res quaeque fluenter   935
fertur et in cunctas dimittitur undique partis   930
nec mora nec requies interdatur ulla fluendi,
perpetuo quoniam sentimus et omnia semper
cernere, odorari licet et sentire sonare.   933

  Nunc omnis repetam quam raro corpore sint res   936
commemorare; quod in primo quoque carmine claret.

er eine Kette von Ringen, die hangen einer am andren.
Fünf kannst nämlich du bisweilen und mehr noch in langer
Kette hangend sehen in leichten Lüften sich wiegen,
wenn am einen der andere hängt, ihm anhaftend unten,
und ein jeder vom andern des Steines Band und Gewalt
                                          spürt;
so sehr gilt seine Macht durchweg durchströmenderweise.
Vieles muß man in solcherlei Dingen erhärten, bevor man
von der Sache selber Begründung zu geben vermöchte,
und man muß auf gar weiten Umwegen an sie herangehn;
um so mehr verlange gespannt ich das Ohr und das Denken.

   Erstens müssen von allen Dingen, soweit wir sie sehen,
ständig fließen, entsandt werden und zugleich sich
                                          verstreuen
Körper, die treffen das Auge und reizen den Sinn des
                                          Gesichtes;
ständig fließen zudem von den Dingen jeweils Gerüche,
so, wie von Flüssen Frost, von der Sonne Glut, von des
                                          Meeres
Wogen Brodem, Zerfresser der Mauern, nah am Gestade;
nicht hört auf die Buntheit der Töne die Luft zu
                                          durchströmen;
schließlich kommt oft in den Mund die salzig schmeckende
                                          Feuchte,
wenn wir nahe am Meer verweilen, wenn aber gelösten
Wermut wir mischen gesehen, so faßt uns bittrer Geschmack
                                          an.
So sehr eilt von allen Dingen alles im Flusse
fort und wird überall nach allen Seiten entsendet,
und nicht Säumen noch Rast ist gegeben dazwischen des
                                          Fließens,
da wir ständig alles ja spüren und alles ja immer
sehen, riechen und tönen hören überall können.

   Jetzt will von neuem ich nun erinnern, wie lockeren
                                          Körpers
sind die Dinge; was auch am Beginne der Dichtung zutag
                                          liegt.

quippe etenim, quamquam multas hoc pertinet ad res
noscere, cum primis hanc ad rem protinus ipsam,
qua de disserere adgredior, firmare necessest   940
nil esse in promptu nisi mixtum corpus inani.

   principio fit ut in speluncis saxa superne
sudent umore et guttis manantibus stillent.
manat item nobis e toto corpore sudor,
crescit barba pilique per omnia membra, per artus.   945
diditur in venas cibus omnis, auget alitque
corporis extremas quoque partis unguiculosque.

   frigus item transire per aes calidumque vaporem
sentimus, sentimus item transire per aurum
atque per argentum, cum pocula plena tenemus.   950
denique per dissaepta domorum saxea voces
pervolitant, permanat odos frigusque vaposque
ignis, qui ferri quoque vim penetrare suevit.

   denique qua circum caeli lorica coercet
. . . .
morbida visque simul, cum extrinsecus insinuatur;   955
et tempestates terra caeloque coortae
in caelum terrasque remotae iure facessunt;
quandoquidem nihil est nisi raro corpore nexum.

   Huc accedit uti non omnia, quae iaciuntur

Denn mag freilich es sein von Belang für zahlreiche Dinge,
dies zu erkennen, ist doch es vor allem für eben die Sache,
die zu erörtern in Angriff ich nehm, zu erhärten notwendig:
nichts ist uns vor Augen, denn Körper mit Leerem
                                 verbunden.
   Erstens kommt es vor, daß Felsen in Höhlen von droben
schwitzen von Nässe und träufeln herab mit strömenden
                                 Tropfen.
Ebenso strömt der Schweiß aus dem ganzen Körper heraus
uns,
wachsen uns Haare und Bart am ganzen Körper, den
                                 Gliedern.
Speise verteilt sich in sämtliche Adern, sie nährt und
                                 vergrößert
auch die äußersten Teile des Körpers bis hin zu den Nägeln.
   Ebenso spüren durch Erz wir hindurch die Kälte und
                                 heißen
Dampf gehen, spüren ebenso gehen hindurch ihn durch
                                 Silber,
gehen durch Gold, wenn voll in der Hand die Becher wir
                                 halten.
Schließlich fliegen hindurch durch die felsenen Wälle der
                                 Häuser
Stimmen, es strömt hindurch Geruch, die Kälte, des Feuers
Dünste, die auch des Eisens Gewalt zu durchdringen
                               gewohnt sind.
   Schließlich wo rings des Himmels Panzer fest hält
                                 umschlossen
. . . .
und die krankhaften Mächte zugleich, wenn von außen sie
                                 kommen;
und die Wetter, erregt im Bereich von Himmel und Erde,
heben in Himmel und Erde sich weg, wie billig, verflüchtigt;
da ja nun einmal nichts ist, das verknüpft nicht mit lockerem
                                 Körper.
   Hierzu kommt noch, daß nicht von derselben Wirkung
                                 sind alle

corpora cumque ab rebus, eodem praedita sensu   960
atque eodem pacto rebus sint omnibus apta.
principio terram sol excoquit et facit are,
at glaciem dissolvit et altis montibus altas
extructas nives radiis tabescere cogit;
denique cera liquefit in eius posta vapore.   965
ignis item liquidum facit aes aurumque resolvit,
at coria et carnem trahit et conducit in unum.
umor aquae porro ferrum condurat ab igni,
at coria et carnem mollit durata calore.
barbigeras oleaster eo iuvat usque capellas,   970
effluat ambrosias quasi vero et nectare tinctus;
qua nihil est homini quod amarius fronde quidem extet.
denique amaracinum fugitat sus et timet omne
unguentum; nam saetigeris subus acre venenumst;
quod nos interdum tamquam recreare videtur.   975
at contra nobis caenum taeterrima cum sit
spurcities, eadem subus haec iucunda videtur,
insatiabiliter toti ut volvantur ibidem.

   Hoc etiam superest, ipsa quam dicere de re
adgredior quod dicendum prius esse videtur.   980
multa foramina cum variis sint reddita rebus,
dissimili inter se natura praedita debent
esse et habere suam naturam quaeque viasque.
quippe etenim varii sensus animantibus insunt,
quorum quisque suam proprie rem percipit in se;   985
nam penetrare alio sonitus alioque saporem
cernimus e sucis, alio nidoris odores.

Körper, die immer ausgesandt von den Dingen je werden,
und in der gleichen Art nicht sind für alles geeignet.
Erstens kocht aus die Sonne die Erde und läßt sie verdorren.
Eis löst auf sie jedoch und zwingt im hohen Gebirge
hohen getürmten Schnee mit ihren Strahlen zu schmelzen;
schließlich wird flüssig das Wachs, das gelegt man hat in ihr
                            Glühen.
Feuer macht ebenso flüssig das Erz und löset das Gold auf,
Leder jedoch und Fleisch zieht es und führt es zusammen.
Weiter erhärtet das Wasser das Eisen, das glüht noch vom
                            Feuer,
aber Leder und Fleisch erweicht es, das hart war von Hitze.
Wilder Ölbaum ergötzt so sehr die bärtigen Ziegen,
grad als ob wirklich Ambrosia er ströme, getaucht sei in
                            Nektar.
Doch für den Menschen gibt's nichts, was bitterer als dieses
                            Laub wär.
Schließlich vermeidet das Schwein den Majoranduft und
                            entsetzt sich
vor allem Salböl; den borstigen Schweinen ist's heftiger
                            Giftstoff.
Uns dagegen scheint es bisweilen wie neu zu beleben.
Während hinwieder Schlamm für uns der ekelste Unflat
ist, scheint eben grad dieser zu sein den Schweinen so
                            lieblich,
daß sie mit ganzem Körper sich unersättlich drin sielen.
    Das auch verbleibt noch, bevor von der Sache selber zu
                            reden
ich beginne, was vorher gesagt werden muß, wie ich glaube.
Da den verschiedenen Dingen verliehen sind Öffnungen
                            viele,
müssen begabt sie sein mit untereinander verschiednem
Wesen und jede besitzen ihre Natur, ihre Bahnen.
Wohnen ja doch in den Lebewesen verschiedene Sinne,
deren jeder das eigne Objekt in sich aufnimmt ausschließlich;
eindringen sehen wir nämlich den Ton woanders, woanders
aus den Säften Geschmack, woanders des Brodems Gerüche.

[scilicet id fieri cogit natura viarum
multimodis varians, ut paulo ostendimus ante.]   989

    praeterea manare aliud per saxa videtur,   991
atque aliud lignis, aliud transire per aurum,
argentoque foras aliud vitroque meare;
nam fluere hac species, illac calor ire videtur,
atque aliis aliud citius transmittere eadem.   995
scilicet id fieri cogit natura viarum
multimodis varians, ut paulo ostendimus ante,   997
propter dissimilem naturam textaque rerum.   990

    Quapropter, bene ubi haec confirmata atque locata   998
omnia constiterint nobis praeposta parata,
quod superest, facile hinc ratio reddetur et omnis   1000
causa patefiet, quae ferri pelliciat vim.

    principio fluere e lapide hoc permulta necessest
semina, sive aestum, qui discutit aera plagis,
inter qui lapidem ferrumque est cumque locatus.
hoc ubi inanitur spatium multusque vacefit   1005
in medio locus, extemplo primordia ferri
in vacuum prolapsa cadunt coniuncta, fit utque
anulus ipse sequatur eatque ita corpore toto.
nec res ulla magis primoribus ex elementis
indupedita suis arte conexa cohaeret   1010
quam validi ferri natura et frigidus horror.
quo minus est mirum, quod dicitur esse elementis,

[Daß das geschieht, erzwingt natürlich das Wesen der
                                         Gänge,
vielfach verschieden, wie vorher wir eben dargelegt haben.]
    Außerdem sieht man, daß anderes strömt hindurch durch
                                         die Felsen,
anderes wieder durch Holz, durch Gold wieder andres
                                         hindurchgeht,
anderes dringt nach außen dem Silber und andres dem
                                         Glase;
denn, wie man sieht, strömt hier das Abbild, dort wandert
                                         die Hitze,
und auf derselben Bahn zwängt eins sich schneller als andres.
Daß das geschieht, erzwingt natürlich das Wesen der Gänge,
vielfach verschieden, wie vorher wir eben dargelegt haben,
wegen verschiedner Natur und verschiednem Gewebe der
                                         Dinge.
    Darum, wenn gut das gefestigt und alles am richtigen
                                         Orte
uns sich festgestellt hat, vorausgeschickt und verfügbar,
wird im übrigen leicht nun hieraus Erklärung gegeben
werden, sich öffnen der Grund, der anzieht die Schwere des
                                         Eisens.
    Erstens müssen aus diesem Stein die Samen entströmen
zahlreich, oder ein Dunst, der die Luft vertreibt mit den
                                         Schlägen
alle, die ein zwischen Stein sich und Eisen immer gelagert.
Wenn diese Spanne geleert wird und frei gemacht in der
                                         Mitte
wird der Raum, so fallen sogleich Ur-Teilchen des Eisens,
vor sich stürzend, ins Leere – verbunden! –, und es geschieht
                                         so,
daß der Ring selbst mit folgt und mit ganzem Körper nun
                                         vorrückt.
Und kein Ding hängt mehr verstrickt in den Ur-Elementen
eng verknüpft zusammen in sich als eben des starken
Eisens Natur und seine kältebergende Starrheit.
Um so weniger ist es erstaunlich – was eigen den Körpern –,

corpora si nequeunt e ferro plura coorta
in vacuum ferri, quin anulus ipse sequatur;
quod facit, et sequitur, donec pervenit ad ipsum   1015
iam lapidem caecisque in eo compagibus haesit.
hoc fit idem cunctas in partis, unde vacefit
cumque locus, sive e transverso sive superne
corpora continuo in vacuum vicina feruntur;
quippe agitantur enim plagis aliunde, nec ipsa   1020
sponte sua sursum possunt consurgere in auras.
    huc accedit item, quare queat id magis esse,
haec quoque res adiumento motusque iuvatur,
quod, simul a fronte est anelli rarior aer
factus inanitusque locus magis ac vacuatus,   1025
continuo fit uti qui post est cumque locatus   1033
aer a tergo quasi provehat atque propellat.   1026
semper enim circumpositus res verberat aer;
sed tali fit uti propellat tempore ferrum,
parte quod ex una spatium vacat et capit in se.
hic, tibi quem memoro, per crebra foramina ferri   1030
parvas ad partis subtiliter insinuatus,
trudit et inpellit, quasi navem velaque ventus.   1032
    denique res omnes debent in corpore habere   1034
aera, quandoquidem raro sunt corpore et aer   1035

wenn nicht mehr Elemente sich, aus dem Eisen entsprungen,
stürzen ins Leere dann können, ohne daß selber der Ring
           folgt.
Was er auch tut, und er folgt, bis hin er gelangt zu dem
           Steine
selber schon und an ihm hangt in verborgener Fügung.
Das tritt ebenso ein in jeder Richtung, wo frei wird
immer der Raum, mögen quer zur Seite und mögen nach
           oben
ihm benachbart die Körper sogleich ins Leere sich stürzen;
denn sie werden durch Schläge gepeitscht von woanders und
           können
selber sich nicht von sich aus erheben hinauf in die Lüfte.
    Hier kommt außerdem auch, warum das eher noch
           möglich,
dieser Umstand zu Hilf und es wird die Bewegung
           gefördert,
daß sogleich, sobald vor dem Ringlein die Luft sich
           verdünnt hat
stärker vorn und der Raum sich geleert hat und hohler ist
           worden,
dann nun alle die Luft, die hinter ihm ist gelegen,
gleichsam im Rücken ihn vorwärts treibt und weiter nach
           vorn stößt.
Immer nämlich schon peitscht die Luft, die herumliegt, die
           Dinge;
aber in solchem Zeitpunkt geschieht's, daß das Eisen sie
           forttreibt,
weil auf dem einen Teil der Raum entblößt ist und
           aufnimmt.
Diese, von der ich dir sage – durch zahllose Poren des Eisens
sich zu den kleinen Teilchen hinein sich schleichend mit
           Feinheit –,
treibt es und stößt es an, wie der Wind das Schiff und die
           Segel.
    Schließlich müssen im Körper die Dinge beherbergen alle
Luft, da von lockerem Körper sie sind und allen den Dingen

omnibus est rebus circumdatus adpositusque.
hic igitur, penitus qui in ferrost abditus aer,
sollicito motu semper iactatur eoque
verberat anellum dubio procul et ciet intus;
scilicet ille eodem fertur quo praecipitavit   1040
iam semel et partem in vacuam conamina sumpsit.

Fit quoque ut a lapide hoc ferri natura recedat
interdum, fugere atque sequi consveta vicissim.
exultare etiam Samothracia ferrea vidi
et ramenta simul ferri furere intus ahenis   1045
in scaphiis, lapis hic Magnes cum subditus esset:
usque adeo fugere a saxo gestire videtur.
aere interposito discordia tanta creatur
propterea quia nimirum prius aestus ubi aeris
praecepit ferrique vias possedit apertas,   1050
posterior lapidis venit aestus et omnia plena
invenit in ferro neque habet qua tranet ut ante;
cogitur offensare igitur pulsareque fluctu
ferrea texta suo; quo pacto respuit ab se
atque per aes agitat sine eo quod saepe resorbet.   1055

illud in his rebus mirari mitte, quod aestus
non valet e lapide hoc alias impellere item res.
pondere enim fretae partim stant; quod genus aurum;
at partim raro quia sunt cum corpore, ut aestus
pervolet intactus, nequeunt inpellier usquam;   1060
lignea materies in quo genere esse videtur.

Luft ja ringsum ist gegeben und nahe ist ihnen gelegen.
Die Luft nun, die tief im Eisen sich findet verborgen,
wird in erregter Bewegung immer geschleudert, und darum
peitscht sie ohne Zweifel den Ring und schüttelt ihn
                                    drinnen;
jener nun stürzt sich natürlich ebendorthin, wo er einmal
hin sich geschnellt und den Anlauf hat ins Leere genommen.
   Auch geschieht's, daß des Eisens Natur zurückweicht
                                    bisweilen
von diesem Steine, gewohnt, im Wechsel zu fliehen und
                                    folgen.
Aufhüpfen sah ich gar samothrakische Ringe aus Eisen,
Eisenspäne zugleich darinnen im ehernen Becken
rasen vor Wut, als der Stein aus Magnesia darunter gelegt
                                    ward:
so sehr scheint es hinweg zu flüchten heftig vom Steine.
Schiebt dazwischen sich Luft, entsteht so furchtbare
                                    Zwietracht
deswegen, weil offenbar zuerst der Ausstrom des Erzes
vorher ergreift und besetzt die offenen Bahnen des Eisens,
hernach die Dünste des Steins erst kommen und alles im
                                    Eisen
voll vorfinden und nichts, wo sie ziehen könnten wie
                                    früher;
anzustoßen wird so er gedrängt und des Eisens Gewebe
mit seinem Ausstrom zu peitschen; so weist verachtend er
                                    von sich
und vertreibt durchs Erz, was ohne es häufig er einschlürft.
   Darüber laß zu verwundern ab dich hierbei, daß der
                                    Ausstrom
aus diesem Stein nicht vermag auch andere Dinge zu stoßen.
Teils stehen fest sie vertrauend ihrem Gewichte; wie Gold
                                    ist;
teils aber können sie auch, weil so lockeren Körpers, daß
                                    Dünste
unberührt fliegen hindurch, gestoßen nirgendwo werden;
zu dieser Gattung gehört offenbar des Holzes Materie.

interutrasque igitur ferri natura locata
aeris ubi accepit quaedam corpuscula, tum fit
inpellant ut eum Magnesia flumine saxa.

Nec tamen haec ita sunt aliarum rerum aliena,   1065
ut mihi multa parum genere ex hoc suppeditentur,
quae memorare queam inter se singlariter apta.
saxa vides primum sola colescere calce.
glutine materies taurino iungitur una,
ut vitio venae tabularum saepius hiscant   1070
quam laxare queant compages taurea vincla.
vitigeni latices aquai fontibus audent
misceri, cum pix nequeat gravis et leve olivom.
purpureusque colos conchyli iungitur una
corpore cum lanae, dirimi qui non queat usquam,   1075
non si Neptuni fluctu renovare operam des,
non, mare si totum velit eluere omnibus undis.
denique non auro res aurum copulat una
aerique aes plumbo fit uti iungatur ab albo?
cetera iam quam multa licet reperire! quid ergo?   1080
nec tibi tam longis opus est ambagibus usquam,
nec me tam multam hic operam consumere par est,
sed breviter paucis praestat comprendere multa:
quorum ita texturae ceciderunt mutua contra,
ut cava conveniant plenis haec illius illa   1085
huiusque inter se, iunctura haec optima constat.
est etiam, quasi ut anellis hamisque plicata

Wenn nun also des Eisens Natur, mitten inne gelegen,
auf in sich nahm eine Anzahl der Körper des Erzes,
                                        geschieht es,
daß ihn mit ihrem Fluß anstoßen magnesische Steine.
    Nicht jedoch ist dies so fremd den anderen Dingen,
daß zu wenig etwa derart zur Verfügung mir käme,
das ich erwähnen könnte, was allein füreinander geeignet.
Felsen siehst du zunächst allein durch Kalk sich verbinden.
Holz wird durch Leim von Stieren so zusammengehalten,
daß die Adern des Bretts in Rissen häufiger klaffen,
als daß die Fugen zu lockern vermöchten die Bindung durch
                                        Rindsleim.
Traubenentstammter Saft wagt sich mit dem Brunnen des
                                        Wassers
zu vermischen; schweres Pech kann es nicht noch das leichte
Öl. Und die purpurne Farbe der Schnecke vereinigt sich
                                        innig
so mit dem Körper der Wolle, daß nirgends entfernt werden
                                        kann sie,
nicht, wenn mit Neptuns Flut du dich mühtest, sie zu
                                        erneuern,
nicht, wenn mit allen Wogen das Meer sie auswaschen
                                        wollte.
Endlich: verbindet das Gold mit Gold nicht ein einziges
                                        Mittel,
und wird Erz dem Erz vom weißen Blei nicht verkoppelt?
Übriges gar: wieviel läßt sich finden! Was soll man draus
                                        folgern?
Weder du bedarfst so langen Umschweifes irgend
noch ist es mir gemäß, hier soviel Müh zu verschwenden,
sondern vieles mit wenigem kurz zu umfassen ist besser:
deren Gewebe sich so gefügt im Wechsel entgegen,
daß mit dem Vollen das Hohle sich paart, und zwar das des
                                        einen
jenem des andren vereint, ist diese Verbindung die beste.
Möglich ist auch, daß wie mit Ringen und Häkchen
                                        verflochten

inter se quaedam possint coplata teneri;
quod magis in lapide hoc fieri ferroque videtur.

   Nunc ratio quae sit morbis aut unde repente   1090
mortiferam possit cladem conflare coorta
morbida vis hominum generi pecudumque catervis,
expediam. primum multarum semina rerum
esse supra docui quae sint vitalia nobis,
et contra quae sint morbo mortique necessest   1095
multa volare; ea cum casu sunt forte coorta
et perturbarunt caelum, fit morbidus aer.
atque ea vis omnis morborum pestilitasque
aut extrinsecus ut nubes nebulaeque superne
per caelum veniunt, aut ipsa saepe coorta   1100
de terra surgunt, ubi putorem umida nactast
intempestivis pluviisque et solibus icta.
nonne vides etiam caeli novitate et aquarum
temptari procul a patria quicumque domoque
adveniunt ideo quia longe discrepitant res?   1105
nam quid Brittannis caelum differre putamus,
et quod in Aegypto est, qua mundi claudicat axis,
quidve quod in Ponto est differre, et Gadibus atque
usque ad nigra virum percocto saecla colore?

manches untereinander vermag, sich verkoppelt zu halten;
das scheint mehr noch bei diesem Steine geschehen zu können.
    Jetzt, was das Wesen der Krankheit, woher todbringendes
                        Unheil
plötzlich zusammenzubrauen vermag, wenn plötzlich sie
                        ausbricht,
Krankheitsmacht dem Geschlechte der Menschen, den
                        Haufen des Viehes,
will ich entwickeln. Zuerst hab gezeigt ich oben, daß Samen
vieler Dinge sich finden, die lebensnotwendig für uns sind,
andererseits müssen viele, die führen zu Krankheit und
                        Tode,
schwirren umher; haben diese durch Zufall einmal sich
                        erhoben
und den Himmel verwüstet, wird krankheitserregend die
                        Luftschicht.
Und diese sämtliche Macht der Krankheiten und die
                        Verseuchung
kommen entweder von außen wie Wolken und Nebel von
                        oben
durch den Himmel hindurch, oder oftmals erheben
                        gesammelt
auch aus der Erde sie selbst sich, wenn feucht sie Fäulnis sich
                        zuzog,
angeschlagen von ungewöhnlichen Regen und Wärmen.
Siehst du nicht auch, daß angegriffen durch Neuheit des
                        Klimas
Leute werden und Wassers, die, weit von Heimat und Hause
hinkommen, deswegen weil die Dinge sich sehr
                        unterscheiden?
Denn was meinen wir wohl, wie Britanniens Himmel
                        verschieden
ist und der in Ägypten, wo schief ist die Achse des Weltalls,
und, der am Pontos, wie der verschieden von jenem in
                        Gades,
bis zu der Männer schwarzen Stämmen, den farbe-
                        verbrannten?

quae cum quattuor inter se diversa videmus   1110
quattuor a ventis et caeli partibus esse,
tum color et facies hominum distare videntur
largiter et morbi generatim saecla tenere.
est elephas morbus qui propter flumina Nili
gignitur Aegypto in media neque praeterea usquam.   1115
Atthide temptantur gressus oculique in Achaeis
finibus. inde aliis alius locus est inimicus
partibus et membris. varius concinnat id aer.
proinde ubi se caelum, quod nobis forte alienum,
commovet atque aer inimicus serpere coepit,   1120
ut nebula ac nubes paulatim repit et omne
qua graditur conturbat et immutare coactat;
fit quoque ut, in nostrum cum venit denique caelum,
corrumpat reddatque sui simile atque alienum.
haec igitur subito clades nova pestilitasque   1125
aut in aquas cadit aut fruges persidit in ipsas
aut alios hominum pastus pecudumque cibatus,
aut etiam suspensa manet vis aere in ipso
et, cum spirantes mixtas hinc ducimus auras,
illa quoque in corpus pariter sorbere necessest.   1130
consimili ratione venit bubus quoque saepe
pestilitas et iam pigris balantibus aegror.
nec refert utrum nos in loca deveniamus
nobis adversa et caeli mutemus amictum,
an caelum nobis ultro natura coruptum   1135

Diese sehen wir nun unter sich, die vier, sich entfernen
nach den vier verschiedenen Winden und Teilen des
                                        Himmels,
dann aber, sieht man, treten Gesicht und Farbe der Menschen
weit auseinander und packen die Krankheiten artweis die
                                        Stämme.
Gibt's doch Elefantiasis, die nur nahe des Niles
Fluten entsteht in der Mitte Ägyptens und nirgendwo sonst
                                        noch.
Attika schadet den Füßen, den Augen Achaias Gebiete.
Und in der Folge ist jeder Ort einem anderen Teile
feindlich und Gliede. Das macht die wechselnde Buntheit des
                                        Luftraums.
Wenn darum der Himmel, der uns vielleicht grade fremd ist,
sich bewegt und feindliche Luft zu verrücken sich anfängt,
kriecht er allmählich wie Nebel und Wolken dahin und
                                        bringt alles,
wo er auch zieht, in Verwirrung und zwingt es, sich zu
                                        verändern.
Vor kommt auch, daß er, wenn er endlich in unsere Striche
langt, sie verdirbt und sich ähnlich sie macht und feindlich
                                        im ganzen.
Dieses Unheil also und diese Verseuchung befallen
plötzlich neuartig das Wasser und setzen sich gleich in die
                                        Feldfrucht
oder in andere Nahrung des Menschen und Speise der Tiere,
oder es bleibt ihre Macht auch hangend eben im Luftraum,
und wenn atmend wir einziehen draus die verschmolzenen
                                        Lüfte,
saugen wir ein in den Körper zugleich auch jenes notwendig.
Auch den Rindern kommt auf ähnliche Weise so oftmals
Seuche und gar den trägen blökenden Herden die Krankheit.
Und es macht nichts aus, ob wir in die Räume geraten,
die uns widrig, und selber des Himmels Gewand uns
                                        vertauschen,
oder von sich aus Natur uns verdorbenen Himmel
                                        heranführt

deferat aut aliquid quo non consvevimus uti,
quod nos adventu possit temptare recenti.

   Haec ratio quondam morborum et mortifer aestus
finibus in Cecropis funestos reddidit agros
vastavitque vias, exhausit civibus urbem.   1140
nam penitus veniens Aegypti finibus ortus,
aera permensus multum camposque natantis,
incubuit tandem populo Pandionis omni.
inde catervatim morbo mortique dabantur.
principio caput incensum fervore gerebant   1145
et duplicis oculos suffusa luce rubentes.
sudabant etiam fauces intrinsecus atrae
sanguine et ulceribus vocis via saepta coibat
atque animi interpres manabat lingua cruore
debilitata malis, motu gravis, aspera tactu.   1150
inde ubi per fauces pectus complerat et ipsum
morbida vis in cor maestum confluxerat aegris,
omnia tum vero vitai claustra lababant.
spiritus ore foras taetrum volvebat odorem,
rancida quo perolent proiecta cadavera ritu.   1155
atque animi prorsum vires totius et omne
languebat corpus leti iam limine in ipso.
intolerabilibusque malis erat anxius angor
adsidue comes et gemitu commixta querella.
singultusque frequens noctem per saepe diemque   1160
corripere adsidue nervos et membra coactans

oder irgend etwas, was gewohnt wir nicht sind zu genießen,
das durch frisches Erscheinen uns anzugreifen imstand ist.

Dieses Wesen der Krankheit hat einst und tödlicher
                                       Dunsthauch
auch im Lande des Kekrops die Fluren mit Toten erfüllet,
hat die Straßen verödet, die Stadt entblößt ihrer Bürger.
Kommend nämlich, tief in Ägyptens Landen entstanden,
mächtige Weiten der Luft durchmessend und schwimmende
                                       Fluren,
hat sie sich schließlich gelegt auf Pandions ganze Gemeinde.
Durch sie wurden gestürzt sie zu Haufen in Seuche und
                                       Sterben.
Anfangs hatten das Haupt entzündet von Hitze sie immer
und gerötet die beiden Augen mit Glanz unterlaufen.
Und es schwitzte der Schlund sogar darinnen von Blute,
schwarz und eingeschnürt von Geschwüren verengte der
                                       Stimme
Bahn sich, von Blut troff sie, die Zunge, des Inneren
                                       Dolmetsch,
schwach von dem Leiden, schwer in Bewegung, rauh zu
                                       berühren.
Wenn durch den Schlund hindurch dann die Brust erfüllt
                                       war, den Kranken
selber ins traurige Herz der Krankheit Gewalt war
                                       geflossen,
kamen dann gar erst alle Riegel des Lebens ins Wanken.
Mit einem eklen Geruch entströmte der Atem dem Munde
so, wie verfaulende Leichen riechen, die hin man geworfen.
Ganz und gar war die Kraft der ganzen Seele ermattet
und der ganze Leib, schon nah an der Schwelle des Todes.
Und den unerträglichen Leiden war bange Beklemmung
ständig Begleiter und Klage vermischt mit jammerndem
                                       Stöhnen.
Währendes Schlucken bei Tag und bei Nacht, das zusammen
                                       sie ständig
zwang zu ziehen oft die Sehnen und alle die Glieder,

dissolvebat eos, defessos ante, fatigans.
nec nimio cuiquam posses ardore tueri
corporis in summo summam fervescere partem,
sed potius tepidum manibus proponere tactum   1165
et simul ulceribus quasi inustis omne rubere
corpus, ut est per membra sacer dum diditur ignis.
intima pars hominum vero flagrabat ad ossa,
flagrabat stomacho flamma ut fornacibus intus.
nil adeo posses cuiquam leve tenveque membris   1170
vertere in utilitatem, at ventum et frigora semper.
in fluvios partim gelidos ardentia morbo
membra dabant, nudum iacientes corpus in undas.   1173
multi praecipites nymphis putealibus alte   1178
inciderunt, ipso venientes ore patente.   1174
insedabiliter sitis arida, corpora mersans,   1175
aequabat multum parvis umoribus imbrem.
nec requies erat ulla mali: defessa iacebant   1177
corpora; mussabat tacito medicina timore,   1179
quippe patentia cum totiens ardentia morbis   1180
lumina versarent oculorum expertia somno.
multaque praeterea mortis tum signa dabantur:
perturbata animi mens in maerore metuque,
triste supercilium, furiosus voltus et acer,
sollicitae porro plenaeque sonoribus aures,   1185
creber spiritus aut ingens raroque coortus
sudorisque madens per collum splendidus umor,
tenvia sputa minuta, croci contacta colore
salsaque, per fauces rauca vix edita tussi.

nahm ihnen Kraft, sie erschlaffend, die vorher schlaff schon
gewesen.
Und von zu großer Glut hättest sehen du können bei keinem
brennen die äußere Haut an der Oberfläche des Körpers,
sondern eher lau die Berührung den Händen erweisen
und zugleich wie von eingebrannten Geschwüren den Körper
ganz sich röten, wie dann, wenn am Leib läuft heiliges
Feuer.
Aber der innerste Teil, der loderte bis zu den Knochen,
Flammen loderten tief im Magen, wie drinnen im Ofen.
Nichts hättest Leichtes und Dünnes du einem können der
Menschen
wenden den Gliedern zunutz, doch Wind und Kälte
beständig.
Warfen in kalten Fluß sie teilweis die krankhaft erglühten
Glieder doch, den nackten Leib in die Wellen so stürzend.
Viele fielen hinein in die Wasser des Brunnens von oben
tief kopfüber herab, mit offenem Munde hinstürmend.
Unauslöschbar dürrer Durst, die Leiber befallend,
machte den mächtigen Guß ihnen gleich einem winzigen
Tropfen.
Und es war des Leidens kein Ausruhn: es lagen darnieder
matt die Körper; es stotterte sprachlos in Ängsten die
Heilkunst,
freilich, da sie so oft die starren von Krankheit erglühten
Leuchten der Augen rollten, die ständig des Schlafes
entbehrten.
Außerdem wurden viele noch Zeichen des Todes gegeben:
ein verstörter Sinn der Seele mit Trübsal und Ängsten,
finstere Braue, dazu ein wilder und stechender Blick noch,
weiter empfindliche Ohren, erfüllt von dumpfem Ertönen,
hastiger Atemgang oder starker und selten erfolgend
und am triefenden Hals eine glänzende Feuchte des
Schweißes,
dünner und feiner Auswurf, gefärbt mit der Farbe des
Safrans,
salzig, mit Mühe geholt aus der Kehle mit heiserem Husten.

in manibus vero nervi trahere et tremere artus   1190
a pedibusque minutatim succedere frigus
non dubitabat; item ad supremum denique tempus
compressae nares, nasi primoris acumen
tenve, cavati oculi, cava tempora, frigida pellis
duraque in ore, iacens rictum; frons tenta manebat.   1195
nec nimio rigida post artus morte iacebant.
octavoque fere candenti lumine solis
aut etiam nona reddebant lampade vitam.

    quorum siquis, ut est, vitarat funera leti,
ulceribus taetris et nigra proluvie alvi   1200
posterius tamen hunc tabes letumque manebat,
aut etiam multus capitis cum saepe dolore
corruptus sanguis expletis naribus ibat;
huc hominis totae vires corpusque fluebat.
profluvium porro qui taetri sanguinis acre   1205
exierat, tamen in nervos huic morbus et artus
ibat et in partis genitalis corporis ipsas.
et graviter partim metuentes limina leti
vivebant ferro privati parte virili,
et manibus sine nonnulli pedibusque manebant   1210
in vita tamen, et perdebant lumina partim:
usque adeo mortis metus his incesserat acer.
atque etiam quosdam cepere oblivia rerum
cunctarum, neque se possent cognoscere ut ipsi.

    multaque humi cum inhumata iacerent corpora supra 1215
corporibus, tamen alituum genus atque ferarum

Nicht in den Händen säumten die Sehnen zu ziehen, zu
                                              zittern
nicht die Glieder, säumte der Frost von den Füßen zu steigen
nicht allmählich; so war schließlich im äußersten Zeitpunkt
schmal zusammengepreßt die Nase, die Spitze der Nase
fein am Ende, gehöhlt die Augen, gesunken die Schläfen,
kalt und hart die Gesichtshaut, hängend der Mund; doch
                                              gespannt blieb
ihre Stirn. Kurz darnach lagen starr die Glieder im Tode.
Und etwa beim achten erschimmernden Lichte der Sonne
oder der neunten Fackel gaben auf sie das Leben.
    War einer, wie es geschieht, dem Zuge des Todes
                                              entkommen,
wartete seiner doch mit eklen Geschwüren und dunklem
Auswurf des Darmes später noch auch Zersetzung und
                                              Sterben,
oder es floß auch dick oftmals mit Schmerzen des Kopfes
aus der vollen Nase ein Strom verdorbenen Blutes;
hierhin schwand die gesamte Gewalt und der Körper des
                                              Menschen.
Wer aber auch dem hitzigen Ausfluß des ekelen Blutes
war entgangen, dem zog die Krankheit in Sehnen und
                                              Glieder
dennoch hinein und selbst in die Zeugungsteile des Körpers.
Und ein Teil, in schwerer Furcht vor den Schwellen des
                                              Todes,
lebte so weiter, beraubt mit dem Eisen des männlichen
                                              Gliedes,
und, ohne Hände manche und Füße, verblieben sie dennoch
wenigstens hier im Leben; ein Teil verlor gar die Augen:
so hatte heftige Furcht vor dem Tode sie mächtig befallen.
Und von manchen nahm gar Besitz Vergessen von allen
Dingen, daß nicht einmal selbst sie sich zu erkennen
                                              vermochten.
    Und ob unbeerdigt am Boden auch Leichen unzählig
lagen auf Leichen, so sprang der Vögel Geschlecht und der
                                              Tiere

aut procul absiliebat, ut acrem exiret odorem,
aut, ubi gustarat, languebat morte propinqua.
nec tamen omnino temere illis solibus ulla
comparebat avis, nec tristia saecla ferarum   1220
exibant silvis; languebant pleraque morbo
et moriebantur. cum primis fida canum vis
strata viis animam ponebat in omnibus aegre;
extorquebat enim vitam vis morbida membris.

    incomita rapi certabant funera vasta;   1225
nec ratio remedi communis certa dabatur;
nam quod ali dederat vitalis aeris auras
volvere in ore licere et caeli templa tueri,
hoc aliis erat exitio letumque parabat.

    Illud in his rebus miserandum magnopere unum   1230
aerumnabile erat, quod ubi se quisque videbat
implicitum morbo, morti damnatus ut esset,
deficiens animo maesto cum corde iacebat,
funera respectans animam amittebat ibidem.
quippe etenim nullo cessabant tempore apisci   1235
ex aliis alios avidi contagia morbi,
idque vel in primis cumulabat funere funus.
nam quicumque suos fugitabant visere ad aegros,
vitai nimium cupidos mortisque timentis
poenibat paulo post turpi morte malaque   1240
desertos, opis expertis incuria mactans.
qui fuerant autem praesto, contagibus ibant
atque labore, pudor quem tum cogebat obire

entweder weit zurück, um dem scharfen Geruch zu entgehen,
oder, wenn's davon gekostet, verging es in baldigem Tode.
Aber es zeigte so leicht sich in diesen Tagen ein Vogel
wohl überhaupt nicht, verkümmert kamen der Tiere
                                        Geschlechter
nicht aus den Wäldern heraus; die meisten siechten vor
                                        Krankheit,
starben dahin. Vor allem verhauchte der Hunde getreue
Kraft gestreckt auf allen Straßen, sich wehrend, das Leben;
wand doch der Krankheit Gewalt heraus das Leben den
                                        Gliedern.
   Ohne Geleit wurden einsam Begräbnisse eilig vollzogen;
nicht war ein sicherer Weg eines Mittels für alle gegeben;
denn was dem einen verstattet hatte, belebendes Wehen
einzuatmen der Luft und des Himmels Bereiche zu
                                        schauen,
das war andren Verderben und brachte ihnen das Sterben.
   Jenes Beklagenswerte war hierbei besonders vor allem
kummervoll, daß jeder, sobald er verstrickt in die
                                        Krankheit
selber sich sah, als ob er verfallen wäre dem Tode,
sinken den Mut ließ und traurigen Herzens darnieder sich
                                        legte,
und mit dem Blick auf den Tod verlor dort auch wirklich
                                        das Leben.
Freilich, zögerte doch auch zu keiner Zeit zu ergreifen
einen wieder vom andern der gierigen Krankheit Berührung,
und das häufte vor allem sogar die Leichen auf Leichen.
Denn wer immer vermied die kranken Seinen zu sehen,
den pflegte, hängend zu sehr am Leben und ängstlich vorm
                                        Sterben,
kurz darnach zu bestrafen mit schlimmem, schimpflichem
                                        Tode,
einsam, der Hilfe entbehrend der mordende Mangel an
                                        *Pflege.
Die aber hilfreich anwesend waren, durch Ansteckung gingen
diese und Mühen zugrunde, die damals auf sich zu nehmen

blandaque lassorum vox mixta voce querellae,
lanigerae tamquam pecudes et bucera saecla.   1245
optimus hoc leti genus ergo quisque subibat.
inque aliis alium populum sepelire suorum
certantes lacrimis lassi luctuque redibant;
inde bonam partem in lectum maerore dabantur;
nec poterat quisquam reperiri, quem neque morbus   1250
nec mors nec luctus temptaret tempore tali.
  Praeterea iam pastor et armentarius omnis
et robustus item curvi moderator aratri
languebat, penitusque casa contrusa iacebant
corpora paupertate et morbo dedita morti.   1255
exanimis pueris super exanimata parentum
corpora nonnumquam posses retroque videre
matribus et patribus natos super edere vitam.
nec minimam partem ex agris is maeror in urbem
confluxit, languens quem contulit agricolarum   1260
copia conveniens ex omni morbida parte.
omnia conplebant loca tectaque; quo magis aestu
confertos ita acervatim mors accumulabat.
multa siti prostrata viam per proque voluta
corpora silanos ad aquarum strata iacebant   1265
interclusa anima nimia ab dulcedine aquarum,
multaque per populi passim loca prompta viasque
languida semanimo cum corpore membra videres
horrida paedore et pannis cooperta perire
corporis inluvie; pelli super ossibus una,   1270

zwang der Anstand und Schmeicheln der Müden mit
                                    Jammern verbunden,
so wie die wolligen Herden und hörnertragenden Rinder.
Grade der beste erlitt so diese Form seines Todes.
Hier und dort eine andere Schar zu begraben der Ihren
eifernd, kehrten zurück sie matt von Tränen und Trauer;
drauf wurden großenteils vom Harme aufs Bett sie
                                    geworfen.
Keiner ließ sich finden, den nicht entweder die Krankheit
oder der Tod oder Trauer zu solcher Zeit überfallen.
    Außerdem lagen krank schon der Hirt und Pfleger des
                                    Großviehs
und ebenso des krummen Pfluges kerniger Lenker
schwer darnieder, und tief in der Hütte gepfercht lagen ihre
Leiber von Armut und Krankheit als Beute dem Tod
                                    überlassen.
Über entseelten Kindern hättest der Eltern entseelte
Leiber du sehen können bisweilen und wieder die Söhne
über den Leibern der Mütter und Väter ihr Leben
                                    verhauchen.
Und nicht zum kleinsten Teil ist das Übel zusammen-
                                    geflossen
aus dem Land in die Stadt. Es brachte der Bauern erkrankte
Schar es mit behaftet aus allen Richtungen kommend.
Alles füllten sie an, die Plätze und Häuser; nur mehr noch
häufte der Tod sie auf in der Hitze gezwängt so in Massen.
Viele der Körper, vom Durst auf die Straße gestreckt und
                                    nach vorwärts
zu den Silenen der Brunnen gerollt, auch lagen geschichtet:
von zu großem Genuß des Wassers verkürzt ward das Leben.
Viel hättest auch überall auf den offenen Plätzen des Volkes
du und den Straßen, ermattet, mit halbtotem Körper
                                    verenden
Glieder, starrend vor Schmutz und bedeckt mit Lumpen,
                                    beobachten
können, vom Unrat des Körpers, nur noch Haut über
                                    Knochen,

ulceribus taetris prope iam sordeque sepulta.
omnia denique sancta deum delubra replerat
corporibus mors exanimis onerataque passim
cuncta cadaveribus caelestum templa manebant,
hospitibus loca quae complerant aedituentes.   1275
nec iam religio divum nec numina magni
pendebantur enim: praesens dolor exsuperabat.
nec mos ille sepulturae remanebat in urbe,
quo prius hic populus semper consverat humari;
perturbatus enim totus trepidabat et unus   1280
quisque suum pro re defunctum maestus humabat.
multaque res subita et paupertas horrida svasit;
namque suos consanguineos aliena rogorum
insuper extructa ingenti clamore locabant
subdebantque faces, multo cum sanguine saepe   1285
rixantes potius quam corpora desererentur.

fast unter eklen Geschwüren und Schmutz schon beinah
begraben.
Schließlich hatte gefüllt die heiligen Tempel der Götter
alle der Tod mit entseelten Leibern, und überall blieben
alle beladen mit Leichen der Himmlischen heilige Häuser,
sie, die mit Gästen gefüllt die Hüter hatten des Tempels.
Schon wurde nicht mehr die Scheu vor den Göttern, schon
nicht mehr ihr Walten
nämlich hoch geschätzt: überwog doch das jetzige Leiden.
Und es blieb in der Stadt nicht mehr des Begräbnisses Sitte,
nach der früher dies Volk immer pflegte begraben zu
werden;
ganz war nämlich ein jeder, verwirrt, in panischem Schrecken
und begrub seinen Toten in Trauer je nach Vermögen.
Vieles riet die plötzliche Lage und starrende Armut;
denn sie legten die Blutsverwandten hinauf auf die fremden
hoch errichteten Schichten des Haufens mit mächtigem
Schreien,
legten die Fackeln an, unter Strömen von Blute sich oftmals
lieber prügelnd, als daß man die Leichen hätte verlassen.

Anmerkungen

Da Lukrez aus sich verständlich ist und das Nachwort die historischen Bedingungen des Werkes, die Gedankenabfolge und den Aufbau erläutert, bedarf es hier nur weniger Erklärungen der raren Eigennamen und sonstiger Besonderheiten.

I,8 *Künstlerin Erde:* Die Erde wird ›daedala‹ genannt, kunstfertis. (Daedalus, der Vater des Ikaros, der mit selbstgefertigten Schwingen der Gefangenschaft in Kreta entfloh, ist das Urbild des Technikers.) Dieses Beiwort von Lukrez im aktiven und passiven Sinne verwandt, weist gleich zu Anfang auf die atomare Struktur der Welt hin, aus der sich die kunstvollsten und kompliziertesten Gebilde aus der Erde erheben. Das Aktivum ist ein Hinweis, daß für Lukrez die ›Mutter‹ Erde mehr ist als eine Atomballung. Sein Naturbegriff erspürt das Wachstümliche und Produktive (Sallmann).

I,26 *Memmiussohn:* vgl. S. 577 f. des Nachwortes. Der Adressat des Lehrgedichtes wird hier zum ersten Male erwähnt, V. 50 f. kann er daraufhin angeredet werden. Die erste Erwähnung ist durch das fingierte griechische Patronymikon »Sohn des Memmius« erhöht (vgl. III,1034; IV,683).

I,41 *in solchen Nöten der Heimat:* Die schwierige Stelle bietet zwei Probleme. Man kann ›hoc‹ mit ›agere‹ zusammennehmen (vgl. IV,969): ›diese Aufgabe vollbringen‹, aber ›agere‹ auch im Sinne von ›dichten‹ (wie etwa IV,49) auffassen und ›hoc patriai tempore iniquo‹ verbinden. In diesem Falle wäre der Hinweis auf die augenblickliche Not stärker; ›patriai tempore iniquo‹ im Sinne eines Konditionalsatzes zu fassen (Giancotti, Boyancé), scheint mir sprachlich hart und inhaltlich blaß. Auch wenn ohne ›hoc‹ mit ›tempore‹ zu verbinden, kann man in der Wendung einen Zeitbezug auf die bewegten Jahre ab 59 v. Chr. sehen, die in dem völligen Chaos des Jahres 52 v. Chr. und dem schließlichen Bürgerkrieg zwischen Pompeius und Caesar endeten.

I,77 *im Grunde verhaftet der Grenzstein:* Der ›terminus‹, der tief im Grunde verankerte Grenzstein zwischen zwei Besitztümern, wurde in dem bäuerlichen Italien hoch- und heiliggehalten und genoß kultische Verehrung. Darum ist er für Lukrez eine überzeugende Metapher für das Naturgesetz.

I,84 *Trivia:* Name der Artemis als Göttin der ›Dreiwege‹, der Straßenkreuzungen. Eine Verletzung der Artemis war bei Iphigeniens Opferung im Spiele.

I,85 *Iphianassa:* In der Ilias (IX,145) hat Agamemnon drei (lebende) Töchter: Chrysothemis, Laodike (bei den Tragikern Elektra genannt) und Iphianassa. Im »Orest« des Euripides (22) werden dafür Chrysothemis, Iphigenie und Elektra genannt. Obwohl Euripides in der »Aulischen Iphigenie« den Mythos, nach dem Agamemnon, um für die in Aulis festliegende Trojaflotte günstigen Fahrwind zu erlangen, seine Tochter opfern mußte, standardisiert hatte, hat Lukrez das unglückliche Opfer Iphianassa sein lassen (aus Verwechslung, wie Bailey annimmt, oder aus archaisierender Neigung?).

I,94 *daß sie zuerst schenkt Vaters Namen dem König:* Sie ist die älteste der Töchter. Den Namen Vater, den Agamemnon seit ihrer Geburt erwarb, hat im Römischen einen besonders hohen Klang. Hier freilich konnte sich Lukrez an Euripides »Iphigenie auf Aulis« (1220) anlehnen: »als erste nannte ich Dich Vater und Du mich Kind«.

I,117 *Ennius:* Der alte römische Dichter Quintus Ennius (239 bis 169 v. Chr.), ›der Vater‹ der lateinischen Dichtung, führte in seinem Epos »Annalen« den Hexameter im Römischen ein. Ihm verdankt Lukrez viel für seine Sprache und seinen Vers. Hier spielt Lukrez auf das Annalenproömium an. Dort erzählt Ennius, im Traum sei ihm das Schattenbild des Homer erschienen und habe ihm verkündet, daß seine Seele jetzt in Ennius wohne. Mit Hilfe der Seelenwanderungslehre der Pythagoreer stellte sich also Ennius als römischer Homer vor. Die Lukrez-Stelle ist entscheidend für die Rekonstruktion dieses großartigen Proömiums.

I,464 *Tyndarostochter:* Helena; das Patronymikon ›Tyndaros‹ ist von einer Nebenform von Tyndareos (s. RE Zweite Reihe, 14. Hbb. 1948, Sp. 1774 Brandenstein) abgeleitet. Tyndareos, Sohn des Oebalus, eines Angehörigen des spartanischen Königshauses. Seine Frau: Leda, die als Kinder unter anderem die Töchter Klytaimnestra und Helena und die Söhne Kastor und Polydeukes hatte (RE a. a. O., Sp. 1757 Marie C. van der Kolf).

I,474 *im phrygischen Herzen des Paris:* Alexandros, Alexander (so benannt eine Tragödie des Ennius), ein anderer Name des Priamossohnes Paris. Weil dieser als Gastfreund des Menelaos in

Sparta dessen Gemahlin Helena raubte, entbrannte der Krieg
um Troja.

I,638 *Heraklit:* der große Denker aus Ephesos in Kleinasien, von
dessen persönlichen Umständen nur dies bekannt ist, daß er um
die Wende vom 6. zum 5. Jahrhundert lebte, hatte schon im
Griechischen den Spitznamen ›der Dunkle‹. Als Urgrund der
Welt nahm er das Feuer an. Da ihm die Stoiker hierin bis zu
einem gewissen Grade folgten (Ekpyrosis), erklärt sich wohl die
Schärfe der Polemik des Lukrez, dem es als Epikureer nicht
darauf ankommt, das fremde System zu verstehen, sondern die
Richtigkeit seines eigenen zu erweisen.

I,707 *Luft als Beginn für das Entstehen der Dinge:* Luft als
Grundprinzip der Dinge nahmen Anaximenes (um 580–520
v. Chr.) und Diogenes von Apollonia (um 460–390 v. Chr.) an.

I,708 *es bilde die Feuchte:* von der Feuchtigkeit bzw. dem Wasser
ging Thales (6. Jh. v. Chr.), der Begründer der jonischen Na-
turphilosophie, aus.

I,716 Im Unterschied zu den Monisten kann man bei *Empedokles,*
der bei der Erklärung der Natur der Welt von den vier Elementen
Wasser, Feuer, Luft und Erde ausging, von einem Pluralisten
sprechen. Er lebte in der ersten Hälfte des fünften vorchristli-
chen Jahrhunderts in Agrigent auf Sizilien als Politiker,
Denker und Wundermann. Seine beiden Gedichte »Über die
Natur« und »Reinigungen«, von denen erhebliche Fragmente
erhalten sind, zeigen ihn als bedeutenden Dichter. Ihn hat sich
Lukrez offenbar zum eigentlichen Vorbild genommen, und nur
ungern weist er, wie bei Ennius, seine Lehre notgedrungen zurück.

I,739 *des Phoebus Pythia:* das Orakel des Apollo zu Delphi, das
seine Priesterin, die Pythia, auf einem Dreifuß sitzend verkündete, ist nicht nur im Griechischen seit frühesten Zeiten eine
bedeutende politische Macht, sondern wird auch in Rom
anerkannt (im Hannibalkrieg befragt man durch den späteren
Geschichtsschreiber Fabius Pictor dieses Orakel) und gilt als der
Inbegriff der Gewißheit. Lukrez freilich stellt die Resultate
selbst der irrenden Vernunft über alles das, was er als Aberglauben – ›religio‹ heißt bei ihm zum ersten Male Aberglauben –
bezeichnen würde.

I,830 *Homoiomerie:* Anaxagoras aus der zweiten Hälfte des fünften Jahrhunderts, Freund des Perikles, Zeitgenosse der Atomisten Leukipp und Demokrit, nahm ›Samen der Dinge‹ an, die

gleich waren der Gesamtmasse des Einzeldings und unter sich. Damit rückt er, am weitesten auf der Linie des Pluralismus fortschreitend, in die Nähe des Atomismus, dem es freilich vorbehalten blieb, in der Vielheit zugleich die Einheit durch die Annahme des unteilbaren Atoms zu bewahren. Lukrez behandelt ihn mit einem gewissen überlegenen Wohlwollen.

I,923 *mit scharfem Thyrsos:* Der Thyrsos ist der Stab, den die Bacchantinnen führen, die Begleiterinnen des Bacchus, des Gottes auch der inspirierten Dichtung. Die Hoffnung auf Ruhm hat ihn, so bildlich-metaphorisch, wie mit dem Schlag des Thyrsos aufs tiefste getroffen.

I,945 f. *in lieblich beredtem Lied der pierischen Mädchen:* Das Lied bekommt zwei Beiwörter, wie bei Lukrez nicht selten. ›Suaviloquenti‹ ist ein zusammengesetztes Adjektiv im ennianischen Stile, ›Pierio‹ heißt thessalisch und meint die Musen nach ihrer Herkunft, weswegen hier die etwas freiere Zitatsetzung gewählt wurde.

II,416 *Safran aus Kilikien* in Kleinasien war besonders kostbar und wurde des Wohlgeruchs wegen im Theater versprengt (vgl. Horaz, »Epistulae« II,1, 79).

II,417 *panchäische Düfte:* Duft aus Panchaia, einem sagenhaften Inselland bei Arabien. Aus Arabien kamen Weihrauch und Myrrhe. Da das römische Theater keinen Altar hatte, vermutet Bailey, daß Lukrez die Vorstellung direkt von Epikur übernommen hat.

II,500 f. *Meliboeens beglänzter Purpur:* Purpur aus Meliboea, einer thessalischen Stadt am Fuße des Pelion und Ossa. Doch ist der tyrische Purpur besonders berühmt.

II,600 ff. Im Jahre 202 v. Chr. wurde die ›Große Mutter‹ von Pessinus, deren Symbol ein schwarzer Stein war, auf Weisung der sibyllinischen Bücher nach Rom geholt und ihr ein Kult eingerichtet. Die ›Megalesia‹, das ihr zu Ehren eingerichtete Fest, fanden im März statt. Diese Muttergottheit wurde auf dem Ida in Phrygien (bei Troja) ebenso wie auf dem gleichnamigen Berge auf Kreta in ähnlicher Weise verehrt. Ursprünglich selbständige Muttergottheiten, wurden ihre Kulte in früher Zeit identifiziert: die der phrygischen Kybele mit der kretischen, die ihrerseits von den Griechen mit Rhea, der Mutter des Zeus, gleichgesetzt wurde. Beides sind orgiastische Kulte; die ›Mutter‹ wurde von ihren Priestern bei den Umzügen begleitet: von den

Korybanten die Kybele – sie heißen auch als Verschnittene
›Galli‹ –, die Rhea von den Kureten. Die Symbolik des Aufzu-
ges scheint schon von griechischen Dichtern ausgeführt worden
zu sein, doch dichtet Lukrez daran weiter (642). Das Standbild
der ›Großen Mutter‹ auf dem Wagen ist auf eine ›sella curulis‹,
einen Amtsstuhl, gesetzt. Das symbolisiert, daß die Tellus, die
Erde, die sie verkörpert, im Raum schwebt.

II,611 *Ida:* hier ist der phrygische Ida bei Troja gemeint.

II,629 *Kureten:* Die Griechen verbanden mit den Begleitern der
kretischen Muttergottheit die Geburtssage des Zeus. Dieser
wurde vor Kronos in einer Höhle des Berges Dikte auf Kreta
versteckt, und die Kureten machten ihren Lärm, um das Schreien
des Neugeborenen zu übertönen. Lukrez scheint Umzüge mit
und ohne Kureten zu kennen. Im übrigen gibt er die sinnlich
eindrucksvollste Schilderung dieser Prozession, um sich dann
von ihr abzusetzen (s. Nachwort, S. 589 f.).

III,3 *o Zierde des griechischen Stammes:* gemeint ist natürlich
Epikur. Er wird V. 9 f. mit römischem Pathos als der Vater angeredet und als »der Dinge Erfinder« (III,9) bezeichnet. Epikur
selbst, der auf Demokrit aufbaut, hatte später behauptet, er
habe von niemandem gelernt und den Demokritos einen Lerokri-
tos, einen Schwätzer, genannt.

III,25 *Acheruns Halle (Acherusia templa):* Acheruns, nur in dieser Form, ist die Unterwelt. ›templa‹ sind die Bereiche, die der
Augur vor seiner Vogelschau am Himmel abgrenzt. Diese Bedeutung ›abgeschnittener Bereich‹ hat Lukrez zweimal (vgl. auch
I,120) auf die ›Bereiche‹ der Unterwelt übertragen (über die
mögliche Herkunft von ›Deckenbalken‹ vgl. Bailey zu I,120).

III,42 *Tartaros:* die Unterwelt.

III,132 *Helikon,* der Berg in Böotien, an dessen Fuße die Musen,
die auf dem Berge ihre Tanzfeste feierten, Hesiod erschienen. In
der hellenistischen Zeit und im Römischen seit Lukrez ist er der
Dichterberg schlechthin (vgl. I,118; dort mit leichter Ironie verwendet).

III,750 Die *Hyrkaner* sind ein Volksstamm am Kaspischen Meer.
Ihre Hunde waren berühmt-berüchtigt wegen ihrer Wildheit.

III,981 *Tantalus* wurde wegen seiner Gier in der Unterwelt damit
bestraft, daß er inmitten von Wasser und Früchten diese nicht
erlangen konnte, weil sie jeweils zurückwichen. Lukrez folgt
einer weniger bekannten Sagenform. Nach ihr hatte (Pindar,

»Olympien« I,87–103) Tantalus Nektar und Ambrosia von den Göttern gestohlen; er wurde in die Luft gehängt, über ihm schwebte ein Stein, so daß er vor Angst nicht essen und trinken konnte. So wird er in der Sinndeutung des Mythos ein eindrucksvolles Beispiel der beängstigenden ›religio‹.

III,984 *Tityus* suchte sich in seiner Lüsternheit an Leto, die Mutter Apolls und der Artemis, heranzumachen und wurde dadurch bestraft, daß Geier seinen riesigen Körper, der neun Äcker bedeckte, zerfleischten (wie Homer, »Odyssee« IX,576 bis 581, erzählt).

III,995 *Sisyphus,* der sagenhafte Urkönig von Korinth, war berühmt wegen seiner Schläue, mit der er sogar Persephone beschwatzte und damit den Tod überwand. Auch sonst hat man allerlei Gründe für seine Strafe ausgedacht. (RE Zweite Reihe, 5. Hbb. 1927, Sp. 371 ff. Bethge.) Diese bestand darin (»Odyssee« IX,593–600), daß er einen gewaltigen Stein in der Unterwelt einen Berg hinaufstemmen muß, der von der Höhe dann immer wieder herabstürzt.

III,1009 *das Naß sich schöpfen in löchrige Krüge:* das wird – nicht als Strafe – von den Danaiden erzählt, Symbol für vergebliches Bemühen. Lukrez nennt hier nicht den Namen.

III,1011 *Cerberus,* der hundertköpfige Höllenhund, und die *Furien,* Rachegeister, die im Hades, der Unterwelt, wohnen, vervollständigen ironisch das Repertoire der vermeintlichen Unterwelt-Schrecknisse, welche die Vernunft als nicht-existent erweist.

III,1025 *der rechtliche Ancus:* Ancus war der vierte König von Rom nach dem göttlichen Gründer Romulus. Er folgte auf Numa, der die Beachtung der Religion einführte, und Tullus Hostilius, der, wie Livius urteilt, ›ferox‹, ein brutaler Machtmensch war. Da Ancus etwa die Mitte zwischen diesen beiden hielt, hob er sich vorteilhaft von ihnen ab. Die Prägung ›bonus Ancus‹ stammt von Ennius.

III,1034 *Scipios Sohn:* Lukrez verwendet das nur im Griechischen übliche Patronymikon hier wohl nach Ennius zur feierlichen Erhöhung, die er des Kontrastes wegen braucht. Gemeint ist wohl Scipio Africanus der Ältere, der ›fatalis dux‹ des Hannibalkrieges, der Karthago besiegte und daher den Beinamen Africanus erhielt.

III,1039 *Demokrit* (um 460–370), der Begründer der atomistischen Philosophie, auch sonst von Lukrez hochgehalten, erhält hier seinen besonderen Ehrenplatz (vgl. Nachwort S. 631 f.).

IV,1161 *Bild der Pallas:* grünblaue Augen galten nicht als schön, Cicero schreibt aber (»De natura deorum« I,83) der Athene solche Augen zu.

IV,1162 Die drei *Charitinnen* sind Inbegriff der Anmut, von ihrem kleinen Wuchs ist nichts bekannt, vielmehr wird eher eine Eigenschaft ausgespielt, die auch eine Kleinwüchsige – und zwar erst recht – haben kann.

IV,1169 Bekannt sind die *Silene* und *Satyrn*, Götter der Wildnis und Begleiter des Bacchus. Lukrez hat die Feminina gebildet: eine Stulpnäsige ist die Schwester des Silen oder der Satyrn, die mit platten Ziegennasen und Bocksfüßen dargestellt werden – aber doch immerhin etwas Göttliches.

V,22 ff. Die Arbeiten des *Hercules,* des stoischen Musterheros, werden im folgenden der Reihe nach entwertet.

V,24 Den *Löwen von Nemea* auf der Peloponnes an der Straße von Arkadien nach dem Isthmos erschlug Hercules, nachdem er im Dienst seines Vetters, des Königs von Mykene, Eurystheus, auf dessen Geheiß er sich einer Reihe von Arbeiten unterziehen mußte, mit der Keule. Hinfort ist das Löwenfell sein Attribut.

V,25 *Arkadiens struppiger Eber:* im Erymanthosgebirge in Arkadien fing Hercules den wilden Eber.

V,30 (Über die Umstellung vgl. meine Ausgabe.) Weiterhin in Arkadien, im Sumpf von Stymphalos, scheuchte er die menschenfressenden *stymphalischen Vögel* – mit einer Klapper – auf und schoß sie ab.

V,26 Eine weitere Arbeit war das Einfangen des feuerschnaubenden *Stieres* auf der Insel Kreta und das Töten der Wasserschlange, der *Hydra von Lerna,* einer Ortschaft in der Nähe von Argos auf dem Peloponnes. Sie hatte neun Köpfe, die nachwuchsen, wenn man sie abschlug.

V,28 Raub der Rinder des dreileibigen Riesen *Geryones,* der am Westrand der Welt auf einer Insel wohnte. Entfernte man sich schon mit Kreta vom Peloponnes, so lassen die folgenden Abenteuer immer mehr das Zentrum der kultivierten Welt hinter sich.

V,29 *Diomedes* hat nichts mit dem homerischen zu tun, sondern ist ein Thrakerkönig, dessen menschenfressende *Rosse* Hercules nach Mykene bringen mußte.

V,31 Der Vers 31 muß darum sogleich ohne Unterbrechung durch die stymphalischen Vögel (V. 30) folgen. Die *Bistoner* sind ein thrakischer Stamm; der Berg Ismaros an der thrakischen Küste ist seines Weines wegen berühmt.

V,32 Beim Herbeiholen der goldenen *Äpfel der Hesperiden* am Westrand der Welt half ihm Atlas, dessen Aufgabe, den Himmelskörper zu tragen, er für kurze Zeit übernahm.

V,397 *Phaethon*, ›der Strahlende‹, Sohn des Sonnengottes, hatte einen Wunsch frei und erbat die Lenkung des Sonnenwagens. Die Sonnenrosse konnten aber von ihm nicht gebändigt werden, sie kamen der Erde zu nahe, und Vater Zeus mußte mit seinem Blitz ein Aufgehen der Erde in Flammen verhüten. (Die berühmteste Darstellung findet sich in Ovids »Metamorphosen« I,748 bis II,400.)

V,656 *Matuta:* Mater Matuta war die alte römische Göttin der Morgendämmerung und der Geburt. Später wurde sie mit der griechischen Leukothea identifiziert. Sie hatte einen Tempel auf dem Forum Boarium.

V,727 *babylonische Lehre der Chaldäer:* Die Theorie, daß der Mond zur Hälfte eine leuchtende, zur Hälfte eine dunkle Seite habe, wurde vertreten von den Babyloniern = Chaldäern, insbesondere von Berosos. Unter den Sternkennern, den astrologi, sind hier die Griechen zu verstehen.

V,739 *Flora* ist eine italische – sabinische – Göttin der Blüten. (Ihre Festlichkeiten sind die Floralia von Ende April bis Anfang Mai: vgl. das Proömium I; Botticellis ›Primavera‹ hat sich an Lukrezens Beschreibung, die selbst auf eine bildliche Darstellung zurückgehen mag, inspiriert.)

V,743 *Euhius Euan,* der Beiname des Bacchus, abgeleitet von dem Ruf der Bacchantinnen »euoi«.

V,941 Der *Arbutus* ist ein Strauch mit erdbeerartigen Früchten, die auch heute auf italienischen Märkten angeboten werden (übersetzt meist mit ›Erdbeerbaum‹).

V,1063 Die *Molosser* waren ein illyrischer Volksstamm in Epirus (auf ihrem Gebiet lag das berühmte Zeusorakel von Dodona). Die Zucht ihrer Hirtenhunde war hochberühmt.

V,1383 *Cicuta:* Schierling. Das Gift der Pflanze ist durch den Schierlingsbecher des Sokrates berühmt geworden. Ihre hohlen Stengel wurden als Pfeifen für die Rohrflöte mit ihren sieben verschieden langen und zusammengebundenen Röhren benutzt. V. 1407 beschreibt Lukrez, wie man sie spielte.

VI,92 *zum letzten der kreidigen Male:* das Ende der Laufbahn wurde anfänglich mit einer Kalk-, später mit einer Kreidelinie bezeichnet. ›Candida calcis‹ ist soviel wie ›candida calx‹, eben der weiße Kalkstrich. Er ist der letzte, der Zielpunkt, den sich Lukrez vorgesetzt hat (praescripta).

VI,94 *Kalliope* ist eine von den neun Musen, die vornehmste, als solche die Muse der Könige und Herrscher. Sie ist als Tochter der Mnemosyne, des Gedächtnisses, klug und gewitzt.

VI,642 *der Sikuler Fluren:* Hier einfach die Einwohner Siziliens. Lukrez denkt kaum an die ethnischen Probleme.

VI,738,746 *avernische Gegenden* und *Avernus:* der ›lacus Avernus‹ – von ihm hat Lukrez die Bedeutung erweitert auf gleichgeartete Plätze, avernische Gegenden – ist ein Kratersee ohne Abfluß in Kampanien unweit von Puteoli. Während andere das Wort von Avis ableiteten, benutzt Lukrez die griechische Etymologie, die er als ›ἄορνος = ohne Vögel‹ erklärt. Hier sollte der Eingang in die Unterwelt sein. Agrippa, der Schlachtengewinner des Augustus, hat einen Kanal zwischen Lucriner und Averner See graben lassen und damit das mysteriöse Dunkel um ihn beseitigt (RE 4. Hbb. 1896, Sp. 2286 Hülsen). Seltsam ist die Wendung ›lacus Averni‹, wohl etwa im Sinne des französischen ›ville de Paris‹.

VI,750 *Pallas, der holden Tritonis:* Tritonis ist der griechische Kultname der Pallas Athene, der Stadtgöttin von Athen.

VI,810 *Scaptensula* = Skapte Hyle, ein Ort im thrakisch-makedonischen Grenzgebiet gegenüber der Insel Thasos. Hier waren die reichen Goldbergwerke, seit der Mitte des fünften Jahrhunderts im athenischen Besitz. Wahrscheinlich lebte Thukydides dort in der Verbannung (Hiltbrunner, Kleines Lexikon der Antike, Bern–München, [3]1961).

VI,848 *Ammons Tempel:* Der Tempel des ägyptischen Gottes Ammon liegt bei der Oase Schiwah in der Kyrenaika. Ammon wurde mit Zeus und Jupiter identifiziert. Der Tempel war ein berühmtes Orakel. Alexander der Große wurde von den Priestern des Gottes als Sohn des Zeus begrüßt.

VI,890 *Aradus* ist eine Stadt auf einem Felsenriff etwa drei Kilometer von der phönizischen Küste entfernt, zuzeiten konkurrierend mit Tyros und Sidon. Die Benützung von im Meer entspringenden Süßwasserquellen mittels langer Röhren wird in der Antike mehrfach erwähnt (RE 3. Hbb. 1895, Sp. 371 f. Benzinger).

VI,1108 *Pontos* ist das Schwarze Meer; *Gades*, alte phönizische
   Kolonie in Spanien, ist das heutige Cadiz. Es werden sozusagen
   die beiden Weltenden entgegengestellt.

VI,1139 *im Lande des Kekrops:* Lukrez hat sich die Schilderung
   der Pest zu Athen 429 durch Thukydides zum Vorbild genom-
   men. Kekrops, der Athen gründete und die Gesetze gesitteten
   Lebens einführte, war von Gestalt halb Schlange, halb Mensch.
   Er schlichtete den Streit zwischen Athene und Poseidon um das
   Land Attika.

VI,1143 *Pandions ganze Gemeinde:* Pandion ist der Name zweier
   sagenhafter Könige Athens.

Literaturhinweise

Textausgaben
H. Diels, Berlin 1923/24 [mit Übers.].
J. Martin, Leipzig 1934 (^{5}1963).
K. Büchner, Wiesbaden 1966.
K. Müller, Zürich 1976.

Kommentare
H. A. J. Munro, Cambridge 1864 (Munro/Duff, Cambridge 1886).
C. Giussani, Turin 1896–98.
C. Bailey, Oxford 1947 [Neudr. 1950 u. ö.].
A. Ernout/L. Robin, Paris ^{2}1962.

Kommentar zum 1. Buch
C. Pascal, Rom 1904.

Kommentare zum 3. Buch
R. Heinze, Leipzig 1897 [Nachdr. 1927].
E. J. Kenney, Cambridge 1971.

Bibliographie
A. Dahell, A bibliography of work on Lucretius 1945–1972, in: Classical World 66 (1973) 389–427 und 67 (1973) 65 bis 112.

Forschungsliteratur
P. Boyancé, Lucrèce et l'Épicurisme, Paris 1963.
K. Büchner, Beobachtungen über Vers und Gedankengang bei Lukrez, Leipzig 1936 (Hermes, Einzelschriften, H. 1).
K. Büchner, Lukrez und Vorklassik, Wiesbaden 1964 (Studien zur römischen Literatur, Bd. 1).
H. Diller, Die Proömien des Lukrez und die Entstehung des lukrezischen Gedichtes, in: Studi Italiani di Filologia Classica 25 (1951) 5–30.
D. R. Dudley (Ed.), Lucretius, London 1965 (Studies in Latin Literature and its influence).

B. Gabriel, Bild und Lehre. Studien zum Lehrgedicht des Lukrez, Diss. Frankfurt a. M. 1970.

O. Gigon, Lukrez, in: Die Großen der Weltgeschichte, Bd. 2, Zürich 1972, 98–159.

H. Klepl, Lukrez und Vergil in ihren Lehrgedichten, Diss. Leipzig 1940 [Neudr. Darmstadt 1967].

F. Klingner, Lukrez, in: F. K., Römische Geisteswelt, München [5]1965, 191–217.

H. Ludwig, Materialismus und Metaphysik. Studien zur epikureischen Philosophie bei T. Lucretius Carus, Köln 1976.

G. Müller, Die Problematik des Lukreztextes seit Lachmann, in: Philologus 102 (1958) 247–283 und 103 (1959) 53–86.

G. Müller, Die Darstellung der Kinetik bei Lukrez, Berlin 1959.

J. H. Nichols, Epicurean political philosophy. A study of the De rerum natura of Lucretius, Ithaca 1976.

E. Pöhlmann, Charakteristika des römischen Lehrgedichts, in: Aufstieg und Niedergang der römischen Welt, Bd. 1, T. 3, Berlin/New York 1972, 813–901.

O. Regenbogen, Lukrez. Seine Gestalt in seinem Gedicht, Leipzig 1932 (Neue Wege zur Antike, Bd. 2,1).

K. G. Sallmann, Die Natur bei Lukrez, in: Archiv für Begriffsgeschichte 7 (1962) [Diss. Köln 1962].

W. Schmid, Epikur, in: Reallexikon für Antike und Christentum, Bd. 5, Stuttgart 1961, 681–819.

H. Schrijvers, Horror ac divina voluptas. Études sur la poétique et la poésie de Lucrèce, Amsterdam 1970.

T. Stork, Nil igitur mors est ad nos. Der Schlußteil des dritten Lucrezbuches und sein Verhältnis zur Konsolationsliteratur, Bonn 1970.

A. Stückelberger, Lucretius reviviscens. Von der antiken zur modernen Atomphysik, in: Archiv für Kulturgeschichte 54 (1972) 1–25.

D. A. West, The Imagery and Poetry of Lucretius, Edinburgh 1969.

K. Westphalen, Die Kulturentstehungslehre des Lukrez, Diss. München 1957.

Nachwort

Lukrez hat den Titel *De rerum natura* den frühgriechischen Epen περὶ φύσεως nachgebildet. Wir übersetzen ihn frei mit *Welt aus Atomen*, weil Lukrez mit natura die atomare Verfaßtheit meint.* Dieses Werk ist der größte epikureische Text und die ausführlichste Darstellung der antiken Atomlehre, die von Demokrit und Leukipp herrührend sich letztlich nicht gegen die unmaterialistischen Systeme eines Plato und Aristoteles behaupten konnte. Schon als solches ist es ein Dokument von höchstem Range. Zugleich ist es das Werk eines der größten Dichter der Römer. In ihm, dem »gottlosen, aber göttlichen« Dichter, wie Gottfried Hermann sagte, ist bohrende Wissenschaft, Aufklärung, Entmythisierung einen Bund eingegangen mit jener Andacht und Liebe zur Natur und ihrem Gesetz, die den höchsten Bildungswert der Naturbetrachtung für den Menschen darstellt. Darum ist es in seinem Wesen über den Zeiten und heute zugleich besonders aktuell, wo man in der Spezialisierung den Blick aufs Ganze zu vergessen in Gefahr ist oder in das andere Extrem fällt und in der Naturwissenschaft die einzige Form menschlichen Wissens sieht. Hier führt der Dichter zurück zum Geheimnis der menschlichen Seele.

I

Ein Gedicht über die Welt in Rom, dem Rom des Aberglaubens und der ehrfürchtigen Zurückhaltung vor dem Geheimnis, dem Rom, in dem Politik und Herrschaft über alle Menschen Gedanken und Sehnsucht beherrschten, von einer michelangelesken Großartigkeit alles umfassend vom Furcht-

---

* Vgl. K. G. Sallmann, Die Natur bei Lukrez, Diss. Köln 1962, wo gezeigt werden konnte, daß dies die, wenn nicht wörtliche, so doch einzig sachgemäße Wiedergabe ist.

barsten, Pest und Hölle, bis zum Höchsten und Reinsten, erlöster Liebe und dem Blick auf die stillen Sitze der Götter, vorgetragen mit dem Anspruch voller Wahrheit und aller Rechenschaft des Gedankens, in rücksichtsloser Gewaltsamkeit ihm dienend, und zugleich in zartester poetischer Empfindung: Es ist in seiner Existenz und seiner scheinbaren Zwiespältigkeit ein solches Wunder, daß zunächst das Verwundern kein Ende nahm, als man sich ihm bewußt näherte. Mommsens geistreiche Kälte schloß diesen Prozeß mit dem harten Urteile ab: Lukrez, gewiß, der genialste Dichter der Römer, aber er habe sich im Stoff vergriffen! Was heißt aber hier im Stoff vergriffen? Ist der Stoff des Dichters nicht die Welt? Und wenn man sie in ihrem Ganzen darstellt, wie kann man sich da vergreifen? Hatte Lukrez zu hoch gegriffen? Hat er einen falschen Anspruch gestellt, ist er der Sache nicht gewachsen gewesen, ihr im Wort nicht gleichgekommen, wie es so gern im Römischen heißt? Das Wort Mommsens, weit entfernt endgültig zu sein, weist auf das Hauptproblem. Wie ist der Dichter Lukrez zu seinem philosophischen Stoff gekommen? Worin besteht das Dichterische dieses Werkes und wie verhält es sich zu der philosophischen Lehre, die Lukrez im schönen Vers erleuchten will?

II. Person

Der moderne Literarhistoriker hätte es mit der Antwort auf eine solche Frage bei seinen Gegenständen leichter. Steht ihm doch meistens die Lebensgeschichte seines Autors bis in die Einzelheiten vor Augen. Ja, häufig – es braucht dabei nicht in dieser Fülle zu sein wie bei den programmatischen Äußerungen der französischen Symbolisten – haben seine Autoren sich über Anlaß und Ziel ihres Werkes ausführlich geäußert. Freilich liegt hier auch eine Gefahr. Biographisches und Theoretisches, sie gehören einer anderen Ebene an als das Dichterische, und es können dabei Widersprüche klaffen, die dem Betrachter deutlicher werden können als dem Schöpfer selber. Und vollends in die Irre gehen würde eine Würdigung, die das Kunstwerk selber gegenüber den oft interessanteren Biographica darum in den zweiten Rang verwiese.

Von Lukrez wüßten wir gern mehr. Geschweige, daß sein Leser der oben skizzierten Gefahr erliegen könnte – die Versuche, aus problematischen Notizen der Antike und dem Werke eine psychoanalytische Deutung des Lukrez zu geben, sind nicht diskussionswürdig –, haben wir von seinem Leben so wenig Kenntnis, daß die einfachsten, ein Verständnis auch des Werkes erleichternden Anhaltspunkte fehlen.

Es sind im Grunde zwei kurze Bemerkungen aus der gesamten antiken Literatur, die uns zur Verfügung stehen und um die seit langem heftiger wissenschaftlicher Streit entbrannt ist.

Der Kirchenvater Hieronymus, Zeitgenosse Augustins, bemerkt zum Jahre 96 v. Chr. oder 94 v. Chr. – die Handschriften schwanken in der Ansetzung: Der Dichter Titus Lucretius wird geboren. Später ist er durch einen Liebestrank wahnsinnig geworden. Als er eine beträchtliche Anzahl Bücher in den Zwischenstadien seines Wahnsinnes geschrieben hatte – sie gab später Cicero heraus –, tötete er sich mit eigener Hand im 44. Jahre seines Lebens.

Man muß bei dieser Nachricht zwischen dem Faktischen und seiner Interpretation unterscheiden. So wenig man – vom Methodischen her gesehen – am Selbstmord zweifeln mag, so ist die Reihe »Liebestrank – Wahnsinn – Selbstmord«, mehrfach auch sonst belegt, schon dadurch fragwürdig, ganz von der unmöglichen Ursache, dem Liebestrank, abgesehen. Was den Wahnsinn anlangt, der so kühn mit dem Liebestrank verknüpft wird, so ist nicht leicht zu entscheiden, ob er vom Selbstmord her erschlossen wurde oder auf echter Nachricht beruht. Wenn echte Nachricht hinter dem Satz des Hieronymus steht, ist nicht mehr auszumachen, was unter insania beziehungsweise furor zu verstehen ist, ob es sich um Geisteskrankheit im medizinischen Sinne handelt oder ob

banausische Umwelt mit der Besonderheit des Genies nicht
mitzugehen vermochte und höchste Empfindlichkeit und ungeheuren Anspruch, die leicht auch zu einer Verzweiflungs-
tat führen mochten, falsch auslegten. Das Gedicht selbst aber
mit ihm in Verbindung zu bringen, ist unmöglich: in ihm
läßt sich nichts finden, was auch nur irgendwie die Behauptung, Lukrez habe es in den Zwischenstadien des Wahnsinns
geschrieben, rechtfertigen könnte.

Aber es ist postum veröffentlicht worden. Abgesehen von
deutlichen Spuren der Nichtabgeschlossenheit an einzelnen
Stellen und dem letzten Satz des Hieronymus kommt bestä-
tigend eine Stelle aus Ciceros Briefwechsel hinzu. Wenn
Cicero ohne Vornamen und weitere Kennzeichnung als Herausgeber genannt wird, so muß es natürlich der berühmte
Redner, nicht etwa sein Bruder Quintus sein. Nun fügt es
sich, daß Marcus an seinen Bruder Quintus im Februar 54
schreibt: »Das Gedicht des Lukrez ist so, wie du schreibst:
mit vielen Blitzen des Genies, aber auch ein Werk von hoher
Technik; aber darüber, wenn Du kommst –. Für einen starken Mann muß ich Dich halten, wenn Du die Empedoclea
des Sallust durchgelesen hast, für einen Menschen nicht.« Es
ist wahrscheinlich, daß sich dieses andeutende Gespräch zwischen den Brüdern auf eben die Herausgabe des Werkes bezieht. Quintus scheint es zum ersten Male in der Hand gehabt zu haben, während Marcus darüber Bescheid weiß und
es – wohl spätestens nach dem Tode des Lukrez – zum
mindesten gelesen hat. Sein Urteil betont die so seltene Vereinigung zweier Gegensätze – daher das »aber auch« –, nämlich von genialer Begabung und strenger Technik. Ein ähnliches Werk wie das des Lukrez, eine Nachbildung des
empedokleischen Gedichtes durch einen sonst unbekannten
Sallustius, fällt dagegen so ab, daß Marcus urban über die
Bildungsanstrengung des Bruders und wahre humanitas
scherzen kann.

Trifft so diese zweite wichtige Stelle mit der Angabe des
Hieronymus über die Herausgeberschaft Ciceros zusammen,
so hilft sie zugleich einer Notiz des großen Vergilkommen-

tators Donatus (4. Jh. n. Chr.) zu größerem Ansehen, der – wie Hieronymus aus Sueton schöpfend – mitteilt, daß Lukrez an dem Tage, an dem Vergil die Männertoga anlegte, gestorben ist, das heißt aber – auf weitere Komplikation kann hier nicht eingegangen werden – im Jahre 55 v. Chr. Ist Lukrez wirklich 44 Jahre alt geworden, wird man seine Geburt auf das Jahr 97 oder 98 zurückrücken müssen, was bei des Hieronymus Art der Notierung, bei der Irrtümer nicht selten sind, keine unüberwindlichen Schwierigkeiten macht.

Das ist alles, was wir direkt wissen. Sonderbar, daß in dieser Zeit einer relativen historischen Helligkeit so wenig von dem genialsten Dichter der Römer auf uns gekommen ist. Es liegt daran – in der Hauptsache –, daß Lukrez so wenig einzuordnen war, daß er politisch nicht tätig gewesen ist, daß er ein so aus dem römischen Rahmen fallendes Gedicht wie das *Welt aus Atomen* geschrieben hat und nicht einmal hatte veröffentlichen können. Aber ein paar Schlüsse, die man vielleicht dem so objektiv in sich verschlossenen Gedichte ablocken kann oder geglaubt hat, ihm ablocken zu können, sollen nicht verschwiegen werden.

In einer Partie hat Lukrez offenkundig den dichterischen Versuch der Jugend Ciceros, die Aratea – vor Catull und Lukrez galt Cicero, wie uns Plutarch berichtet, als der größte Dichter der Römer – anklingen lassen. Wenn es richtig ist, daß Cicero in einem Gedichte über sein Konsulat, das im Jahre 60 entstanden ist, seinerseits mehrere Lukrez-Stellen in der Art der Zeit, die darin eine besondere Ehre sah, imitiert, deutet das auf engere Beziehung Lukrezens zu dem geistigsten Manne seiner Epoche. Und das wieder würde die Herausgeberschaft Ciceros in klarerem Lichte erscheinen lassen.

Lukrez widmet sein Gedicht – und redet ihn darin im Stile des epischen »Lehrgedichtes« entsprechend an – einem römischen Großen, Memmius. Es ist nicht sicher, aber, wie auch die neueste Behandlung durch Pierre Boyancé gezeigt hat, sehr wahrscheinlich, daß es der Gaius Memmius war, mit dem Catull in den Jahren 57/56 in Kleinasien war (in

Bithynien). Er war, wie man ihn mit Recht genannt hat, ein Snob, gebildet, voll Verachtung gegen römische Literatur, Epikureer. Pietätloses Verhalten gegenüber den Epikureern in Athen in einem Handel um die geweihte Stätte des »Gartens« zeigt aber, daß er den epikureischen Gedanken gar wenig mit dem Herzen aufgenommen hatte. Man möchte meinen, daß bei Lukrez, der wohl hofft, dem gebildeten Freund den Glauben an die Bildungsfeindlichkeit der epikureischen Lehre zu nehmen und ihn mit seinem Gedicht davon zu überzeugen, daß auch das römische Wort Höchstes erreichen kann, und so in wahrer Freundschaft mit ihm vereint zu sein, eine Enttäuschung unausbleiblich gewesen ist. Wir mögen – mehr läßt sich nicht sagen – eine persönliche Tragödie ahnen.

Man darf dabei, wenn Lukrez in für uns fast übertrieben anmutendem Tone von dem erhofften Lohne der süßen Freundschaft spricht, kaum schließen, Lukrez habe zu Memmius in dem Verhältnis des Klienten gestanden und sei aus niederem Stande gewesen. Unterwürfig kann man die Worte, in dem sich dieses Freundschaftsverhältnis ausdrückt, nicht nennen. Die leidenschaftliche Hingabe aber erklärt sich, wenn man bedenkt, daß für die Epikureer Freundschaft höchster Sinn des Lebens ist, wenn auch des Nutzens wegen begonnen, so – wie die Philosophie – doch schließlich mit dem höchsten Ziele des Epikureers, der Lust, identisch werdend, wie es Olof Gigon in der Einleitung zu dem Band *Epikur* in der »Bibliothek der Alten Welt« durchsichtig dargestellt hat.

Schwieriger ist es, nachdem Versuche, dem Namen Kriterien abzulocken, als gescheitert angesehen werden müssen, die soziale Stellung und Umwelt des Lukrez zu bestimmen. Das eine wird man sagen dürfen – selbst wenn man in Rechnung setzt, daß die Klüfte unter den Schichten durch die Öffentlichkeit des Lebens nicht von moderner Tiefe waren und vor allem ein Dichter als Klient am Leben im großen Hause teilnahm: Die Überlegenheit, mit der Lukrez über die Dinge dieser Welt urteilt in Verbindung mit der Kenntnis ihrer

Sensationen, etwa dem stolzen, Sicherheitsgefühl gebenden Anblick der im Felde aufgestellten Legionen, das fast modern anmutende Erlebnis des taedium vitae eines genießenden, dem Sinne entfremdeten Lebens, die Kenntnis des römischen Lebens in seinen höchsten Regionen, alles das ist schwer mit niederer Herkunft zu vereinen. Und zumal bei einem Zurückgezogenen, nicht Geselligen, wie etwa Horaz, um zunächst vorsichtig von der vielleicht oft zu sehr übertriebenen »Einsamkeit« des Lukrez zu reden. Und erwägt man, daß auch zu dem Entschluß, ein ganzes Leben – denn das zeigt das Gedicht – an das Werk über die Welt zu setzen, eine gewisse materielle Unabhängigkeit gehört haben muß, unterstützt das diese Erwägungen.

Im Gedicht selbst erscheint der Dichter fast nicht. Nur als der, der in heiteren Nächten über seinen Versen sitzt, von dem einen Werk besessen, als der, in dem der Weltprozeß der Erkenntnis sich vollendet – spät erst hat Epikur seine Lehre gefunden und nun ist er da, der sie in die Heimatsprache übertragen kann –, stellt er sich dar: Kein Mensch der Antike hat wohl wie er von dieser Erfülltheit vom Werk, das ihm in die Träume folgt, gesprochen.

III. Werk

So bleibt das Werk. Aus ihm muß sich die Gestalt des Dichters, seine innere Form, das Ewige in ihm, das im Werk sich realisiert hat, herauskristallisieren lassen. Ehe das versucht wird, ist es gut, sich zunächst Inhalt und Form des gewichtigen Bauwerkes vor Augen zu stellen.

Von den sechs Proömien, die Lukrez seinen sechs Büchern vorausschickt und die man sehr oft als dichterische Höhepunkte allein gewürdigt hat, soll dabei erst später die Rede sein: Sie sind für die Auffassung der Gestalt besonders wichtig. Doch bleibt wesentlich natürlich der große Leib des Gedichtes.

Erstes Buch: Raum und Materie

»Nichts entsteht aus nichts.« Das ist der Fundamentalsatz, mit dem das Werk beginnt und der sich dann durch das ganze Werk hindurchzieht. Gleich zu Anfang wird damit das eine Hauptmotiv des Ganzen verbunden: Hat man sich von diesem Grundsatz nicht überzeugt, ist man geneigt, für das scheinbar Grundlose das Wirken der Götter verantwortlich zu machen, und findet sich damit sogleich in der Knechtschaft der religio. Dieses Anliegen belebt die Darstellung und gibt ihr den inneren Schwung. Aus dem Satz, der halb logisches Prinzip, halb Erfahrungstatsache ist, wird darum die große dichterische Anschauung: wäre es nicht so, dann würde ... Damit ist der Phantasie Spielraum gegeben, die bis zu den schärfsten Paradoxien – paradox-humoristische Argumente stellt Lukrez gern an den Schluß längerer Beweisketten – die unmöglichen Konsequenzen verfolgt, zu denen man kommt und zu denen es kommt, wenn dieser Satz keine Geltung hätte. Das unaufhebbare Naturgesetz, der »tief verhaftete Grenzstein« oder der »Bund der Natur« werden so plastisch und eindrucksvoll dem Hörer als Grundmotiv eingeprägt.
Und so ist es auch bei der nächsten Beweiskette, der Umkehrung des Satzes. »Nichts vergeht zu nichts.« Hier ist die logische Stringenz der Sprache nicht in gleicher Weise vorhanden. Provoziert der erste Satz einen der Sprache und damit der Vernunft unzugänglichen Schöpfungsakt aus Nichts, so können über die Vorstellung restloser Zerstörung, da sie in der Zukunft liegt, vom Logischen her nicht mit gleicher Sicherheit Aussagen gemacht werden. Wohl ist er gültig bei Annahme von etwas Unzerstörbarem. So kommt es, daß stärker als beim ersten Satz der Vorgriff auf das atomistische System zu spüren ist: Bei noch so vollständiger Vernichtung müssen die Atome, die unteilbaren Teilchen, die Lukrez übrigens niemals mit dem griechischen Fremdwort bezeichnet – er spricht von Anfangspartikeln, Samen, Körpern –, erhalten bleiben. Die Existenz der Welt aber ist da-

für wieder der stärkste Beweis: Alles müßte, gäbe es nicht diese unzerstörbaren Teilchen, schon längst den zerstörenden Kräften erlegen sein und hätte niemals so schnell wieder zu einer Wirklichkeit, wie der vorliegenden, aufgebaut werden können. So ist das Bild des ewigen Kampfes von Vernichtung und Zerstörung der Abschluß der Beweiskette, und für den Dichter der Schwermut ist es bezeichnend, daß der dunkle Ton überwiegt: Nichts entsteht, wenn es nicht durch anderen Tod gefördert wird.

Der Vorgriff auf das nach dem System einzig Feste, die Atome, hat Folgen: Der Dichter setzt sich mit der Möglichkeit der Vorstellung unsichtbarer Körper auseinander. Von den Begriffen des Stoßes und der Berührung aus wird die geheime Körperlichkeit des Windes, der Sinnesreize erspürt, und aus der nach gewisser Zeit selbst bei den härtesten Gegenständen spürbaren Abnützung der ständige Abgang nicht mehr wahrnehmbarer Teile von Materie erschlossen. Gerade hier feiert die dichterische Anschauung, die subtile Beobachtungen zu einer Gesamterklärung verbindet, Triumphe.

Aber nicht nur Materie gibt es, sondern auch das Leere. Materie wird in ihrer Existenz durch die Sinneswahrnehmung erwiesen. Von ihr muß alle Erkenntnis ausgehen. Das Leere, der Raum, wird erschlossen durch die ratio. Es gäbe keine Bewegung, wenn alles Materie, das heißt alles irgendwie fest wäre. Überall läßt sich zeigen, daß der Zustand der Wirklichkeit die Existenz des Leeren voraussetzt (besonders eindrucksvoll sind dabei die Verse über die spezifischen Gewichte). Außer Raum und Materie aber gibt es kein an sich bestehendes Wesen. Es ist hier der Ort, einzuhalten, nachdem man Materie und Raum als die einzigen Dinge von Bestand erwiesen, die Fülle der Wirklichkeit auf zwei so abstrakte Prinzipien zurückgeführt hat, und sich zusammenfassend zu sichern. Die Behauptung, daß es außer beidem keine dritte Natur gibt, geht – wenn man, wie ich glaube es tun zu müssen, die überlieferte Reihenfolge der Verse hält – von dem Gedanken aus, daß alles Ausdehnung haben muß, mag sie noch so klein sein. Ist das Ausgedehnte aber berührbar, so ist es Körper, ist es unberührbar und läßt es Körper ohne Widerstand durch sich hindurchgehen, so ist es Raum. Alles andere in der Fülle der Wirklichkeit sind entweder coniuncta, Dinge, die sich nicht ohne Aufhebung des Wesens von etwas trennen lassen, wie etwa Hitze von Feuer, oder eventa, Dinge, die mit Körper oder Raum geschehen sind. Dazu gehören vor allem die Zeit und die Geschichte. Hat doch keiner je Zeit an sich ohne Bewegung und Ruhe der Dinge gespürt, und hätte es doch nie den Trojanischen Krieg gegeben, wenn er nicht als Ereignis an Stoff und Raum sich vollzogen hätte. Damit wird gegen eine materielle Auffassung der Geschichte, die ihr Existenz an sich zuspricht, gekämpft, gegen die der Stoiker, die Geschichte aber aufs engste mit der Substanz verknüpft. Geschichte als memoria, so wie sie der Römer auffaßt, ist damit nicht ausgeschlossen – wie bei der stoischen Auffassung –, aber memoria ist sie erst sekundär. Bezeichnend für den Dichter aber ist, wie der abstrakte Gedanke in der Anschauung der glühenden Liebe des Paris, die mit ennianischen Klängen mit ungeheurer Dynamik erweckt wird, Gestalt gewinnt und dabei die ungeheure Kluft zwischen Abstraktion und der Fülle des Lebendigen sinnfällig spürbar gemacht wird.

Die Körper sind teils Urkörper, unzerstörbare, teils Verbindungen solcher Körper, die Dinge, die res. Mag es auch schwer sein, sich das vorzustellen bei dem ständigen Durchgang der Dinge durch andere. An solchen Punkten pflegt Lukrez dann die ganze Vielfalt der Anschauung auszubreiten (489–497). Aber die vera ratio erweist die Existenz solcher Urkörper von festem und ewigem Stoff. Die beiden Naturen, Leeres und Körper, müssen rein nebeneinander stehen, ohne Leeres aber die Atome massiv sein. Leeres können die Dinge nur im Inneren bergen, wenn fester Stoff – Atomverbindungen – umschließt. Raum und Materie unterscheiden und begrenzen sich gegenseitig; als feste Körper können die Atome aber nichts Zerstörendes, das durch den leeren Raum eindringt, aufnehmen, müssen also ewig sein. Wenn die Materie nicht ewig wäre, müßte ja alles zu nichts vergangen sein; so können die Atome nur in massiver Einfachheit in der Zeit bewahrt, die Dinge immer wieder erschaffen werden. Gäbe es kein Ende für das Zerbrechen der Dinge, wären die Urkörper soweit durch die Zeit zerstört worden, daß nichts mehr zu bestimmter Zeit die ihm bestimmte Blüte erreichen könnte, da Zerstörung leichter ist als Aufbau. Zudem kann man nur bei Annahme fester kleinster Körper Entstehung der vergänglichen Dinge erklären – durch Beimischung des Leeren –, während aus zerstörbar Weichem nie das Unzerstörbare wird. Wäre der Zertrümmerung der Dinge kein Ende gesetzt, müßten, wie der Augenschein lehrt, viele den Gefahren der Zeit getrotzt haben, was man sich bei gebrechlicher Natur nicht vorstellen kann. Alles ist so weit geordnet – bis zum Farbenfleck der Vogelarten –, daß diese Festigkeit nur bei Unwandelbarkeit und damit Unzerstörbarkeit der Atome verständlich ist. Die äußerste Spitze eines Atoms, selbst unlöslicher Teil, kann keine Teile mehr haben, die Atome müssen also unteilbar und unlöslich sein; wollte man physikalische Teilbarkeit bis ins Unendliche annehmen, gäbe es keinen Unterschied zwischen dem All und dem Kleinsten, alles wäre unendlich. Dagegen protestiert das Denken. Und so kleine Gebilde von unendlicher Winzigkeit wären nicht mehr fähig, durch Verknüpfung, Gewicht, Schlag, Zusammenprall und Bewegung Dinge aufzubauen. Mit dem letzten Gedanken greift Lukrez wieder auf das System und besonders das zweite Buch vor.

Diese überwältigende Aufschichtung von Beweisen – mit dem typisch lukrezischen »weiter«, »außerdem«, »schließlich« werden die Beweise ohne Gedanken an poetische Gefälligkeit eingeleitet – ist doch gerichtet und bezieht in die Darlegung über das Atom, sich sichernd, eine Fülle von Angriffsmöglichkeiten mit hinein. In immer neuen Wendungen geht es Lukrez darum, etwas zu finden, was den Kräften der Zeit ewigen Widerstand leisten könnte, als ob darin eine Beruhigung läge. Und Vielfalt der Welt, gegenseitige Durchdringung der Dinge, Möglichkeit der Entstehung von Feuer, Wasser, Luft und Erde, Begrenzung der Größe, um die Funktions- und Aufbaufähigkeit zu garantieren, all das sichert die Aussage über das Atom aus dem Ganzen des Systems in Hinsicht auf die Aufgaben, die ihm mit der Fülle der Welt gestellt sind. Aber nicht nur dies. Sie bereiten auch vor.

Denn im Vollgefühl der Sicherheit, in dem Atom mit dem wahren Denken das unzerstörbare Prinzip der Dinge gefunden zu haben, stellt sich Lukrez den großen frühen griechischen Naturphilosophen zum Kampfe. Wie Olof Gigon in seiner Einleitung mit Recht wieder betont, haftet der epikureischen Lehre ein stark polemischer Zug an, der sich in der Schule bis zu den Zeitgenossen des Lukrez fortpflanzte und vor allem auch dazu dienen sollte, den Jünger vor Anfechtungen der anderen Schulen zu schützen. Lukrez aber geht es um Behauptung der Wahrheit und Selbstbehauptung gegen andere geistige Mächte. Er kämpft persönlich, und er kämpft mit Unterschied. Zunächst gegen die, welche das Feuer als Urstoff ansehen – dazu zählten vor allem auch die Stoiker –, im besonderen gegen den Führer dieses Heeres, Heraklit. Er wagt es mit erstaunlicher Unbefangenheit, die dunkle Sprache des einsamen Philosophen und ihre Bewunderer als nichtig zu geißeln – auch darum, weil ihm selber als Dichter die Aufgabe vorschwebt, die Wahrheit in durchsichtigem Vers lockend und verständlich zu machen, darin durchaus in der Gemeinschaft denkender Römer –, und spottet über die Leute, die meinen, aus Feuer allein könne eine solche Vielfalt der Welt entstehen. Aus Angst, das Feste nicht erklären zu können, haben sie nicht gewagt, das Leere anzunehmen, und dabei nicht bemerkt, daß ohne das Leere ja alles »fest« wird. Im übrigen ist aber die Annahme gerade des Feuers als Urstoff bare Willkür. – Die Kritik trifft auch die, die mehrere Urstoffe annehmen. Dazu gehört Empedokles. Bei ihm trennt er den Mann und die Lehre. Man spürt es an seinen Versen – Verse, die den großen Dichter und Wundertäter feiern, wie selten in der Antike ein Dichter den andern gefeiert hat, und die sein Lob mit dem der »Dreiecksinsel«, Sizilien, verbinden –, wie sehr ihn Lukrez verehrt, in ihm einen der Väter seiner Dichtung sieht. Aber in der Annahme der vier Elemente ist er von vornherein dem Trug verfallen. – Noch mehr gilt dies von Anaxagoras und seinen Homoiomerien, in denen er die sinnlichen Qualitäten einfach auf kleinste Teilchen reduziert. Hier gießt Lukrez seinen ganzen sarkastischen Spott aus: Schließlich kommt es so weit, daß man, um ähnliche Dinge hervorzubringen, also hier die Menschen, die kleinsten Teilchen lachen und die salzigen Wangen mit Tränen benetzen läßt! Nach diesem heftigen Kampf, in dem der Dichter mit allen Mitteln ficht, seine Argumente, schon vorbereitet, ins Feld führt, sich aber auch in die Seele seiner Gegner versetzt und ihre Gedanken bis in die absurden Konsequenzen weiterdenkt und an seinen Erkenntnissen mißt, folgt ein starker Einschnitt.

In Versen, besonders schönen Versen, die, wie ich glaube, ursprünglich das vierte Proömium bilden sollten und dann hierher übertragen wurden, spricht Lukrez, vom Thyrsos der Musen getrieben, von seinem Anliegen, die heilsame Lehre mit den Worten der Dichtkunst anziehend zu machen, und weist andeutend auf das Folgende hin.

Das Folgende aber öffnet, so prachtvoll eingeleitet, den Blick für die Unendlichkeit der Atome und des Raumes. Da es nur Raum und Materie gibt, begrenzt eines das andere, für das All aber alles dessen gibt es keine Grenze, wäre es doch sonst nicht das All. Sinnfällig wird das, wenn man an einem beliebigen Punkt des Alls sich einen Menschen denkt, der einen Speer wirft; so wird das nicht das behauptete Ende sein, ob der Speer weiterfliegt oder von etwas gehindert wird. Wäre das All begrenzt, wäre längst alle Materie zu Boden gesunken. Unendlich aber muß die Materie sein, weil sonst im unendlichen Raum nie eine Ballung wie ein Kosmos, ein mundus wie unsere Welt ist, zustande gekommen wäre. Bei dieser Unendlichkeit aber gibt es keine Mitte. Bewegungen, wie sie Aristoteles angenommen hatte – von Erde und Wasser nach unten, von Luft und Feuer nach oben –, sind sinnlos, alles fällt nach unten durch seine Schwere. Eine solche Annahme spaltet die Welt, den mundus, und öffnet das

Tor für ihren Untergang. Hier polemisiert Lukrez mit seinem Meister gegen Aristoteles, dem die Einzigkeit und göttliche Vollkommenheit und Ewigkeit unserer kleinen Welt Dogma war. Diese Polemik ist uns durch Bignones Forschungen in seinem Buche *Aristotele perduto* besonders deutlich geworden. Man wird nicht sagen können, daß der Buchschluß sich im Ton stark vom Vorhergehenden abhöbe. Aber der Gegenstand macht es, daß man mit einer überwältigend großen Anschauung entlassen wird.

Eine »conception dramatique« hat Ernout die Weltauffassung des Lukrez genannt, Bignone spricht von einem Drama. In der Tat ist es so, als ob die Hauptakteure, der Raum und die Atome, bis jetzt in ein dramatisches Spiel gesetzt wären. Aber nicht nur das berechtigt zu dieser Charakterisierung. Lukrez befindet sich auch selbst auf der Suche nach der Wahrheit im dauernden Kampf mit ihren Bestreitern und nimmt mit intensivem Spürsinn an diesem Kampfe teil. So wird die theoretische Darlegung zum Zeugnis einer um die Wahrheit kämpfenden und im Verse kündenden Seele, zur Dichtung.

Zweites Buch: Bewegung und Formen der Atome

Das zweite Buch ist eines der ausgeglichensten. Es bringt Bauformen des ersten zum Ausreifen und gestaltet das Errungene zunächst in bedachten Schritten aus, ehe es sich in einem besonders ausgearbeiteten Schluß zu den kühnsten Anschauungen erhebt.

Wenn sich die Atome nicht bewegten, könnte Welt überhaupt nicht entstehen, entstanden aber Leben weitergeben wie die Läufer die Fackel. Sie müssen aber infolge ihres Gewichtes einmal im leeren Raum nach unten sinken oder mit anderen zusammenprallend entsprechend in die entgegengesetzte Richtung springen. So ist die unendliche Atommasse in dauernder Bewegung. Je nach der Dichte der Atomhäufungen aber wird die Bewegung verschieden aussehen – und hier wird im ersten Buche Vorbereitetes weitergeführt und deutlich –: Je härter ein Ding, in um so geringerem Zwischenraum wird Prall und Gegenprall erfolgen, je dünner, wie etwa die Luft, in um so weiteren Abständen. Schließlich wird es im Raum Atome geben, die ihre Bewegung überhaupt noch nicht mit anderen Atomen vereinigen konnten. Ein Bild von langer Tradition, aber beschrieben mit der klaren Durchsichtigkeit und plastischen sprachlichen Kraft des Lukrez, kann das verdeutlichen: Es sind die Stäubchen, die in der einfallenden Sonne spielen. Abbild und Beweis zugleich; denn dieser ewige Kampf der Sonnenstäubchen ist die Fortsetzung der Atombewegungen über die größeren Verbindungen hin bis zur Sichtbarkeit.

Der Gedanke geht darauf schrittweise weiter, so wie eins aus dem anderen Glaubwürdigkeit erhält. Für die Schnelligkeit dieser Bewegung ist Maßstab die augenblickliche Verbreitung des Sonnenlichtes: Die Atombewegung muß um so schneller sein, als sie keinen Luftwiderstand zu überwinden hat und nicht große Atomvereinigungen sie hindern. So – nähere Ausführungen sind in einer Lücke verloren gegangen – werden in rascher verschiedenartiger Bewegung die Dinge gebildet und erhalten, leicht möglich, da zu jeder Zeit mit ihrer unvorstellbaren Schnelligkeit jeweils die passenden Atome vorhanden sind. Nur diejenigen, die sich nicht auf die Materie verstehen, fühlen sich bei der geregelten ständigen Bewegung des Lebens gedrungen, Walten der Götter verantwortlich zu machen. Allein schon der Zustand der Welt zeigt, daß man ihre Schuld und Unvollkommenheit nicht Göttern aufbürden darf. Dieser Gedanke verweist zugleich mit der Ankündigung weiterer Behandlung auf das fünfte Buch.

Wenn sichtbare Bewegungen auf der Erde gegen die Annahme des Falles der Atome ins Feld geführt werden sollten, so zeigt die Erfahrung, daß selbst Dinge, die nach oben zu steigen scheinen, wie das Feuer, das nur tun, weil eine Kraft von unten wirkt. – Aber man darf keinen ganz senkrechten Fall annehmen, käme es doch sonst zu keinen Kollisionen und Atomverbindungen. Die Atome weichen unregelmäßig in Zeit und Ort unmerklich von der Geraden ab. Nur so läßt sich auch der freie Wille erklären, der das »Band des Schicksals« sprengt. An der Spontaneität des Willens ist aber nicht zu zweifeln. Sie zeigt sich selbst und gerade dort, wo äußerer Anstoß auf die Gegenwirkung dieses Spontanen trifft. Das Bewegungsspiel aber, das die verschiedenen Dinge in unveränderlicher Gesetzmäßigkeit blühen und absterben läßt, muß, nachdem er sich einmal eingerichtet hat, auch in früherer Zeit in derselben Weise vor sich gegangen sein. Ebenso, wie sich am All nichts ändern kann, da von außen nichts hinein, von drinnen nichts in ein Außen strömen kann. Wer aber an dieser unsichtbaren Bewegung zweifelt, der möge auf die Herden am Berg blicken, die sich bewegen, aus der Ferne aber wie ein schimmernder Fleck aussehen, oder auf die schnell manövrierenden Legionen, die vom hohen Gebirge wie ein stillestehender Glanz in der Ebene wirken.

Gab schon das Vorige Gelegenheit, Vorgänge in der Natur mit ihrer Dynamik nachzuvollziehen und in ihr geheimes Leben einzudringen, so der konsequent folgende Teil über die Gestalt der Atome, Qualitäten bis ins feinste abzuschmecken und sie auf die Atome zurückzuprojizieren, die Atome so gleichsam zu wittern und sinnlich spürbar zu machen. Nach der Analogie der sichtbaren Dinge, die bis ins einzelne Korn und die einzelne Muschel individualisiert sind, müssen auch die Atome verschiedene Gestalt besitzen, da sie ja nicht Manufaktur sind. Die verschiedene Schnelligkeit der Stoffe – Licht, Feuer, Wasser, Öl – und ihre verschiedene Wirkung auf die berührten Sinnesorgane zeigen ebenso wie ihre spezifischen Eigenschaften, daß es glatte, runde, spitze, mit Haken versehene usw. gibt, bestimmen Stoffe, daß sie Atome verschiedener Arten in sich bergen müssen, wie z. B. »der bittere Leib Neptuns«, der dann in die Erde dringt und als Quelle wieder dem Meere zueilt: in der Erde wird das virus mit seinen rauhen Atomen durchgeseiht, und es bleiben die glatten Atome des Wassers. – Die Vielfalt der Atome ist begrenzt – wären sie unendlich vielfältig, müßte man zugleich eine solche Vergrößerung ihrer Gestalt annehmen, daß sie nicht mehr unsichtbar bleiben könnten –, und so ist höchster Vollkommenheit der Stoffe der Welt eine Grenze gesetzt, die Menge aber der einzelnen Formen ist wieder unendlich, weil sonst bei der Unendlichkeit des Raumes nicht überall Materie zur Erneuerung der Dinge da wäre. Das gilt, wenn ein Ding in noch so seltenen Exemplaren vorhanden ist: in Wirklichkeit gleicht sich alles nach dem epikureischen Prinzip der Isonomia aus: Indien wird von einem Wall von Elfenbein geschützt, während es in den bekannten Ländern keine Elefanten gibt. Wie Trümmer aus einem Schiffbruch auf dem weiten Meer wären die Atome der einzelnen Formen im Unendlichen, gäbe es davon nur eine begrenzte Zahl.

Kein Ding in der Welt birgt nur eine Sorte von Atomen, wird weiterführend ein früheres Nebenmotiv selbständig gemacht. Vor allem hat die Erde unzählige, da sie die verschiedensten Dinge aus sich hervorbringt. Darum hat man sie die große Mutter der Götter, Menschen und Tiere genannt. An dieser Stelle, in der Mitte des Buches, gibt Lukrez eine Beschreibung des Kultzuges der Magna Mater und eine Deutung ihrer Symbole. Mit ungeheurer Eindruckskraft weiß er die numinose Stimmung und den Kontrast zwischen dem schweigsamen Götterbild und der Menge der rasenden Begleiter und hingerissenen Zuschauer wie nirgends sonst in der Antike nachleben zu lassen, um zum Schluß – alles zu zerstören: Alles, was Macht und strafenden Zorn der Göttin symbolisiert, ist falsch; denn die Gottheit hat ein eigenes Wesen, sie zürnt nicht und läßt sich nicht gewinnen, sie bedarf in ihrem unabhängigen Glück des Menschen überhaupt nicht und wird in ihrer Abgeschiedenheit von nichts Menschlichem berührt. Die Erde gar ist völlig ohne Empfindung. Darum möge man Ausdrücke wie Mutter Erde und sonstige Metonymien ruhig gebrauchen, aber sich bewußt sein, daß es nur Worte sind, und den Sinn freihalten von schimpflicher Götterfurcht. Regenbogen besonders hat noch andere Stellen

mit dieser in Verbindung gebracht, an denen Lukrez eben-
falls mit aller dichterischen Ergriffenheit den Mythos vorträgt, um ihn dann, sein eigenes Gebilde, rationalistisch zu
zerstören. Der Epikureer dichtet nicht, wie schon Epikur
sagte. Müssen wir also hier schon einen tragischen Zwiespalt
in der Existenz des Lukrez feststellen, zwischen dem Dichter
und dem Epikureer, der das Werk des Dichters gleichsam
auf einer Sünde ertappend zerstört? Doch wohl nur, wenn
Dichtung nur Mythos wäre. Die Hymnen auf Epikur, die
schwermütige Klage über das Sterben der Welt, das dichterische Miterleben des Kampfes der Natur, sie werden nicht
widerrufen, bei ihnen hat Lukrez nicht diesen tragischen Riß
gespürt. Und so wird man darin mehr ein Zeichen sehen
müssen, daß der Dichter Lukrez an den bene et eximie
disposta, den so schönen Mythen seine Freude hat, sie aber
streng als bloßen Mythos von seiner Dichtung scheidet und
dem Ästhetischen der Künste seinen Platz in der höheren
Ordnung der Wahrheit anweist.

Nur der Umstand, daß mehrere Arten Atome sich in den
Dingen befinden, erklärt die Vielgestaltigkeit der Welt, wie
beim Alphabet – ein immer wiederkehrender Vergleich – eine
begrenzte Buchstabenanzahl durch Kombination die verschiedensten Bedeutungen erhält. Freilich lassen sich nicht
alle Atome miteinander verbinden; sonst gäbe es die un-
möglichsten Formen von Dingen.

Ein kleines Sonderproömium leitet den nächsten größeren
Teil ein, die Behandlung der Qualitäten der Atome. Der
Erweis ihrer Farblosigkeit breitet mit großer Freude eine
Fülle von Beobachtungen zur Farblehre aus – vor allem die
Lichtabhängigkeit, das Verschwinden bei immer dünneren
Schnitten –, die den Augenmenschen Lukrez zeigen. Aber
nicht nur ohne Farbe sind die Atome, sie besitzen auch kei-
nen Geruch, keinen Geschmack, sind nicht kalt oder warm.
Qualitäten verändern sich nämlich, und so könnten die
Atome nicht, wie sie es sind, ewig sein, wenn sie solche besäßen.
Die Folge ist, daß man Entstehung von Leben aus Unleben-
digem annehmen muß. Für diese Annahme werden Beweise

angeführt, die für die Antike nichts so Erstaunliches haben wie für uns, da man etwa auch an die bugonia glaubte, die Entstehung von Bienen aus einem verfaulenden Rind. Der Atomist weiß dem Problem dadurch eine neue Wendung zu geben, daß er darauf hinweist, daß nicht aus allem ja Leben entstehen kann, sondern nur aus ganz besonderen Atomen. Wir dürfen darin einen Hinweis auf die Seelenlehre des dritten Buches hören. Jeder Widerstand und Zweifel an der Behauptung scheitert bei dem Atomisten daran, daß der Gedanke ewige feste Atome erschließt, die nicht weich, lebendig, veränderlich sein dürfen. Lukrez macht es sich hier nicht leicht, sondern er baut sich wieder eine der typischen Argumentreihen auf. Der lächerlichen Anschauung, die schon in der Polemik gegen Anaxagoras bekämpft worden war, daß Leben aus Leben entsteht, womöglich der Philosoph aus philosophierenden Atomen, stellt er die große kosmische Anschauung des Menschen als eines Wesens aus himmlischem Samen gegenüber. Nach einer Tragödie des Euripides sind die Verse gestaltet, nach denen aus der Begattung der Erde durch den Äther die Erde die Früchte gebiert, die sich in ewiger Verwandlung zu höchsten Wesen umgestalten und nie ganz vergehen, sondern immer nur in ihren Verbindungen aufgelöst werden.

Wie am Schluß des ersten Buches erlaubt auch hier die neu gewonnene Einsicht in die Bewegung, die Formen und die Qualitäten der Atome den Blick auf zwei große Sichten. Sie sind so ungewöhnlich, daß Lukrez ein besonderes Proömium für nötig hält, um die Scheu vor dem Neuen zu nehmen. Ist doch das Größte, der gestirnte Himmel, bald zum Gewöhnlichen herabgesunken, weil man ihn gewohnt geworden ist. So wird es auch dem ergehen, was man zu Gesicht bekommt, wenn der Blick über die Mauern unserer Welt, über den begrenzten mundus hinausdringt.

Da außerhalb unendlicher Raum und unendliche Materie ist, werden wie bei unserer Welt auch draußen solche Atomzusammenballungen, die wir Welt nennen, im Spiele des Zufalls entstanden sein. Gedanken grundsätzlicher Art über die gleichen Möglichkeiten werden von dem Gedanken an die Isonomia gestützt. Hat man aber diesen Gedanken begriffen, ist die Natur sogleich von den Tyrannen, den Göttern, wie sie sich die Götterangst vorstellt, befreit. Denn wie könnte man jetzt annehmen, daß ein Gott nicht nur die Zügel der unendlichen Welten in den Händen hielte und zu jeder Zeit gegenwärtig wäre, sondern auch etwa gar nun zornig seinen Blitz schwingen sollte, der so oft an den Schuldigen vorbeigeht und die trifft, die es nicht verdient haben?

Der zweite Gedanke aber knüpft an einen Vorklang an – die Welten bestehen nativo corpore wie die Dinge, die aus ihnen hervorgegangen sind –, der am Schluß des ersten Stückes eine Rolle spielte. Aus einer zusammengerafften Kosmogonie nach der Entstehung der Welt werden die Gesetze des Wachsens und Alterns der Dinge entwickelt. Alles wächst, solange mehr Atome hinzukommen – beim Kosmos aus dem Weltall – als verströmen. Hat dann ein Wesen eine bestimmte Größe erreicht, teilt es natürlich auch mehr Atome aus, während durch die Gänge des Gebildes nicht so viel Speise geführt werden kann, daß die Verluste ersetzt werden. So gehen sie also zugrunde, durch Abfluß gelockert und porös gemacht und den von außen kommenden Stößen erliegend. So wird drum auch die Welt zugrunde gehen, wenn ihre Adern den Zufluß nicht mehr ertragen, der genug wäre, und auch die Natur nicht mehr so viel zur Verfügung stellt wie nötig. Hatte sich der Blick von der unendlichen Zahl der Welten schon auf das Schicksal unserer Welt nach ihrer Geburt, dem Zusammenschießen der Atome, verengt, so verengt er sich noch einmal und bedenkt die Gegenwart. Gegenüber der Jugend der Welt, in der sie alle Tiere und die Menschen hervorbrachte, erzeugt sie jetzt höchstens kümmerliche kleine Wesen, und während sie früher – der Mythos der goldenen Zeit klingt an – von selbst alles in reicher Fülle schenkte, müssen jetzt die Kräfte und das Eisen abgeschunden werden, um dem Boden karge Frucht abzugewinnen. Der Bauer seufzt, wenn er die Gegenwart mit der Vergangenheit vergleicht, und der Weinbauer schilt auf alles mögliche, ohne zu merken, daß alles allmählich ermattet den Klippen des Lebens zusteuert, wo sich alles auflöst.

Es ist gezeigt worden, daß die kurze Skizzierung der Weltentstehung, die dann im fünften Buche ausführlich gegeben wird, unmöglich aus einer Vorlage stammen kann. Mit Absicht also hat Lukrez hier, indem er sich Vorausnahmen gestattete, mit dem düsteren Bild des allmählichen Verfalles der Welt geschlossen. Die epikureische Erkenntnis, die gleichgültig oder, besser, im Blick aus der höchsten Höhe auf die Unendlichkeit des Universums unabhängig von der Kleinheit des Irdischen machen sollte, wird durch die Teilnahme des Dichters in eine geheime Schwermut verwandelt.

Drittes Buch: Leben und Seele

Das dritte Buch gliedert sich besonders übersichtlich in drei Teile. Der erste handelt vom Wesen des animus und der anima, der Seele und des Lebens, der zweite beweist beider Sterblichkeit, zu der gehört, daß die Seele jeweils geboren wird, und der Schluß bekämpft in der Form der Diatribe, womit ein ganz neuer Ton im Gedicht aufklingt, die Todesfurcht, die andere der großen Ängste, von der die epikureische Philosophie befreien will.

Nach dem ersten Paar der Bücher, das die Grundlagen des Weltverständnisses entwickelt, führt so das zweite Paar in die Welt der kleinsten Atome, das letzte Paar dann mit dem Blick auf die kosmischen Erscheinungen in die der größten Zusammenballungen aller und großer Formen.

Die Seele und das Leben sind nicht etwa eine bestimmte Verfassung des Körpers, eine Harmonie – über diese Vorstellung gießt Lukrez seinen sarkastischen Spott aus –, sondern Teile des Körpers wie jeder andere. Animus und anima sind dabei unter sich verbunden und ein Wesen, aber die Seele ist das tonangebende Element und hat ihren Sitz in der Brust, während das Leben über den ganzen Körper hin verteilt ist. Beider körperliches Wesen ergibt sich daraus, daß sie fähig sind, den Körper vorwärtszutreiben. Was nämlich stoßen und berühren kann, muß körperlich sein. Die Atome der Seele müssen dabei äußerst klein, glatt und rund sein; sonst würde sich die »Gedankenschnelle« nicht erklären lassen. Zudem zeigt der Umstand, daß am Toten kein Körperverlust bemerkt werden kann, wie klein die Atome von animus und anima sind. Ihre Natur ist nicht einfach: bewegte Luft, aura, warmer Dunst, vapor, und Luft, aer, verlassen sichtbar den Sterbenden. Eine vierte Natur von großer Feinheit ohne Namen verursacht die Bewegungen, die Empfindung schaffen. Von besonderer Schwierigkeit ist dabei die Vorstellung des Zusammenwirkens der einzelnen Naturen, die einen geschlossenen Organismus bilden. Die vierte Natur ist dabei wie das Leben für den Körper, so das Leben für das Leben, die anima animae. Aus der Mischung der Teile ergeben sich die verschiedenen Temperamente. Und wenn Gelehrsamkeit auch glätten kann, die ursprüngliche Mischung ist doch entscheidend; die ratio aber kann so viel der Körper vertreiben, daß nichts hindert, ein Leben zu führen, das der Götter würdig ist. – Diese Natur von animus und anima wird vom Körper gehalten und ist selber die Ursache seines Heilseins. Eine Trennung ihrer aufeinander abgestimmten Funktionen kann niemals ohne beider Auflösung erfolgen. Polemisch werden die Ansichten abgewiesen, daß die Seele allein, ohne den Körper, empfinde oder der Geist durch die Augen wie durch Fenster schaue; und auch an dem Vater des Atomismus, Demokrit, wird Kritik geübt, wenn er meint, daß ein Seelenatom mit einem Körperatom im Körper jeweils abwechselten: sind sie doch viel feiner als die körperlichen Atome, und zeigt doch etwa die Tatsache, daß wir Nebel oder Spinnweben am Fuß einer Fliege oft nicht spüren, weil sie auf empfindungslose Stellen ohne Seelenatome, die den Körper anstoßen könnten, trafen, daß zwischen den Seelenatomen größere Zwischenräume angenommen werden müssen. Entscheidender für das Leben aber ist gegenüber der anima der animus: Ohne ihn erlischt das Leben, während man Teile der anima ohne größeren Schaden verlieren kann. So weit reicht die sachliche Erörterung, die die Grundlage schafft für das, was Lukrez eigentlich am Herzen liegt, und nach epikureischer Art von den aufs diffizilste beobachteten Erscheinungen auf die Ursachen – eindeutig bei nahen Dingen – schließt.

Wie mit größter Leidenschaft im ersten Buche immer wieder Argumente für die Unzerstörbarkeit der Atome angeführt wurden, so wird hier die längste Reihe der Beweise aneinandergefügt, immer wieder ein neuer Beweis dafür ins Feld geführt, daß die Seele mit dem Körper entsteht und mit ihm zugrunde geht. Es ist hier unmöglich, die einundzwanzig Beweise, die sich alle irgendwie aus den eben entwickelten körperlichen Voraussetzungen des Wesens der Seele ergeben, im einzelnen durchzugehen. In immer neuen Wendungen wird dem Problem eine neue Seite abgewonnen, damit nur kein Zweifel bleiben kann, der eine andere Deutung zuließe. Hier zeigt sich besonders jener Spürsinn für das Lebendige und seine Funktionen, für das Krankhafte und die Gefährdungen der Seele, jenes Miteinander von Körper und Geist, der die atomistische Theorie mit der ganzen Fülle des Lebens in Berührung bringt. Die Erfahrungen einer aufs äußerste sensiblen Seele mögen es gewesen sein, die zu Rückschlüssen auf das Schicksal des Lukrez geführt haben, auf jeden Fall aber seine Feinnervigkeit, seine Beobachtungsfähigkeit und seinen Sinn für die aufbauenden und zerstörenden Kräfte des Lebens zeigen.

»Der Tod geht uns also nichts an«, so hatte Epikur mit überlegener, gelassener Ruhe geschlossen. Nach der Phalanx der schier unerschöpflichen Beweise für die Sterblichkeit der Seele wird der Satz »nihil igitur mors est ad nos neque pertinet hilum, quandoquidem natura animi mortalis habetur« zum Triumph- und Siegesruf. Der Tod kann nicht mehr schrecken. Wie man nicht litt, als im Punischen Krieg die Welt, in zwei Parteien gespalten, angstvoll wartete, unter wessen Herrschaft sie fallen würde, so wird, wenn Seele und Körper sich getrennt und beide in ihre Atome aufgelöst haben, in der Zukunft auch ein Weltuntergang uns, die wir nicht mehr sind, etwas anhaben können. Und selbst wenn einmal die Atome sich zur gleichen Verbindung zusammenfinden, ist doch die Einheit des Lebens und der Empfindung, die damals im Zusammenwirken von Körper und Seele bestand, abgerissen. Und dasselbe gilt für das, was früher gewesen, falls einmal eine gleiche Atomverbindung existiert hat: Die Lebenspause hat alles abgeschnitten, so daß wir uns an ein früheres Leben auch nicht erinnern können. Der Tod ist so wenig zu fürchten, als ob wir nie geboren wären.

Töricht ist der darum und hat nicht ernst mit der Erkenntnis gemacht, dem vor dem Schicksal des Körpers nach dem Tode graut. Er ist nicht zur reinen Erkenntnis durchgedrungen, wenn er sagt und fürchtet, daß seine Leiche von wilden Tieren zerrissen wird, gerade als ob es schöner wäre, von den Flammen des Scheiterhaufens verzehrt zu werden oder ähnliches zu erdulden. Solche Leute verstehen es nicht, einen Unterschied zwischen sich und dem Körper zu machen, sich ganz aus dem Leben zu heben.

Sinnlos die Klage, daß der Tod dem Toten alles Schöne des Lebens genommen hat. Fügt man doch nicht dazu, daß er auch keine Sehnsucht mehr danach empfindet. Beklagt man aber sich selbst mehr als den Toten, der nichts mehr empfindet, warum denkt man nicht daran, daß die Bitternis nicht so groß ist, wenn Tod Schlaf und Ruhe ist? Der geheime Egoismus der sich verzehrenden Trauer wird Wort in kurz skizzierten Szenen mit ihren der Vernunft nicht mehr gehorchenden Äußerungen der Trauer.

Und sarkastisch wird die sentimentale Aufforderung, das kurze Leben zu genießen, parodiert, als ob es das Schlimmste im Tode wäre, daß man dann nicht mehr den Becher schwingen kann.

Dagegen erhebt die Natur ihre Stimme. Mit einer Prosopopoiie im Stile der Diatribe werden im dramatischen Hin und Her zwischen dem Menschen und der Natur die Gedanken über den Tod als unwiderrufliche Grenze abgeschlossen. Es ist eine epikureisch aufgefaßte Natur, die dem Menschen zuruft: Wenn das Leben dir angenehm war und nicht alles wie in ein löcheriges Gefäß geflossen ist, warum gehst du nicht aus dem Leben wie ein satter Gast? War dir das Leben nichts, ist alles ausgeflossen und zugrunde gegangen, warum willst du es verlängern, das doch nur immer dasselbe ist, ob du lang oder kurz lebst? Wenn aber gar ein Älterer sich übermäßig empört, schilt sie ihn und macht ihn auf die Notwendigkeit aufmerksam, die Leben aus Leben erstehen läßt in ständigem Kreislauf, eine Ansicht, die bei der Natur des Todes nichts Schreckliches hat.

Natürlich sind die Schrecken, die der Mythos nach dem Tode bereithält, nach diesen Ausführungen als nichtexistent erwiesen. Die mythischen Leiden, so wird kühn interpretiert, sind vielmehr Leiden in dem Leben, das als einziges Empfindung hat: Tantalus Symbol für die Götterangst, die Handlungen der Götter wie das Fallen des Steines fürchtet, Tityos für die Qualen dessen, der durch Liebesleidenschaft gepeinigt wird, Sisyphus Symbol für den, der sich in nichtigem und erfolglosem Ehrgeiz verzehrt, die Danaiden für ein unerfülltes Leben, das unnatürlich immer nach neuen Genüssen sucht, Cerberus und die Furien für die Furcht vor Strafe und das Bewußtsein schlechter Tat. So wird das Leben der Toren zur Hölle.

Auch das soll man sich bisweilen sagen – so wird die Empörung über das Schicksal des Sterbenmüssens genommen –, daß die höchsten Gipfel menschlichen Wesens, selbst Epikur, erlöschen mußten. Was soll da ein armer Durchschnittsmensch, der sein Leben verschläft oder in Schrecken vor Traumgespinsten verbringt, sagen?

Wüßten die Menschen, wie sie das schwere Gewicht in ihrer Seele spüren, auch die Gründe dafür anzugeben, würden sie nicht ihr Leben so, wie sie es tun, führen. Es ist das Leben eines römischen Großen, das mehr weiß, was es will, und in den Genüssen sich langweilt, das in seinem sinnlosen Gebaren als Flucht vor sich selbst geschildert wird, mit einem Sinn für die noia, der an Leopardi erinnert. Wüßten diese Menschen den Grund ihrer Krankheit, würden sie beginnen, das Wesen der Dinge zu studieren. Geht es doch nicht um den Zustand einer Stunde, sondern um den der Ewigkeit, in dem die Menschen nach ihrem Tode verbleiben. Es ist die Einsicht in das Wesen des Lebens und des Todes, die zu heilen vermag und ein Leben glücklich ausschöpfen läßt. So muß man die Gedankenfäden auch der vorigen Stücke wohl zusammennehmen.

Was ist es doch für eine schlimme Gier nach Leben, die es vergiftet und zwingt, in Gefahren zu zittern! Der Tod ist gewiß, und das Leben, in dem man sich befindet, kann nicht neue Genüsse aus sich herausschlagen. Es ist Einbildung, wenn man Neues erhofft, man weiß nicht, was die Zukunft an Schlimmem bringt, und im Vergleich zur Ewigkeit des Todes ist alles, was man dem Leben zulegt, ein Nichts, der ewige Tod, mors aeterna, macht alles gleich.

Die Darstellung hat sich in einzelne eindrucksvolle Visionen aufgelöst, die alle das Leben aus einer richtigen Erkenntnis des Wesens des Todes zu heilen vermögen.

Viertes Buch: Die Sinneswahrnehmungen

Das epikureische oder überhaupt das atomistische System ist so geschlossen, eins hängt so am anderen, daß man ebenso den Schritt von dem Nachweis der Atome hin zu den feinsten Atomen, die Sinneswahrnehmung ermöglichen, tun konnte, wie nach der Behandlung der Seele zu dem, was ihr Funktionieren ermöglicht. Lukrez wählt den letzteren Weg. Im vierten Buche geht es nicht so sehr um die Grunderkenntnisse, die man erzwingen müßte, sondern mehr um differenzierte Anwendungen. Darum ist es – nicht nur, weil es wohl auch am wenigsten abgeschlossen ist – aufgelockerter. Es herrscht die Freude an dem Spiele jenes unendlichen Getümmels der Atome, das, durchsichtig geworden, Erklärung für die kompliziertesten Beobachtungen und Vorgänge ermöglicht. Denn daß aus den Atomkomplexen überall mehr oder weniger feste Gewebe von Atomen sich von der Oberfläche lösen, davon war früher schon die Rede gewesen, und das zeigt auch oft die Erfahrung: das farbenüberströmte Theater, das die bunten Sonnensegel färben, und die mehr verworrenen und durchmischten Ausdünstungen, Gerüche, Dämpfe, Hitze, die aus der Tiefe der Atomsysteme dringen, und darum nicht wie die Ablösungen von der Oberfläche, die das Gesicht reizen, ihre Form bewahren können. Das Spielerische empfindet man schon stark bei dem Nachweis der Eigenschaften dieser Ausstrahlungen von Korpuskeln. Hat man doch, wenn auch im System, derartiges schon etwa bei der vierten Natur der Seele kennengelernt. Diese Ausstrahlungen haben zunächst unendlich feine Körper. Man stelle sich fast unsichtbar kleine Tiere vor, dann ihr Inneres, etwa das Herz, dann aber die Atome, die dieses Herz bilden, und man wird eine Vorstellung von ihrer möglichen Kleinheit haben, sei es nun, daß sie von den Dingen ausströmen oder sich selbst, umherschwirrend, zu bestimmten Gebilden plötzlich vereinen. Ihre unvorstellbare Geschwindigkeit erkennt man daran, daß ein Spiegel, wo immer man ihn hinwendet, sofort die Bilder, eben jene sich lösenden Gewebe, zurückwirft, ebenso wie er zeigen kann, daß sie mit unvorstellbarer Leichtigkeit entstehen, so wie das Sonnenlicht verströmt.

War bis hierher von jeder Art solcher simulacra die Rede, tritt jetzt beherrschend das Sehen hervor, das durch Berührung des Auges durch die simulacra zustande kommt. Die Wunder der Optik, die Gegenwärtigkeit der Bilder an allen Stellen, das Erscheinen des Bildes hinter dem Spiegel, die Vertauschung der Seiten, die Vervielfachung der Bilder durch mehrere Spiegel, die Unmöglichkeit des Sehens aus dem Licht in den Schatten, die Möglichkeit des Umgekehrten, das Verschwimmen des Plastischen in der Ferne, die Bewegungen des menschlichen Schattens, alles das geht glatt in der korpuskularen Theorie auf und gibt Gelegenheit, die wirklichen Wunder der Natur begeistert zu beschreiben.

Die Reihe der erklärten Phänomene spitzt sich zu immer größerer Kompliziertheit zu, die den Geist vor immer größere Aufgaben der Erklärung stellt und leicht in Täuschung führt, wenn z. B. der Schatten sich zu bewegen scheint. Hier muß man nun festhalten, daß die Schuld daran nicht das Auge trifft, sondern den Geist, der seine Meinung hinzubringt und verantwortlich ist für die Erkenntnis der Natur der Dinge. Eine unendliche Fülle von Täuschungen des Auges im Wachen und im Traume zeigt die Schule des Sehens und des entsprechenden Ausdruckes, in die sich Lukrez genommen hat. Kommen sie doch alle, falls man sich wirklich täuschen läßt, nur dadurch zustande, daß man als gesehen nimmt, was man in Wahrheit nicht gesehen hat, sondern was der Geist voreilig mit seinen Meinungen verknüpft hat. So darf man an der Verläßlichkeit der Sinneswahrnehmung nicht zweifeln. Sie ist der Grund für alle wahre Erkenntnis. Wenn einer skeptisch behauptet, man könne überhaupt nichts wissen, so weiß er auch nicht, ob man wissen kann. Wollte man aber ihm selbst dies zugestehen, bleibt immer noch die Frage, woher er denn die Vorstellung von Wahrheit hat. Sie kann nur von den Sinnen stammen, die sich nicht widerlegen lassen, von denen auch einer den anderen nicht widerlegen kann. Läßt sich eine Erklärung nicht geben, ist es besser, darauf zu verzichten, als das Feste und Handgreifliche aus den Händen zu lassen und das Fundament zu vernichten, auf dem nicht nur die ratio aufbaut, sondern auch alles Heil des Lebens beruht. Wie bei einem Bau mit falschem Richtscheit muß auch alles im Leben schief werden, wenn die Wahrnehmung falsch ist. Der »Kanon« Epikurs wächst so aus der Sorge um Leben und Denken aus einer Kritik der Beobachtung heraus und wird zu einer glühenden Verteidigung der sinnlichen Aufnahme der Welt als der Quelle aller Wahrheit, die es rein und unantastbar zu erhalten gilt.

Auch die Laute, so werden im folgenden die anderen Sinne durchleuchtet, sind körperlich, aus rauhen Atomen bei unangenehmen, aus glatten bei musischen Klängen, damit man nicht etwa meine, sie bestünden aus den gleichen Atomen, wenn die Tuba sich mit dem orientalischen Horn mischt und die Musen ihr klagendes Lied über den Helikon nachts erklingen lassen! Die Zunge formt sie, durch längeren Zwischenraum oder durch Widerstände aber werden sie in ihrer Lage verwirrt und gelangen nur undeutlich zum Sinnesorgan. Die verschiedenen Systeme von Atomen erklären die verschiedenen, mit höchster Empfindlichkeit beobachteten Sinneswahrnehmungen. Das Echo – Lukrez selber kennt Stellen mit sechs- und siebenfachem – findet dabei leicht seine Erklärung mit dem Anprallen und Abprallen der Atomverbindungen von den Felsen, ohne daß der Sinn für die Poesie solcher Landschaft verlorengeht. Im Gegenteil hat Lukrez ein in der Antike ganz seltenes Empfinden für die Schönheit und Großartigkeit auch der von Menschen nicht gepflegten Landschaft. Der Mythos freilich, der sich mit ihnen verbindet, wird auch hier erbarmungslos zerstört.

Wie sich aus der Verschiedenheit der atomaren Systeme erklärt, daß die Stimme dort durchdringt, wo die Bilder, die das Gesicht reizen, es nicht vermögen, so erklärt sich auch beim Geschmack und der Aufnahme von Schädlichem oder Förderndem in den Körper die Verschiedenheit in ihrer individuellen und noch durch die Lage bedingten Kompliziertheit aus der Form der Gänge und Öffnungen des aufnehmenden Atomsystems und den entsprechenden Eigenschaften der aufzunehmenden Dinge bis hin zur Relativität der Gifte. Ähnliches gilt von den Gerüchen. Die Relativität aber erstreckt sich auf alle Sinne. Damit werden zum Schluß wieder alle Sinnesorgane und Wahrnehmungen zusammengefaßt.

Die Berührungen der atomaren Ausstrahlungen mit dem Menschen gipfeln in der Darstellung der simulacra, die den Geist zu berühren vermögen. Sie müssen noch viel feiner sein als die sichtbaren, da sie ja bis in die letzten Tiefen des Körpers ungehindert vordringen, müssen sich überallhin bewegen und von unvorstellbarer Schnelligkeit sein. Infolge ihrer Feinheit kommt es vor, daß sie sich wie Blattgold miteinander verbinden. So kommt es denn zur Wahrnehmung von Fabelwesen wie Kentauren oder Skylla, die niemals existiert haben – können doch zwei so verschiedene Organisationen wie Pferd und Mensch mit ihren verschiedenen Gesetzen nicht miteinander leben –, oder zu den Erscheinungen längst

Verstorbener, deren Abbilder noch umherschwirren. Offenbar kommt es Lukrez zunächst weniger auf das Zusammenspiel von Geist und Wahrnehmung an als auf die Zerstörung des Mythos und unnatürlicher Erscheinungen. Denn nach einer kurzen Parallelisierung von Sehen und geistiger Wahrnehmung, die sich nur durch die Feinheit der Atome unterscheiden, kommt er sogleich auf die Träume zu sprechen. Daß alle möglichen Bilder dabei den Geist, der wacht, während der Körper schläft, berühren und daß durch den ständigen Zufluß Bewegung dieser Bilder vorgetäuscht wird, ist dabei nicht merkwürdig. Daß man diese Dinge – und das ist das Gefährliche – für wahr nimmt, erklärt sich daraus, daß die Berührungen des Geistes in diesem Zustand nicht von den Sinnen als unwahr überführt werden können.

Viel ist noch zu erklären hierbei, wenn man die Sache ganz klarlegen will: So werden eine Reihe anschließender Probleme eingeleitet. Die Einleitung zeigt, daß es hier nicht mehr wie bei der Unvergänglichkeit der Atome oder der Sterblichkeit der Seele um Heil oder Unheil, Sein oder Nichtsein geht, sondern man sich sicher dem Schwierigsten gewachsen fühlt. Fülle und unausdenkbare Schnelligkeit, die mit anderen Zeitmomenten rechnet als den nachvollziehbaren, erklären, daß der Geist jeweils von dem berührt wird, woran er denkt; freilich muß hinzukommen, daß er auf die Dinge spannt. So geht eine unendliche Fülle der simulacra achtlos zugrunde, und der Geist bereitet das Gedachte selber in seinen Bewegungen vor. Gerade hier mag aber Lukrez nicht die letzte Hand angelegt haben. Das nächste Problem, das sich anschließt, ist die Frage, ob eine Vorsehung dem Menschen die Sinneswerkzeuge geschenkt habe, damit er sich ihrer bedienen könne. Umgekehrt ist es: Die Sinneswerkzeuge waren da und regten zu ihrem Gebrauch an. Erst später hat man die Funktionen des Körpers aus weiterem Bedürfnis verbessert. Erst war die Zunge, dann die Sprache, aber erst der Kampf und dann die künstliche Waffe. – Ebenso weist die Tatsache, daß der Körper sich selbst Nahrung sucht, nur auf die Bewegungen und Bedürfnisse der Atomorganisationen hin. – So kann man zum Schluß die Körperbewegung sogar erklären, etwas, was im dritten Buche weit vorbereitet ist: Die Vorstellung des Gehens, ein solches feines Atomgespinst, trifft den Geist. Es erwacht in ihm darauf der Wille zu gehen. Er stößt die über den Leib verbreitete anima an, und diese teilt die Bewegung den Gliedern mit. Zugleich wird der Leib dabei poröser, so daß die Luft mit ihren Schlägen und Atombewegungen eindringen kann und ihrerseits die Bewegung unterstützt. Wie mit Rudern und Wind geht so der Körper dahin, ein Zeichen der ungeheuren Macht dieser feinsten Kraft in ihrer engen Verbindung mit dem Körper, wie ja auch der feinstrukturierte Wind fähig ist, die ungeheure Masse eines Schiffes zu bewegen. – Schlaf beruht auf einem Sichzurückziehen der anima aus den Gliedern. Die Gründe dafür sind verschieden. Sie beruhen auf der störenden Kraft der Atomschläge von außen, also der Luft, gegen die sich ja nicht ohne Grund die Dinge durch Rinden und Bedeckungen schützen. Die gleiche Wirkung hat aber auch das Einnehmen der Nahrung mit seinen Anstrengungen der Atombewegungen. Die Träume aber im Schlaf, deren Zustandekommen schon erklärt wurde, hängen ab von den Beschäftigungen des Wachens, weil das Wesen, sei es Mensch oder Tier, im wahrsten Sinne des Wortes auf die jeweils betreffenden Bilder eingestellt ist. Diese Bilder sind fähig, den ganzen Körper aufzuregen und Funktionen bis zum Erwachen auszulösen. Traumerscheinungen können schließlich sogar das Ergießen des Samens bewirken.

Damit ist ein Übergang gewonnen zur letzten Funktion des Körpers, der Liebe. Es ist ein Stürzen in eine Wunde, wenn der von simulacra Verwundete und Getroffene die zur Zeit der Reife sich sammelnden Samen begehrt in das Wesen zu schleudern, das ihn getroffen. Die Nöte aber und Gefahren entstehen dadurch, daß die simulacra allgegenwärtig sind und die Liebe nähren, auch wenn Beisammensein nicht möglich ist. So gilt es die Liebe zu vermeiden, um die Früchte der Venus ohne Strafe zu besitzen, und jene simulacra in die Flucht zu schlagen oder den Geist abzulenken.

Wie am Ende des dritten Buches aus der richtigen Erkenntnis des Todes aus der Situation heraus zu bestimmten Vorstellungen und Handlungsweisen Stellung genommen wurde, so
hier aus der Erkenntnis der Natur der Liebe in losen Rhapsodien von den verschiedensten Seiten her zu der gefährlichen verwandelnden Leidenschaft. Mit der ungeheuerlichen
enthüllenden Kraft der Angriffe, die an der Liebe nur das
Natürliche gelten läßt, versöhnt der Grund, aus dem er entspringt: die Sorge um die Verletzung des Selbst und seinen
Sinn und das Bestreben, überall, wo sich unberechtigt der
Gedanke an unerklärliches direktes göttliches Einwirken
zeigt, die natürlichen Ursachen aufzudecken. Nirgend sonst
gibt es in der Antike einen solchen Enthüllerfanatismus,
einen solchen Drang zur nackten Wahrheit. Lukrez wird
hier, wie im dritten Buche zum kraftvollen Prediger, zum
Satiriker des Menschseins. Zutrauen aber möchte man diese
Erfahrungen des menschlichen Herzens, die hier enthüllt
werden, nur einem, der sie in heißer Leidenschaftlichkeit selber erlebt hat, der ihrer mit der ratio Herr geworden ist.

Lukrez beginnt mit einer Darstellung der Grenzenlosigkeit
der Leidenschaft, dem einzigen und darum so unheimlichen,
das durch Erfüllung nicht befriedet, sondern nur stärker angefacht wird. Er geißelt satirisch die Folgen moralischer Art:
daß Kraft verlorengeht, die Leidenschaft zerstört, Dienst-
barkeit unter fremdem Willen, Verletzung der Pflichten,
Verschwendung des Vermögens die Folge sind. Schlimmer
noch die Leiden bei unerwiderter Liebe. Das einzige Mittel:
die Vernunft nicht aufzugeben und auch das Negative zu
sehen, sich von den simulacra nicht blind machen zu lassen.
Sind doch – und diese Verwandlung des klaren Blickes ist
unheimlich zugleich und lächerlich – alle von Liebe Gepack-
ten gleich, selbst wenn sie den anderen von der Wertlosigkeit
von dessen Liebe zu überzeugen suchen. Und nun beginnt
eine Satire auf dieses Wesen voller Paradoxie und ein Auf-
reißen der Dinge hinter den Kulissen, der postscenia vitae. –
Da es sich um einen natürlichen Vorgang, also um ein Geschehen der Atomfunktionen, handelt, muß denselben Geset-

zen die Frau unterliegen, von der Art der Partner hängt die Geschlechtsbestimmung der Kinder ab, ebenso natürlich, ohne Einwirken der Götter, erklärt sich Kinderlosigkeit und ihre Abwendung. Die Darstellung schließt ruhiger mit dem Blick auf die römische Matrone und den Sinn der Liebe als Funktion der Natur. Und selbst ein Mädchen von geringerer Schönheit erregt durch ihre Sitten oft diese natürliche Liebe, so daß sie den Wunsch erweckt, mit ihr das Leben gemeinsam zu verbringen. Das durch die Gewohnheit Geprüfte, Sinnvolle, das dem nichtigen Schein nicht verfällt, bildet so echt römisch das letzte Wort.

Fünftes Buch: Entstehung der Welt und Kultur

Das Buch von der Entstehung der Welt, den Bahnen der Gestirne und der Entwicklung des Menschen, das der Götterfurcht zu Leibe geht, beginnt mit einem Donnerschlag, das Schlußmotiv des zweiten Buches aufnehmend: Der Kosmos, die dreifache Natur von Meer, Erde und Himmel, wird an einem Tage plötzlich zugrunde gehen. Von der oben erwähnten aristotelischen Anschauung von der Göttlichkeit und Vollkommenheit der Welt her mußte dieser Satz wie ein Sakrileg wirken, und Epikur hat man auch zum Vorwurf gemacht, daß er frevlerisch an heilige Dinge rühre, als er gegen diese Ansichten des Aristoteles polemisierte. Darum fügt Lukrez, bevor er an die Ausführung dieser Vorstellung geht, die sich ja nicht sinnlich beweisen läßt, einen langen Abschnitt ein, der darlegt, daß die Welt nicht belebt ist und nicht von den Göttern geschaffen wurde. Von ihnen aus bestand kein Grund dazu, und selbst ohne Kenntnis der Atomlehre müßte man aus ihrer Unvollkommenheit schließen, daß sie nicht das Werk der Götter ist.

Die Teile der Welt, Feuer, Wasser, Luft und Erde, sind alle vergänglich, also muß auch die Erde im ganzen entstanden sein und einmal vergehen. Ein Blick in die Natur zeigt die Wandelbarkeit aller dieser Stoffe zur Genüge. Und ihre

Vergänglichkeit kann man bis zur Vernichtung von Stein und Erz durch die Zeit verfolgen. Daß die Erde entstanden ist, beweist der relativ junge Zustand der Kultur – hier tritt besonders das historische Bewußtsein des Lukrez hervor, der sich mit seiner Lehre als etwas Junges und Neues empfindet –, und selbst die Annahme, frühere Kulturen seien durch Katastrophen ausgelöscht worden, zeigt doch nur, daß bei größeren ein Ende der Welt möglich ist. Die Bedingungen der Ewigkeit gelten wie für die Seele so auch für die Welt, das heißt den mundus, nicht etwa das Universum überhaupt, und keine trifft auf den mundus zu. Sollte man bei dem ständigen ruchlosen Krieg, den die Atommassen führen, nicht auch einmal einen Sieg einer Partei für möglich halten? War es doch zweimal so weit: als Phaethon, das heißt, wie mythoszerstörend nach dichterischer Vergegenwärtigung gesagt wird, das Feuer, das andere Mal, als in der Sintflut das Wasser die Oberhand zu gewinnen drohte.

Die Kosmogonie bringt das, was am Ende des zweiten Buches um der Gesetze des Wachsens und Alterns willen gesagt war, um seiner selbst willen, um dann die Wunder der Bewegung der Himmelskörper vorbeiziehen zu lassen.

Im ständigen Getümmel der Atome werden einmal die zusammengefügt, die, zusammengeschleudert, plötzlich passen und Anfang großer Dinge werden. Aus einem Urwirbel dieser Atommasse, die wegen der verschiedenen Zwischenräume, Bahnen, Verbindungen, Schwere, Pralle, Zusammenstöße und Bewegungen der Atome in heftiger Zwietracht aufgerührt ist, scheidet sich das Gleiche zum Gleichen. So trennen sich die großen Teile der Welt. Alle Atome, die zur Erde gehören, sammelten sich in der Mitte und zwangen durch Druck alle die Körper, die Masse zu verlassen, die, glatt und leicht, jetzt die anderen Körper bilden. Aus den Poren der Erde erhob sich so der Äther und führte das leichte Feuer mit sich, im großen ein Schauspiel, wie es die bei der Morgenröte dampfende Erde bietet. Darauf bilden sich die Himmelskörper zwischen der Schale des Äthers und der Erde, zwischen beiden gelegen und von keinem von beiden beansprucht. Dort, wo jetzt der Ozean ist, brach die Erde ein, und je mehr sie zusammenrann, um so mehr preßte sie das Wasser dorthin aus, während auf ihr sich die Berge erhoben. Konnten doch die Gebirge sich nicht setzen und nicht in gleicher Weise alle Teile der Erde in die Tiefe sinken. So kam denn wohlaufgebaut zuerst die Erde mit dem Wasser, dann die Luft, schließlich das flüssigste und leichteste von allem, der Äther, der in stillem erhabenem Zug das Getümmel der Lüfte unter sich läßt.

Folgerichtig schließt jetzt der Blick auf die Bewegung der Gestirne im ganzen an. Hier wird zum ersten Male nicht entschieden, sondern, wie es Epikur bei zu erschließenden Ursachen, die nicht handgreiflich nahe sind, übte, eine Anzahl möglicher Gründe gegeben, von denen einer bei den Möglichkeiten für Bewegung zutreffen muß. Damit weiter die Erde nicht in der Folge auf das Luftkissen unter ihr drückt, muß sie nach der Analogie des menschlichen Körpers eine Natur in sich bergen, zur Einheit verschmolzen wie die Seele mit dem Leib, die ihre Schwere aufhebt. – Was aber die Größe der Himmelskörper anlangt, so schließt sich Lukrez jener merkwürdigen Behauptung Epikurs an, unterscheidet sie sich nicht sehr von ihrer Erscheinung. Nimmt doch gerade ein klares Licht in der Ferne hier auf Erden nur ganz wenig an Größe ab. Sieht man darin eine Schwierigkeit, daß diese winzige Sonne die ganze Erde mit Wärme und Licht überstrahlt, so ist es möglich, daß wie aus einem stark sprudelnden Quell hier alle Feueratome des *mundus* hervorbrechen.

Erst jetzt folgen die eigentlich astronomischen Phänomene, die Bahn der Sonne, Tag und Nacht, Wechsel der Tageslänge, Mondlicht, Jahreszeiten, Sonnen- und Mondfinsternis. Auch hier begnügt sich Lukrez, den Rahmen der möglichen Erklärungen abzustecken, von denen eine zutreffen muß. Ist doch dies genug, um Ängste vor dem Eingreifen der Götter zu beseitigen. Aber es ist bemerkenswert, daß nicht nur die Erscheinung als solche in ihrer ganzen Erhabenheit jeweils durchlebt und dargestellt wird, sondern daß die plausible richtige Erklärung einen bevorzugten Platz am Anfang erhält. Auch hier scheint mir größere Teilnahme an diesen Wundern der Welt zu spüren zu sein, als sie bei Epikur vorausgesetzt werden darf, der erklärt, wenn die Götterangst nicht mit diesen Dingen verknüpft wäre, würde sich der Philosoph nicht mit den meteora, den Dingen am Himmel, beschäftigen.

Von den komplizierten astronomischen Problemen lenkt Lukrez zur neuerschaffenen Welt und ihrem fruchtträchtigen Anfangszustand zurück. Nirgends sonst ist das Gefühl für die Mutter Erde, die Lebendigkeit dieser Organisation so stark, hier besonders zeigt sich jener lukrezische Spürsinn für die Bedingungen des Werdens und der Geburt. Fast wird der Atomorganismus Erde dank der dichterischen Schau zu einem lebendigen Wesen, dessen Prädikate wie der natura creatrix oder der natura gubernans die Möglichkeiten materialistischer Aussage zu sprengen drohen.

Nach der Entstehung der Gräser und Bäume, die wie Haare emporsprießen, entsprangen die Tiere der Erde, und schließlich entstanden die Menschen aus den uteri, die sich an der Erde bildeten. Die enorme Gebärkraft dieser Frühlingsstunde der Erde brachte außerdem gewiß noch andere merkwürdige Spielarten hervor. Aber schließlich erlahmte die Gebärkraft – denn nie kann ein Zustand dauern, Leben ist ständiges Werden –, und der Existenzkampf führte zu einer harten Auslese – gibt doch nur List, Tapferkeit oder Schnelligkeit, abgesehen von der Möglichkeit, sich in die Obhut des Menschen zu begeben, die Mittel, sich in diesem Kampf zu behaupten. Aus den Möglichkeiten der Entstehung und des Lebens läßt sich aber sagen, daß auch dieser frische Zustand der Erde nicht zu Fabelwesen wie Kentauren, Skylla oder Chimäre führen konnte: Jedes Ding will nur sein Wesen.

Die Urzeit des Menschen konnte man wie Hesiod als die goldene Zeit, als die Erde noch alles schenkte und Gerechtigkeit herrschte, anschauen, man konnte in ihr wie Demokrit die Zeit der Primitivität sehen, seit der die Menschheit in dauerndem, ungeheurem Fortschritt ihre Künste entwickelt hat. Lukrez weiß um die Freuden des Ursprünglichen wie die stolzen Fortschritte, er weiß um die Hilflosigkeit der Primitiven wie um die Gefährlichkeit der erweiterten Mittel bei gleichbleibender, heißt schlechtbleibender menschlicher Natur, die nicht von der richtigen Vernunft verwandelt ist. Ein Stück Historiker wird in Lukrez hier sichtbar, der nicht nur die jeweiligen Möglichkeiten vergegenwärtigt, sondern nach dem Maßstab der menschlichen Möglichkeiten, wie der römische Historiker überhaupt, auch sein Urteil spricht.

Ein hartes Geschlecht, aus harter Erde entsprungen, lebte es von den Früchten der Erde ärmlich, vom klaren Wasser des Quells, auf dem harten Lager der Erde, ohne Gesetz, kraftvoll auf der Jagd der meisten der Tiere gewachsen und in glücklicher Unwissenheit, die sich auch noch nicht über kosmische Ereignisse aufregte. Ihre beschränkten Lebenssorgen, der Tod durch wilde Tiere und Unkenntnis ärztlicher Hilfe vernichteten sie, freilich nicht so viele wie heute ein Tag im Krieg. Damals verhungerte man, heute stirbt man an Üppigkeit, damals vergiftete man sich aus Unkenntnis, jetzt gibt man das Gift geschickter selber.

Haus und Feuer verwandelten diese Welt. Bei einem großen und gesunden Teil der Menschen – wäre doch sonst die Menschheit nicht am Leben geblieben – erwachte der Wunsch, Frauen, Kinder und Schwache zu schützen. Es kommt zu ersten Vereinbarungen, wenn auch nicht völliger Eintracht. Die Sprache wird entwickelt, indem man die Zunge geschickter gebrauchen lernte und praktisches Bedürfnis die Dinge mit Namen zu versehen lehrte. Ein – übrigens mit erstaunlicher Differenziertheit und Liebe beobachteter – Vergleich mit der Sprache der Tiere zeigt schon dort die beginnende Differenzierung und läßt sarkastisch-ironisch die Gedanken vom Spracherfinder und von Sprachkonvention abweisen. Daß man übrigens das Feuer erfand, dafür war die Natur Vorbild und Führerin durch Blitzschlag und Reibungsentzündung.

Nachdem so die Würde des häuslichen Herdes in ihren Konsequenzen hell zutage getreten ist, hat eine dritte Stufe es mit dem ewigen Schicksal der Menschheit zu tun, der beginnenden Individualisierung. Die Beherzten und Begabten erhoben sich aus der Menge, errichteten Burgen und Herrschaften und verteilten das Land nach dem Wert der einzelnen, das heißt Schönheit, Kraft und Begabung. Diese Kriterien wurden nach Entwicklung des Goldreichtums von dem Kriterium des Besitzes abgelöst. Ein allgemeines Gieren nach Macht begann. In dem historischen Vorgang wird die ganze Sinnlosigkeit dieses Wesens gegeißelt. Erreichte man doch das, was man wollte, friedliche Sicherheit des Lebens, nicht, weil man in dem Streben zur höchsten Ehre den Weg gefährlich machte, und gerade wenn man die höchste Spitze erlangt hatte, der Sturz durch invidia, feindliche Gesinnung der Zurückbleibenden und notwendig Geschädigten – der Begriff, der eine große Rolle spielt, wird nicht weiter entwickelt: er war dem Römer des Revolutionsjahrhunderts klar –, sehr häufig besonders tief war, wie die Gipfel ja auch vom Blitz am häufigsten heimgesucht werden. Wieviel besser, nicht nach fremdem Munde zu leben, sondern still auf die einzelnen Bedürfnisse zu hören und die Dinge nicht herrscherlich bemeistern zu wollen! – Dieser Zustand hat politische Konsequenzen: Sturz des Königtums, Kampf aller gegen alle um die Macht, Ermattung und schließliches Ende der unumschränkten Freiheit durch Gesetz. Seitdem hält die Furcht vor dem Gesetz das Leben in Banden! Der Gedanke an die eine Angst erweckt den an die andere, ohne daß die Gedankenverbindung freilich zum Ausdruck käme: Wie ist zum ersten Male die Institution der Götterverehrung eingerichtet worden? Nun, schon damals sahen die Menschen die simulacra der Götter im Traum. Die Menschen sprachen ihnen Empfindung zu, weil die Fülle der Bilder Bewegungen vortäuschte, Ewigkeit, weil solche Wesen von herrlicher Schönheit und Kraft unüberwindbar schienen und weil sie mühelos die größten Dinge verrichteten. Unkenntnis der Ursachen der Himmelsbewegungen sah diese zudem im Wirken der Götter. Seitdem hat die sich immer wieder erneuernde Angst vor dem Zorne der Gottheit das Leben vergiftet mit einer falschen Vorstellung von Frömmigkeit. Der klagende Ausbruch gegen diese Angst schließt die Betrachtungen über die moralischen Erscheinungen dieser Zeit, die so, am Ursprung aufgesucht, besonders eindrucksvoll bekämpft werden können.

Mit aller Freude am Konkreten, dem feinen Sinn für Ordnung, für das Vorher und Nachher stimmt sich der Ton zur wohlgegliederten Schilderung des Ausbaus der Kultur herab, der fortschreitenden Bearbeitung der Metalle, von Gold, Silber, Blei und Eisen, jeweils auch mit dem Blick auf die noch gesund urteilenden Menschen, der Verfeinerung der Waffen und ihrer umwälzenden, dann sofort wieder aufgehobenen Wirkungen, der Weberei, der Landwirtschaft, der Musikinstrumente. Alles geschieht, um dem Mangel abzuhelfen, nach dem Vorbild der Natur. Es würde zu weit führen, auf alle Feinheiten dieser Klimax aufmerksam zu machen. Die Darstellung gipfelt in der Schilderung des ländlichen Festes und seiner nicht mehr von der Notdurft diktierten Erfindungen. Damals waren die bescheidenen Künste Erfüllung. Das Bessere war dann jeweils Feind des Guten, und immer weitere Verfeinerung griff um sich. Das Bild der urtümlichen Festfreude und Bescheidenheit mag freilich auch zur Besinnung führen, um wieviel Nichtiges sich das menschliche Leben in Sorgen quält, und auf die natürlichen Grenzen hinweisen.

Aber der letzte Blick gilt doch der Unendlichkeit der Erfindungen des rastlosen Menschengeistes in zusammenfassender Schau.

Auch das letzte Stück scheint so zugehörig und wichtig für die Auffassung des Ganzen, das nicht mit einem kulturfeindlichen Tone schließen soll. Das Ganze ist erst in letzter Zeit in seiner großartigen Einheit sichtbar geworden, während man früher gerade hier die Methode des Schneidens und Versetzens übte.

Sechstes Buch: Die Erstaunlichkeit der Natur

Das sechste Buch macht es sich zur Aufgabe, die Ereignisse zwischen Himmel und Erde und sonstige Dramen irdischer Kräfte, die den Menschen immer wieder zur Götterangst zurückführen, zu erklären und auch hier den Mythos zurückzudrängen. Es sind durchgehende Eigentümlichkeiten, welche die Einheit dieser Reihe von admiranda bilden: Besonders wird die Methode der Darlegung mehrerer Ursachen, von denen eine zutrifft, geübt; die Reihe schreitet vom Einfachen zum Komplizierten fort, und zwar so, daß das eine oft das andere voraussetzt, die Erscheinung wird mit höchster Intensität dargestellt und erlebt und dann der Eindruck durch die Klarheit der Erklärung zunichte gemacht. Das Ende freilich macht eine Ausnahme.

Lukrez beginnt mit der Erklärung des Donners, dann schließt er den Blitz an mit den verschiedenen Formen der Unwetter. Überhaupt nimmt die Gewittertheorie einen großen Umfang ein, wird selbständig. Lukrez verfolgt mehr die Einzelheiten, untersucht die Geschwindigkeit des Blitzes, die verschiedene Häufigkeit der Gewitter im Frühling und Herbst, um schließlich die ganze Größe dieser Erkenntnis gegen die etruskische Auguraldisziplin auszuspielen und mit Hohn und Spott der Vorstellung zu begegnen, daß beim Gewitter ein Jupiter seine Blitze schleudere. Eine Sonderform des Unwetters, der Gewitterwirbelsturm, Prester im Griechischen, schließt sich an. Das Kapitel rundet sich in der Behandlung des Regens und der Wolken im allgemeinen.

An das Gewitter und das Atmosphärische reiht sich die Schilderung und Erklärung des Erdbebens – aus Einsturz unterirdischer Höhlen – als einer Mahnung an die Vergänglichkeit der Erde. Die Frage, warum das Meer nicht wächst, ist eine Frage, die man sich in Verbindung mit dem Gedanken eines möglichen Weltunterganges stellen wird. Hier freilich sind die Verse nicht eingearbeitet und unterbrechen den Zusammenhang zwischen der Erdbebenbehandlung und dem

Vulkanismus, Dinge, die in der Antike immer zusammen behandelt werden. So hat man hier wohl eine Stelle, die Lukrez noch anders eingepaßt hätte, wenn ihm die Zeit dafür geblieben wäre.

Der Vulkanismus wird am Ätna behandelt. Es zittert noch der Schrecken des nicht lange vorher erfolgten Ausbruches in den Zeilen, die von der angstvoll nach diesem Berge starrenden Bevölkerung Süditaliens sprechen, so wie im vorigen Abschnitt die Erdbeben von Sidon und Aegium auf dem Peloponnes im Gedächtnis lebten. Die naturwissenschaftliche Erklärung, die mit den unterirdischen Höhlungen, dem Wind, der in ihnen durch Wirbel zum Glühen kommt, und den Verbindungen zur Luft durch Zugänge vom Meer aus gegeben wird, kann zwar nicht die Furchtbarkeit des Ereignisses mindern, aber doch den Mythos beseitigen, der sich gerade mit diesem Berge seit Urzeiten verbunden hatte.

Mit der Erklärung der Nilschwelle – ist der Nil wunderbarerweise doch der einzige Fluß, der im Sommer anschwillt, statt austrocknet – tritt die Methode der vielfachen Erklärung besonders hervor. Darum wird sie drastisch in einem Vergleiche begründet. Unter den mannigfaltigen ist auch die richtige: Schneeschmelze in den Quellgebirgen.

Die avernischen Gegenden, die ihren Namen für Plätze mit tödlichen Ausdünstungen überhaupt hergeben, galten als Eingang in die Unterwelt. Hier kann die Theorie der vielfältigen Ausdünstungen der Erde mit den verschiedensten Wirkungen die Gründe für ihre Wirkungen, das plötzliche Herabfallen der Vögel und das Verenden von Tier und Mensch, genügend verständlich machen.

Thermische Verschiebungen, beobachtet an Brunnen und am Ammonsquell, werden mit Ausdehnung und Zusammenziehung und entsprechendem Auspressen der Wärmeatome bewältigt. Selbstentzündung über kaltem Quell, weiter Süßwasserquellen im Meer schließen sich als Wunder an und werden in ähnlicher Weise begründet.

Abgeschlossen aber wird diese Reihe mit den wunderbaren Eigenschaften des Magneten, in dem Thales die Gottheit verborgen gesehen hatte. Die genaue Beschreibung der Wirkungen, etwa daß die Eisenspäne zwar angezogen, sind sie aber in einem Kupferkessel, abgestoßen werden, kommt nahe an den modernen Versuch heran, nur daß durch das Experiment nicht die Frage an die Natur beantwortet, sondern die probierte Wirkung erklärt wird. Die Begründung aber, die hier besonders schwierig ist, holt ganz weit aus. Das ist nicht zufällig, sondern der Baumeister Lukrez wiederholt hier, möchte man fast sagen, am Schluß der Darlegungen, die Hauptprinzipien seiner korpuskularen Lehre, um sie am schwierigsten Objekte zu bewähren.

Zu den kosmischen Katastrophen gehören – im Unterschied zu den bloßen Erkrankungen des Organismus – die großen Seuchen. Die Verderbnis des Himmels durch schädliche Atome, mögen sie nun von außerhalb des mundus kommen oder in der Erde entstehen, ist schuld an ihnen. Solche schädliche Samen aber gibt es schon für den, der den Himmelsstrich wechselt und nicht an das andere Klima gewöhnt ist, und zudem hat jede Landschaft ihre Spezialkrankheit. Wenn nun der Himmel mit seiner Luft zu wandern beginnt, vermag er die Seuche zu übertragen.

Diese Ursache ist schuld gewesen an der großen Pest zu Athen. Diese große Seuche, die Thukydides, selbst befallen und gerettet, mit bewundernswerter Objektivität geschildert hat, bildet den Abschluß des sechsten Buches und damit des Werkes. Lukrez übersetzt, kann man fast sagen, hier den Thukydides – sieht man davon ab, daß er ihn um ein Stück Hippokrates, nämlich die Schilderung des Gesichtes des Sterbenden, die sogenannte facies Hippocratica, erweitert –, oft so nahe, daß wir sogar einen absichtlichen oder unabsichtlichen Übersetzungsfehler nachweisen – andere sind kontrovers. Aber er verwandelt Thukydides bei aller Nähe entscheidend. Er schildert nämlich nicht mit dem Auge des Historikers, der, ohne die Ursachen zu kennen, die Erscheinungen notiert, damit man der Seuche später nicht wieder überrascht entgegentritt, sie auffaßt als die große Bewegung, in der sich das Wesen des Menschen wie im Kriege enthüllt

– es bleibt als das Feste in solcher Lage nur noch der Genuß des Augenblickes –, sondern er leidet zunächst die Krankheit als ein großes Drama mit. Aber das allein ist nicht die Hauptsache. Und statt eines zu weit führenden Vergleiches im einzelnen möge nur darauf, auf diesen Hauptunterschied, aufmerksam gemacht werden. Thukydides schildert, daß die Krankheit, war schließlich der erste Ansturm überstanden, sich in die Extremitäten setzte, so daß man ihr schließlich, wenn überhaupt, oft nur mit Verlust von Fuß oder Hand oder des Gedächtnisses entging. Auch Lukrez spricht davon, aber es ist ein anderer Ton, wenn er sagt, daß diese Menschen, verstümmelt, ohne Hände und Füße, ohne Zeugungsorgane, ohne Augen und ohne Gedächtnis doch wenigstens weiterlebten. Wenigstens weiterlebten: so sehr, heißt es, hatte die Furcht vor dem Tode sie befallen. Die unsinnige Todesfurcht, die sich unter unmöglichen Umständen doch noch sinnlos ans Leben klammert, das ist die Haltung der Masse. Dem steht aber die andere Gruppe gegenüber. Thukydides hatte erzählt, daß beide Möglichkeiten durch die große Ansteckungskraft der Krankheit in den Tod führten: ging man zu den Kranken, starb man durch Ansteckung, ging man nicht hin, so durch Mangel an Pflege. Lukrez hebt die Gruppe der Mutigen besonders hervor: So starben gerade die besten diese Form des Todes. Der moralische Wert des Menschen wird in diesem Inferno der Todesangst, in der sogar die Furcht vor den Göttern nicht mehr wirkt, nicht generell erstickt. Auf die wenigen, die ihre Form eines edlen Todes sterben, kommt es an. Diese größte Heimsuchung der Menschheit ist die größte Probe des Zweifels, nicht die Enthüllung des menschlichen Wesens. So ist der Abschluß bei allem Grauen, bei jenem schwermütigen Mitleiden mit dem Menschen, wie wir es am Schlusse des zweiten Buches fanden, doch auch wieder ein Beweis für die Notwendigkeit der Lehre und die Größe, zu der der Mensch fähig ist, wenn er von der ratio erhellt ohne Angst, wenn auch dem Tode ebenso verfallen, den ihm bestimmten Tod ohne Aufhebens erleidet.

Bignone ist es gewesen, der zuletzt meinte, das sei nicht der Schluß, den Lukrez gewollt hätte. Er zieht aus der Ankündigung im fünften Buche, daß Lukrez largiore sermone über die Wohnsitze der Götter sprechen wolle, die Schlußfolgerung, daß in einem großartigen Kontrapost nun die Schilderung der Sitze der Götter hätte folgen sollen, eine Aussicht für den Menschen, mit epikureischer Lehre ein solches Leben zu führen. Aber würde das in die Reihe der Erscheinungen des sechsten Buches passen? Ist nicht die Parallele zum Schluß des zweiten Buches Beweis genug, daß dieser schwermütige Schluß, der doch auch etwas Heroisches hat, seine Absicht war? Und glaubt man wirklich, daß Lukrez nach diesem Werke sozusagen mit einer versöhnlichen Neigung vor dem Leser sein Werk geschlossen hätte? Hier scheint mir Regenbogen mit Recht widersprochen zu haben. Die Ankündigung im fünften Buche ist anders zu erklären. Die Übersetzung aus Thukydides ist der grandiose Abschluß, für das Ende des Werkes bestimmt, das seine nächste Parallele in dem bewußt gestalteten Finale des zweiten Buches besitzt.

IV. Bedingungen

I. »*Lehrgedicht*«. Die Vergegenwärtigung des Baues mit seinen großen Rhythmen, der paarweisen Zusammenfassung der Bücher, der gehobenen Abschlüsse des ersten und dritten Paares, der wechselnden Formen menschlicher Rede vor allem am Schlusse des dritten und vierten Buches, die Ponderierung der Gegenstände nach der Wichtigkeit für ein menschliches Hauptanliegen, ja das Hauptanliegen, die Befreiung vom Mythos durch die Wahrheit, also die Loslösung von der Folge des Sachzusammenhanges, alles das schon zeigt im Vergleich mit anderem, daß das Werk des Lukrez bis dahin einzigartig war. Und diese Erkenntnis gibt die Grundlage für die Abschätzung der Bedingungen, ohne die auch dieses Werk nicht zu denken ist.

Als Gedicht, ein Epos, über, sagen wir vorläufig, einen Sachzusammenhang, der einem Empfänger oder Adressaten entwickelt wird, gehört es zunächst in eine bestimmte Gruppe von Werken. In der Antike hat es den Begriff des Lehrgedichtes erst im vierten Jahrhundert nach Christus gegeben, und schon darum konnte er nicht das Zopfig-Unpoetische annehmen, das die Moderne damit verbindet. Aber natürlich ist das Gedicht irgendwie verwandt mit der Reihe, die mit den *Werken und Tagen* und der *Theogonie* Hesiods beginnt, über die Gedichte über die Natur eines Parmenides und Empedokles führt und schließlich im Alexandrinismus eine weitere Blüte erlebt etwa in Werken wie dem *Sterngedicht* des Arat, dem *Gedicht vom Landbau,* von den Schlangengiften und den Gegenmitteln dagegen des Nikander oder dem gastronomischen Lehrgedicht des Archestratos. In Rom ist Lukrez, sieht man von kleinen Ansätzen ab, der erste Vertreter dieser Gattung, die dann mit Vergils *Georgica* und Ovids *Liebeskunst* zu eigenartig römischen klassischen und spielerisch nachklassischen Formen führt. Bei dem Gewicht, das die Gattung in der Antike hat, wird man die Einwirkung dieser Ahnenreihe von vornherein nicht gering anschlagen.

Und nicht nur der Titel, sondern auch das große Thema zeigt, daß sich Lukrez radikal abwendet von den mehr oder weniger artistischen Kunststücken der alexandrinischen Gedichte, denen es ein Bravourstück bedeutet, gerade den sprödesten Stoff in reizvollen Versen darzustellen. Lukrez rühmt sich nicht, das empedokleische Gedicht als erster in Rom heimisch gemacht zu haben, wie Vergil stolz darauf ist, als erster ein Ascraeum carmen, ein hesiodisches Gedicht also, in Rom gedichtet zu haben. Aber die Auseinandersetzung mit Empedokles im ersten Buche zeigt seine tiefe Verehrung für diesen göttlichen Mann. Und so findet man in der Tat in Vergleichen und Wendungen, ja sogar in längeren Gedankenzügen das Vorbild des Empedokles, am Ende des ersten Buches läßt sich sogar eine Stelle heilen, wenn man sich empedokleische Formulierungen vor Augen hält. Mit dieser

Hinwendung zu Empedokles nimmt Lukrez eine Wendung der römischen Klassik vorweg, wird zum Vorläufer der Klassik. Ist es doch deren höchster Ruhm, die vollendete Kunst wieder mit dem großen Inhalt zur Harmonie verschmolzen zu haben. Das aber vollzieht sich in der Abkehr vom hellenistischen Vorbild hin zu Formen und Sinnen der griechischen Klassik.

2. *Die Zeit:* Wie nichts, ist auch Lukrez nicht unabhängig von seiner Zeit zu denken. Der Zeitraum von der Jahrhundertwende bis zur Jahrhundertmitte ist zur Genüge bekannt als der Todeskampf der Republik, in dem die politischen Kraftnaturen einander ablösen, in dämonischer Besessenheit nach der höchsten Würde greifend. Die Scharen der Anhänger, skrupellos geworben, beteiligen sich an diesem gierigen Griff, Staatsstreiche in jeder Form führen bis zu offenen Straßenschlachten, es heißt überwältigen oder überwältigt werden. Die Reichtümer und ihr Genuß haben selten solche Exzesse gezeitigt. Cicero kann als genialster Redner noch um die res publica sammeln, muß aber diesen Kampf von Geist gegen Macht schließlich notwendig mit dem Tode bezahlen. Die sittliche Verwüstung ist in dieser Zerrissenheit des Gemeinwesens und dem Genuß mit allen Mitteln zu bis dahin unvorstellbarer Roheit gediehen. Die Staatsgötter haben ihre Autorität eingebüßt. Statt dessen, wie oft in Zeiten der Gärung, suchen die dunklen Sehnsüchte in Nekromantik, Geisterbeschwörungen, Seelenlehren wie dem Pythagoreismus, kurz allen Formen der superstitio ihre Befriedigung. Geniale Naturen entdecken in dieser Zeit der Entfesselung neue Gründe der Seele: Catull. Andere ziehen sich zurück, auf ihre Bildung – denn die Zeit ist mit Recht stolz auf die völlige Aneignung der griechischen Errungenschaften – oder nur zu ihren Fischteichen, der Epikureismus aller Schattierungen, der in Rom bis dahin nicht allzuviel Glück gehabt hat, steht in Blüte, die vornehmste Erscheinung dieser Art ist Atticus, die Bekehrungen nach gründlichem Durchleben der Verwüstung sind nichts Seltenes, viele

von den Besten versenken sich bewußt in die römische Vergangenheit, wenige, gestützt von griechischen Heilslehren
wie der Stoa, wagen rigoros den Kampf bis zum Selbstmord.
Wer mehr davon wissen will, muß die einleitenden Seiten
des Lukrez-Buches von Regenbogen oder Krolls Kulturgeschichte der Zeit lesen. Lukrez hat von den genialen Naturen dieser Epoche wohl den weitesten Abstand von der Zeit.
Aber er wendet sich nicht so von ihr ab, daß er keine Verbindung mit ihr hätte. Er bittet Venus um Frieden, weil er
einsieht, daß Memmius sonst dem allgemeinen Heile bei-
stehen muß, auch er aber kann nicht arbeiten und leben in
friedloser Zeit. Er könnte es in einer Zeit, als die »restlose
Erfassung« noch nicht erfunden war, sehr wohl, wenn er
nicht eben an ihren Sorgen teilnähme. Man wird nicht mit
Sicherheit die Leidenschaftlichkeit des Kampfes gegen die
Götterangst und gegen die Todesfurcht ebensowenig wie
etwa die Ausführlichkeit der Behandlung des Gewitters
– ging doch selbst Augustus bei Gewitter in den Keller – als
Antwort und Reaktion auf die Zeit oder eigene Ängste auffassen dürfen, selbst wenn der Hieb auf die etruskische
Augural- und Fulguraldisziplin folgt: Diese Stücke sind zu
sehr im epikureischen System verwurzelt und mit der
menschlichen Natur allgemein verbunden. Aber wenn Lukrez
im Proömium zum dritten Buche den sinnlosen Ehrgeiz, die
ambitio, und die invidia, das neidische Wettrennen und
Blicken auf den anderen, aus der Todesfurcht, aus dem Streben, hier im Leben mit äußeren Mitteln sich Sicherheit und
Genuß, eine dulcis und stabilis vita zu schaffen, herauswach-
sen läßt, wenn er am Schluß des vierten Buches als Satiriker
die Liebesleidenschaften geißelt, in denen nach der Entbin-
dung von etwas Allgemeinem der Mensch im anderen Menschen den Ersatz sucht, wenn er in der Kulturgeschichte ge-
waltsames Bemeistern der Dinge verurteilt, im dritten Proömium auf die Grenzen des Rechtes, im zweiten auf das
Glück des Weisen in bäuerlich-bukolischen Farben hinweist,
so spricht er aus der Zeit für die Zeit, hat er als Römer, dem
bestimmte römische Lebenswirklichkeiten heilig bleiben, aus

der epikureischen Philosophie heraus die Zeit verstanden
und weist sie auf die ewigen Wahrheiten hin.

3. *Epikur*. Teilnahme am Geschehen, Sinn für Bäuerliches,
Sinn für die Grenzen des Rechtes, die eher eine dulcis und
stabilis vita zu garantieren vermöchten, Sinn für die Ehe, sie
haben, wie es scheint, bei Lukrez einen anderen, positiveren
Klang als bei Epikur, sind eben Lebenswirklichkeiten. Aber
Lukrez hatte wohl nicht und brauchte auch nicht das Gefühl
zu haben, daß er etwa von den Dogmen Epikurs abwiche.
Epikurs Schriften sind die entscheidende Bedingung für sein
Werk. Er ist den Dogmen des Meisters, wie festgestellt
wurde, überall gefolgt, er hat sicher auch viele der Argu-
mentationen übernommen. Aber selbst wenn er seine Aufgabe – vor allem im vierten Proömium – nur darin sieht, die
epikureischen Gedanken in schöne Verse zu hüllen, so wie
man den Rand des Arzneibechers mit Honig bestreicht, so
darf man das nicht zu wörtlich nehmen und Lukrez einfach
für den Versifikator eines Prosawerkes halten. Überall spürt
man, wie er sich Epikurs Philosophie zu eigen gemacht hat,
sie durchlebt, es stehen andere Stellen entgegen, wo er selbst
als der Lehrer und Deuter spricht, der große Bau – und das
ist nichts Gleichgültiges, sondern entscheidend, da es bei jeder
Weltanschauung auf die Ponderierung ankommt – ist ganz
sein eigen, und man muß durchaus, auch wenn man Kenntnis
jüngerer Epikureer annimmt, für möglich halten, daß seine
enorme Beobachtung, sein Dichterauge, dem so viele einmalige Naturschilderungen zu verdanken sind, auch die
Argumente bereichert hat. Dem Leser aber von Epikurs
Schriften wird als Hauptunterschied auch in den Übersetz-
zungen die Verschiedenheit des Tones auffallen. Dort klare,
nüchterne Argumentation eines Mannes, der seinen Stand-
punkt in der Tat außerhalb der Welt genommen hat und
dem Atomgetümmel in der kleinen Welt eines Kosmos un-
beteiligt und ruhig zuschaut, hier die leidenschaftliche Teilnahme, Mitleid, die Empfindlichkeit des Dichters, die das
ganze Drama von der Weltentstehung mit allen seinen Span-

nungen noch einmal durchlebt und sich zur ratio durchringt, triumphierend, wenn es ihm gelungen ist, ein Mensch, den das Wissen wohl frei, aber nicht heiter wie Epikur macht, den die Erkenntnis, daß alles nichts weiter ist als Atomorganisation und Stoffwechsel, mit einsamer Schwermut erfüllt. – Epikur hat sehr viel geschrieben, darunter sein Hauptwerk, die 37 Bücher über die Natur, von dem nur karge Fragmente – in den Papyrusrollen von Herculaneum – erhalten sind. Im Briefe an Herodot hat er im Abriß das Material zusammengestellt, das in der Hauptsache den Inhalt des lukrezischen Gedichtes bildet. Die Meteora sind im Briefe an Pythokles, der in seiner Echtheit angezweifelt wird, enthalten. Wie zu erwarten, zeigt der Brief an Herodot, abgesehen von seiner Kürze in der Argumentation, so daß das meiste im Lukrez nicht belegt werden kann, vor allem starke Abweichungen in der Anordnung. Mag sein, daß sich Lukrez in der Hauptsache an die Epitome gehalten hat, von der Epikur am Anfang des Herodot-Briefes spricht. Aber auch das Hauptwerk wird er gekannt haben. Und auf jeden Fall stimmt er auch dort, wo er selbständig sein sollte, ganz mit den epikureischen Wahrheitsprinzipien überein, die vor allem die Wahrnehmung zur Grundlage nimmt, die immer wahr ist.

V. Stil

Bevor wir die Gestalt im oben definierten Sinne umreißen können, müssen wir aber noch einen Blick auf die eigentliche Verkörperung und Versinnlichung des Gedankens des Gedichtes, seinen Stil, werfen.

Die Dichtersprache des Lukrez zeigt einen ganz individuellen Stil. Natürlich verdankt sie viel dem, dem überhaupt die Sprache des Epos das Entscheidende verdankt, Ennius. Aber Lukrez hat, abgesehen von den Notwendigkeiten des Stoffes, seiner Sprache ganz den eigenen Stempel aufgeprägt.

Hauptkennzeichen ist ihre »Propretät«. Das Gängige in Wortwahl und Wortverknüpfung scheint erst einmal aufgebrochen zu sein und dann von der Urbedeutung her neu aufgebaut zu werden. Seine Sprache vollzieht sozusagen atomistische Weltschöpfung mit nach. Vorliebe für Simplicia und Neuerweckung der Kraft zu Präpositionen erstarrter Adverbien erwächst daraus, und selten mißglückt der Versuch der Erneuerung wie etwa in der Zerschlagung von ordia prima aus primordia. Propretät in einem dramatischen Gedicht bedeutet zugleich, daß die Dynamik in der Sprache ihren adäquaten Ausdruck findet. Das Verb, die Intensitätswirkung langer Reihen, Häufung dynamischer Worte sind charakteristisch. Hier muß man freilich noch bedenken, daß Lukrez mitten inne zwischen der archaischen Dichtung und der Klassik steht: Der Pleonasmus ist oft auch ein Zeichen der archaischen Sprache. Kunstmittel und archaische Art sind hier nicht leicht zu trennen. Scheut sich Lukrez in archaischer Sorglosigkeit und dem Streben nach Deutlichkeit, das immer voran steht, nicht vor Wiederholungen, so macht es ihm andererseits, zumal wenn es der Bewegung des Gedankens dient, Freude, etwas in immer neuer Wendung auszudrücken. Das kühne Experimentieren ist ihm wie Catull eigen. In zweiter Linie ist wichtig ein Schmuck der Sprache, der im Dienste des Gedankens steht. Das fängt an mit den feierlichen archaischen Genetiven auf -ai, die nicht einfaches Verharren im Altertümlichen sind – auslautendes -s hat er im Gegensatz dazu nur ein- oder zweimal nicht im Vers berücksichtigt –, zur Alliteration kommen die ebenso sparsamen wie glücklichen Neubildungen zusammengesetzter Wörter im ennianischen Stile, die Redefigur, wie die Anapher, unterstützt die Gebärde. Gräzismen wendet Lukrez nur an, wenn er eine bestimmte Absicht verfolgt, etwa karikierende am Ende des vierten Buches. Die Deminutivbildungen in Wendungen von besonderer Zartheit mögen nicht ohne Einfluß der Neoteriker sein, wie man sich Lukrez überhaupt als sehr gebildet vorstellen muß: Homer neben Thukydides und Hippokrates, Euripides, Empedokles, Ennius, Accius, Cicero ist eine sicher nicht erschöpfte Reihe der Dichter – Hesiod kommt noch hinzu –, mit deren glücklichen Funden er rivalisierte. Nimmt man noch eine Reihe kühner Neubildungen hinzu, dann wird man sagen dürfen, daß der Dichter, der so über die Armut der Muttersprache klagte, nicht nur alle Möglichkeiten ausgeschöpft hat, sondern sie selber bereichert hat und sich aus ihr eine eigene Sprach- und Klangwelt formte, ohne welche weder ein Horaz noch ein Vergil auszukommen glaubten.

Diese Sprache ist rhythmisiert. Der Vers ist kein äußeres Kleid, sondern wie Propretät der Hauptkennzug der Sprache ist, so ist wohl kein Hexameter mehr als der lukrezische leibliches Abbild der seelischen Bewegung des Dichters. Ohne modischen Effekten wie den Spondeiazontes, dem schweren Spondeus im fünften Fuße nachzujagen, weiß Lukrez durch Abwechslung von Daktylen und Spondeen dem Vers das gemäße Tempo zu geben, durch die Gliederung der Zäsuren und die Lage der Sinneseinschnitte Satz und Vers zu ponderieren, überhaupt die Dynamik, die der lateinische Hexameter haben kann, ganz für die Dynamik des Gedankens auszunützen. Bestimmte Versglieder haben sich dabei wie bei Homer als feste Bausteine entwickelt, ohne eintönig zu wirken. Für die dynamische Wucht ist eine Eigentümlichkeit der Endstellung einer einsilbigen Konjunktion charakteristisch, die den Vers ebenso klar artikuliert wie die festen Versteile. Die reichsten Mittel aber schenkt doch wohl das Enjambement, die scheinbar unendlichen Möglichkeiten, die das Verknüpfen der Verse bietet. Es hat sich beobachten lassen, daß Lukrez am Anfang die Einzelverse verhältnismäßig abgeschlossen baut, wobei der Hexameterlauf nicht immer der Eintönigkeit und Wiederholung entgeht, daß er dann aber, ohne freilich die Zahlen der Späteren zu erreichen, die Verse häufiger übergreifen läßt und die Formen bevorzugt und entwickelt, die eine Spannung erwecken, nicht Nachträge bringen. Der Nachtrag ist freilich nicht unbekannt und bringt vor allem in der Form des wiederholten Substantivs, an das sich ein Relativsatz fügt, besondere Wirkung, Nachdruck,

Besinnlichkeit hervor. Es ist auffallend, daß die Bücher eins, zwei und fünf im Vergleich zu den anderen die Verse weniger in solche Verbindung bringen.

Abhängig ist Sprache und Vers von der Gestaltung des Gedankenganges. Die lange, archaische Periode ist auch für Lukrez noch kennzeichnend. Eine Fülle von Konjunktionen, die mehrere Verse unterordnen, scheut er keineswegs – die Klassik hat dann bekanntlich selten Perioden über vier Verse und vermeidet und versteckt allzu rationale Verbindungen so weit wie möglich –, aber hier herrscht ein immer neues Probieren und Verändern, um dem Gedanken die kräftigste, direkteste Wirkung zu verschaffen. Hier zeigt sich besonders die Besessenheit des Lukrez von seinem Gedanken, daß er es nicht vermag, organisierend Abstand zu nehmen, ihn zu überschauen, sondern daß er bedrängt mitten inne steht und sich zunächst einmal von diesem Bedrängenden befreien muß. Zwei besondere Eigentümlichkeiten ergeben sich daraus. Einmal, daß Lukrez sich auf weit Zurückliegendes, weil eben das Ganze stets gegenwärtig ist, beziehen kann, ja, daß er auf Dinge wie auf Gesagtes anspielen kann, die bei so nicht Ausgedrücktem doch immer vor seinem geistigen Auge standen. Bailey, der diese Beobachtungen von mir weitergeführt hat, bezeichnet es mit dem glücklichen Ausdruck suspension of thought. Die andere ist die, daß Lukrez zunächst bei einem komplizierten Gedankengefüge einmal zum Ziel stürmt, ohne alles zu erfassen, und dann in einem zweiten Anlauf zum selben Ziele gelangt. Auch das Aneinanderfügen einzelner Rhapsodien aus einem allgegenwärtigen Zusammenhang etwa in den Schlüssen des dritten und vierten Buches oder der Kulturgeschichte des fünften hängt damit zusammen. Auch hier, zumal wenn die Anapher größere Komplexe gliedert, ist es nicht immer leicht, Absichtliches und Unabsichtliches zu scheiden, wenn freilich auch die Gedankenführung das deutlichste Kennzeichen der noch archaischen Art des Lukrez ist.

Es ist insgesamt der Stil eines Vorklassikers, ein individueller Stil, kämpfend der Sprache abgerungen, Sprache, Rhythmus, Gang zu einer Einheit verschmelzend, durchsichtig und klar, ganz der Sache verschrieben. Die zackige Kurve des lukrezischen Stiles, die man bemerkt hat, hängt mit dieser Hingabe an die Sache zusammen, seine Höhe nimmt zu, Feierlichkeit und Beschwingtheit, Stolz und Bitterkeit gewinnt er, je nachdem es der Inhalt verlangt, wofern die Sprache bemeistert wird und nicht beim prosaischen Gegenstand wie bisweilen Prosa bleibt. Doch sind die Verse, wo die Verse in der Prosa bleiben, relativ selten. Meist wird der prosaische Inhalt irgendeines Arguments durch die reine Darstellung seiner Qualität, etwa verblüffender Einfachheit, eleganter Lösung, Präzision der Unterscheidung zur poetischen Qualität. Zusammenfassend wird man sagen dürfen: Der Stil des Lukrez, der das größte poetische Genie der Römer verrät, ist noch kein Stil, der alles nach dem Poetischen auswählt und damit eine persönliche, musikalische Harmonie verwirklicht, sondern der eines Dichters, der selber Sache ist und zum Munde dieser mit Spannungen geladenen Sache wird. Genauer Kontrast wäre Catull, der andere Dichter, dem man das Prädikat des Genies leicht zu geben geneigt ist: Seine Sprache ist genauer Ausdruck der inneren Regsamkeit seiner Empfindung, also des Subjektes. Vergil und Horaz sind gefaßter, ausgeglichener, bringen Individualität und Gegenstand in ein harmonisches Verhältnis, das an sich wertvoll wird. Sie bringen sich nicht ungebrochen zum Ausdruck und sind darum nicht so unmittelbar wirkend, freilich auch ohne die Härten sowohl des Catull als auch des Lukrez, und darum nicht weniger intensiv, zum Gültigen, Klassischen emporsteigend, aber nicht zu denken ohne die beiden genialen Vorgänger. So hat denn Axelson auch im Stil des Lukrez eine ganze Reihe »unpoetischer« Wörter, die freilich darum noch nicht undichterisch sind, festgestellt.

VI. Gestalt

Klarer vielleicht noch, als es reichere biographische Notizen zu sagen vermöchten, tritt aus allem die Gestalt des Dichters hervor. Es ist der Mann, der in heilloser Zeit sein ganzes Leben an die eine Aufgabe setzt, den Freund, damit aber auch die Zeit abzuhalten von den Sinnlosigkeiten, indem er ihnen das Wesen der Dinge eröffnet. Mit einer ungeheuren Feinnervigkeit begabt, mit Spürsinn für das Lebendige, Heile und das Morsche und Verderbliche, für rechtes Verhalten und sinnloses Verfallen verbindet er die sprachliche Kraft, dies alles wahrhaft und neu auszusagen. Mit einer innigen Teilnahme empfindet er dabei die Risse in den Gefügen nicht nur von Mensch und Tier, sondern auch die Kämpfe der unbelebten Naturen. Von den Musen angetrieben, wahrer als das Orakel des Apollo, das sind die recht unepikureischen Bilder, in denen er diese seine Leistung, der sein Leben gehört, bezeichnet, darin, daß er ganz in der Aufgabe sein Glück empfindet, ein echter Römer, wenn sich auch das Glück von der Gemeinschaft auf eine Sache verschoben hat und der Angesprochene zunächst nur der Freund ist. Ein Mensch, den, wie Catull die große Liebe, gerade die Eindrucksfülle des Lebens und die Teilnahme abhängig und zum Sklaven zu machen fähig ist und der darum zur Freiheit strebt, dem die Vernunft, die ratio, darum etwas Heiliges ist, weil sie frei macht von dem Verfallen an die Dinge, indem sie die Gründe aufweist, weil sie aus der dumpfen Enge der Wahnvorstellungen, aus dem Mythos, und sei er noch so schön und poetisch, herausführt in eine reine, klare und männliche Luft. Ein Mann, der bei dieser Feinnervigkeit und Sensibilität die mächtige Kraft besitzt, ohne sie zur Schau zu stellen, Bildungsfülle, die Wissenschaft mit ihren kontroversen Meinungen, die römische Lebenswirklichkeit zu konzentrieren und in einem baumeisterlichen Werk, dem man kaum etwas anmerkt von dieser Mühe der Konzentration, in freier Schönheit aufzuheben. In vielem, wie später Horaz, einer der griechischsten der Römer in einem wesentlichen Sinne und darum gerade der Heimat, ihrer Sprache, ihrem Schicksal im Unterschied etwa zu einem Snob wie Memmius treu. Seine Bedeutung für die Bezüge der römischen Bildungswelt wird in den vorhergehenden Abschnitten deutlich. Seinem innersten Wesen und damit seiner menschlichen Bedeutung aber hat man sich dadurch schließlich noch zu nähern gesucht, daß man aus jener Grundspannung zwischen dem Dichter und dem mythenzerstörenden Epikureer auf ein gespaltenes Wesen schloß und damit den Weg zurückfand zu jener biographischen Notiz von Liebestrank, Wahnsinn und Selbstmord.

Aber wird man hier nicht doch vorsichtig sein müssen? Gewiß, Lukrez erweckt mit aller Vorstellungskraft einen Mythos und zerstört ihn dann mit rauher Hand. Pietätlos könnte man sagen, wenn es nicht aus der höchsten Verantwortung des Seelenarztes geschähe, der wie in ähnlicher Lage Plato die Gefährlichkeit und das Wahrheitsverfälschende der Mythen paralysieren will. Und scheint nicht viel gravierender die andere Spannung, daß mit dichterischer Eindruckskraft die einmalige Stimmung eines Naturerlebnisses mit seinem Schrecken oder seiner Lieblichkeit und Poesie, seiner Größe oder seiner Innigkeit gegeben wird, damit wir nachher die Erklärung hören, daß auch hieran die Gänge der Atomgefüge oder die Bewegungen der Atome schuld seien? Aber kann man hier von gespaltenem Wesen sprechen? Mommsen hatte vom Fehlgriff im Stoff gesprochen, als wenn er nicht der einzige gewesen wäre, der höchste, der für Lukrez in Frage kam. Regenbogen hatte daraufhin diesen Zwiespalt in das Innere des Lukrez hereingenommen – nach Vorgängern wie Martha übrigens – und ihn psychologisch zu erklären versucht, Lukrez ist Dichter von Natur, Epikureer von Entscheidung, und nun gerät beides tragisch im Gedicht aneinander. Eine einfache Überlegung scheint auch dagegen skeptisch machen zu müssen. Ein Naturwissenschaftler – und auf das Wesen der Dinge im Sinne der Welterklärung kommt es Lukrez zunächst ausdrücklich an, das andere sind dann Konsequenzen –, der heute nun weiß, daß der farbenprächtigste Sonnenuntergang auf einem Spiel der Atome beruht, und weiß, daß der klügste Gedanke ein Stoffwechsel-vorgang im Gehirn ist, müßte auf ewig von der Poesie aus-geschlossen sein; denn einen Unterschied zwischen dem poeti-schen Empfinden und der poetischen darstellerischen Kraft wird man wohl wesensmäßig nicht machen wollen. Und um-gekehrt, der Dichter, hat er die Sphäre seines Dichtens nur in Gebieten und vermag er sein dichterisches Empfinden nur zu bewahren, wenn er sich von den wissenschaftlichen Erkennt-nissen fernhält und sie auf keinen Fall in sein poetisches Ge-bilde eindringen läßt? Aus den Gegenständen der Dichtung wären so also die bewegendsten Dinge der Menschheit aus-geschlossen. Oder läßt eine fortschreitende Entmythisierung die eigentliche Poesie sterben und den Roman übrig? Ich glaube, man kann nicht von einem gespaltenen Bewußtsein sprechen, sondern die Spannung liegt in der Sache. Wollte Lukrez das Wissen um die Welt in einem Epos besingen, und nur dies versprach ihm Heil, dann konnte sein Gedicht nicht anders ausfallen – wenn er ein Dichter war. Es hätte höch-stens geschehen können, daß es kein Gedicht geworden wäre. Aber die aufrüttelnde Gewalt und der Adlerblick des Dich-ters hat selbst einen Mommsen hingerissen, und das will etwas heißen.

Einsamkeit und Schwermut glaubten wir weiter hervorhe-ben zu müssen, selbst wenn man an Memmius denkt, den Freund, den er als wahren Freund gewinnen will. Diese Einsamkeit selbst mit dem Freunde ist aber nicht Selbstherr-lichkeit, die nichts weiter gelten läßt und sich selbst genug ist, sondern sie ist im Bund und durchbricht die Abgeschlos-senheit nun über die Zeiten hinweg. Und offenbar je mehr der Gedanke an Memmius zurücktritt, um so inniger. Lukrez ist, oder vielleicht noch besser, wird der Jünger Epikurs. Auf den Meister, die menschliche Vollkommenheit, den Erlöser der Menschheit, wirft er all seine Liebe. Es ist nicht die gött-liche Verehrung allein, die man wohl schon zu Epikurs Leb-zeiten mit ihm trieb, sondern es ist ein ganz starker Glaube an Epikur und die Möglichkeit der Erlösung durch einen Menschen. Das spricht sich vor allem in den Proömien aus. Die Außenproömien, die Einleitungen der Bücherpaare, haben jeweils einen Hymnus auf Epikur. Die Binnenproömien sind anders, aber das sechste Proömium verknüpft mit dem Preise der Stadt Athen das Lob des Meisters. Epikur der Triumphator, Epikur der väterliche Erlöser, Epikur der Gott: Das sind die Themen der Proömien 1, 3, 5. Sie stehen in einem merkwürdig umgekehrten Verhältnis: Wo die Prädikation am höchsten gegriffen ist, ist der Ton am steifsten; dort, wo am niedrigsten, ist die leidenschaftliche Aussage am glühendsten. In dem Verhältnis von Meister und Jünger, den Lehren, die er, der Jünger, im schönen Verse darstellen kann, überwindet Lukrez seine Einsamkeit in rührender Gemeinschaft der Geister, er, der Materialist, in der Verehrung der Göttlichkeit und Heiligkeit einer menschlichen Seele, er, der Feind der Religion. Laktanz hat seine echte Religiosität gespürt, als er kein Bedenken trug, den Hymnus auf Epikur als Gott auf Christus zu übertragen.

Und hier drängt sich nun eine letzte Frage nach der Gestalt auf, und zwar die nach ihrer Entwicklung. Sie wird nicht aus beliebter Problematik heraus erhoben, sondern ist eine Frage, die der Text selber stellt. Es ist bis jetzt noch nicht widerlegt, daß zwischen dem Proömium des vierten Buches und dem Beginn der Darstellung zwei Überleitungen überliefert sind. (In Doppelstriche gesetzt wird dabei die, die von dem jetzigen Zustand überholt ist.) Die eine davon knüpft das vierte Buch an das zweite an, wie die Probleme im Herodot-Brief folgen, die andere an das dritte, wie jetzt die Reihenfolge ist. Der Schluß scheint zwingend, daß ursprünglich einmal das vierte Buch an das zweite schließen sollte. Das vierte Buch ist nach dem neuen Überleitungsstück dazu bestimmt, die Furcht vor den Traumerscheinungen zu nehmen und die Seele vor den letzten Resten der Angst vor dem Hades zu befreien. Das Buch selbst räumt diesem Problem nicht so viel ein, wie das Proömium erwarten läßt.

Darf man schließen, daß Lukrez die seelischen Probleme immer wichtiger geworden sind? Eine weitere Feststellung der Wissenschaft zielt darauf, daß die Gruppe der Bücher 1, 2 und 5 ursprünglich ist. Mancherlei spricht dafür, wenn auch diese Frage gerade jetzt wieder sehr umstritten wird: die Problemgemeinschaft vom Ende des zweiten Buches mit dem Anfang des fünften, die Ankündigung der Behandlung der Göttersitze, die im jetzigen Plan keine Stätte hat und die man sich doch wohl nur gemacht denken kann, als der jetzige Plan noch nicht vor Augen stand, die frühe Art des Enjambements, die Tatsache, daß Memmius nur in diesen Büchern mit Namen angeredet wird, wenn freilich auch der Wert dieser Beobachtung wohl zu Recht angefochten worden ist, und anderes, das hier nicht weiter erörtert werden kann. Bei dem Stande der Diskussion ziemt es sich, in hypothetischer Form darauf hinzuweisen, daß, falls wirklich 1, 2 und 5 der ursprüngliche Plan sein sollten, wie es Bailey mit umsichtiger Diskussion der Gründe zuletzt annimmt, für Lukrez folgender Schluß zu ziehen ist: Ein Gedicht über die Welt war nichts so Unerhörtes an sich, ein gewisser Sallustius hatte zu gleicher Zeit *Empedoclea* geschrieben. Lukrez mochte zunächst von diesem Stoffe angelockt sein. Allmählich erst ist er dann in immer steigender Verehrung zu Epikur – die zweite Hälfte des ersten Prooemiums ist nämlich sicher spät – in seine Aufgabe hineingewachsen und hat nicht nur eine Kosmogonie und Kulturgeschichte auf Grund der Atomtheorie, sondern ein Gedicht geschrieben, das das Ganze der Wahrheit umfaßte, die Welt in einem weiten, den Menschen und seine Seele mitumschließenden Sinne verkündete. Doch muß das, da die engeren philologischen Fragen noch nicht eindeutig geklärt sind – vielleicht lassen sie sich überhaupt aus Mangel an Material nicht lösen –, eine mögliche Hypothese bleiben.

VII. Dichtung, Philosophie, Wissenschaft

Die Wissenschaft ist begrenzt und in einer ständigen Bewegung, die die Grenzen weiter hinausschiebt dort, wo es möglich ist. Darum der moderne Verdacht gegen das Lehrgedicht, das, abgesehen von dem Unpoetischen, auf jeden Fall an der Vergänglichkeit des wissenschaftlichen Zustandes teilzuhaben scheint. Ist damit nicht auch ein Urteil gegen Lukrez gesprochen?

Epikur hatte das, was Aristoteles, die Philosophie so an die Grenze der Wissenschaft führend, gesammelt hatte, um zu zeigen, daß alle Wissenschaft schließlich zu seiner Philosophie zusammenkäme, wieder zerschlagen und als Beweis dafür gebraucht – vor allem was die Dinge des Himmels und die Meteora angeht –, daß man bei sehr vielen Dingen mehrere Erklärungen plausibel finden kann. Unerschütterlich schien ihm die Erkenntnis der Atome, in die sich ihm wie Demokrit die Suche nach dem wahrhaft Seienden schließlich endgültig zurückgezogen hatte. Wohl besteht ein engerer Zusammenhang zwischen der Atomlehre und der Philosophie der Hedone Epikurs – es ist doch ein beruhigender Gedanke, daß in dem Atomsystem Mensch die Natur selber Grenzen der Bedürfnisse setzt, aber auch Gesetze des Schmerzes, daß bei einem Kalkül des Erfreulichen und Schmerzlichen das Erfreuliche immer überwiegt –, die Wissenschaft aber, die Beobachtung und Erklärung speziell der beunruhigenden Tatsachen hat nur den negativen Charakter der Abwehr und wird von der Erkenntnis der Fundamente beherrscht. Die Philosophie, die in der halb wissenschaftlichen, halb logisch-philosophischen Erkenntnis der Atome besteht, hat die Wissenschaft sozusagen völlig unterjocht, in die Rolle einer geduldeten Magd heruntergedrückt. Für Epikur ist das Problem eindeutig das Verhältnis von Philosophie und Wissenschaft, und ebenso eindeutig ist es zuungunsten der Wissenschaft gelöst.

Das aber macht doch wohl auch einen der Hauptunterschiede zu Lukrez aus. Epikur war aufgeklärt, er lebte im

Zeitalter der sich ausbreitenden, ja die Philosophie zu verdrängen drohenden Wissenschaften, der Götterglaube, die Todesfurcht – man denke an Euhemeros oder die Todesgespräche des Sokrates –, die Mythen, es waren sicher nicht seine Sorgen und wohl die der wenigsten seiner Zeitgenossen. Ihre Bekämpfung war theoretisch wichtig, wesentlich war das Verhalten des Menschen und sein Glück.

Für Lukrez war Götterangst, Todesfurcht, Mythos in ganz anderer Weise Wirklichkeit, die das ganze Leben so bestimmte, daß man gerade im Unglück erst recht die Totenopfer brachte, um die Manen zu versöhnen oder aus Furcht vor den Schrecknissen nach dem Tode lieber noch so verstümmelt sein Leben fristete, so wie die Kinder im Dunkeln fürchtend und zitternd vor unbestimmbaren und unbegreiflichen Dingen. Nicht umsonst kehren gerade diese Verse immer wieder. Für Lukrez hing das Glück des Lebens ab von der Befreiung von diesen unkontrollierbar wirkenden Mächten. Gewiß, er hat die Weisheit gepriesen, die sich nicht an der Jagd nach der Macht beteiligt, nicht die Dinge gewaltsam imperial bestimmen will, er hat das Glück beschrieben, frei vom Leid der Seele und den Schmerzen des Körpers, fern von Übermaß und hohler Pracht, in bescheidener ländlicher Umgebung, er sieht in dem Gesetz eine Konvention, die seitdem das Leben in Furcht hält, weil man nie sicher sein kann, ob ein Vergehen geheim bleibt, er kommt also kaum mit den Dogmen Epikurs in Hinsicht auf die Glückseligkeit in Konflikt; aber viel beherrschender ist doch eine gesunde römische Lebenswirklichkeit. Dort, wo die epikureischen Lehren ausdrücklich auftauchen, hat man den Eindruck, sie dienen mehr der Bekämpfung der sinnlosen Auswüchse der eigenen Zeit. Dieser Eindruck verstärkt sich, wenn man auf die beiläufigen kleinen Züge römischer Lebenswirklichkeit achtet, die trotz Epikur nicht angetastet werden. Aber jeder Leser des Gedichtes wird den Eindruck haben, daß dies alles nicht der Hauptgegenstand ist, sondern, wie eben der Titel sagt, Welterklärung, und zwar in einem bestimmten Sinne: als Befreiung von den quälenden mythischen Vorstellungen. Darum wird Epikur gewiß auch als der gefeiert, der das Gefäß der Seele reinigt von falschen Vorstellungen und den Begierden ein Maß setzt, aber in erster Linie doch als der, der aus so mächtigem Dunkel so helles Licht zu erheben vermag, der als Sieger über die Mauern unseres mundus hinausdringt und als Sieger zurückbringt Erkenntnis davon, was entstehen kann und was nicht, und wie einem jeden tief verhaftet der Grenzstein gesetzt ist. In der Feier Epikurs sammelt sich sozusagen alles, was griechischer Geist welterhellend gefunden hatte, und wird mit der Gestalt Epikurs identifiziert. Als Entdecker aber der Welt ist er für Lukrez Erlöser, Erlöser von den religiösen Banden, von den Fratzen, die vom Himmel drohen, Befreier vom Mythos. Für Lukrez ist der Unterschied von Philosophie und Wissenschaft irrelevant: Beide erleuchten die Welt, beide sind mehr oder weniger grundsätzliches Wissen. Die von einem Prinzip, den Atomen, ausgehende Wissenschaft, die Licht in die Welträtsel, die das Leben beunruhigen, bringt, sie steht auf der einen Seite, auf der anderen aber steht das Leben in Finsternis, das Leben in vielleicht sogar schönen und poetischen, aber gefährlich falschen Vorstellungen, der Lebenseindruck mit seiner bedrängenden Fülle. Und weil Lukrez ein Dichter ist, vermag er gerade ihn mit all seinem gefährlichen Zauber auszusprechen und zu vergegenwärtigen. Aber mit dieser Aufgabe begnügt er sich nicht als Dichter. Sein Gegenstand ist letztlich nicht erklärte Welt an sich, nicht Zauber des dichterischen Erlebnisses, sondern die Wahrheit als ein Drama, das Licht in die Dunkelheit bringt, die Macht und das Glück des Wissens, das befreit von dem Dunkel in einem steten Kampfe. Darum der notwendige Zwiespalt zwischen dichterischer Verzauberung und Zerstörung dieses Zaubers, aber nicht in rationalistisch kalter Weise, sondern mit dem Glück des Siegers, daher auch, um dies noch zum Kapitel Polemik hinzuzufügen, dieses Ringen um die beglückende und befreiende Wahrheit im Geisteskampf gegen Entstellungen mit den anderen geistigen Potenzen. Das ist der eigentliche Gegenstand des Gedichtes, des

Werkes eines jungen, nicht eines müden und resignierten Menschen, eines Menschen, der sich verzehrt in der Leidenschaft um Erkenntnis. Dieser Gegenstand aber nun, er ist ein ewiges menschliches Anliegen. In der Bewegung zum geistigen Licht ist so alles, was Lukrez vorträgt, Dichtung, Symbol des höchsten Anliegens des Menschen. So schuf der Jünger das Gedicht über das ewige Erlebnis der zum Geist strebenden Menschheit, der Meister bleibt mit seinem System und dessen Stringenz abhängig von der Tragfähigkeit seines Grundes.

Der Lauf des menschlichen Geistes hat dahin geführt, daß die sich von der Philosophie emanzipierende Wissenschaft die Existenz der Atome bewiesen hat, und wenn man so will, scheint selbst die kuriose Lehre von der Abweichung der Atome eine Art Bestätigung zu erfahren – in der Aufhebung der Kausalität –, wenn die Wissenschaft nicht neue Erkenntnisse gewinnt. Begreiflich, daß jetzt der Prozeß umgekehrt verläuft, daß die Wissenschaft von der Natur sich zu philosophischen Aussagen aufschwingt. Nach dem Auseinandertreten von Philosophie und Wissenschaft wird die Philosophie ihre Ansprüche und die des Dichters und Denkers behaupten. Einen neu gewappneten Epikur wird es nicht mehr geben, wohl aber mag auch heute noch ein großer Dichter das Wunder des menschlichen Geistes und seinen Kampf, der in die letzten Tiefen und äußersten Weiten dringt und damit dem Mythos weiter Raum abgewinnt, feiern und in wahrer Pietät und Besinnung mit dem Blick auf die Unendlichkeit des Kosmos den Menschen von seinem eitlen Streben heilen.

VIII

Mehr als heute, wo sich der Griff auf das Atom so wunderbar bestätigt hat, mag in anderen Zeiten die Tragik dieses Kampfes, von dem keiner weiß, ob er je enden wird, und der in der einen Richtung nie zur vollen Wahrheit führt, empfunden worden sein. In diesen Zeiten hat man aus Lukrez genommen, was brauchbar schien, selbst die Christen bestritten mit ihm ihre Naturwissenschaft. Als er durch Poggio vom Konstanzer Konzil nach Italien gebracht wurde, erschütterte zunächst vor allem die dichterische Kraft seiner Bilder. Die ersten großen Emendatoren des Lukrez, Leute wie Marullus, Polizian, Pontanus, waren Männer, die zum Teil auch in ihrer eigenen Dichtung von Lukrez angeregt wurden. In dieser Zeit der Entdeckung der reinen, innerlich bewegten Menschlichkeit hat Botticelli seine Bilder »Venus und Mars«, die »Primavera« nach Lukrez, oder besser von Lukrez inspiriert, gemalt.

Eine besondere Wirkung hat er in der Folge auf die Franzosen gehabt, die nach den Italienern ja die Fackel des Geistes, der damals mit den klassischen Studien identisch war, ergriffen. Montaigne hat die ewigen moralischen Wahrheiten des Lukrez ergriffen. Lambinus, dessen Name, wenigstens wenn man nach seinem großartigen Lukrez-Kommentar urteilt, mißbraucht worden ist in der Bildung eines Verbs wie lambiner, hat Lukrez wirklich verstanden, und er hat in der Reihe Marullus, Lambinus, Lachmann eine der entscheidenden Stellen der Kritik des Textes.

Dann aber hat das System gewirkt. So wie etwa in dem *Waltharius* durch Vergil der ritterliche Homer sich auswirkte, so in Gassendis Schriften das atomistische System als solches. Bekannt ist nicht nur der Erfolg dieser mit Lukrez ziehenden Bewegung, sondern auch die Gegenwirkung, die sie von der Seite der Kirche erfuhr. In dem *Gegen-Lukrez* des Kardinals Polignac wurde der Kampf mit einer Schrift begonnen, die in der Folge in ihrer Wirkung nicht unterschätzt werden darf und ihre letzten Spuren noch in so feinsinnigen Würdigungen des Lukrez hinterlassen hat wie der von Martha im vorigen Jahrhundert.

Goethe und sein »Urfreund« v. Knebel wissen dann neue Seiten an Lukrez aufzudecken, die eine Annäherung erschließen. Wenn man an dem vergeblichen Ringen Goethes, eine

Vorrede zur Knebelschen Übersetzung zu schreiben, auch
wohl spürt, daß ihm, der das Lebendig-Gestaltende in der
Natur sah, die materialistische Lehre ein Hindernis des Verstehens war. Bezeichnenderweise ist es Lukrez der Dichter
der Natur, der sein Interesse gewann, wenn man nicht von
Begeisterung sprechen will, und zwar die besondere Fähig-
keit des Lukrez, im Vers das Ursprünglich-Treibende und
dann wieder das Pathologische, Sichzersetzende einzufan-
gen.

Die Dichter sind empfänglich gewesen für seine Schwermut, von der F. Klingner in einem schönen Aufsatz gesprochen hat, der die neuen Versuche des Verstehens nach Sellar,
Regenbogen, Bailey und Bignone schließt.

Wenn hier jenes höchste Anliegen, das sich nur in der
Spannung darstellen kann, besonders hervorgehoben wurde,
so befindet sich dieser Versuch in nächster Nähe eines antiken
Dichters – der eine Reihe von Auseinandersetzungen einlei-
tet, die hier zu erwähnen zu weit führen würde –, des Vergil.
Er, der anderer Art war und gläubig im selbstbeschränkten
Kreise den Sinn aufspürte, auf die Götter des Landes hörte
und sich jener Macht, die Lukrez durch Erkenntnis bemei-
sterte, gläubig anvertraute, hat das lukrezische Anliegen als
das heroische, größere, über das eigene gestellt, wenn er
sagt:

> felix, qui potuit rerum cognoscere causas,
> atque metus omnis et inexorabile fatum
> subiecit pedibus strepitumque Acherontis avari.
> fortunatus et ille, deos qui novit agrestis
> Panaque Silvanumque senem nymphasque sorores.

Inhalt

Römische Literatur

IN RECLAMS UNIVERSAL-BIBLIOTHEK

III. Dichtung

Die Namen in Klammern geben die Übersetzer bzw. Herausgeber an.

Philipp Reclam jun. Stuttgart

Römische Literatur
IN RECLAMS UNIVERSAL-BIBLIOTHEK

IV. Vermischte Prosa

Die Namen in Klammern geben die Übersetzer bzw. Herausgeber an.

Philipp Reclam jun. Stuttgart